Bessere Daseinsvorsorge durch
Regulierung im Bereich des ÖPNV

Europäische Hochschulschriften Recht

European University Studies in Law

Publications Universitaires Européennes de Droit

Band/Volume 6119

Dongyang Zhang

Bessere Daseinsvorsorge durch Regulierung im Bereich des ÖPNV

Rechtliche Hinweise für China

PETER LANG

Bibliografische Information der Deutschen Nationalbibliothek
Die Deutsche Nationalbibliothek verzeichnet diese Publikation in der Deutschen Nationalbibliografie; detaillierte bibliografische Daten sind im Internet über http://dnb.d-nb.de abrufbar.

Zugl.: Hamburg, Univ., Diss., 2018

Supported by the Fundamental Research Funds for the Central Universities.

D 18
ISSN 0531-7312
ISBN 978-3-631-79745-7 (Print)
E-ISBN 978-3-631-80239-7 (E-PDF)
E-ISBN 978-3-631-80240-3 (EPUB)
E-ISBN 978-3-631-80241-0 (MOBI)
DOI 10.3726/b16152

Diese Publikation wurde begutachtet.

www.peterlang.com

Vorwort

Die vorliegende Arbeit wurde der juristischen Fakultät der Universität Hamburg im Wintersemester 2017/2018 als Dissertation vorgelegt. Kristische Anregungen der Gutachter wurden im Manuskript berücksichtigt.

Mein besonderer Dank gebührt meinem Doktorvater, Univ.-Prof. Dr. Hans-Heinrich Trute, der mich zur Beschäftigung mit dem Thema des Regulierungsrechts anregte und anschließend die Fertigung dieser Arbeit mit Information und konstruktiver Kritik unterstützte. Weiterhin danke ich Prof. Dr. Armin Hatje für die schnelle Zweitkorrektur und seine anregenden Anmerkungen zum Thema.

Für ihre Unterstützung und Geduld danke ich meiner Familie und Elisa Liebig.

Mai 2019, Beijing.

Inhaltsverzeichnis

Abkürzungsverzeichnis

a. A.	Andere Ansicht
a. F.	alte Fassung
Abs.	Absatz
AEG	Allgemeines Eisenbahngesetz vom 27. Dezember 1993 (BGBl. I S. 2378, 2396; 1994 I S. 2439), das durch Artikel 2 des Gesetzes vom 29.8. 2016 (BGBl. I S. 2082) geändert worden ist.
AEUV	Vertrag über die Arbeitsweise der Europäischen Union
AöR	Archiv des öffentlichen Rechts
ARegV	Anreizregulierungsverordnung vom 29. Oktober 2007 (BGBl. I S. 2529), die zuletzt durch Artikel 1 der Verordnung vom 14. 9. 2016 (BGBl. I S. 2147) geändert worden ist.
Art.	Artikel
Aufl.	Auflage
BayGO	Gemeindeordnung für den Freistaat Bayern
BayVBl	Bayerische Verwaltungsblätter
BB	Betriebs- Berater
Beihilfe - Beschluss 2012	Beschluss der Kommission über die Anwendung von Art. 106 Abs. 2 AEUV auf staatliche Beihilfen in Form von Ausgleichsleistungen zugunsten bestimmter Unternehmen, die mit der Erbringung von Dienstleistung von allgmeinem wirtschaftlichen Interesse betraut sind, ABI. EU 2012 L 7/3.
Beihilfe – Mitteilung 2011	Mitteilung der Kommission, Rahmen der Europäischen Union für staatliche Beihilfen in Form von Ausgleichsleistungen für die Erbringung öffentlicher Dienstleistungen (2011), ABI. EU 2012 C 8/15.
Beschl.	Beschluss
BGB	Bürgerliches Gesetzbuch
BGH	Bundesgerichtshof
BLJ	Bucerius Law Journal
BMVBS	Bundesministerium für Verkehr, Bau und Stadtentwicklung

BMVI	Das Bundesministerium für Verkehr und digitale Infrastruktur
BMWi	Bundesministerium für Wirtschaft und Energie
BNetzA	Bundesnetzagentur
BR-Drs.	Bundesratsdrucksache
BT- Drs.	Bundestagsdrucksache
BVerfG	Bundesverfassungsgericht
BVerfGE	Amtliche Entscheidungssammlung des Bundesverfassungsgerichts
BVerwG	Bundesverwaltungsgericht
BVerwGE	Amtliche Entscheidungssammlung des Bundesverwaltungsgerichts
BWGO	Gemeindeordnung für Baden-Württemberg
ca.	Circa
ChV	Verfassung der VR China, beschlossen auf der 5. Sitzung des 5. Nationalen Volkskongress am 4. 12.1982, zuletzt revidiert durch den Verfassungsänderungsbeschluss auf der 1. Sitzung des 13. Na-tionalen Volkskongress am 11. 03. 2018.
DAI-Bericht 2001	Bericht der Europäische Kommission für den Europäischen Rat in Laeken, Leistungen der Daseinsvorsorge, KOM(2001) 598 endg. vom 17.10.2001.
DAI-Grünbuch 2003	Grünbuch zu Dienstleistungen von allgemeinem Interesse, KOM(2003) 270 endg. vom 21.5.2003.
DAI-Mitteilung 1996	Mitteilung der Kommission, Leistungen der Daseinsvorsorge in Europa, KOM (1996) 443 endg. vom 11. 09. 1996.
DAI-Mitteilung 2000	Mitteilung der Kommission, Leistungen der Daseinsvorsorge in Europa vom 20.9.2000, KOM(2000) 580 endg., veröffentlicht in ABl. 2001 C 17/4 vom 19.1.2001, S. 4–23
DAI-Mitteilung 2002	Europäische Kommission, Mitteilung zu Methodik der horizontalen Bewertung der Dienstleistungen von allgemeinem wirtschaftlichem Interesse, KOM(2002) 331 endg. vom 18.6.2002.
DAI-Mitteilung 2007	Mitteilung zu Dienstleistungen von allgemeinem Interesse unter Einschluss von Sozialdienstleistungen: Europas neues Engagement, KOM(2007), 725 endg. vom 27.11.2007.

DAI-Mitteilung 2011	Mitteilung der Kommission, Ein Qualitätsrahmen für Dienstleistungen von allgemeinem Interesse, KOM (2011) 900 endg. vom 20.12.2011.
DAI-Weißbuch 2004	Weißbuch zu Dienstleistungen von allgemeinem Interesse, KOM(2004) 374 endg. vom 12.5.2004.
ders.	Derselbe
DGO	Deutsche Gemeindeordnung
DÖV	Die öffentliche Verwaltung
DVBl	Deutsche Verwaltungsblätte
EEG	Gesetz für den Ausbau erneuerbarer Energien
EnWG	Energiewirtschaftsgesetz vom 7. Juli 2005 (BGBl. I S. 1970, 3621), das zuletzt durch Artikel 6 Absatz 36 des Gesetzes vom 13. 04. 2017 (BGBl. I S. 872) geändert worden ist.
EnWZ	Zeitschrift für das gesamte Recht der Energiewirtschaft
ERegG	Eisenbahnregulierungsgesetz vom 29. 08. 2016 (BGBl. I S. 2082).
EU	Europäische Union
EuCML	Journal of European Consumer and Market Law
EuGH	Europäischer Gerichtshof
EuR	Zeitschrift für Europarecht
EuZW	Europäische Zeitschrift für Wirtschaftsrecht
EWeRK	Zeitschrift des Institutes für Energie- und Wettbewerbsrecht in der kommunalen Wirtschaft e.V.
f.	Folgende
ff.	Fortfolgende
Fn.	Fußnote
gem.	Gemäß
GewArch	Gewerbearchiv
GG	Grundgesetz
ggf.	Gegebenenfalls
GO Rh.-Pfalz	Gemeindeordnung für Rheinland-Pfalz
GRC	Charta der Grundrechte der Europäischen Union
GRUR-RR	Gewerblicher Rechtsschutz und Urheberrecht Rechtsprechungs-Report
GWB	Gesetz gegen Wettbewerbsbeschränkungen in der Fassung der Bekanntmachung vom 26. Juni 2013 (BGBl. I S. 1750, 3245), das zuletzt durch Artikel 6 Absatz 33 des Gesetzes vom 13. 04. 2017 (BGBl. I S. 872) geändert worden ist.
h.M.	herrschende Meinung
Hrsg.	Herausgeber

Hs.	Halbsatz
i. V. m.	in Verbindung mit
i. S. d.	im Sinne der/des
i. S. v.	im Sinne vom
insb.	Insbesondere
IR	InfrastrukturRecht
JA	Juristische Arbeitsblätter
Jura	Juristische Ausbildung
JuS	Juristische Schulung
JZ	Juristen Zeitung
Kap.	Kapitel
KommJur	Kommunaljurist
Leitlinien VO 1370/2007	Mitteilung der Kommission über die Auslegungsleitlinien zu der Verordnung (EG) Nr. 1370/2007 über öffentliche Personenverkehrsdienste auf Schiene und Straße, ABl. EU Nr. C 92, S. 1.
lit.	Littera
LKV	Die Zeitschrift Landes- und Kommunalverwaltung
Märkte – Empfehlung 2014	Empfehlung der Kommission vom 9. Oktober 2014 über relevante Produkt- und Dienstmärkte des elektronischen Kommunikationssektors, die aufgrund der Richtlinie 2002/21/EG des Europäischen Parlaments und des Rates über einen gemeinsamen Rechtsrahmen für elektronische Kommunikationsnetze und -dienste für eine Vorabregulierung in Betracht kommen, 2014/710/EU, Abl.L 295, S. 79.
mglw.	Möglicherweise
MMR	Multimedia und Recht
N&R	Netzwirtschaften und Recht
NJOZ	Neue Juristische Online Zeitschrift
NJW	Neue Juristische Wochenschrift
NordÖR	Zeitschrift für öffentliches Recht in Norddeutschland
Nr.	Nummer
NRWGO	Gemeindeordnung für das Land Nordrhein-Westfalen
NVwZ-RR	Neue Zeitschrift für Verwaltungsrecht Rechtsprechungs-Report
NZA	Neue Zeitschrift für Arbeitsrecht
NZBau	Neue Zeitschrift für Baurecht und Vergaberecht
OLG	Oberlandesgericht

PBefG	Personenbeförderungsgesetz in der Fassung der Bekanntmachung vom 8. August 1990 (BGBl. I S. 1690), das zuletzt durch Artikel 5 des Gesetzes vom 29. 8. 2016 (BGBl. I S. 2082) geändert worden ist.
PBZugV	Berufszugangsverordnung für den Straßenpersonenverkehr vom 15. Juni 2000 (BGBl. I S. 851), die zuletzt durch Artikel 484 der Verordnung vom 31. 08. 2015 (BGBl. I S. 1474) geändert worden ist.
PostG	Postgesetz vom 22. Dezember 1997 (BGBl. I S. 3294), das durch Artikel 169 des Gesetzes vom 29. 03. 2017 (BGBl. I S. 626) geändert worden ist.
RdE	Recht der Energiewirtschaft
RdTW	Recht der Transportwirtschaft
RegG	Gesetz zur Regionalisierung des öffentlichen Personennahverkehrs vom 27. 12. 1993 (BGBl. I S. 2378,2395), das zuletzt durch Art. 19 Abs. 23 des Gesetzes vom 23. 12. 2016 (BGBl. I S. 3234) geändert worden ist.
Richtlinie 2001/23/EG	Richtlinie 2001/23/EG des Rates vom 12. 03. 2001 zur Angleichung der Rechtsvorschriften der Mitgliedstaaten über die Wahrung von Ansprüchen der Arbeitnehmer beim Übergang von Unternehmen, Betrieben oder Unternehmens- oder Betriebsteilen, ABl. Nr. L 82 S. 16.
Richtlinie 2002/21/EG	Richtlinie 2002/21/EG des Europäischen Parlaments und des Rates vom 7. 3. 2002 über einen gemeinsamen Rechtsrahmen für elektronische Kommunikationsnetze und -dienste (Rahmenrichtlinie), ABl. EG Nr. L 108 vom 24.4.2002, S. 33; zuletzt geändert durch Art. 1 der Richtlinie 2009/140/EG, ABl. EU Nr. L 337 vom 18.12.2009, S. 37.
Richtlinie 2002/22/EG	Richtlinie 2002/22/EG des Europäischen Parlaments und des Rates vom 7. 03. 2002 über den Universaldienst und Nutzerrechte bei elektronischen Kommunikationsnetzen und -diensten, ABl.EG Nr. L 108 vom 24.4.2002, S. 51.
Richtlinie 2014/23/EU	Richtlinie 2014/23/EU des Europäische Parlaments und des Rates vom 26.02.2014 über die Konzessionsvergabe, ABI. 2014 L 94, S. 1.

Richtlinie 2014/24/EU	Richtlinie 2014/24/EU des Europäische Parlaments und des Rates vom 26.02.2014 über die öffentliche Auftragsvergabe und zur Aufhebung der Richtlinie 2004/18/EG, ABI. 2014 L 94, S. 65.
Richtlinie 2014/25/EU	Richtlinie 2014/25/EU des Europäische Parlaments und des Rates vom 26.02.2014 über die Vergabe von Aufträgen durch Auftraggeber im Bereich der Wasser-, Energie- und Verkehrsversorgung sowie der Postdienste und zur Aufhebung der Richtlinie 2004/17/EG, ABI. 2014 L 94, S. 243
Rn.	Randnummer
S.	Seite/Satz
SGB IX	Das Neunte Buch Sozialgesetzbuch – Rehabilitation und Teilhabe behinderter Menschen – (Artikel 1 des Gesetzes vom 19. Juni 2001, BGBl. I S. 1046, 1047), das zuletzt durch Artikel 165 des Gesetzes vom 29. 03. 2017 (BGBl. I S. 626) geändert worden ist.
sog.	sogenannte
st. Rspr.	ständige Rechtsprechung
ThürKO	Thüringer Gemeinde- und Landkreisordnung
TKG	Telekommunikationsgesetz vom 22. Juni 2004 (BGBl. I S. 1190), das durch Artikel 6 Absatz 41 des Gesetzes vom 13. 04. 2017 (BGBl. I S. 872) geändert worden ist.
u.a.	und andere
Urt.	Urteil
UStG	Umsatzsteuergesetz in der Fassung der Bekanntmachung vom 21. Februar 2005 (BGBl. I S. 386), das zuletzt durch Artikel 15 des Gesetzes vom 10. 03. 2017 (BGBl. I S. 420) geändert worden ist.
v. a.	vor allem
VBIBW	Verwaltungsblätter für Baden-Württemberg
VergRModG	Gesetz zur Modernisierung des Vergaberechts vom 17. 02. 2016, BGBl. I S. 203.
VerwArch	Verwaltungs-Archiv
VerwRspr	Verwaltungsrechtsprechung in Deutschland (Entscheidungssammlung)
VG	Verwaltungsgericht
VGH	Verwaltungsgerichtshof
vgl.	vergleiche
VK	Vergabekammer

VO 1191/69	Verordnung (EWG) Nr. 1191/69 des Rates vom 26. 06. 1969 über das Vorgehen der Mitgliedstaaten bei mit dem Begriff des öffentlichen Dienstes verbundenen Verpflichtungen auf dem Gebiet des Eisenbahn-, Straßen- und Binnenschiffsverkehrs, ABl. L 156 vom 28.6.1969, S. 1.
VO 1370/2007	Verordnung (EG) Nr. 1370/2007 des Europäischen Parlaments und des Rates vom 23. Oktober 2007 über öffentliche Personenverkehrsdienste auf Schiene und Straße und zur Aufhebung der Verordnungen (EWG) Nr. 1191/69 und (EWG) Nr. 1107/70 des Rates, ABl. EU Nr. L 315/1 vom 3.12.2007.
VO 2887/2000	Verordnung (EG) Nr. 2887/2000 des Europäischen Parlaments und des Rates vom 18. 12. 2000 über den entbündelten Zugang zum Teilnehmeranschluss, ABl.EG Nr. L 336 vom 30.12.2000, S. 4.
Vorschlag zur Änderung VO 1370/2007	Legislative Entschließung des Europäischen Parlaments vom 26. 02. 2014 zu dem Vorschlag für eine Verordnung des Europäischen Parlaments und des Rates zur Änderung der Verordnung (EG) Nr. 1370/2007 hinsichtlich der Öffnung des Marktes für inländische Schienenpersonenverkehrsdienste (COM(2013)0028 – C7-0024/2013 – 2013/0028(COD)), Europäisches Parlament, Beschl. v. 26. 2. 2014- P7_TA (2014) 0148.
VVDStRL	Veröffentlichungen der Vereinigung der Deutschen Staatsrechtslehrer
VwGO	Verwaltungsgerichtsordnung in der Fassung der Bekanntmachung vom 19. März 1991 (BGBl. I S. 686), die zuletzt durch Artikel 17 des Gesetzes vom 22. 12. 2016 (BGBl. I S. 3106) geändert worden ist.
WHG	Gesetz zur Ordnung des Wasserhaushalts vom 31. 07. 2009 (BGBl. I S. 2585), das zuletzt durch Art. 122 des Gesetzes vom 29. 03. 2017 (BGBl. I S. 626) geändert worden ist.
WiVerw	Wirtschaft und Verwaltung (Beilage zur Zeitschrift Gewerbearchiv)
WuW	Wirtschaft und Wettbewerb
z. B.	zum Beispiel
ZaöRV	Zeitschrift für ausländisches öffentliches Recht und Völkerrecht
ZChinR	Zeitschrift für Chinesisches Recht
ZG	Zeitschrift für Gesetzgebung

ZHR	Zeitschrift für das gesamte Handels- und Wirtschaftsrecht
ZRP	Zeitschrift für Rechtspolitik
ZUR	Zeitschrift für Umweltrecht

Literaturverzeichnis

Albrecht, Stefanie/Gabriel, Ulrich: Die geplante neue EU—Verordnung zum ÖPNV, DÖV 2007, 907–914. (zit.: *Albrecht/Gabriel*, DÖV 2007, 907)

Ambrosius, Gerold: Die Entwicklung Öffentlich-Privater Partnerschaften seit den 1980er Jahren, DMS 2013, 321–344. (zit.: *Ambrosius*, DMS 2013, 321)

Anderheiden, Michael: Gemeinwohl in Republik und Union, Tübingen 2006. (zit.: *Anderheiden*, Gemeinwohl, S. …)

Appel, Ivo: Das Verwaltungsrecht zwischen klassichem dogmatischen Verhältnis und steuerungswissenschaftlichen Anspruch, in: Veröffentlichung der Vereinigung der Deutschen Staatsrechtslehrer 67, Berlin 2008, S. 226–285. (zit.: *Appel*, VVDStRL 67 (2008), 226)

Attendorn, Thorsten: Das Bundesverwaltungsgericht, die Bundesnetzagentur und die Sinneprüfung- planerische Gestaltungsfreiräume bei der Zugangsanordnung nach § 21 TKG?, DVBl 2008, 1408–1417. (zit.: *Attendorn*, DVBl 2008, 1408)

Attendorn, Thorsten: Das „Regulierungsermessen"- Ein deutscher „Sonderweg" bei der gerichtlichen Kontrolle telekommunikationsrechtlicher Regulierungsentscheidungen?, MMR 2009, 238–241. (zit.: *Attendorn*, MMR 2009, 238)

Badura, Peter: Die Daseinsvorsorge als Verwaltungszweck der Leistungsverwaltung und der soziale Rechtsstaat, DÖV 1966, 624–633. (zit.: *Badura*, DÖV 1966, 624)

Barth, Sibylle/Landsberg,Gerrit/BBG und Partner: Der neue Rechtsrahmen für den Busverkehr- Chancen für den Mittelstand in IHK Stuttgart (Hrsg.), Stuttgart 2013. (zit.: *IHK*, Busverkehr, S. …)

Bauer, Hartmut: Privatisierung von Verwaltungsaufgaben, in: Veröffentlichung der Vereinigung der Deutschen Staatsrechtslehrer 54, Berlin 1995, S. 243–286. (zit.: *Bauer*, VVDStRL 54 (1995), 243)

Bauer, Michael: Personenbeförderungsgesetz – Kommentar, Köln 2010. (zit.: *Bauer*, PBefG, §… Rn. …)

Baumeister, Hubertus (Hrsg.): Recht des ÖPNV – Praxishandbuch für den Nahverkehr mit VO (EG) Nr. 1370/2007, PBefG und ÖPNV-Gesetzen der Länder, Band II Kommentar, Hamburg 2013. (zit.: *Bearbeiter in: Baumeister*, A/B… Rn. …)

Bayerisches Staatsministerium für Wirtschaft, Infrastruktur, Verkehr und Technologie: Leitlinie zur Nahverkehrsplanung in Bayern, AllMBl. 1999, S. 9. (zit.: *Bayern*, Leitlinie, S. …)

Bayreuther, Frank: Die Anordnung eines Betriebsübergangs bei Vergabe von Verkehrsdienstleistungen nach § 131 III GWB, 459–466. (zit.: *Bayreuther*, NZBau 2016, 459)

Bergmann, Michael: Anmerkung zu BVerwG, Beschl. v. 5.5.2014 - 6 B 46/13, NVwZ 2014, 1037–1039. (zit.: *Bergmann*, NVwZ 2014, 1037)

Bernhardt, Rudolf: Eigenheiten und Ziele der Rechtsvergleichung im öffentlichen Recht, ZaöRV 1964, 431–452. (zit.: *Bernhardt*, ZaöRV 24(1964), 431)

Berringer, Christian: Regulierung als Erscheinungsform der Wirtschaftsaufsicht, München 2004. (zit.: *Berringer*, Regulierung, S. …)

Bieber, Roland/Epiney, Astrid/Haag, Marcel: Die Europäische Union, Europarecht und Politik, 11. Aufl., Baden-Baden 2014. (zit: *Bieber/Epiney/Haag*, §… Rn. …)

Bieling, Hans-Jürgen: Liberalisierung und Privatisierung in Deutschland: Versuch einer Zwischenbilanz, WSI Mitteilungen 2008, 541–547. (zit.: *Bieling*, WSI Mitteilung 2008, 541)

Bitter, Melanie: Telekommunikation, Energie, Eisenbahn – Welche Regulierung brauchen die Netzwirtschaften?, DVBl 2007, 293–295. (zit.: *Bitter*, DVBl 2007, 293)

Bosch, Klaas: Die Kontrolldichte der gerichtlichen Überprüfung von Marktregulierungsentscheidungen der Bundesnetzagentur nach dem Telekommunikationsgesetz, Frankfurt am Main 2010. (zit.: *Bosch*, Kontrolldichte, S. …)

Brand, Oliver: Grundfragen der Rechtsvergleichung: Ein Leitfaden für die Wahlfachprüfung, JuS 2003, 1082–1091. (zit.: *Brand*, JuS 2003, 1082)

Brehme, Julia: Privatisierung und Regulierung der öffentlichen Wasserversorgung, Tübingen 2010. (zit.: *Brehme*, Wasserversorgung, S. …)

Brenner, Michael/Arnold, Timo: Rechtsnatur und Rechtmäßigkeit von Nahverkehrsplänen iSd § 8 III PBefG, NVwZ 2015, 385–389. (zit.: *Brenner/Arnold*, NVwZ 2015, 385)

Britz, Gabriele: Vom Europäischen Verwaltungsverbund zum Regulierungsverbund?, EuR 2006, 46–77. (zit.: *Britz*, EuR 2006, 46)

Britz, Gabriele: „Kommunale Gewährleistungsverantwortung" – Ein allgemeines Element des Regulierungsrechts in Europa?, Die Verwaltung 37 (2004), S. 145–163. (zit.: *Britz*, Die Verwaltung 37 (2004), 145)

Broemel, Roland: Regulierungskonzepte als Kontrollmaßstab in der Telekommunikationsregulierung, JZ 2014, 286–294. (zit.: *Broemel*, JZ 2014, 286)

Broemel, Roland: Strategisches Verhalten in der Regulierung: zur Herausbildung eines Marktgewährleistungsrechts in den Netzwirtschaften, Tübingen 2010. (zit.: *Broemel*, Marktgewährleistungsrecht, S. …)

Brohm, Windfried: Die Dogmatik des Verwaltungsrechts vor den Gegenwartsaufgaben der Verwaltung, in: Veröffentlichung der Vereinigung der Deutschen Staatsrechtslehrer 30, Berlin 1972, S. 245–312. (zit.: *Brohm*, VVDStRL 30 (1972), 245)

Broß, Siegfried: Daseinsvorsorge- Wettbewerb – Gemeinschaftsrecht, JZ 2003, 874–879. (zit.: *Broß*, JZ 2003, 874)

Brüning, Christoph: Infrastrukturverantwortung zwischen Bürgern, Kommunen und Staat, JZ 2014, 1026–1031. (zit.: *Brüning*, JZ 2014, 1026)

Brüning, Christoph: Freiheit als Hilfefall?, Staatliche Daseinsfürsorge als Hilfe zur Selbsthilfe, DÖV 2014, 908–915. (zit.: *Brüning*, DÖV 2014, 908)

Budäus, Dietrich/Hilgers, Dennis: Mutatis mutandis: Rekommunalisierung zwischen Euphorie und Staatsversagen, DÖV 203, 701–708. (zit.: *Budäus/Hilgers*, DÖV 2013, 701)

Bueschler, Katja: Die Anreizregulierung beim Netzzugangsentgelt im Eisenbahn- und im Energiesektor, BLJ 2014, 16–22. (zit.: *Bueschler*, BLJ 2014, 16)

Bühner, Arnd/Siemer, Sebastian: inienbündelung im ÖPNV, DÖV 2015, 21–28. (zit.: *Bühner/Siemer*, DÖV 2015, 21)

Bull, Hans Peter: Daseinsvorsorge im Wandel der Staatsformen, Der Staat 47 (2008), S. 1–19. (zit.: *Bull*, Der Staat 47 (2008), 1)

Bullinger, Martin: Regulierung als modernes Instrument zur Ordnung liberalisierter Wirtschaftszweige, DVBl 2003, 1355–1361. (zit.: *Bullinger*, DVBl 2003, 1355)

Bundeskartellamt: Der Staat als Unternehmer – (Re-)Kommunalisierung im wettbewerbsrechtlichen Kontext- Tagung des Arbeitskreises Kartellrecht 2. Oktober 2014, Bonn. (zit.: *Bundeskartellamt*, Kommunalisierung, S. …)

Bundesministerium für Verkehr, Bau und Stadtentwicklung: Handbuch zur Planung flexibler Bedienungsformen im ÖPNV, Bonn 2009. (zit.: *BMVBS*, Handbuch, S. …)

Bundesnetzagentur: Jahresbericht 2013- Starke Netze im Fokus. Verbraucherschutz im Blick, Bonn 2014. (zit.: *BNetzA*, Verbraucherschutz, S. …)

Bundesnetzagentur: Tätigkeitsbericht 2008/2009: Post, Bonn 2009. (zit.: *BNetzA*, Post, S. …)

Bundesverband Deutscher Omnibusunternehmer e.V.: Das ABC des PBefG, Juristisches Grundsatzpapier und Handlungsempfehlung zum novellierten PBefG und der Verordnung (EG) Nr. 1370/2007, Stand: Januar 2013 Berlin. (zit.: *BDO*, PBefG, S. …)

Burgi, Martin: Kommunales Privatisierungsfolgenrecht: Vergabe, Regulierung und Finanzierung, in: NVwZ 2001, 601–607. (zit.: *Burgi*, NVwZ 2001, 601)

Burgi, Martin: Das subjektive Recht im Energie – Regulierungsverwaltungsrecht, DVBl 2006, 269 – 277. (zit.: *Burgi*, DVBl 2006, 269)

Burgi, Martin: Regulierung: Inhalt eines Handlungskonzepts der Verwaltung, in: Festschrift für Ulrich Battis, München 2014, S. 329–345. (zit.: *Burgi*, FS Battis, S. …)

Burgi, Martin: Die Energiewende und das Recht, JZ 2013, 745–753. (zit.: *Burgi*, JZ 2013, 745)

Burgi, Martin: Übergreifende Regelung des Rechts der Regulierungsverwaltung – Realisierung der Kodifikationsidee?, NJW 2006, 2439–2444. (zit.: *Burgi*, NJW 2006, 2439)

Burgi, Martin: Die Vergabe öffentlicher Dienstleistungskonzessionen: Verfahren, Vergabekriterien, Rechtsschutz, NZBau 2005, 610 – 617. (zit.: *Burgi*, NZBau 2005, 610)

Calliess, Christian/Ruffert, Matthias (Hrsg.): EUV/AEUV, Das Verfassungsrecht der Europäischen Union mit Europäischer Grundrechtecharta-Kommentar, 5. Aufl., München 2016. (zit.: *Calliess/Ruffert/Bearbeiter*, AEUV Art. … Rn. …)

Christiansen, Neele Ann: Optimierung des Rechtsschutzes im Telekommunikations- und Energierecht, Tübingen 2013. (zit.: *Christiansen*, Optimierung, S. …)

Collin, Peter: Privatisierung und Etatisierung als komplementäre Gestaltungsprozesse, JZ 2011, 274–282. (zit.: *Collin*, JZ 2011, 274)

Cornils, Matthias: Staatliche Infrastrukturverantwortung und kontingente Marktvoraussetzungen, AöR 131 (2006), 378–422. (zit.: *Cornils*, AöR 131 (2006), 378)

Dageförde, Angela: Einführung in das Vergaberecht, 2. Aufl., Berlin 2013. (zit.: *Dageförde*, Vergaberecht, Rn. …)

Danner, Wolfgang/Theobald, Christian (Hrsg.): Energierecht, Loseblatt-Kommentar, 89 EL, München 2016. (zit.: *Danner/Theobald/Bearbeiter*, EnWG, § … Rn. …)

Decher, Johanna: Die Klagebefugnis Dritter im Regulierungsverwaltungsrecht, Halle an der Saale 2014. (zit.: *Decher*, Klagebefugnis, S. …)

Deutscher Industrie- und Handelskammertag: Stellungnahme zur Wettbewerbssituation auf den Taximärkten, Berlin 2014. (zit.: *DIHK*, Taximärkten, S. …)

Diemon-Wies, Ingeborg/Hesse, Katharina: Präzisierte Kriterien für die Abgrenzung von Dienstleistungsauftrag und Dienstleistungskonzession, NZBau 2012, 341–345. (zit.: *Diemon-Wies/Hesse*, NZBau 2012, 341)

Doerfert, Carsten: Daseinsvorsorge-eine juristische Entdeckung und ihre heutige Bedeutung, JA 2006, 316–319. (zit.: *Doerfert*, JA 2006, 316)

Dong, Yiliang: Zusammenschaltung in der Telekommunikationsregulierung der VR China, Baden-Baden 2009. (zit.: *Dong*, Zusammenschaltung, S. …)

Dörr, Oliver: Die Anforderungen an ein zukünftiges Infrastrukturrecht, in: Veröffentlichung der Vereinigung der Deutschen Staatsrechtslehrer 74, Berlin 2014, S. 323–367. (zit.: *Dörr*, VVDStRL 73 (2014), 323)

Dreier, Horst (Hrsg.): Grundgesetz Kommentar: GG, Band II: Artikel 220–82, 3. Aufl., Tübingen 2015. (zit.: *Bearbeiter in Dreier*, Grundgesetz, Art. … Rn. …)

Durner, Wolfgang: Schutz der Verbraucher durch Regulierungsrecht, in: Veröffentlichung der Vereinigung der Deutschen Staatsrechtslehrer 70, Berlin 2011, S. 398–447. (zit.: *Durner*, VVDStRL 70 (2011), 398)

Ehlers, Dirk/Pünder, Hermann (Hrsg.): Allgemeines Verwaltgungsrecht, 15. Aufl., Berlin 2015. (zit.: *Verfasser in: Ehlers/Pünder*, §…Rn. …)

Ehlers, Dirk/Fehling, Michael/Pünder, Hermann (Hrsg.): Besonderes Verwaltungsrecht. Band 1: Öffentliches Wirtschaftsrecht, 3. Aufl., Heidelberg 2012. (zit.: *Verfasser in: Ehlers/Fehling/Pünder*, §…Rn. …)

Eifert, Martin: Letztentscheidungsbefugnisse der Verwaltung, ZJS 2008, 336–343. (zit.: *Eifert*, ZJS 2008, 336)

Eifert, Martin: Die gerichtliche Kontrolle der Entscheidungen der Bundesnetzagentur, ZHR 174 (2010), 449–485. (zit.: *Eifert*, ZHR 174 (2010), 449)

Fehling, Michael: Eigenwert des Verfahrens im Verwaltungsrecht, in: Veröffentlichung der Vereinigung der Deutschen Staatsrechtslehrer 70, Berlin 2011, S. 278–337. (zit.: *Fehling*, VVDStRL 70 (2011), 278)

Fehling, Michael: Regulierung als Staatsaufgabe im Gewährleistungsstaat Deutschland- Zu den Konturen eines Regulierungsverwaltungsrechts, in: Hermann Hill (Hrsg.), Die Zukunft des öffentlichen Sektors, Baden-Baden 2006, S. 91–111. (zit.: *Fehling*, Konturen, S. …).

Fehling, Michael: Neues Regulierungsrecht im Anschluss an die Energiewende, Die Verwaltung 47 (2014), 313–348. (zit.: *Fehling*, Die Verwaltung 47 (2014), 313)

Fehling, Michael: Die Straße im Kontext des Öffentlichen Personennahverkehrs, DVBl 2015, 464 - 470. (zit.: *Fehling*, DVBl 2015, 464)

Fehling, Michael/Ruffert, Matthias (Hrsg.): Regulierungsrecht, Tübingen 2010. (zit.: *Verfasser in: Fehling/Ruffert*, §… Rn. …)

Fehling, Michael/Niehnus, Katja M: Der europäische Fahrplan für einen kontrollierten Ausschreibungswettbewerb im ÖPNV, DÖV 2008, 662–670. (zit.: *Fehling/Niehnus*, DÖV 2008, 662)

Fetzer, Thomas: Breitbandinternetzugang als Universaldienst? MMR 2011, 707–711. (zit.: *Fetzer*, MMR 2011, 707)

Fiedler, Lothar H./Wachinger, Lorenz: Das Recht des straßengebundenen Verkehrs in den Jahren 2013/2014, N&R 2014, 210–215. (zit.: *Fiedler/Wachinger*, N&R 2014, 210)

Fiedler, Lothar H./Wachinger, Lorenz: Das Recht des straßengebundenen Verkehrs in den Jahren 2012/2013, N&R 2013, 194–198. (zit.: *Fiedler/Wachinger*, N&R 2013, 194)

Fischerhof, Hans: Daseinsvorsorge und wirtschaftliche Betätigung der Gemeinden, DÖV 1960, 41–46.(zit.: *Fischerhof*, DÖV 1960, 41)

Fleischer, Romy Nicole: Das Missbrauchsverbot Chinas – Tendenzen einer effektiven Verfolgung monopolistischen Marktverhaltens im Telekommunikationssektor, ZChinR 2014, 109–120. (zit.: *Fleischer*, ZChinR 2014, 109)

Forsthoff, Ernst: Die Verwaltung als Leistungsträger, Stuttgart 1938. (zit.: *Forsthoff*, Leistungsträger, S. …)

Forsthoff, Ernst: Die Daseinsvorsorge und die Kommunen, in: Ders., Rechtsstaat im Wandel, Stuttgart 1964, S. 111–125. (zit.: *Forsthoff*, Daseinsvorsorge, S. …)

Forsthoff, Ernst: Die Umbildung des Verfassungsgesetzes, in: ders., Rechtsstaat im Wandel, 2. Aufl. 1976, Stuttgart 1964, S. 130–152. (zit.: *Forsthoff*, Umbildung, S. …)

Forsthoff, Ernst: Der Staat der Industriegesellschaft: Dargestellt am Beispiel der Bundesrepublik Deutschland, München 1971. (zit.: *Forsthoff*, Industriegesellschaft, S. …)

Forsthoff, Ernst: Lehrbuch des Verwaltungsrechts, 10. Aufl., München 1973. (zit.: *Forsthoff*, Lehrbuch, S. …)

Forsthoff, Ernst: Rechtsfragen der leistenden Verwaltung, Stuttgart 1959. (zit.: *Forsthoff*, Rechtsfragen, S. …)

Franke, Peter: Rechtsschutzfragen der Regulierungsverwaltung, Die Verwaltung 49 (2016), 25–54. (zit.: *Franke*, Die Verwaltung 49 (2016), 25)

Franz, Thorsten: Gewinnerzielung durch kommunale Daseinsvorsorge: zugleich eine Untersuchung zu den Zwecken und Formen der kommunalen wirtschaftlichen Betätigung, Tübingen 2005. (zit.: *Franz*, Gewinnerzielung, S. …)

Franzius, Claudio: Die Europäische Dimension des Gewährleistungsstaates, Der Staat 45 (2006), S. 547–581. (zit.: *Franzius*, Der Staat 45 (2006), 547)

Franzius, Claudio: Gewährleistung im Recht: Grundlagen eines europäischen Regelungsmodells öffentlicher Dienstleistungen, Tübingen 2009. (zit.: *Franzius*, Gewährleistung, S. …)

Franzius, Claudio: Wer hat das letzte Wort im Telekommunikationsrecht?, DVBl 2009, 409–416. (zit.: *Franzius*, DVBl 2009, 409)

Franzius, Claudio: Schutz der Verbraucher durch Regulierungsrecht, DVBl 2010, 1086–1094. (zit.: *Franzius*, DVBl 2010, 1086)

Franzius, Claudio: Wo bleibt der Staat? Das Modell der Universaldienste und seine Alternativen, ZG 2010, 66–77. (zit.: *Franzius*, ZG 2010, 66)

Franzius,Claudio: Der „Gewährleistungsstaat"- Ein neues Leitbild für den sich wandelnden Staat?, Der Staat 42 (2003), 493–518. (zit.: *Franzius*, Der Staat 42 (2003), 493)

Frenz, Walter: Dienste von allgemeinem wirtschaftlichem Interesse, EuR 2000, 901–925. (zit.: *Frenz*, EuR 2000, 901)

Frenz, Walter: Anmerkung zu EuGH, Urteil vom 17.11.2015 - C115/14 -, DVBl 2016, 50–52. (zit.: *Frenz*, DVBl 2016, 50)

Frenz, Walter: Handbuch Europarecht, Band 3: Beihilfe- und Vergaberecht, Berlin/Heidelberg 2007. (zit.: *Frenz*, Vergaberecht, Rn. …)

Frenz, Walter: Handbuch Europarecht, Band 4: Europäische Grundrechte, Berlin/Heidelberg 2009. (zit.: *Frenz*, EU-Grundrechte, Rn. …)

Frenzel, Michael: Das Regulierungsverwaltungsrecht als öffentliches Recht der Netzwirtschaften, JA 2008, 868–874. (zit.: *Frenzel*, JA 2008, 868)

Friedrich Ebert Stiftung (Hrsg.): Neuordnung der Finanzierung des Öffentlichen Personennahverkehrs, Bonn 2010. (zit.: *FES*, Finanzierung, S. …)

Füßer, Klaus: Flexible Bedienformen im ÖPNV: Rechtliche Möglichkeit und Grenzen auf der Grundlage des geltenden Personenbeförderungsrechts, DVBl 2011, 20–29. (zit.: *Füßer*, DVBl 2011, 20)

Gabriel, Marc/Weiner, Katharina: Drohendes Systemversagen – Defizite bei der Anwendung der neuen Leitlinie für die Beschaffung von Euro-Banknoten durch die Europäische Zentralbank, NZBau 2016, 466–474. (zit.: *Gabriel/Weiner*, NZBau 2016, 466)

Gärditz, Klaus Ferdinand: Anmerkung zu EuGH, Urt. v. 3. 12. 2009 – C-424/07, JZ 2010, 198–201. (zit.: *Gärditz*, JZ 2010, 198)

Gärditz, Klaus Ferdinand: Europäisches Regulierungsverwaltungsrecht auf Abwegen, AöR 135 (2010), S. 251–288. (zit.: *Gärditz*, AöR 135 (2010), 251)

Gärditz, Klaus Ferdinand: „Regulierungsermessen" und verwaltungsgerichtliche Kontrolle, NVwZ 2009, 1005–1011. (zit.: *Gärditz*, NVwZ 2009, 1005)

Geppert, Martin/Schütz, Raimund (Hrsg.): Beck'scher TKG- Kommentar, Telekommunikationsgesetz; 4. Aufl., München 2013. (zit.: *Bearbeiter in Geppert/Schütz*, TKG, §… Rn. …)

Gerstner, Stephan: Das Gesetz zur Stärkung des Wettbewerbs im Eisenbahnbereich, N&R 2016, 211–219. (zit.: *Gerstner*, N&R 2016, 211)

Götz, Andreas: Der Schutz von Betriebs- und Geschäftsgeheimnissen im Zivilverfahren, Tübingen 2014. (zit.: *Götz*, Schutz, S. …)

Grabitz, Eberhard/Hilf, Meinhard/Nettesheim, Martin (Hrsg.): Das Recht der Europäischen Union, 58. Ergänzungslieferung- Stand Januar 2016, München 2016. (zit.: *GHN/Bearbeiter*, AEUV Art. … Rn. …)

Grüneberg, Christian: Zum behördlichen Regulierungsermessen im Energiewirtschaftsrecht, RdE 2016, 49–54. (zit.: *Grüneberg*, RdE 2016, 49)

Hamdorf, Matthias: Die Verteilungsentscheidung-Transparenz und Diskriminierungsfreiheit bei der Zuteilung knapper Güter, Frankfurt am Main 2012. (zit.: *Hamdorf*, Verteilungsentscheidung, S. …)

Haucap, Justus/Heimeshoff, Ulrich: Regulierung zwischen Investitions- und Wettbewerbsförderung, WiVerw 2010, 92–100. (zit.: *Haucap/Heimeshoff*, WiVerw 2010, 92)

Heinze, Christian: Der Entwurf eines Gesetzes zur Änderung personenbeförderungsrechtlicher Vorschriften, ZRP 2012, 84–86. (zit.: *Heinze*, ZRP 2012, 84)

Heinze, Christian: Rechtsgutachten zur Geltung eines „Typenzwangs“ nach § 2 Abs. 6 PBefG, abrufbar unter http://www.crh-rechtsanwalt.de/PBefG2(6).php, München 2013. (zit.: *Heinze*, Rechtsgutachten, Rn. …)

Heinze, Christian: Wettbewerb um Busliniengenehmigungen unter der VO(EG)1370/2007, DVBl 2011, 534–538. (zit.: *Heinze*, DVBl 2011, 534)

Heinze, Christian/Fehling, Michael/Fiedler, Lothar H. (Hrsg.): Personenbeförderungsgesetz: PBefG. Kommentar, 2. Aufl., München 2014. (zit.: *Bearbeiter in Heinze/Fehling/Fiedler*, PBefG, §… Rn. …)

Heinze, Christian: Daseinsvorsorge im Umbruch, BayVBl 2004, 33–40. (zit.: *Heinze*, BayVBl 2004, 33)

Heller, Hans: Zur Zulässigkeit von Preisregulierungen für Dispatching-Dienste, EWeRK 2012, 19–23. (zit.: *Heller*, EWeRK 2012, 19)

Hellermann, Johannes: Schutz der Verbraucher durch Regulierungsrecht, in: Veröffentlichung der Vereinigung der Deutschen Staatsrechtslehrer 70, Berlin 2011, S. 366–397. (zit.: *Hellermann*, VVDStRL 70 (2011), 366)

Henneke, Hans-Günter: Die Daseinsvorsorge in Deutschland, in: Andreas Krautscheid (Hrsg.), Die Daseinsvorsorge im Spannungsfeld von europäischem Wettbewerb und Gemeinwohl, Wiesbaden 2009, S. 17–40. (zit.: *Henneke*, Daseinsvorsorge, S. …)

Hermes,Georg: Staatliche Infrastrukturverantwortung, Tübingen 1998. (zit.: *Hermes*, Infrastrukturverantwortung, S. …)

Hippe, Markus: Zum Entwurf eines chinesischen Antimonopolgesetzes, ZChinR 2006, 347–364. (zit.: *Hippe*, ZChinR 2006, 347)

Hoffmann-Riem, Wolfgang: Organisationsrecht als Steuerungsressource, in: Eberhard Schmidt- Aßmann/Wolfgang Hoffmann-Riem (Hrsg.), Verwaltungsorganisationsrecht als Steuerungsressource, Baden-Baden 1997, S. 355–396. (zit.: *Hoffmann-Riem*, Organisationsrecht, S. …)

Hoffmann-Riem, Wolfgang/Schmidt-Aßmann, Eberhard/Voßkuhle, Andreas (Hrsg.): Grundlagen des Verwaltungsrechts, Band I, 2. Aufl., München 2012. (zit.: *Bearbeiter*, GVwR I, §…Rn. …)

Hoffmann-Riem, Wolfgang/Schmidt-Aßmann, Eberhard/Voßkuhle, Andreas (Hrsg.): Grundlagen des Verwaltungsrechts, Band III, 2. Aufl., München 2013. (zit.: *Bearbeiter*, GVwR III, §… Rn. …)

Hofmann, Ekkehard: Die Abwägung konfligierender Interessen in Recht und Wohlfahrtstheorie, in: van Aaken, Anne/Schmid-Lübbert, Stefanie (Hrsg.), Beiträge zur ökonomischen Theorie im öffentlichen Recht, Wiesbaden 2003, S. 135–148. (zit.: *Hofmann*, Abwägung, S. …)

Höhne, Norman/Wollschläger, Stefan: Effizienzvergleich in der Netzentgeltregulierung, EnWZ 2017, 11–15. (zit.: *Höhne/Wollenschläger*, EnWZ 2017, 11)

Huber, Peter Michael: Die Demontage des Öffentlichen Rechts, in: Festschrift für Rolf Stober, Köln 2008, S. 547–558. (zit.: *Huber*, FS Stober, S. …)

Hwang, Shu-Perng: Der Europäische Verwaltungsverbund im Spannungsfeld zwischen nationaler Identität und europäischer Integration, DÖV 2014, 681–690. (zit.: *Hwang*, DÖV 2014, 681)

Hwang, Shu-Perng: Wirksamer Wettbewerb durch offene Normen, AöR 136 (2011), S. 553–577. (zit.: *Hwang*, AöR 136 (2011), 553)

Immenga, Ulrich/Mestmäcker, Ernst-Joachim (Hrsg.): Wettbewerbsrecht, Band I., 5. Aufl., München 2012. (zit.: *Immenga/Mestmäcker/Bearbeiter*, AEUV Art. … Rn. …)

Immenga, Ulrich/Mestmäcker, Ernst-Joachim (Hrsg.): Wettbewerbsrecht, Band III., 5. Aufl., München 2016. (zit.: *Immenga/Mestmäcker/Bearbeiter*, AEUV Art. … Rn. …)

Ingold, Albert: Gelegenheitsverkehr oder neue Verkehrsgelegenheiten?, NJW 2014, 3334–3339. (zit.: *Ingold*, NJW 2014, 3334)

Jacob, Thomas/Lau, Marcus: Beurteilungsspielraum und Einschätzungsprärogative, NVwZ 2015, 241–248. (zit.: *Jacob/Lau*, NVwZ 2015, 241)

Kahl, Wolfgang: 35 Jahre Verwaltungsverfahrensgesetz-35 Jahre Europäisierung des Verwaltungsverfahrensrechts, NVwZ 2011, 449–457. (zit.: *Kahl*, NVwZ 2011, 449)

Kämmerer, Jörn Axel: Privatisierung: Typologie – Determinanten – Rechtspraxis – Folgen, Tübingen 2001. (zit.: *Kämmerer*, Privatisierung, S. …)

Kämmerer, Jörn Axel: Daseinsvorsorge als Gemeinschaftsziel oder: Europas „soziales Gewissen“, NVwZ 2002, 1041–1046. (zit.: *Kämmerer*, NVwZ 2002, 1041)

Kay, Inkrook: Regulierung als Erscheinungsform der Gewährleistungsverwaltung, Frankfurt 2013. (zit.: *Kay*, Gewährleistungsverwaltung, S. …)

Kersten, Jens: Die Entwicklung des Konzepts der Daseinsvorsorge im Werk von Ernst Forsthoff, Der Staat 44 (2005), S. 543–569. (zit.: *Kersten*, Der Staat 44 (2005), 543)

Kersten, Jens: Herstellung von Wettbewerb als Verwaltungsaufgabe, in: Veröffentlichungen der Vereinigung der Deutschen Staatsrechtslehrer 69, Berlin 2010, S. 288–340. (zit.: *Kersten*, VVDStRL 69 (2010), 288)

Kersten, Jens: Universaldienste in einer schrumpfenden Gesellschaft, DVBl 2006, 942–949. (zit.: *Kersten*, DVBl 2006, 942)

Kirchberg, Thomas: Anreizregulierung im deutschen Strom- und Gassektor: Auswirkungen auf die Rentabilität von Netzinvestitionen, Hamburg 2014. (zit.: *Kirchberg*, Anreizregulierung, S. …)

Kirchhof, Gregor/Korte, Stefan/Magen, Stefan (Hrsg.): Öffentliches Wettbewerbsrecht- Neuvermessung eines Rechtsgebiets, Heidelberg 2014. (zit.: *Verfasser in: Kirchhof/Korte/Magen*, §… Rn. …)

Kleinlein, Kornelius/Schubert, Daniel: Kontrolle von Entgelten monopolistischer und marktbeherrschender Anbieter, NJW 2014, 3191–3198. (zit.: *Kleinlein/Schubert*, NJW 2014, 3191)

Klement, Jan Henrik: Wettbewerbsfreiheit: Bausteine einer europäischen Grundrechtstheorie, Tübingen 2015. (zit.: *Klement*, Wettbewerbsfreiheit, S. …)

Knauff, Matthias: Gewährleistungsstaatlichkeit in Krisenzeiten: Der Gewährleistungsstaat in der Krise?, DÖV 2009, 581–585. (zit.: *Knauff*, DÖV 2009, 581)

Knauff, Matthias: Der Gewährleistungsstaat: Reform der Daseinsvorsorge, Berlin 2004. (zit.: *Knauff*, Gewährleistungsstaat, S. …)

Knauff, Matthias: Das wettbewerbliche Vergabeverfahren nach Art. 5 III Verordnung (EG) Nr. 1370/2007 i.V. mit § 8b PBefG-E, NZBau 2011, 655–658. (zit.: *Knauff*, NZBau 2011, 655)

Knauff, Matthias: Regulierungsverwaltungsrechtlicher Rechtsschutz, VerwArch 98 (2007), S. 382–409. (zit.: *Knauff*, VerArch 98 (2007), 382)

Knauff, Matthias: Der Vorrang eigenwirtschaftlicher Verkehre im ÖPNV auf Grundlage des novellierten Personalbeförderungsgesetzes, GewArch 2013, 283–289. (zit.: *Knauff*, GewArch 2013, 289)

Knauff, Matthias: Defizitausgleich und öffentliche Verkehrsinteressen im ÖPNV, GewArch 2014, 157–161. (zit.: *Knauff*, GewArch 2014, 157)

Knauff, Matthias: Möglichkeiten der Direktvergabe im ÖPNV (Schiene und Straße), NZBau 2012, 65–74. (zit.: *Knauff*, NZBau 2012, 65)

Knauff, Matthias: Die Daseinsvorsorge im Vertrag von Lissabon, EuR 2010, 725–745. (zit.: *Knauff*, EuR 2010, 725)

Knieps, Günter: Netzökonomie: Grundlagen-Strategien-Wettbewerbspolitik, Wiesbaden 2007. (zit.: *Knieps*, Netzökonomie, S. …)

Koenig, Christian: Herstellung von Wettbewerb als Verwaltungsaufgabe, DVBl 2009, 1082–1089. (zit.: *Koenig*, DVBl 2009, 1082)

König, Carsten: Marktöffnung und Wettbewerb im Taxigewerbe, BB 2015, 1095–1101. (zit.: *König*, BB 2015, 1095)

Körber, Thorsten: Regulierung der Netzindustrien: Übergangsstadium oder Daueraufgabe des Staates?, in: Festschrift zum 70. Geburtstag von Wernhard Möschel, Baden-Baden 2011, S. 1043–1056. (zit.: *Körber*, FS Möschel, S. …)

Krajewski, Markus: Dienstleistungen von allgemeinem Interesse als Element europäischer Sozialstaatlichkeit, in: Bast/Rödl (Hrsg.), Wohlfahrtsstaatlichkeit und soziale Demokratie in der Europäischen Union, EuR 2013 Beiheft 1 Baden-Baden, S. 109–129. (zit.: *Krajewski*, EuR-Bei 2013, 109)

Krajewski, Markus: Grundstrukturen des Rechts öffentlicher Dienstleistungen, Berlin/Heidelberg 2011. (zit.: *Krajewski*, Grundstrukturen, S. …)

Krajewski, Markus: Rechtsbegriff Daseinsvorsorge?, VerwAch 99 (2008), S. 174–196. (zit.: *Krajewski*, VerwAch 99 (2008), 174)

Krausnick, Daniel: Staat und Hochschule im Gewährleistungsstaat, Tübingen 2012. (zit.: *Krausnick*, Hochschule, S. …)

Kube, Hanno: Öffentliche Aufgaben in privater Hand, Die Verwaltung 41 (2008), 1–30. (zit.: *Kube*, Die Verwaltung 41 (2008), 1)

Kühling, Jürgen: Anforderungen an ein zukunftsfähiges Infrastrukturrecht, DVBl 2013, 1093–1102. (zit.: *Kühling*, DVBl 2013, 1093)

Kühling, Jürgen: Möglichkeiten und Grenzen effizienter Daseinsvorsorge durch externe Auftragsvergabe im Gemeinschaftsrecht, WiVerw 2008, 239–246. (zit.: *Kühling*, WiVerw 2008, 239)

Kühling, Jürgen: Ausschreibungspflichten im SPNV nach dem BGH-Urteil vom 8.2.2011, IR 2011, 101 - 107. (zit.: *Kühling*, IR 2011, 101)

Kühling, Jürgen: Wettbewerb und Regulierung jetzt auch in der Wasserwirtschaft?, DVBl 2010, 205–214. (zit.: *Kühling*, DVBl 2010, 205)

Kühling, Jürgen/Schall, Tobias/Biendl, Michael: Telekommunikationsrecht, 2. Aufl., Heidelberg 2014. (zit.: *Kühling/Schall/Biendl*, TKG, S. …)

Ladeur, Karl-Heinz: Der Staat der „Gesellschaft der Netzwerke". Zur Notwendigkeit der Fortentwicklung des Paradigmas des „Gewährleistungsstaates", Der Staat 48 (2009), S. 163 – 192. (zit.: *Ladeur*, Der Staat 48 (2009), 163)

Ladeur, Karl-Heinz/Möllers, Christoph: Der europäische Regulierungsverbund der Telekommunikation im deutschen Verwaltungsrecht, DVBl 2005, 525–535. (zit.: *Ladeur/Möllers*, DVBl 2005, 525)

Landkreis Stade: Nahverkehrsplan für den Landkreis Stade 2014–2019, beschlossen durch den Kreistag des Landkreises Stade am 15.12.2014. (zit.: *Stade*, Nahverkehrsplan, S. …)

Langbein, Kristin/Weißenborn, Christoph: Anmerkung zum Urteil des BGH vom 18.7.2007- VII ZR 288/05, RdE 2008, 23–25. (zit.: *Langbein/Weißenborn*, RdE 2008, 23)

Lange, Klaus: Öffentlicher Zweck, öffentliches Interesse und Daseinsvorsorge als Schlüsselbegriffe des kommunalen Wirtschaftsrechts, NVwZ 2014, 616 – 621. (zit.: *Lange*, NVwZ 2014, 616)

Lege, Joachim: Abkehr von der „sog. Abwägungsfehlerlehre"?, DÖV 2015, 361–374. (zit.: *Lege*, DÖV 2015, 361).

Leisner, Walter Georg: Daseinsvorsorge: Begriff, Bedeutung, Grenzen, WiVerw 2011, 53–77. (zit.: *Leisner*, WiVerw 2011, 53)

Li, Jian: The Criteria of Defining Essential Facilities in the Perspective of Relevant Marktes [反垄断法中核心设施的界定标准——相关市场的视角], Modern Law Science 2009 (03), 69–81. (zit.: *Li*, MLS 2009, 71)

Linke, Benjamin: Die staatliche Finanzierung öffentlicher Personenverkehrsdienste, EuZW 2014, 766–770. (zit.: *Linke*, EuZW 2014, 766)

Linke, Benjamin: Die Vergabe von Subunternehmerleistungen im öffentlichen Personenverkehr, NZBau 2012, 338–341. (zit.: *Linke*, NZBau 2012, 338)

Linke, Benjamin: Gewerbefrei oder „Uber"reguliert? – Die Vermittlung von Personenbeförderungsdiensten auf dem Prüfstand, NVwZ 2015, 476–479. (zit.: *Linke*, NVwZ 2015, 476)

Linke,Benjamin: Die Gewährleistung des Daseinsvorsorgeauftrags im öffentlichen Personennahverkehr, Baden-Baden 2010. (zit.: *Linke*, ÖPNV, S. …)

Lismann, Christian: Einführung in das Regulierungsrecht der Netzwirtschaften am Beispiel der energiewirtschaftsrechtlichen Anreizregulierungsverordnung, NVwZ 2014, 691–694. (zit.: *Lismann*, NVwZ 2014, 691)

List, Julia Beate: Wirtschaftsverwaltungsrechtsaufgaben in China und Deutschland, Köln 2009. (zit.: *List*, Wirtschaftsverwaltungsrechtsaufgaben, S. …)

Liu, Bo: Public Transport Subsidy Mechanism of New York, London and Tokyo and the Enlightenment for China [纽约、伦敦和东京的城市公交补贴机制及对我国的启示], Urban Mass Transit, 2013 (12), 5–8. (zit.: *Liu*, UMT 2013, 5)

Loewenheim, Ulrich/Meessen, Karl M./Riesenkampff, Alexander u.a. (Hrsg.): Kartellrecht – Europäisches und Deutsches Kartellrecht, 3. Aufl., München 2016. (zit.: *Loewenheim/Messen/Riesenkampff/Bearbeiter*, AEUV Art. … Rn. …)

Ludwigs, Markus: Das Regulierungsermessen als Herausforderung für die Letztentscheidungsdogmatik im Verwaltungsrecht, JZ 2009, 290–297. (zit.: *Ludwigs*, JZ 2009, 290)

Markopoulos, Titos: EU-Wirtschaftsverfassung und kommunale Wasserversorgung, KommJur 2012, 330 – 336. (zit.: *Markopoulos*, KommJur 2012, 330)

Martini, Mario: Der Markt als Instrument hoheitlicher Verteilungslenkung, Tübingen 2008. (zit.: *Martini*, Verteilungslenkung, S. …)

Martini, Mario/Finkenzeller, Xaver: Die Abwägungsfehlerlehre, JuS 2012, 126–131. (zit.: *Martini/Finkenzeller*, JuS 2012, 126)

Masing, Johannes: Soll das Recht der Regulierungsverwaltung übergreifend geregelt werden?, Gutachten D zum 66. Deutschen Juristentag, Stuttgart 2006. (zit.: *Masing*, Gutachten, D …)

Masing, Johannes: Die US-amerikanische Tradition der Regulated Industries und die Herausbildung eines europäischen, AöR 128 (2003), S. 558–607. (zit.: *Masing*, AöR 128 (2003), 558)

Masing, Johannes: Grundstrukturen eines Regulierungsverwaltungsrechts – Regulierung netzbezogener Märkte am Beispiel Bahn, Post, Telekommunikation und Strom, Die Verwaltung 36 (2003), 1–32. (zit.: *Masing*, Die Verwaltung 36 (2003), 1)

Masing, Johannes: Regulierungsverantwortung und Erfüllungsverantwortung – Alternativen der Verwaltungsverantwortung am Beispiel der Privatisierungsdiskussion zur Wasserversorgung, VerwArch 95 (2004), S. 151–171. (zit.: *Masing*, VerwArch 95 (2004), 151)

Maunz, Theodo/Dürig, Günter (Hrsg.): Grundgesetz, Loseblatt-Kommentar, 76. Aufl., München 2016. (zit.: *Bearbeiter in Maunz/Dürig*, Grundgesetz, Art. … Rn. …)

Maurer, Hartmut: Allgemeines Verwaltungsrecht, 18. Aufl., Müchen 2011. (zit.: *Maurer*, Verwaltungsrecht, §… Rn. …)

Mayen, Thomas: Das planungsrechtliche Abwägungsgebot im Telekommunikationsrecht. Dargestellt am Beispiel des § 21 TKG, NVwZ 2008, 835–842. (zit.: *Mayen*, NVwZ 2008, 835)

Meinel, Florian: Der Jurist in der industriellen Gesellschaft: Ernst Forsthoff und seine Zeit, Berlin 2011. (zit.: *Meinel*, Jurist, S. …)

Meljnik, Konstantin: Das Verhältnis von Daseinsvorsorge und Wettbewerb: Neues aus Lissabon?, Speyer 2010. (zit.: *Meljnik*, Verhältnis, S. …)

Monopolkommission: Zusammenschlussvorhaben der Edeka Zentrale AG & Co. KG mit der Kaiser's Tengelmann GmbH, Sondergutachten der Monopolkommission gemäß § 42. Abs. 4 Satz 2 GWB, Bonn 2015. (zit.: *Monopolkommission*, Zusammenschlussvorhaben, Rn. …)

Monopolkommission: Post 2013: Wettbewerbsschutz effektivieren- Sondergutachten der Monopolkommission gemäß § 44 PostG in Verbindung mit § 81 Abs. 3 TKG, Bonn 2014. (zit.: *Monopolkommission*, Post 2013, Rn. …)

Monopolkommission: Eine Wettbewerbsordnung für die Finanzmärkte- Zwanzigstes Hauptgutachten der Monopolkommission gemäß § 44 Abs. 1 Satz 1 GWB – 2012/2013, Bonn/Berlin 2014. (zit.: *Monopolkommission*, Finanzmärkte, Rn. …)

Möschel, Wernhard: Service public und europäischer Binnenmarkt, JZ 2003, 1021–1027. (zit.: *Möschel*, JZ 2003, 1021)

Möschel, Wernhard: Gesetzliche Mindestlöhne vernichten Arbeitsplätze, WuW 2008, 139. (zit.: *Möschel*, WuW 2008, 139)

Möstl, Markus: Perspektiven des Regulierungsrechts: ein klassisches und ein nicht-klassisches Referenzgebiet als Beispiel, GewArch 2011, 265–273. (zit.: *Möstl*, GewArch 2011, 265)

Möstl, Markus: Renaissance und Rekonstruktion des Daseinsvorsorgebegriff unter dem Europarecht, in: Festschrift für Peter Badura zum siebzigsten Geburtstag, Tübingen 2004, S. 951–973. (zit.: *Möstl*, FS Badura, S. …)

Müller, Christoph: Netze ohne Regulierung – eine ökonomische Betrachtung der Netzentgelte im verhandelten Netzzugang des deutschen Strommarkts in den Jahren 2000 bis 2005, Münster 2013. (zit.: *Müller*, Netze, S. …)

Nebel, Julian Asmus/Kramer, Hubertus: Anmerkung zu OVG Hamburg, Beschl. v. 24.9.2014 – 3 Bs 175/14, NVWZ 2014, 1532–1533. (zit.: *Nebel/Kramer*, NVwZ 2014, 1532)

Nettesheim, Martin: Das neue Dienstleistungsrecht des ÖPNV – Die Verordnung (EG) Nr. 13070/2007, NVwZ 2009, 1449–1455. (zit.: *Nettesheim*, NVwZ 2009, 1449)

Neumann, Andreas: Kommunale Daseinsvorsorge im Bereich der Telekommunikation, KommJur 2012, 161–170. (zit.: *Neumann*, KommJur 2012, 161)

Neun, Andreas/Otting,Olaf: Die Entwicklung des Europäischen Vergaberechts in den Jahren 2013/2014, EuZW 2014, 535–540. (zit.: *Neun/Otting*, EuZW 2014, 535)

Ohlenburg, Anna: Geheimnisschutz im Verwaltungsprozess – Die Modifikation des §§ 99 II VwGO in § 138 TKG, NVwZ 2005, 15–19. (zit.: *Ohlenburg*, NVwZ 2005, 15)

Opitz, Marc: Die Zukunft der Dienstleistungskonzession, NVwZ 2014, 753–760. (zit.: *Opitz*, NVwZ 2014, 753)

Ossenbühl, Fritz: Daseinsvorsorge und Verwaltungsprivatrecht, DÖV 1971, 513–524. (zit.: *Ossenbühl*, DÖV 1971, 513)

Otting, Olaf/Olgemöller, Udo: Strategien für die mittelstandsfreundliche Vergabe von Busverkehrsdienstleistungen, VBlBW 2013, 291–294. (zit.: *Otting/Olgemöller*, VBlBW 2013, 291)

Otting, Olaf/Olgemöller, Udo: Ausgleich gemeinwirtschaftlicher Verpflichtungen durch allgemeine Vorschriften, GewArch 2012, 436–440(zit.: *Otting/Olgemöller*, GewArch 2012, 436)

Papier, Hans-Jürgen: Kommunale Daseinsvorsorge im Spannungsfeld zwischen nationalem Recht und Gemeinschaftsrecht, DVBl 2003, 686–697. (zit.: *Papier*, DVBl 2003, 686)

Paulweber, Michael/Weinand, Armin: Europäische Wettbewerbspolitik und liberalisierte Märkte, EuZW 2001, 232–241. (zit.: *Paulweber/Weinand*, EuZW 2001, 232)

Pielow, Johann-Christian: Grundstrukturen öffentlicher Versorgung, Tübingen 2001. (zit.: *Pielow*, Grundstrukturen, S. …)

Podszun, Rupprecht: Uber-A PanEuropean Regulatory Challenge, EuCML 2015, 59. (zit.: *Podszun*, EuCML 2015, 59)

Proelß, Alexander: Das Regulierungsermessen – eine Ausprägung des behördlichen Letztentscheidungsrechts?, AöR 136 (2011), S. 402–427. (zit.: *Proelß*, AöR 136 (2011), 402)

Pünder, Hermann: Die Vergabe von Personenverkehrsdienstleistungen in Europa und die völkerrechtlichen Vorgaben des WTOBeschaffungsübereinkommens, EuR 2007, 564–596. (zit.: *Pünder*, EuR 2007, 564)

Rebler, Adolf: Unmoderne Regelungswut oder berechtigte Kontrolle: Genehmigungspflicht nach PBefG in Zeiten von Uber und WunderCar, RdTW 2014, 461–467. (zit.: *Rebler*, RdTW 2014, 461)

Reents, Reent Ricklef: Ausbau und Finanzierung einer flächendeckenden Breitbandversorgung in Deutschland, Tübingen 2016. (zit.: *Reents*, Ausbau, S. …)

Reich, Johannes: Regulierung, Regulierungsrecht und Regulatory State, forum historiae iuris, 22.05.2013, abrufbar unter: https://forhistiur.de/media/zeitschrift/1305reich.pdf. (zit.: *Reich*, Regulierung, Rn. …)

Reichert, Michael: Flexible Bedienungsformen des ÖPNV im ländlichen Raum. Das Beispiel AnrufSammelTaxi (AST) Jülich, Hamburg 2013. (zit.: *Reichert*, Bedienungsformen, S. …)

Riewe, Johannes: Anmerkung zu BVerfG, Nichtannahmebeschluss vom 13.03.2014, Az. 1 BvR 3570/13, EWeRK 2014, 176–178. (zit.: *Riewe*, EWeRK 2014, 176)

Rodi, Michael: Ökonomische Analyse des Öffentlichen Rechts, Berlin/Heidelberg 2014. (zit.: *Rodi*, Analyse, S. …)

Rödl & Partner GbR (Hrsg.): Verkehr im Wandel, Ausgabe: März 2014 Nürnberg. (zit.: *Rödl & Partner*, Verkehr, S. …)

Rödl & Partner GbR (Hrsg.): Wege aufzeigen, Fokus Public Sector, Ausgabe: Januar 2015 Nürnberg. (zit.: *Rödl & Partner*, Public, S. …)

Röhl, Hans Christian: Verwaltungsverantwortung als dogmatischer Begriff?, in: Die Wissenschaft vom Verwaltungsrecht, Beiheft 2 zu Die Verwaltung, Berlin 1999, 33–55. (zit.: *Röhl*, Die Verwaltung-Bei 1999, 33)

Röhl, Hans Christian: Soll das Recht der Regulierungsverwaltung übergreifend geregelt werden?, JZ 2006, 831–839. (zit.: *Röhl*, JZ 2006, 831)

Roling, Sebastian: Der Vorrang unternehmerischer Initiative im öffentlichen Personennahverkehr, DVBl 2010, 1213–1220. (zit.: *Roling*, DVBl 2010, 1213)

Ronellenfitsch, Michael: Der ÖPNV im europäischen Binnenmarkt 1. Teil, VerwArch 92 (2001), 131–147. (zit.: *Ronellenfitsch*, VerwArch 92 (2001), 131)

Ronellenfitsch, Michael: Daseinsvorsorge als Rechtsbegriff, in: Willi Blümel (Hrsg.), Ernst Forsthoff. Kolloquium aus Anlass des 100. Geburtstags, Berlin 2002, S. 53–114. (zit.: *Ronellenfitsch*, Daseinsvorsorge, S. …)

Ruffert, Matthias: Zur Leistungsfähigkeit der Wirtschaftsverfassung, AöR 134 (2009), S. 197–239. (zit.: *Ruffert*, AöR 134 (2009), 197)

Ruffert, Matthias: Regulierung im System des Verwaltungsrechts. Grundstrukturen des Privatisierungsfolgerechts der Post- und Telekommunikation, AöR 124 (1999), 237–281. (zit.: *Ruffert*, AöR 124 (1999), 237)

Rüfner, Wolfang: § 96 Daseinsvosorge und soziale Sicherheit, in: Josef Isensee/Paul Kirchhof (Hrsg.), Handbuch des Staatsrechts der Bundesrepublik Deutschland, Band IV: Aufgaben des Staates, 3. Aufl., Heidelberg 2006. (zit.: *Rüfner*, HdbStR IV, § 96 Rn. …)

Ruge, Jan/von Tiling, Christian: Die Anordnung der Personalübernahme durch die Vergabestelle im Konflikt mit dem Grundgesetz, NZA 2016, 1055–1060. (zit.: *Ruge/von Tiling*, NZA 2016, 1055)

Ruge, Kay: Kommentar zu den Auswirkungen des Protokolls über Dienste von allgemeinem Interesse auf Daseinsvorsorge und Vergaberecht, WiVerw 2008, 263–272. (zit.: *Ruge*, WiVerw 2008, 263)

Ruge, Reinhard: Die Gewährleistungsverantwortung des Staates und der Regulatory State, Berlin 2004. (zit.: *Ruge*, Gewährleistungsverantwortung, S. …)

Ruthig, Josef/Storr, Stefan: Öffentliches Wirtschaftsrecht, 4. Aufl., Heidelberg 2015. (zit.: *Ruthig/Storr*, Wirtschaftsrecht, Rn. …)

Sachs, Michael/Jasper, Christian: Regulierungsermessen und Beurteilungsspielräume – Verfassungsrechtliche Grundlagen, NVwZ 2012, 649–653. (zit.: *Sachs/Jasper*, NVwZ 2012, 649)

Säcker, Franz Jürgen/Schmidt- Preuß, Matthias (Hrsg.): Grundsatzfragen des Regulierungsrechts, Baden- Baden 2015. (zit.: *Verfasser in Säcker/Schmidt-Preuß*, Grundsatzfragen, S. …)

Säcker, Franz Jürgen: Das Verhältnis von Wettbewerbs- und Regulierungsrecht, EnWZ 2015, 531–536. (zit.: *Säcker*, EnWZ 2015, 531)

Säcker, Franz Jürgen: Das Regulierungsrecht im Spannungsfeld von öffentlichem und privatem Recht, AöR 130 (2005), S. 180–224. (zit.: *Säcker*, AöR 130 (2005), 180)

Säcker, Franz Jürgen: Die wettbewerbsorientierte Anreizregulierung von Netzwirtschaften, N&R 2009, 78–85. (zit.: *Säcker*, N&R 2009, 78)

Saxinger, Andreas: Der neue Rechtsrahmen für Busfernverkehre, GewArch 2013, 346–351. (zit.: *Saxinger*, GewArch 2013, 346)

Saxinger, Andreas: Der Genehmigungswettbewerb nach der PBefG-Novelle 2013, GewArch 2014, 377–382. (zit.: *Saxinger*, GewArch 2014, 377)

Saxinger, Andreas: Genehmigungen und Ausgleichsleistungen im Personenbeförderungsrecht vor dem Hintergrund der neuen Verordnung (EG) Nr. 1370/2007, DVBl 2008, 688–696. (zit.: *Saxinger*, DVBl 2008, 688)

Schebstadt, Arnd: Sektorspezifische Regulierung – Im Grenzgebiet zwischen Marktaufsicht und Marktgestaltung, WuW 2005, 6–15. (zit.: *Schebstadt*, WuW 2005, 6)

Scheidemann, Dieter: Der Begriff Daseinsvorsorge: Ursprung, Funktion und Wandlungen der Konzeption Ernst Forsthoffs Göttingen 1991. (zit.: *Scheidemann*, Daseinsvorsorge, S. …)

Scheidler, Alfred: Die Taxikonzession – eine Sonderform der gewerberechtlichen Erlaubnis, GewArch 2011, 417–424. (zit.: *Scheidler*, GewArch 2011, 417)

Scherer, Joachim: Das neue Telekommunikationsgesetz, NJW 2004, 3001–3010. (zit.: *Scherer*, NJW 2004, 3001)

Schink, Alexander: Kommunale Daseinsvorsorge in Europa, DVBl, 2005, 861–870. (zit.: *Schink*, DVBl 2005, 861)

Schliesky, Utz: Öffentliches Wirtschaftsrecht: Deutsche und europäische Grundlagen, 4. Aufl., Heidelberg 2013. (zit.: *Schliesky*, Wirtschaftsrecht, S. …)

Schmidt-Aßmann, Eberhard: Das allgemeine Verwaltungsrecht als Ordnungsidee, 2. Aufl., Berlin/ Heidelberg 2006. (zit.: *Schmidt- Aßmann*, Ordnungsidee, Kap. …, Rn. …)

Schmidt-Aßmann, Eberhard: Verwaltungsrechtliche Dogmatik: Eine Zwischenbilanz zu Entwicklung, Reform und künftigen Aufgaben, Tübingen 2013. (zit.: *Schmidt-Aßmann*, Dogmatik, S. …)

Schmidt- Preuß, Matthias/Körber, Torsten (Hrsg.): Regulierung und Gemeinwohl, Vorträge auf dem Bonner Symposium der Wissenschaftlichen Vereinigung für das gesamte Regulierungsrecht am 18./19. Juni 2015, Baden- Baden 2016. (zit.: *Verfasser in: Schmidt-Preuß/Körber*, S. …)

Schmidt, Reiner: Liberalisierung der Daseinsvorsorge, Der Staat 42 (2003), S. 225–247. (zit.: *Schmidt*, Der Staat 42 (2003), 225)

Schmidt, Thorsten Ingo: Rechtliche Rahmenbedingungen und Perspektiven der Rekommunalisierung, DÖV 2014, 357–365. (zit.: *Schmidt*, DÖV 2014, 357)

Schmidt-Aßmann, Eberhard /Dagron, Stephanie: Deutsches und französisches Verwaltungsrecht im Vergleich ihrer Ordnungsideen, ZaöRV 67(2007), 395–468. (zit.: *Schmidt-Aßmann/Dagron*, ZaöRV 67(2007), 395)

Schmitt, Tobias: Die Bedarfsplanung von Infrastrukturen als Regulierungsinstrument, Tübingen 2015. (zit.: *Schmitt*, Bedarfsplanung, S. …)

Schneiderhan, Volker: Daseinsvorsorge und Vergaberecht, Berlin 2012. (zit.: *Schneiderhan*, Vergaberecht, S. …)

Schoch, Friedrich: Gewährleistungsverwaltung: Stärkung der Privatrechtsgesellschaft?, NVwZ 2008, 241–247. (zit.: *Schoch*, NVwZ 2008, 241)

Schoch, Friedrich (Hrsg.): Besonderes Verwaltungsrecht, 15. Aufl., Berlin 2013. (zit.: *Bearbeiter in Schoch*, BdVwR, S. …)

Scholtka, Boris/Baumbach, Antje: Die Entwicklung des Energierechts in den Jahren 2008 und 2009, NJW 2010, 1118–1124. (zit.: *Scholtka/Baumbach*, NJW 2010, 1118)

Schorkopf, Frank: Das Protokoll über die Dienste von allgemeinem Interesse und seine Auswirkungen auf das öffentliche Wettbewerbsrecht, WiVerw 2008, 253–262. (zit.: *Schorkopf*, WiVerw 2008, 253)

Schorkopf, Frank: Regulierung nach den Grundsätzen des Rechtsstaates, JZ 2008, 20–29. (zit.: *Schorkopf*, JZ 2008, 20)

Schröder, Holger: Inhalt, Gestaltung und Praxisfragen des wettbewerblichen Vergabeverfahrens nach der neuen europäischen ÖPNV-Verordnung, NVwZ 2008, 1288–1295. (zit.: *Schröder*, NVwZ 2008, 1288)

Schröder, Meinhard: Ridesharing – Angebote als Herausforderung für das Personenbeförderungs- und das Ordnungsrecht, DVBl 2015, 143–148. (zit.: *Schröder*, DVBl 2015, 143)

Schulz, Wolfgang: Beurteilungsspielräume als Wissensproblem- am Beispiel Regulierungsverwaltung, RW 2012, 330–350. (zit.: *Schulz*, RW 2012, 330)

Schumacher, Paschal: Subsidiaritätsprinzip und Verwaltungsrecht – Eine komparative Untersuchung anhand aktueller Beispielsfelder, DÖV 2012, 176–185. (zit.: *Schumacher*, DÖV 2012, 176)

Schumacher, Paschal: Breitband-Universaldienst: Möglichkeiten und Grenzen deutscher Politik – Funktionales Internet endlich für alle?, MMR 2011, 711–715. (zit.: *Schumacher*, MMR 2011, 711)

Schuppert, Gunnar Folke: Verwaltungswissenschaft: Verwaltung, Verwaltungsrecht, Verwaltungslehre, Baden-Baden 2000. (zit.: *Schuppert*, Verwaltungswissenschaft, S. …)

Schuppert, Gunnar Folke: Der Gewährleistungsstaat- modisches Label oder Leitbild sich wandelnder Staatlichkeit? in: ders. (Hrsg.), Der Gewährleistungsstaat- ein Leitbild auf dem Prüfstand, Baden-Baden 2005, S. 11–25. (zit.: *Schuppert*, Gewährleistungsstaat, S. …)

Schuppert, Gunnar Folke: Verwaltungsrechtswissenschaft als Steuerungswissenschaft, in: Wolfgang Hoffmann-Riem/Eberhard Schmidt-Aßmann/ders. (Hrsg.), Reform des Allgemeinen Verwaltungsrechts, 1993, S. 65–114. (zit.: *Schuppert*, Steuerungswissenschaft, S. …)

Schuppert, Gunnar Folke: Die neue Verantwortungsteilung zwischen Staat und Gesellschaft – oder: Wessen Wohl ist das Gemeinwohl, vhw FW 2008, 189–193. (zit.: *Schuppert*, vhw FW 2008, 189)

Schütte, Christian: Progressive Verwaltungsrechtswissenschaft auf konservativer Grundlage, Berlin 2006. (zit.: *Schütte*, Progressive, S. …)

Schwarze, Jürgen: Soft Law im Recht der Europäischen Union, EuR 2011, 3–18. (zit.: *Schwarze*, EuR 2011, 3)

Schwarze, Jürgen: Daseinsvorsorge im Lichte des europäischen Wettbewerbsrechts, EuZW 2001, 334–339. (zit.: *Schwarze*, EuZW 2001, 334)

Schwarze, Jürgen (Hrsg.): EU-Kommentar, 3.Aufl., Baden-Baden 2012. (zit.: *Schwarze/Bearbeiter*, AEUV Art. … Rn. …)

Sellmann, Klaus-Albrecht: Die Entwicklung des öffentlichen Verkehrsrechts, NVwZ 2011, 724–730. (zit.: *Sellmann*, NVwZ 2011, 724)

Sellmann, Klaus-Albrecht/Zuck, Holger/Meyer, Karlheinz/Fromm, Günter (Hrsg.): Personenbeförderungsrecht, 4. Aufl., 2013. (zit.: *Fromm/Sellmann/Zuck*, PBefG, §… Rn. …)

Siegel, Thorsten: Mindestlöhne im Vergaberecht und der EuGH, EuZW 2016, 101–103. (zit.: *Siegel*, EuZW 2016, 101)

Simon, Sven: Liberalisierung von Dienstleistungen der Daseinsvorsorge im WTO- und EU-Recht, Tübingen 2009. (zit.: *Simon*, Daseinsvorsorge, S. …)

Sommermann, Karl-Peter: Staatsziele und Staatszielbestimmungen, Tübingen 1997. (zit.: *Sommermann*, Staatsziele, S. …)

Sonder, Nicolas: Neuere EuGH – Rechtsprechung zum Verhältnis von interkommunaler Zusammenarbeit und Vergaberecht, LKV 2014, 207–209. (zit.: *Sonder*, LKV 2014, 207)

Song, Hualin: Unabhängie Regulierungsbehörde im USA Verwaltungsrecht [美国行政法上的独立规制机构], Tsinghua Law Journal 2010 (06), 53–70. (zit.: *Song*, TLJ 2010, 53)

Staebe, Erik: Anmerkung zum Urteil des BVerwG vom 18.05.2010 (Az.: 3 C 21.09), DVBl 2010, 986–989. (zit.: *Staebe*, DVBl 2010, 986)

Stober, Rolf: Telekommunikation zwischen öffentlich-rechtlicher Steuerung und privatwirtschaftlicher Verantwortung, DÖV 2004, 221–231. (zit.: *Stober*, DÖV 2004, 221)

Stober, Rolf: Allgemeines Wirtschaftsverwaltungsrecht. Grundlagen des deutschen, europäischen und internationalen öffentlichen Wirtschaftsrecht, 18. Aufl., Stuttgart 2014. (*Stober*, Wirtschaftsverwaltungsrecht, S. …)

Storr, Stefan: Der Staat als Unternehmer, Tübingen 2001. (zit.: *Storr*, Unternehmer, S. …)

Storr, Stefan: Soll das Recht der Regulierungsverwaltung übergreifend geregelt werden?, DVBl 2006, 1017–1026. (zit.: *Storr*, DVBl 2006, 1017)

Streinz, Rudolf: Anmerkung zu EuGH, Urteil vom 11.11.2015, Rs. C505/14, NVwZ 2016, 604–605. (zit.: *Streinz*, NVwZ 2016, 604)

Streinz, Rudolf (Hrsg.): EUV/AEUV, Vertrag über die Europäische Union und Vertrag über die Arbeitsweise der Europäischen Union, 2. Aufl., München 2012. (zit.: *Streinz/Bearbeiter*, EUV/AEUV Art. …, Rn. …)

Suhr, Dieter: Rechtsstaatlichkeit und Sozialstaatlichkeit, Der Staat 9 (1970), 67–93. (zit.: *Suhr*, Der Staat 9 (1970), 67)

Triantafyllou, Dimitris: Der Staat als Garant der Wettbewerbsstruktur. EuZW 2014, 734–737. (zit.: *Triantafyllou*, EuZW 2014, 734)

Trute, Hans- Heinrich: Die Verwaltung und das Verwaltungsrecht zwischen gesellschaftlicher Selbstregulierung und staatlicher Steuerung, DVBl 1996, 950–964. (zit.: *Trute*, DVBl 1996, 950)

Trute, Hans- Heinrich: Vom Obrigkeitsstaat zur Kooperation, in: Hendler, Rainhard/Marburger, Peter/Reinhardt, Michael/Schröder, Meinhard (Hrsg.), Rückzug des Ordnungsrechts im Umweltschutz, Berlin 1999, S. 13–51. (zit.: *Trute*, Kooperation, S. …)

Trute, Hans- Heinrich: Gemeinwohlsicherung im Gewährleistungsstaat, in: Gunnar Folke Schuppert/Fridhelm Neidhardt (Hrsg.), Gemeinwohl: Auf der Suche nach Substanz, Berlin 2002, S. 329–347. (zit.: *Trute*, Gemeinwohlsicherung, S. …)

Trute, Hans- Heirich: Verantwortungsteilung als Schlüsselbegriff eines sich verändernden Verhältnisses von öffentlichem und privaten Sektor, in: Gunnar Folke Schuppert (Hrsg.), Jenseits von Privatisierung und "schlankem" Staat, Baden-Baden 1999, S. 13–45. (zit.: *Trute*, Verantwortungsteilung, S. …)

Trute, Hans-Heinrich: Regulierung – am Beispiel des Telekommunikationsrechts, in: Festschrift für Winfried Brohm zum 70. Geburtstag, München 2002, S. 169–189. (zit.: *Trute*, FS Brohm, S. …)

Trute, Hans-Heinrich: Der europäische Regulierungsverbund in der Telekommunikation, in: Festschrift für Peter Selmer zum 70. Geburtstag, Berlin 2004, S. 565–586. (zit.: *Trute*, FS Selmer, S. …)

Trute, Hans-Heinrich/Broemel, Roland: Die Regulierung des Zugangs in den Netzwirtschaften, ZHR 170 (2006), 706–736. (zit.: *Trute/Broemel*, ZHR 170 (2006), 706)

Tugendreich, Bettina: Mindestlohnvorgaben im Kontext des Vergaberechts, NZBau 2015, 395–402. (zit.: *Tugendreich*, NZBau 2015, 395)

Uerpmann-Wittzack, Robert: § 89 Verkehr in: Josef Isensee/Paul Kirchhof (Hrsg.), Handbuch des Staatsrechts der Bundesrepublik Deutschland, Band IV: Aufgaben des Staates, 3. Aufl., Heidelberg 2006. (zit.: *Uerpmann-Wittzack*, HdbStR IV, § 89 Rn. …)

Verband Deutscher Verkehrsunternehmen e. V. (Hrsg.): Flexible Bedienungsformen – Genehmigung und Rechtsfolgen, Thesenpapier zur Fachtagung am 3. Februar 2015, Köln. (zit.: *VDV*, Bedienungsformen, S. …)

Vetter, Thomas/Haase, Knut: Alternative Bedienformen im ÖPNV- Akzeptanzstudie im Landkreis Saalkreis, Dresden 2008. (zit.: *Vetter/Haase*, Alternative, S. …)

von Danwitz, Thomas: Dienste von allgemeinem wirtschaftlichem Interesse in der europäischen Wettbewerbsordnung, in: Andreas Krautscheid (Hrsg.),

Die Daseinsvorsorge im Spannungsfeld von europäischem Wettbewerb und Gemeinwohl, Wiesbaden 2009, S. 103–132. (zit.: *von Danwitz*, Dienste, S. …)

von Danwitz,Thomas: Was ist eigentlich Regulierung?, DÖV 2004, 977–985. (zit.: *von Danwitz*, DÖV 2004, 977)

von der Groeben, Hans/Schwarze, Jürgen/Hatje, Armin (Hrsg.): Europäisches Unionsrecht, 7. Aufl., Baden-Baden 2015. (zit.: *von der Groeben /Schwarze/ Bearbeiter*, AEUV Art. …, Rn. …)

Von Senger, Harro: Einführung in das chinesisches Recht, München 1994. (zit.: *Von Senger*, Einführung, S. …)

Voßkuhle, Andreas: Grundwissen – Öffentliches Recht: Entscheidungsspielräume der Verwaltung, JuS 2008, 117–119. (zit.: *Voßkuhle*, JuS 2008, 117)

Voßkuhle, Andreas: Beteiligung Privater an der Wahrnehmung öffentlicher Aufgaben und staatliche Verantwortung, in: Veröffentlichungen der Vereinigung der Deutschen Staatsrechtslehrer 62, Berlin 2003, S. 266–285. (zit.: *Voßkuhle*, VVDStRL 62 (2003), 266)

Wachinger, Lorenz: Das Recht des Marktzugangs im ÖPNV, Berlin 2006. (zit.: *Wachinger*, Marktzugang, S. …)

Wagner-Cardenal, Kersten/Dierkes, Jan-Michael: Die Direktvergabe von öffentlichen Personenverkehrsdiensten, NZBau 2014, 738–743. (zit.: *Wagner-Cardenal/Dierkes*, NZBau 2014, 738)

Wahl, Rainer: Herausforderungen und Antworten: Das öffentliche Recht der letzten fünf Jahrzehnte, Berlin 2006. (zit.: *Wahl*, Herausforderungen, S. …)

Weck, Thomas: Staatliche Unternehmen und die Daseinsvorsorge nach Marktregeln, DÖV 2015, 500–508. (zit.: *Weck*, DÖV 2015, 500)

Wei, Jun: Privatisierung des Öffentlichen Personennahverkehrs und Verwaltungsregulierung[城市公共交通民营化与政府管制], Chinesische Verwaltung 2009 (06), 88–91. (zit.: *Wei*, CV 2009, 88)

Weiß, Wolfgang: Das Verhältnis von Wettbewerb und Daseinsvorsorge nach Lissabon, in: Müller- Graff/Schwarze (Hrsg.), Neues Europäisches Wirtschafts- und Wettbewerbsrecht?, EuR 2011 Beiheft, Baden-Baden, S. 47–69. (zit.: *Weiß*, EuR-Bei 2011, 47)

Weiß, Wolfgang: Öffentliche Daseinsvorsorge und soziale Dienstleistungen: Europarechtliche Perspektiven, EuR 2013, 669–687. (zit.: *Weiß*, EuR 2013, 669)

Wenzel, Frank/Denzin, Pia/Siederer, Wolfgang: Ausschreibungs- und Genehmigungswettbewerb für ÖPNV-Leistungen, LKV 2008, 18–21. (zit.: *Wenzel/ Denzin/Siederer*, LKV 2008, 18)

Wernicke, Stephan: Die gewandelte Bedeutung des Art. 106 AEUV: Aus den Apokryphen zum Kanon der Wirtschaftsverfassung, EuZW 2015, 281–285. (zit.: *Wernicke*, EuZW 2015, 281)

Wernsmann, Rainer/Loscher, Tobias: Dienstleistungen von allgemeinem wirtschaftlichem Interesse im EU-Beihilfenrecht, NVwZ 2014, 976–982. (zit.: *Wernsmann/Loscher*, NVwZ 2014, 976)

Wimmer, Norbert: Kontrolldichte – Beobachtungen zum richterlichen Umgang mit Entscheidungsprärogativen, JZ 2010, 433–440. (zit.: *Wimmer*, JZ 2010, 433)

Wimmer, Norbert/Weiß, Mari: TaxiApps zwischen Vermittlertätigkeit und Personenbeförderung, MMR 2015, 80–85. (zit.: *Wimmer/Weiß*, MMR 2015, 80)

Winkler, Viktor: Bundesnetzagentur und Beurteilungsspielraum, DVBl 2013, 156–160. (zit.: *Winkler*, DVBl 2013, 156)

Winnes, Michael/Schwarz, Andreas/Mietzsch, Oliver: Zu den Auswirkungen der VO 1370/07 für den öffentlichen Nahverkehr in Deutschland, EuR 2009, 290–302. (zit.: *Winnes/Schwarz/Mietzsch*, EuR 2009, 290)

Winter, Gerd: Ökologische Verhältnismäßigkeit, ZUR 2013, 387–395. (zit.: Winter, ZUR 2013, 387)

Wißmann, Hinnerk: Die Anforderungen an ein zukunftsfähiges Infrastrukturrecht, in: Veröffentlichungen der Vereinigung der Deutschen Staatsrechtslehrer 73, Berlin 2014, S. 369–421. (zit.: *Wißmann*, VVDStRL 73 (2014), 369)

Wolfers, Benedikt/Wollenschläger, Burkard: Zwang zum Erhalt von Kraftwerken – Zur Verfassungsmäßigkeit der neuen Regulierung der Energieerzeugung, N&R 2013, 251–256. (zit.: *Wolfers/Wollenschläger*, N&R 2013, 251)

Wollenschläger, Bernward: Effektive staatliche Rückholoptionen bei gesellschaftlicher Schlechterfüllung, Baden-Baden 2006. (zit.: *Wollenschläger*, Rückholoptionen, S. …)

Wollenschläger, Burkard: Wissensgenerierung im Verfahren, Tübingen 2009. (zit.: *Wollenschläger*, Wissensgenerierung, S. …)

Wuermeling, Joachim: Auswirkungen des Lissabonner Vertrages auf die Daseinsvorsorge, WiVerw 2008, 247–252. (zit.: *Wuermeling*, WiVerw 2008, 247)

Würtenberger, Thomas: Entscheidung über den Marktzugang nach Regulierungsermessen? GewArch 2016, 6–14. (zit.: *Würtenburg*, GewArch 2016, 6)

Yin, Xin/Zhang, Changqing: Regulations on Special Car Reservation Service and Taxi Markt [专车服务与出租汽车市场的法律规制], Stadtverkehr 2015 (04), 1–6. (zit.: *Yin/Zhang*, Stadtverkehr 2015, 1)

Yu, Wenguang: Praktische Erfahrungen und rechtliche Probleme mit Public Private Partnership in der Verkehrsinfrastruktur in Deutschland und China, Frankfurt am Main 2009. (zit.: *Yu*, PPP, S. …)

Yuan, Shuhong: Service- Modeled Goverment calls the transition of public law [服务型政府呼唤公法转型-论通过公法变革优化公共服务], China Rechtwissenschaft 2006 (03), 46–58. (zit.: *Yuan*, China Rechtswissenschaft 2006, 46)

Zhang, Dongyang: Ridesharing: Institutional Innovation or illegal act [专车服务：制度创新抑或违法行为], Tsinghua University Law Journal 2016 (02), 149–168. (zit.: *Zhang*, TLJ 2016, 149)

Zhang, Zhiyuan: Privatisierung, Reform der Aufsicht und Entwicklung des neuen Verwaltungsrechts [民营化、规制改革与新行政法的兴起], China Rechtwissenschaft, 2009 (02), 22–35. (zit.: *Zhang*, China Rechtswissenschaft 2009, 22)

Ziekow, Jan: Öffentliches Wirtschaftsrecht, 3. Aufl., München 2013. (zit.: *Ziekow*, Wirtschaftsrecht, §. . Rn. .)

Ziekow, Jan: Public Private Partnership- auf dem Weg zur Formierung einer intermediären Innovationsebene? VerwArch 97 (2006), S. 626–638. (zit.: *Ziekow*, VerwArch 97 (2006), 626)

Ziekow, Jan: Die Direktvergabe von Personenverkehrsdiensten nach der Verordnung (EG) Nr. 1370/2007 und die Zukunft eigenwirtschaftlicher Verkehre, NVwZ 2009, 865–871. (zit.: *Ziekow*, NVwZ 2009, 865)

Ziekow, Jan: Soziale Aspekte in der Vergabe – Von der „Vergabefremdheit" zur europäischen Regelung, DÖV 2015, 897–904. (zit.: *Ziekow*, DÖV 2015, 897)

Zweckverband Bremen Niedersachsen/Verkehrsverbund Bremen Niedersachsen: Bedarfsfesteuerte Verkehre im Verkehrsverbund Bremen/Niedersachsen, Leitfaden 1. Aufl. 2014. (zit.: *ZVBN/VBN*, Bedarfsfesteuerte, S. …)

Zweigert, Konra/Kötz, Hein: Einführung in die Rechtsvergleichung: Auf dem Gebiete des Privatrechts, 3. Aufl., Tübingen 1996. (zit.: *Zweigert/Kötz*, Rechtsvergleichung, S. …)

Einleitung

A. Problemstellung und Ziel

I. Einführung in die Problemlage

Seit den 1980er Jahren verändern sich die Verhältnisse von Staat, Gesellschaft und Bürgern weltweit,[1] ein Wandel, der durch Schlüsselbegriffe wie Privatisierung und Deregulierung beschrieben werden kann.[2] Die vermehrte Nutzbarmachung privater Handlungsrationalität in der Wahrnehmung öffentlicher Aufgaben führt unvermeidbar zu einem Verlust an staatlichen Steuerungsmöglichkeiten.[3] Diese Veränderung stellt nicht zuletzt den Staat vor große Herausforderungen: Fraglich ist, welche Aufgaben der Staat nach der Privatisierung noch wahrnehmen kann, soll und muss. In Frage steht weiterhin, wie weit die Steuerung durch den Staat zu gehen hat, damit die öffentlichen Dienstleistungen noch die Bedürfnisse der Bürger und weitere wesentliche Sozialinteressen befriedigen. Welche Steuerungsinstrumente kann das Recht zur Verfügung stellen, damit öffentliche Aufgaben gerecht erfüllt werden können? Sowohl die VR China als auch Deutschland müssen ähnliche Probleme lösen, wenn die Erbringung der öffentlichen Dienstleistungen durch Wettbewerb wahrgenommen werden soll.

Seit der Verkündung der sog. Open Door Policy durch Deng Xiaoping 1978 hat sich die chinesische Wirtschaftsordnung unter staatlicher Kontrolle graduell von einer Planwirtschaft hin zu einer die Grundsätze der Marktwirtschaft anerkennenden Ökonomie entwickelt.[4] Unter der Planwirtschaft gab es keine deutliche Unterscheidung zwischen Staat und Gesellschaft, alle Dienstleistungen und Produkte wurden von der Verwaltung bzw. von Staatsbetrieben angeboten. Der Staat als Leistungsstaat wahrte zwar den allgemeinen Lebensstandard der Bevölkerung, seine ökonomische Dominanz wirkte sich jedoch negativ auf die Gesellschaft aus. 1980 entschied sich China, das Wirtschaftssystem zu reformieren. Durch den 7. Verfassungszusatz vom 29. März 1993 wurde die Marktwirtschaft schließlich vom Gesetzgeber anerkannt: Der Staat wird demnach eine sozialistische Marktwirtschaft realisieren. Neben der Reformpolitik steht China noch der Herausforderung der Globalisierung gegenüber, besonders durch den

---

1 Schuppert, Verwaltungswissenschaft, S. 354 f.

2 Voßkuhle, GVwR I, § 1 Rn. 57 ff.

3 Franzius, Der Staat 45 (2006), 547, 549.

4 List, Wirtschaftsverwaltungsrechtsaufgaben, S. 2.

Beitritt zur World Trade Organization (WTO) im Jahr 2001.[5] Im Rahmen dieser Entwicklung muss die Regierung die Rolle des Staates im Wirtschaftsablauf neu definieren und einen Rechtsrahmen bilden, um eine neue, den Anforderungen einer Marktwirtschaft gerecht werdende Wirtschaftsordnung zu gestalten.[6]

Die Umgestaltung der Marktwirtschaft entwickelte sich namentlich von der Dominanz des Agrarsektors hin zum Sektor der Leichtindustrie. Seit 1993 wurden die staatlichen Unternehmen in unterschiedlichen Formen als autonome Wirtschaftssubjekte anerkannt, während parallel privatwirtschaftliche Unternehmenstätigkeiten zugelassen wurden.[7] Im Jahr 1998 erfolgte eine Reform des öffentlichen Dienstes, in deren Verlauf die Staatsunternehmen umstrukturiert und saniert wurden. Schließlich wurde die Reform auf die öffentlichen Dienstleistungen ausgedreht. Im Jahr 2005 erließ der Chinesische Staatsrat Pilotnormen,[8] unter denen das Telekommunikations-, das Post- und Eisenbahnwesen reformiert werden sollten, die Vermarktung der Wasserversorgung und anderer Branchen der öffentlichen Dienstleistungen weiter vorzutreiben waren.[9] Der Staatsrat betonte, dass die örtlichen Regierungen schnellstmöglich Pilotnormen zum Einkauf der öffentlichen Dienstleistungen erlassen und die Modalitäten der Erbringung der öffentlichen Dienstleistungen verschiedenartig gestalten sollten, um die Marktkräfte anzuregen. Im März 2015 wurde die Reform der natürlichen Monopole angegangen; um die Innovationskräfte voranzutreiben, soll der Markt grundlegend zur Geltung gebracht werden. Zugleich muss eine Überkompensation seitens der örtlichen Regierungen ausgeschlossen sein. Die örtlichen Regierungen dürfen ihre Verwaltungsbefugnisse nicht missbrauchen, um den Wettbewerb auszuschließen oder zu beschränken.[10] In Form der Konzession durch öffentliche Ausschreibung sind inländische und ausländische Investitionen auf dem Markt der Infrastrukturprojekte anspornend zugelassen.[11]

---

5 Yu, PPP, S. 65.

6 List, Wirtschaftsverwaltungsrechtsaufgaben, S. 2.

7 Vgl. List, Wirtschaftsverwaltungsrechtsaufgaben, S. 57.

8 von Senger, Einführung, S. 198.

9 Punkt 2 Abs. 4 Standpunkt des Staatsrats zur Vertiefung der Reform des Wirtschaftssytems (Guofa [2005] 9), veröffentlicht am 04.04.2005.

10 Punkt 2 Standpunkt des Zentralkomitees der Kommunistischen Partei und des Staatsrats zur Förderung der Reform der Wirtschaftsstruktur und Durchsetzung der Innovationstrategie (Zhongfa [2015] 8), veröffentlicht am 13.03.2015.

11 Standpunkt des Bauministeriums zur Beschleunigung der Kommerzialisierung städtischer Versorgungsdientleistungen (Jiancheng Nr. [2002] 272), veröffentlicht am 27.12.2002.

Zusammenfassend kann man feststellen, dass die chinesische Regierung auf die Aktivierung privater Kräfte setzt und die öffentlichen Dienstleistungen durch Wettbewerb verbessern will.[12]

Da das Versorgungsniveau der öffentlichen Dienstleistungen für die Bürger von hohem Stellenwert ist, muss zugleich die Grundversorgung unter sozial-, umwelt- sowie wirtschaftspolitischen Gesichtspunkten gewährleistet bleiben. Der Staat muss einerseits der Verselbständigung gesellschaftlicher Teilsysteme und ihrer eigenen Handlungslogik Rechnung tragen, andererseits durch Beeinflussung und Überdetermination die jeweiligen Gemeinwohlziele erreichen.[13] Es ist herauszufinden, wie die Forderung nach einer größtmöglichen Mobilisierung gesellschaftlicher Kräfte und die staatliche Letztverantwortung für das Gemeinwohl in Einklang zu bringen sind.[14]

In den 1990er Jahren erfasste die Privatisierungsstrategie auch den Bereich der öffentlichen Daseinsvorsorge in Deutschland.[15] Mit dem Ruf nach einem schlanken Staat wurden die alten Strukturen unter Druck gesetzt.[16] Der Druck kommt hauptsächlich aus dem Europarecht, das sich am Binnenmarkt orientiert. Art. 106 Abs. 2 AEUV erhält eine zentrale Stellung bei der Daseinsvorsorgeleistungen. Nach der Einführung des Art. 14 AEUV wird der Stellenwert der Dienstleistung von allgemeinem wirtschaftlichen Interesse innerhalb der gemeinsamen Werte der Union positiv hervorgehoben.[17] Heftig diskutiert wird die Frage, wie weit der Wettbewerb in der Daseinsvorsorge zur Geltung kommt.

In diesem Prozess wandelt sich der Leistungs- zum Gewährleistungsstaat, der zahlreiche Instrumente zu eigenhändigen Aufgabenerfüllung aufgegeben hat.[18] Durch die Entkoppelung von Staatsaufgabenbestimmung und -wahrnehmung verleiht das Modell des Gewährleistungsstaates dem Staat ein erhebliches Gestaltungspotenzial.[19] Im Mittelpunkt dieser Überlegungen steht das „Denken in Verantwortungsstufen".[20] Da es keine allgemeine normative

---

12 So Punkt 7 der Standpunkte des Staatsrats zur Förderung des fairen Wettbewerbs und Erhaltung der ordentlichen Marktordnung (Guofa [2014] 20), veröffentlicht am 09.07.2014.

13 Trute, Verantwortungsteilung, S. 13, S. 19.

14 Wollenschläger, Rückholoptionen, S. 22

15 Bieling, WSI Mitteilung 2008, 541, 542.

16 Doerfert, JA 2006, 316, 317.

17 Krajewski, EuR-Bei 2013, 109, 114.

18 Trute, Gemeinwohlsicherung, S. 329.

19 Knauff, DÖV 2009, 581, 582.

20 Schuppert, Verwaltungswissenschaft, S. 400 ff.; Voßkuhle, VVDStRL 62 (2003), 266, 285.

Gewährleistungsverantwortung gibt,[21] kann nur dort von ihr gesprochen werden, wo der Gesetzgeber durch legislative Regelung die Verantwortung auf die Verwaltung überträgt, namentlich weil die private Leistungserbringung zu keiner ausreichenden Versorgung führt.[22] Deshalb ist es notwendig zu untersuchen, ob im Bereich des öffentlichen Personennahverkehrs (ÖPNV) die Verwaltung Gewährleistungsverantwortung übernimmt.

Der Begriff „Regulierung" wird in der nachfolgend zu entwickelnden Diskussion an verschiedene Stränge angeschlossen. Gestaltungsziele regulativer Politik, wie die Aufrechterhaltung funktionierender Märkte oder die Sicherung sozialer Ziele im Bereich der Infrastruktur, haben in den letzten Jahren an Bedeutung gewonnen. Die Nutzer der öffentlichen Dienstleistungen können zwar vom Wettbewerb profitieren,[23] jedoch wirkt sich die Einschaltung privater Unternehmen zu Lasten der Sozialpolitik aus.[24] Da private Unternehmen ein grundsätzliches Interesse an Gewinnerziehung verfolgen, ist es sinnvoll zu fragen, wann sich der Ausschluss des Wettbewerbs rechtfertigt, um Verbraucher-, Arbeitnehmer-, und Umweltschutzinteressen zu verfolgen.

Das Verwaltungsrecht als Auffangordnung spielt hier für die Verwirklichung des normativen Anspruchs eine große Rolle, besonders im Zuge von Privatisierungsprozessen.[25] Um die Steuerungsdefizite des Rechts zu vermeiden, muss es seine Bereitstellungsfunktion[26] erfüllen. Seine Steuerungsinstrumente mit Blick auf die genannten Herausforderungen sollen den staatlichen Einfluss auf die Wahrung von Gemeinwohlinteressen unter veränderten Umständen möglichst weitgehend sichern und den Staat auf diese Weise im Spiel halten.[27] Insofern ist die staatliche Gewährleistung durch Regulierung ein geeignetes Mittel, Privatisierungsfolgen mittels staatlicher Steuerung zu mildern und zu begrenzen.[28]

II. Ziel der Arbeit

Deutschland und China stehen vor der Herausforderung der Privatisierung und Deregulierung im Bereich der öffentlichen Dienstleistungen. Es ist darauf

21 Britz, Die Verwaltung 37 (2004), 145.
22 Ruge, Gewährleistungsverantwortung, S. 181 ff.
23 Schwarze, EuZW 2001, 334, 334.
24 Brehme, Wasserversorgung, S. 7.
25 Appel, VVDStRL 67 (2008), 226, 248 f.
26 Schuppert, Steuerungswissenschaft, S. 65, S. 96.
27 Appel, VVDStRL 67 (2008), 226, 242, Fn. 57.
28 Appel, VVDStRL 67 (2008), 226, 242, Fn. 57.

hinzuweisen, dass der Schwerpunkt der vorliegenden Arbeit das Regulierungsrecht ist, obwohl die behandelten Probleme in Privatisierungsprozessen auftauchen, in denen der Rückzug des Staates die Qualität öffentlicher Dienstleistungen gefährdet.[29] Der Staat muss durch das Regulierungsrecht eine Gewährleistungsverantwortung übernehmen,[30] um den hier drohenden Verlust der Gestaltungsmacht zu kompensieren.[31]

Als ein neues Referenzgebiet des Verwaltungsrechts zeichnet sich das Regulierungsrecht durch hohe Komplexität aus.[32] Das Regulierungsrecht legt Inhalt und Grenzen der Steuerung des Staates fest, es betrifft gleichzeitig die Interessen der Bürger. In der vorliegenden Arbeit werden nicht nur geltende Gesetzeslage, sondern auch die Kritik und die zukünftige Entwicklung der Regulierungsinstrumente dargestellt. Aus dem deutschen Regulierungskonzept werden rechtliche Hinweise für das chinesische Recht der öffentlichen Dienstleistungen gezogen.

Die Regulierungsrahmen sind je nach Sektor sehr unterschiedlich zu gestalten.[33] In der vorliegenden Arbeit wird die Regulierung als ein Handlungskonzept[34] der Verwaltung im Bereich des ÖPNV eingeführt. Die Erbringung der Personenbeförderung im ÖPNV wird zurzeit nicht nur zunehmend unter Wettbewerbsdruck gesetzt, sondern ist unter dem Anspruch der Gemeinwohlsicherung fortzuentwickeln. Die Arbeit konzentriert sich daher auf die Untersuchung eines künftig zu beachtenden Regulierungsrahmens im ÖPNV.

B. Zur Rechtsvergleichung im öffentlichen Recht und im Bereich des ÖPNV

I. Rechtsvergleichung im öffentlichen Recht

Ziel von Rechtsvergleichung ist in erster Linie, durch einen Blick ins Ausland Erkenntnisse über die Abläufe, Ursachen und Regelmäßigkeiten der Rechtswirklichkeit zu gewinnen.[35] Das von der Rechtsvergleichung erarbeitete Material ist unter anderem ein wichtiges Arbeitsinstrument für den Gesetzgeber geworden.[36] Dieser Methode ist an der zivilistischen Rechtsvergleichung besonders

29 Schliesky, Wirtschaftsrecht, S. 145.
30 Britz, Die Verwaltung 37(2004), 145, 150 f.
31 Grundlegend Trute, DVBl 1996, 950, 956; Burgi, NVwZ 2001, 601, 602.
32 Schmidt-Aßmann,Dogmatik, S. 21.
33 Kühling, DVBl 2013, 1093, 1094 f.
34 Burgi, FS Battis, S. 329, S. 332.
35 Brand, JuS 2003, 1082, 1083.
36 Zweigert/Kötz, Rechtsvergleichung, S. 14.

gelegen. Für das öffentliche Recht ist sie derweil nicht einfach durchzuführen, denn die institutionellen Kontexte im öffentlichen Recht fallen sehr unterschiedlich aus.[37] Das Verwaltungs- als Teil des öffentlichen Rechts hat erst mit dem Erstarken des modernen Nationalstaates zu innerer Geschlossenheit gefunden.[38] Für eine erfolgreiche Rechtsvergleichung im Verwaltungsrecht müssen in den jeweils untersuchten Rechtsordnungen ähnliche Rechtsprobleme zu beobachten sein (Funktionalitätsprinzip).[39]

Die Rechtsvergleichung in den Bereichen der Daseinsvorsorge hat praktische Relevanz, weil die Daseinsvorsorge im modernen Staat wenig von der Politik geprägt ist, etwa in den Bereichen Seuchenbekämpfung oder Straßenunterhaltung.[40] Eine Rechtsvergleichung der Regulierung der Daseinsvorsorge zwischen Deutschland und China hat drei Gründe: Erstens wird sie sowohl in China als auch in Deutschland allgemein zur Steuerung des Wirtschaftsablaufes in einer Marktwirtschaft bzw. in einer sich entwickelnden Marktwirtschaft eingesetzt und erfüllt somit dieselbe Aufgabe und Funktion.[41] Zweitens steht die Daseinsvorsorge in den beiden Ländern im Umbruch, Privatisierung und Deregulierung haben Spuren in den Leistungen der Daseinsvorsorge hinterlassen. Drittens wendet sich der chinesische Gesetzgeber in den letzten Jahren verstärkt dem kontinental-europäischen Recht zu, eine Rechtsvergleichung ist mithin möglich und zweckmäßig.[42]

II. Rechtsvergleichung im Bereich des ÖPNV

Den ÖPNV als Gegenstand der Betrachtung zu wählen, lässt sich auf folgende Gründe zurückführen: Erstens befindet sich der Markt des ÖPNV in einer dynamischen Entwicklung, die auf Wettbewerbsdruck und neue Techniken zurückzuführen ist. Zweitens gehört der ÖPNV zum traditionellen Umfang der Leistungen der Daseinsvorsorge. Das Recht der öffentlichen Dienstleitungen war lange Zeit aus der chinesischen Verwaltungsrechtspraxis und -lehre ausgeblendet, es ist aber für die Vermarktung der öffentlichen Dienstleistungen und zur Sicherstellung der Gemeinwohlziele wichtig.[43]

---

37 Vgl. Möllers, GVwR I, § 3 Rn. 40.
38 Schmidt-Aßmann/Dagron, ZaöRV 67 (2007), 395, 396.
39 Zweigert/Kötz, Rechtsvergleichung, S. 33; Ruge, Gewährleistungsverantwortung, S. 23.
40 Bernhardt, ZaöRV 24(1964), 431, 432.
41 List, Wirtschaftsverwaltungsrechtsaufgaben, S. 5.
42 List, Wirtschaftsverwaltungsrechtsaufgaben, S. 6.
43 Yuan, China Rechtswissenschaft 2006, 46.

C. Gang der Darstellung

Eine Analyse des Rechtsrahmens lässt sich nicht losgelöst von der Entwicklung der Verwaltungswirklichkeit vornehmen. Die vorliegende Arbeit nimmt eingangs den Begriff der Daseinsvorsorge von Ernst Forsthoff auf. Aufgrund seiner Europäisierung erlebt dieser Begriff eine Renaissance.[44] Hierzu wird das Verhältnis zwischen Daseinsvorsorge und Wettbewerb im Europarecht vertieft diskutiert. Dann wird die Verantwortungsstufung vorgestellt. Zudem sind die grundlegenden Rahmenbedingungen für Leistungen der Daseinsvorsorge in China aufzuzeigen (Kapitel 1).

Im Anschluss an die Darstellung der Gewährleistungsverantwortung wird das Regulierungsrecht, das in Deutschland erst den 1990er Jahren Gegenstand verstärkten rechtswissenschaftlichen Interesses ist,[45] zum wesentlichen Untersuchungsgegenstand der vorliegenden Arbeit werden. Da sich das Regulierungsrecht in den einzelnen Sektoren durch unterschiedliche Instrumente auszeichnet, werden hier nur die von der Literatur allgemein anerkannten Instrumente vorgestellt (Kapitel 2).

Zum Bereich des ÖPNV ist die geltende Rechtslage zu analysieren. Aus europarechtlicher Sicht befindet sich der ÖPNV im Spannungsfeld zwischen dem Beihilferecht, dem Vergaberecht und dem Recht auf kommunale Eigenständigkeit. Neben dem ÖPNV steht der Markt des Taxigewerbes vor Herausforderungen, wozu hier namentlich die Uberapps behandelt werden. Das wettbewerbliche Vergabeverfahren, Ausgleichsregelungen und die Regulierung des Gelegenheitsverkehrsmarkts können für China hilfreiche Anregungen liefern (Kapitel 3).

44 Möstl, FS Badura, S. 951, S. 955.
45 Bullinger, DVBl 2003, 1355, 1356.

Kapitel 1: Daseinsvorsorge im Wandel der Staatlichkeit

Ein spezifisches Strukturmerkmal moderner Staatlichkeit ist die öffentliche Daseinsvorsorge.[46] Im Folgenden soll dieser Untersuchungsgegenstand der Arbeit näher bestimmt werden. Es ist zu klären, woher das Konzept der staatlichen Daseinsvorsorge stammt und wie es sich in der Europäisierung entwickelt.

A. Das Konzept der Daseinsvorsorge in Deutschland

„Daseinsvorsorge" ist ein eigentümlicher deutscher Begriff, der sehr umstritten ist, seit er in der rechtswissenschaftlichen Diskussion Verwendung fand. Wie Bücher haben auch Begriffe Schicksale, so jener der Daseinsvorsorge, der auf eine recht wechselhafte Geschichte zurückblickt: Während der Begriff im traditionellen Verwaltungsrecht nicht fruchtbar wirkte,[47] fand er sich zunehmend in Landes- und Bundesgesetzen, besonders in kommunalverfassungsrechtlichen Vorschriften.

I. Forsthoffs Lehre von der Daseinsvorsorge

1. Der Hintergrund und Definition

Das Verwaltungsrecht soll sich mit Blick auf Veränderungen in der sozialen Umwelt und neue Aufgaben der Verwaltung fortentwickeln (Verwaltungswirklichkeit).[48] Um sich der Lücke zwischen Verwaltungsrecht und Verwaltungswirklichkeit zu vergewissern, wurde der Begriff der Daseinsvorsorge erstmals von Ernst Forsthoff in seiner Schrift „Die Verwaltung als Leistungsträger" entwickelt.[49] Den Begriff der Daseinsvorsorge in die juristische Diskussion eingeführt zu haben, war kein spontaner Akt Forsthoffs, sondern stellt sich als Ergebnis des sozialen Wandels und seiner Reflexion auf Ebene der Theorie dar.[50]

---

46 Wißmann, VVDStRL 73 (2014), 369, 377.

47 Vgl. Mauer, Verwaltungsrecht, § 1 Rn. 16a.

48 Brohm, VVDStRL 30 (1972), 245, 249. Zurückgreifend auf Forsthoff, Leistungsträger, S. 55 f.

49 Meinel, Jurist, S. 128 ff.

50 Schütte, Progressive, S. 36 ff.

Anfang 20. Jahrhunderts war die Verwaltung mit der Industrialisierung, Bevölkerungsvermehrung und sozialen Notlagen, insbesondere infolge des Ersten Weltkriegs konfrontiert. Um diese soziale Wandlung zu verdeutlichen, differenzierte Forsthoff zwischen „beherrschtem Lebensraum" und „effektivem Lebensraum".[51] Als „beherrschter Lebensraum" soll derjenige gelten, der dem Einzelnen in so intensiver Weise zugeordnet ist, dass er über ihn verfügen und gestalten kann.[52] Als „effektiven Lebensraum" bezeichnet Forsthoff einen Raum, in dem der Mensch sein „Dasein" verbringen kann.[53] Der beherrschte Lebensraum habe sich namentlich aufgrund der Bevölkerungsvermehrung verringert, während sich der effektive Lebensraum aufgrund der industriell-technischen Entwicklung erweitert habe.[54]

Um das Dasein des Individuums sicherzustellen, müssen ihm die zur Daseinsermöglichung erforderlichen Leistungen zugänglich gemacht werden.[55] Die Zugänglichkeit der notwendigen Leistungsgüter muss im Wege der Appropriation verschafft werden, statt durch Nutzung eigener Sache.[56] Die Veranstaltungen, die zur Befriedigung des Appropriationsbedürfnisses getroffen werden, sind Daseinsvorsorge.[57]

In der Folge stellt sich die Frage, wer die Daseinsverantwortung[58] übernehmen soll.[59] Weil sich das Grundgesetz jedenfalls für den Staat als Organisationsform des sozialen Zusammenlebens entschieden hat, müsse der Staat Aufgabenträger sein.[60] Die dem Staat zukommenden Aufgabenbewältigungen werden von Forsthoff in drei Funktionen unterschieden: die Gewährleistung eines angemessenen Verhältnisses von Lohn und Preis; die Lenkung des Bedarfs, der Erzeugung und des Umsatzes; die Darbringung von Leistungen, auf welche der in die modernen massentümlichen Lebensformen verwiesene Mensch lebensnotwendig angewiesen sei.[61] Kurz gesagt, zu Beginn beschränkt Forsthoff die Daseinsvorsorge auf

---

51 Forsthoff, Leistungsträger, S. 4.
52 Forsthoff, Daseinsvorsorge, S. 111, S. 112; ders., Industriegesellschaft, S. 75 f.
53 Forsthoff, Industriegesellschaft, S. 76.
54 Forsthoff, Industriegesellschaft, S. 76.
55 Schneiderhan, Vergaberecht, S. 23.
56 Forsthoff, Rechtsfragen, S. 26. Appropriation erfüllt dann eine Verteilungsfunktion, vgl. Schneidemann, Daseinsvorsorge, S. 49.
57 Forsthoff, Rechtsfragen, S. 26.
58 Forsthoff, Rechtsfragen, S. 26.
59 Schütte, Progressive, S. 44.
60 Forsthoff, Daseinsvorsorge, S. 111, S. 113; ders, Industriegesellschaft, S. 77.
61 Forsthoff, Rechtsfragen, S. 27.

existenzielle Leistungen.[62] In seinem später erschienen Lehrbuch werden jedoch „alle Leistungen der Verwaltung an die Staatsgenossen, um die Allgemeinheit oder nach objektiven Merkmalen bestimmte Personenkreise in den Genuss nützlicher Leistungen zu versetzen" einbezogen.[63]

Ein trennscharfes Kriterium für Daseinsvorsorge hat Forsthoff nicht entwickelt. Beispielsweise zählt er die Versorgung mit Wasser, Gas und Elektrizität, Verkehrsmittel, Post, Telefonie und Telegrafie sowie öffentliche Bäder zur Daseinsvorsorge, nicht jedoch Theater und Lichtspiele.[64] Nicht der Daseinsvorsorge unterfallen sollten etwa die fürsorgliche Existenzsicherung[65] und die Sorge für die Aufrechterhaltung der öffentlichen Sicherheit, damit der Begriff der Daseinsvorsorge seinen spezifischen Sinn nicht verliert.[66] Forsthoff versteht die Daseinsvorsorge auch im Wandel der Zeit. Er betonte an mehreren Stellen, dass es unmöglich sei, Daseinsvorsorge unter irgendwelchen quantitativen oder qualitativen Gesichtspunkten zu begrenzen; der Begriff sei vielmehr ausschließlich sachbezogen.[67]

2. Die Folge der Daseinsvorsorge

Der Begriff Daseinsvorsorge dient einer systematischen Einordnung der Tätigkeit als Leistungsverwaltung.[68] Danach wird die Leistungsverwaltung mit Daseinsvorsorge als Kernstück neben Eingriffsverwaltung in den Blick der Verwaltungsrechtswissenschaft gerückt.[69] Bei der Erbringung der Leistungen der Daseinsvorsorge ist die Verwaltung frei, ihr Handeln sowohl öffentlich-rechtlich als auch privatrechtlich auszugestalten.[70] Es stellt sich die Frage, ob öffentlich-rechtliche Grundsätze, insbesondere die Grundrechtsbindung, gelten, wenn die Verwaltung die Leistungsverhältnisse privatrechtlich ausgestaltet.[71] Nach Forsthoff bleibt die Verwaltung auch dann den besonderen Beurteilungsnormen des Verwaltungsrechts unterworfen, sofern sie im Rahmen der Daseinsvorsorge

62 Krajewski, Grundstruktur, S. 17; Linke, Personennahverkehr, S. 20.
63 Forsthoff, Lehrbuch, S. 370.
64 Forsthoff, Rechtsfragen, S. 28.
65 Forsthoff, Rechtsfragen, S. 12 f.
66 Forsthoff, Lehrbuch, S. 370, Fn. 3.
67 Forsthoff, Rechtsfragen, S. 11 f.
68 Scheidemann, Daseinsvorsorge, S. 174; Stolleis, GVwR I, § 2 Rn. 88.
69 Doefert, JA 2006, 316, 317.
70 Forsthoff, Lehrbuch, S. 408.
71 Forsthoff, Lehrbuch, S. 368; Ruge, Gewährleistungsverantwortung, S. 155.

tätig ist.[72] Eine Zuordnung zum Begriff der Daseinsvorsorge sollte demnach öffentlich-rechtliche Bindungen der Leistungsverwaltung bewirken.[73]

Nach Forsthoff liegt der Sinn, den Begriff der Daseinsvorsorge zu etablieren, darin, der Teilhabe den Schutz des öffentlichen Rechts zu verleihen.[74] Jedoch sollen aus der Daseinsvorsorge keine Ansprüche folgen, die die Verwaltung verpflichteten, Einrichtungen zu schaffen oder zu verbessern.[75] Sie kann nur von dem jeweiligen Status quo her interpretiert werden.[76] Es zeigt sich, dass der Gedanke des Teilhabeanspruchs in Bezug auf Leistungen der Daseinsvorsorge immer weiter verblasst.[77] Hierdurch wird die Rechtsschutzfunktion am Ende aufgehoben.[78]

Als weitere mögliche Rechtsfolge, die mit dem Begriff der Daseinsvorsorge verbunden ist, wird die Frage diskutiert, inwieweit sich der Staat aus der Daseinsvorsorge zurückziehen darf.[79] Forsthoff sah die Daseinsvorsorge durch Privatwirtschaft als eine zukünftige Entwicklung an,[80] befand aber die Strukturen der Wirtschaft für die Organisation der Daseinsvorsorge als ungeeignet.[81] Für Forsthoff ist die industrielle Gesellschaft als Einheit nicht aktionsfähig.[82] Für ihn hat die Daseinsvorsorge ein öffentlichrechtlich-verwaltungsmäßiges Element[83] und schließt automatisch den Wettbewerb aus.[84] Die Auffassung, dass Forsthoff beim Daseinsvorsorgebegriff im Sinne des Subsidiaritätsprinzips[85] stets ein Marktversagen vorausgesetzt habe,[86] überinterpretiert die Äußerungen Forsthoffs,[87] da Forsthoff generell kein großes Vertrauen in die gesellschaftlichen Kräfte setzte.[88]

---

72 Forsthoff, Lehrbuch, S. 371.
73 Forsthoff, Rechtsfragen, S. 11.
74 Forsthoff, Rechtsfragen, S. 9.
75 Scheidemann, Daseinsvorsorge, S. 202.
76 Forsthoff, Rechtsfragen, S. 12 f.
77 Pielow, Grundstrukturen, S. 365 f.
78 Scheidemann, Daseinsvorsorge, S. 202.
79 Auf der kommunalen Ebene stellen sich ähnliche Fragen, vgl. Ruge, Gewährleistungsverantwortung, S. 157.
80 Forsthoff, Daseinsvorsorge, S. 111, S. 118.
81 Forsthoff, Daseinsvorsorge, S. 111, S. 117.
82 Forsthoff, Rechtsfragen, S. 19.
83 Forsthoff, Rechtsfragen, S. 20.
84 Forsthoff, Rechtsfragen, S. 11.
85 Pielow, Grundstrukturen, S. 358.
86 Möstl, FS Badura, S. 951, S. 958; Linke, Personennahverkehr, S. 21.
87 Pielow, Grundstrukturen, S. 367 f.
88 Krausnick, Hochschule, S. 12; Schwarze, EuZW 2001, 334, 335.

3. *Kritik am Begriff der Daseinsvorsorge*

Kritik am Begriff der Daseinsvorsorge wurde und wird dahin laut, dass er unscharf und konturlos sei.[89] Sogar Forsthoff selbst sprach dem Begriff der Daseinsvorsorge nicht die Qualität eines Rechtsbegriffs zu.[90] Daher ist es nicht verwunderlich, wenn in der Literatur die herrschende Meinung den Begriff der Daseinsvorsorge als Rechtsbegriff ablehnt.[91] Die häufig genannte Rechtsfolge, dass die Zuordnung zur Daseinsvorsorge ein staatliches Tätigwerden in wirtschaftlichen Bereichen rechtfertige, ist unhaltbar.[92] Der Daseinsvorsorgebegriff ist inhaltlich allzu unbestimmt und offen, was zur Legitimität der staatlichen Handeln kaum beitragen kann.[93] Die Charakterisierung einer Aufgabe als Teil der Daseinsvorsorge zwingt also nicht, dass die Aufgabe unmittelbar vom Staat erbracht werden muss.[94]

Zweite konkrete Rechtsfolge nach Forsthoff ist es, die Teilhaberechte des Einzelnen an den Leistungen der Daseinsvorsorge zu sichern. Zum Zeitpunkt, zu dem Forsthoff die Daseinsvorsorgetheorie formulierte, war seine Forderung schon teilweise einfachrechtlich geregelt, z. B. in Form des § 17 DGO.[95] Die Teilhaberechte werden etwa durch einen Benutzungs- und Anschlusszwang nach § 315 Abs. 3 BGB relativiert.[96] In der letzten Auflage des Lehrbuchs des Verwaltungsrechts erwähnte Forsthoff das Teilhaberecht gar nicht mehr.[97]

Nach Forsthoff ist alle öffentliche Daseinsvorsorge öffentliche Verwaltung, gleichgültig in welchen Formen sie ausgeübt wird.[98] Die Zuordnung zur Daseinsvorsorge begründet damit öffentlich-rechtliche Bindungen des Verwaltungshandelns in Privatrechtsform,[99] besonders die Grundrechtsbindung.[100] Laut Rechtsprechung des BVerfG unterliegen nun sowohl von der öffentlichen Hand

89 Doerfert, JA 2006, 316, 317.

90 Forsthoff, Rechtsfragen, S. 11.

91 Für die Bewertung als Rechtsbegriff in jüngerer Zeit vgl. Ronellenfitsch, Daseinsvorsorge, S. 51, S. 73; Linke, Personennahverkehr, S. 31, aktuell Leisner, WiVerw 2011, 53, 64. Dagegen Maurer, Verwaltungsrecht, §1 Rn. 16; Rüfner, HdbStR IV, § 96 Rn. 10; Krajewski, VerwAch 2008, 174, 194. Infrastrukturverantwortung statt Daseinsvorsorge, vgl. Hermes, Infrastrukturverantwortung, S. 342.

92 Schink, NVwZ 2002, 129, 132; Scheidemann, Daseinsvorsorge, S. 226.

93 Storr, Unternehmer, S. 111.

94 BVerfG, Beschl. v. 05.12.2002 – 2 BvL 5/98, BVerfGE 107, 59, 93.

95 Brehme, Wasserversorgung, S. 136.

96 Krajewski, VerwAch 99 (2008), 174, 192.

97 Pielow, Grundstrukturen, S. 365.

98 Forsthoff, Lehrbuch, S. 370.

99 Badura, DÖV 1966, 624, 627.

100 BGH, Urt. v. 26.11.1975 – VIII ZR 164/74, NJW 1976, 709.

beherrschte gemischtwirtschaftlichen Unternehmen als auch im Alleineigentum des Staates stehende öffentliche Unternehmen, die in privater Rechtsform organisiert sind, einer unmittelbaren Grundrechtsbindung.[101] Diese Grundrechtsbindung ergibt sich bereits aus Art. 1 Abs. 3 GG[102] und ist nicht auf Leistungen beschränkt, die der Daseinsvorsorge zugeordnet werden können.[103]

Nach Forsthoffs Konzeption sollte der Bereich der Daseinsvorsorge den Wettbewerbsregeln entzogen sein. Während er den Rechtsstaat auf ein System rechtstechnischer Kunstgriffe zur Gewährleistung gesetzlicher Freiheit herabgewertet hatte,[104] entwertet der Entzug der Wettbewerbsregeln die Freiheitsrechte der privaten Wirtschaft.[105]

II. Daseinsvorsorge in Gesetzgebung und Rechtsprechung

Der Begriff der Daseinsvorsorge findet Verwendung auch in Gesetzen und in der Rechtsprechung. Es ist daher zu untersuchen, ob eine Legaldefinition formuliert wird.

1. Daseinsvorsorge in der Gesetzgebung

Der Begriff der Daseinsvorsorge ist Gegenstand gesetzlicher Regelungen. Beispielsweise bestimmt § 1 Abs. 1 RegG, dass die Sicherstellung einer ausreichenden Bedienung der Bevölkerung mit Verkehrsleistungen im öffentlichen Personennahverkehr eine Aufgabe der Daseinsvorsorge ist. Auch wird die Wasserversorgung in § 50 Abs. 1 WHG als Aufgabe der Daseinsvorsorge bezeichnet. Solche Gesetze beschreiben Leistungen bezogen auf einzelne Sektoren als Daseinsvorsorge.

Der Begriff der Daseinsvorsorge wird auch in einigen Gemeinde- oder Kommunalordnungen verwendet, wonach die Gemeinden ungeachtet der Rechtsform wirtschaftliche Unternehmen nur errichten, übernehmen, wesentlich erweitern oder sich daran beteiligen dürfen, wenn ein öffentlicher Zweck das Unternehmen rechtfertigt und bei einem Tätigwerden außerhalb der kommunalen Daseinsvorsorge der Zweck nicht besser und wirtschaftlicher durch einen anderen erfüllt wird oder erfüllt werden kann.[106] Eine Auflistung der Betätigungsbereiche im Rahmen der kommunalen Daseinsvorsorge gibt es allerdings nicht.

101 BVerfG, Urt. v. 22.02.2011 – 1 BvR 699/06, NJW 2011, 1201.
102 BVerfG, Urt. v. 22.02.2011 – 1 BvR 699/06, NJW 2011, 1201, Rn. 46.
103 Pielow, Grundstrukturen, S. 375; Schmidt, Der Staat 42 (2003), 225, 230.
104 Forsthoff, Umbildung, S. 130, S. 152.
105 Brehme, Wasserversorgung, S. 137.
106 § 102 Abs. 1 Nr. 3 BWGO; § 87 Abs. 1 Nr. 4 BayGO; § 71 Abs. 2 Nr. 4 ThürKO.

Grundsätzlich lässt sich die Verwendung des Begriffs in zwei Formen unterscheiden: In der ersten Form wird eine konkrete Aufgabe als Daseinsvorsorge bezeichnet. In der zweiten Form wird der Begriff allgemein gebraucht, ohne konkrete Leistungen abschließend zu erfassen.[107] Die in den Gesetzen formulierte Rechtsfolge, wonach die Subsidiaritätsklausel nur bei einem Tätigwerden außerhalb der kommunalen Daseinsvorsorge gilt, soll kommunale Selbstverwaltung garantieren. Jedoch verunsichert die Verwendung des Begriffs der Daseinsvorsorge die Praxis, besonders wenn privatwirtschaftliche Unternehmen in bestimmte Bereiche einzutreten beabsichtigen.[108] Daher verzichten viele Länder darauf, den Begriff Daseinsvorsorge kommunalverfassungsrechtlich zu verwenden, sondern schreiben ausdrücklich die Ausnahmebereiche der Subsidiaritätsklausel vor, beispielsweise § 85 Abs. 1 Nr. 3 GO Rh.-Pfalz.[109]

In einigen Gemeindeordnungen sind Einrichtungen, die soziale, kulturelle oder ökologische Funktionen erfüllen, nicht als wirtschaftliche Unternehmen aufgefasst.[110] Sinn des Ausschlusses dieser Einrichtungen aus dem Begriff der wirtschaftlichen Unternehmen kann nur sein, dass deren Zulässigkeitsvoraussetzungen für sie nicht gelten sollen.[111] Ein Vergleich der in Gemeindeordnungen genannten Einrichtungen mit dem Konzept der Daseinsvorsorge zeigt, dass die aufgeführten Einrichtungen nach allgemeinem Verständnis zur Daseinsvorsorge gehören.[112] Es stellt sich die Frage, wie „ein Tätigwerden außerhalb der kommunalen Daseinsvorsorge" und „nichtwirtschaftliche Unternehmen" jeweils ausgelegt werden können.[113]

2. *Daseinsvorsorge in der Rechtsprechung*

Seit den späten 1950er Jahren ist der Begriff der Daseinsvorsorge zum festen Bestandteil der Argumentation in Verfassungs-,[114] Verwaltungs-[115]

107 VGH Mannheim, Beschl. v. 29.11.2012 – 1 S 1258/12, NVwZ-RR 2013, 328, 329: Die Aufzählung soll, wie die Einleitung zeigt, nicht abschließend zu verstehen sein.

108 Lange, NVwZ 2014, 616, 619.

109 § 85 Abs. 1 Nr. 3 GO Rh.-Pfalz.

110 § 102 Abs. 4 BWGO und § 107 Abs. 2 NRWGO.

111 Lange, NVwZ 2014, 616, 618.

112 Lange, NVwZ 2014, 616, 620.

113 Besonders in § 102 BWGO, kritisch dazu Lange, NVwZ 2014, 616, 620.

114 BVerfG, Beschl. v. 20.03.1984 – 1 BvL 28/82, BVerfGE 66, 248, 258; BVerfG, Beschl. v. 16.05.1989 – 1 BvR 705/88, NJW 1990, 1783; BVerfG, Beschl. v. 28.08.2014 – 2 BvR 2639/09, Rn. 12.

115 BVerwG, Urt. v. 21.01.1988 – 5C 5. 84, NVwZ-RR 1989, 165, 167; jüngst VG Oldenburg, Beschl. v. 05.11.2014 – 5 B 2302/14, BeckRS 2014, 58085.

und Zivilrechtsprechung[116] geworden. Die Rechtsprechung ordnet Versorgungs- und Entsorgungswirtschaft, Post- und Telekomunikationsleistungen, Verkehrsinfrastruktur- und Verkehrsdienstleistungen, Gesundheits- und Bildungsleistungen sowie öffentlich-rechtliche Finanzinstitutionen der Daseinsvorsorge zu.[117] Die Gemeinsamkeit in dieser Rechtsprechung liegt nur darin, dass die daseinsfürsorgende Leistung ihrer Rechtsnatur nach eine öffentliche Aufgabe ist.[118] Zwar gehört die Leistung der Daseinsvorsorge zur jeweiligen öffentlichen Aufgabe, aus der aber nicht der Schluss zwingend ist, dass die Leistungserbringung in öffentlich-rechtlicher Form durchgeführt werden muss.[119]

Die Daseinsvorsorge sichert nach st. Rspr. dem Bürger die für eine menschenwürdige Existenz unumgänglich notwendige Versorgung.[120] Ob sie Grundrechtseingriffe rechtfertigen kann, die von der Enteignung eines Grundstückes bis zur Leistungserbringung durch die Kommune reichen, ist fraglich. Stattdessen prüft das BVerfG, ob die Grundrechtseingriffe jeweils einen substanziellen Beitrag zur Erreichung des Gemeinwohlziels i. S. d. Art. 14 Abs. 3 S. 1 GG leisten können.[121] Die Argumentation beispielsweise des VGH Kassel, dass es sich bei Friedhöfen um Einrichtungen der Daseinsvorsorge handele, so dass die mit ihnen zusammenhängenden Tätigkeiten von der Gemeinde selbst betrieben sollen,[122] kann hier etwa nicht überzeugen.

Für den VGH Mannheim ist der Begriff der Daseinsvorsorge nicht auf Maßnahmen beschränkt, die für das Leben und Zusammenleben der Bürger in einer kommunalen Gemeinschaft existenziell notwendig sind; allerdings soll die Privatwirtschaft nicht ohne Not schrankenlos hinausgedrängt werden.[123] Eine Tätigkeit kann nur dann dem Begriff der Daseinsvorsorge zugeordnet werden,

116 BGH, Urt. v. 11.10.2006 – VIII ZR 270/05, NJW 2007, 210, 211.

117 Krajewski, Grundstrukturen, S. 32 f.

118 BVerfG, Beschl. v. 07.06.1977 – 1 BvR 108, 424/73, BVerfGE 45, 63, 78; BGH, Urt. v. 06.02.1985 – VIII ZR 61/84, BGHZ 93, 358, 363; jüngst BVerfG, Urt. v. 17.12.2013 – 1 BvR 3139/08, Rn. 208.

119 BVerfG, Beschl. v. 07.06.1977 – 1 BvR 108 u. a., BVerfGE 45, 63, 78.

120 BVerfG, Beschl. v. 20.03.1984 – 1 BvL 28/82, BVerfGE 66, 248, 258; BVerfG, Urt. v. 17.12.2013 – 1 BvR 3139/08, Rn. 287.

121 BVerfG, Urt. v. 17.12.2013 – 1 BvR 3139/08, Rn. 131.

122 VGH Kassel, Urt. v. 18.06.2009 – 8 C 2265/08, NVwZ-RR 2009, 852, 853.

123 VGH Mannheim, Beschl. v. 29.11.2012 – 1 S 1258/12, NVwZ-RR 2013, 328, 329.

wenn sie öffentlichen Interessen dient.[124] Ein Rückgriff auf Gemeinwohl und öffentliche Interesse kann in diesem Zusammenhang sachgerechter sein.[125]

III. Die Ausgestaltung der Daseinsvorsorge

Das Grundanliegen der Lehre von der Daseinsvorsorge besteht in der realanalytischen Erfassung einer grundlegend gewandelten Verwaltungswirklichkeit.[126] Konkrete rechtsdogmatische Folgen sind schwer zu ermitteln. In der Umsetzung der Daseinsvorsorge steht dem Staat ein weiter Gestaltungs- und Einschätzungsspielraum zur Verfügung, er hat eine Vielzahl von Faktoren zu berücksichtigen.[127]

1. Dynamische Entwicklung der Daseinsvorsorge

Nach dem Krieg hielt der Bund umfangreiche Unternehmensbeteiligungen und organisierte mit seinen Sondervermögen Post und Bahn, die Telekommunikation und den Fernverkehr; die Kommunen lieferten mit ihren Stadtwerken Gas, Wasser und Strom.[128] Die Aufzählung der Aufgabenbereiche der Daseinsvorsorge von Forsthoff stimmte noch mit der Wirklichkeit in Deutschland überein.[129] Nach der Rechstprechung gehört die Daseinsvorsorge zu dem von Art. 28 Abs. 2 GG geschützten Kernbereich.[130]

Seit den 1980er Jahren hat sich der Staat zunehmend aus der Eigenerbringung zurückgezogen, zunächst erfolgte die Privatisierung von Daseinsvorsorge auf der Ebene des Bundes, fast zugleich die Aufgabenverlagerung in den Privatsektor auch auf kommunaler Ebene.[131] Inzwischen werden wesentliche Teile der Versorgungsaufgaben wieder in eigener kommunaler Regie betrieben (Rekommunalisierung).[132] Der Terminus Daseinsvorsorge dient wieder als Begründunganssatz für die Aufnahme verschiedener Tätigkeiten durch die öffentliche Hand.[133]

124 VGH Mannheim, Beschl. v. 29.11.2012 – 1 S 1258/12, NVwZ-RR 2013, 328, 329; OVG Münster, Beschl. v. 01.04.2008 – 15 B 122/08, NVwZ 2008, 1031.

125 Lange, NVwZ 2014, 616, 619.

126 Pielow, Grundstrukturen, S. 258.

127 BVerfG, Urt. v. 17.12.2013 – 1 BvR 3139/08, Rn. 288.

128 Doerfert, JA 2006, 316, 317.

129 Rüfner, HdbStR IV, § 96 Rn. 16.

130 VGH Mannheim, Beschl. v. 29.11.2012 – 1 S 1258/12, NVwZ-RR 2013, 328, 329.

131 Knauff, Gewährleistungsstaat, S. 55.

132 Budäus/Hilgers, DÖV 2013, 701, 702.

133 Knauff, Gewährleistungsstaat, S. 54; Budäus/Hilgers, DÖV 2013, 701, 702.

Allerdings steht die Ausgestaltung der Daseinsvorsorge durch die Kommune unter dem Gesetzesvorbehalt, jenem der kommunalverfassungsrechtlichen Subsidiaritätsklausel sowie der verfassungsrechtlichen Kompetenzverteilung.[134] Der Daseinsvorsorgebegriff als bloß soziologischer Zuordnungsbegriff[135] ist hier zu unbestimmt, an ihm wird jede Orientierungssicherheit vermisst.[136] Als Staatstätigkeit bedarf jede Form der Daseinsvorsorge also einer ausdrücklichen rechtlichen Legitimation.[137]

2. *Daseinsvorsorge und Sozialstaatsprinzip*

Die Daseinsvorsorge ist auf die Versorgung im Bereich aller existenziellen Notwendigkeiten ausgerichtet, was bei zahlreichen Leistungen beispielsweise Ermäßigungen besonders für soziale Schwäche einschließt. Es stellt sich die Frage, wie es um das Verhältnis zwischen Sozialstaatsprinzip und Daseinsvorsorge steht.[138] Für Forsthoff muss jeder moderne Staat aufgrund der Erhaltung der gewissen Stabilität die Daseinsvorsorge befriedigen.[139] Ein Rückgriff auf das Sozialstaatsprinzip ist darum unnötig.[140]

Eine vertretbare Auffassung geht dahin, dass sich die Wahrnehmung der Daseinsvorsorge aus dem Sozialstaatsprinzip des Art. 20 Abs. 1 GG ergeben könnte.[141] Jedoch ist die Verankerung der Daseinsvorsorge im Sozialstaatsprinzip für die Wahrnehmung der jeweiligen Aufgabe nicht fruchtbar zu machen. Wird etwa die notwendige Versorgung gefährdet, bestimmt sich die staatliche Verpflichtung nach den allgemeinen Maßgaben des Sozialstaatsprinzips und den Grundrechten.[142] So verpflichtet das Menschenwürdeprinzip alle staatliche Gewalt, die Mindestvoraussetzungen für ein menschenwürdiges Dasein zu sichern.[143] Seine Verankerung im Sozialstaatsprinzip kann also wegen der

134 Neumann, KommJur 2012, 161, 164.
135 Scholz in Maunz/Dürig, Grundgesetz, Art. 12 Rn. 99.
136 Lange, NVwZ 2014, 616, 620.
137 Schink, NVwZ 2002, 129, 132; Doerfert, JA 2006, 316, 317.
138 Knauff, Gewährleisungsstaat, S. 54.
139 Forsthoff, Leistungsträger, S. 6.
140 Suhr, Der Staat 9 (1970), 67, 77.
141 Gröschner in Dreier, Grundgesetz, Art. 20 (Sozialstaat) Rn. 55; Rüfner, HdbStR IV, § 96 Rn. 34. Aus der Perpektiv von Solidarität siehe Anderheiden, Gemeinwohl, S. 220.
142 BVerfG, Beschl. v. 18.06.1975 – 1 BvL 4/74, BVerfGE 40, 121, 133; Brehme, Wasserversorgung, S. 328; Franz, Gewinnerzielung, S. 37.
143 Franz, Gewinnerzielung, S. 38 mit Verweis auf BVerfGE 84, 133, 158.

hohen Abstraktion kaum zur Konkretisierung des Daseinsvorsorgebegriffs beitragen.[144]

IV. Zwischenergebnis

Zusammenfassend lässt sich feststellen, dass der Daseinsvorsorgebegriff wegen der mangelnden Bestimmbarkeit von Rechtsfolgen nicht als Rechtsbegriff qualifiziert werden kann.[145] Die Aussage, dass er in erster Linie ein soziologischer Begriff sei,[146] ist ebenfalls missverständlich, denn bei der Konstruktion des Begriffs wurden keine eigentlich empirischen Daten zugrunde gelegt.[147] Innerhalb des Gestaltungsspielraums ist auf der Grundlage einer interessenabwägenden, die Belange von Markt und Versorgungsbedingungen berücksichtigenden Betrachtungsweise zu bewerten und zu entscheiden, ob die Aufgabe der Daseinsvorsorge unter Beachtung der normativen Regelungen tatsächlich wahrgenommen werden kann. Der Daseinsvorsorgebegriff erfüllt nur eine sozialpolitische Funktion,[148] die eine für die menschenwürdige Existenz unumgänglich notwendige Versorgung als öffentliche Aufgabe betont. In der vorliegenden Arbeit spielt die Daseinsvorsorge daher nur eine deskriptive Rolle.[149]

B. Der Einfluss des Europarechts auf die Daseinsvorsorge

In der jüngeren, v. a. durch das Europarecht beeinflussten Entwicklung erlebt der Begriff der Daseinsvorsorge eine Renaissance.[150] Das Ziel der Europäischen Union nennt Art. 3 EUV die Förderung des Wohlergehens ihrer Völker. Dieses Wohlergehen soll die Union im Rahmen eines Binnenmarktes und einer wettbewerbsfähigen sozialen Marktwirtschaft erreichen.[151] Die Erbringung von Leistungen der Daseinsvorsorge gerät zunehmend in die Einwirkung des EU-Binnenmarkts. Daraus entstehen die Konflikte mit dem Interesse der

---

144 Storr, Unternehmer, S. 112; wohl Grzeszick in Maunz/Dürig, Grundgesetz, Art. 20 VIII Rn. 15.

145 Kersten, Der Staat 44 (2005), 543, 565.

146 Ossenbühl, DÖV 1971, 513, 517.

147 Scheidemann, Daseinsvorsorge, S. 232; Krajewski, Grundstruktur, S. 28; Fischerhof, DÖV 1960, 41, 43.

148 Scheidemann, Daseinsvorsorge, S. 232.

149 Knauff, Gewährleistungsstaat, S. 47; Ruge, Gewährleistungsverantwortung, S. 161; Krajewski, Grundstruktur, S. 36; Hermes, Infrastrukturverantwortung, S. 341.

150 Möstl, FS Badura, S. 951, S. 955; Berringer, Regulierung, S. 79.

151 Bieber/Epiney/Haag, § 3 Rn. 10.

Mitgliedstaaten am Einsatz bestimmter Unternehmen als Instrument der Wirtschafts- oder Sozialpolitik.[152]

I. Europarechtliche Begriffe

Der Begriff der Daseinsvorsorge wurde in der ersten Mitteilung der EU-Kommission zu „Leistungen der Daseinsvorsorge in Europa" im Jahr 1996 verwendet, verstanden werden darunter marktbezogene oder nicht marktbezogene Tätigkeiten, die im Interesse der Allgemeinheit erbracht und daher von den Behörden mit spezifischen Gemeinwohlverpflichtungen verknüpft werden.[153] Bis 2001 wurde der Daseinsvorsorgebegriff im *Soft Law* der EU- Ebene[154] gebraucht,[155] seither ersetzt durch den Begriff der Dienstleistungen von allgemeinem Interesse und Dienstleistungen von allgemeinem wirtschaftlichem Interesse.[156]

1. *Dienstleistungen von allgemeinem wirtschaftlichem Interesse*

Seit den Gründungsverträgen findet sich der Begriff „Dienstleistungen von allgemeinem wirtschaftlichem Interesse" bereits in Art. 106 Abs. 2 AEUV (ex-Art. 86 Abs. 2 EGV). Danach gilt das Wettbewerbsprinzip auch für Unternehmen, die mit Dienstleistungen von allgemeinem wirtschaftlichem Interesse betraut sind oder den Charakter eines Finanzmonopols haben, soweit die es nicht die Erfüllung der ihnen übertragenen besonderen Aufgabe rechtlich oder tatsächlich verhindert. Allerdings darf die Entwicklung des Handelsverkehrs nicht in einem dem Interesse der Union zuwiderlaufendem Ausmaß beeinträchtigt werden. Durch den Vertrag von Amsterdam (1997) wurde Art. 14 AEUV (ex-Art. 16 EGV) neu eingefügt.[157] Er richtet sich an die Gemeinschaft und Mitgliedstaaten mit der Anforderung, dass die Grundsätze und Bedingungen für das Funktionieren der „Dienste von allgemeinem wirtschaftlichem Interesse" so zu gestalten sind, dass sie ihren Aufgaben nachkommen können. Die Begriffe „Dienste von allgemeinem wirtschaftlichem Interesse" und „Dienstleistungen von allgemeinem wirtschaftlichem Interesse" sind identisch.[158]

---

152 EuGH, Urt. v. 20.04.-2010, Rs. C-265/08, Slg. 2010, I-3377 Rn. 28 – Federutility.

153 DAI-Mitteilung 1996, S. 2.

154 Schwarze, EuR 2011, 3, 4.

155 DAI-Mitteilung 2000 und DAI-Bericht 2001.

156 DAI-Mitteilung 2002; DAI-Grünbuch 2003; DAI-Weißbuch 2004; DAI-Mitteilung 2007.

157 Knauff, EuR 2010, 725, 727; Frenz, EuR 2000, 901, 903.

158 Calliess/Ruffert/Jung, AEUV Art. 106 Rn. 53; GHN/Wernicke, AEUV Art. 106 Rn. 37.

2. Dienstleistungen von allgemeinem Interesse

Nach den Dokumenten der Kommission ist der Begriff „Dienstleistungen von allgemeinem Interesse" mit Leistungen der Daseinsvorsorge identisch.[159] Protokoll Nr. 26 zum Vertrag von Lissabon trägt den Titel „Dienste von allgemeinem Interesse" und hebt ihre Bedeutung hervor. Jedoch verwendet das Protokoll in den Bestimmungen weiterhin den Begriff „Dienstleistungen von allgemeinem wirtschaftlichem Interesse".

Dieser Begriff wirft Schwierigkeiten bei der Abgrenzung von marktbezogenen und nicht- marktbezogenen Dienstleistung auf.[160] Die Kommission stellt nicht-marktbezogene Dienstleistungen von der Anwendung der Binnenmarktvorschriften frei.[161] Als Beispiele werden das Pflichtschulwesen, die soziale Sicherheit sowie hoheitliche Aufgaben genannt.[162]

3. Universaldienst und gemeinwirtschaftliche Verpflichtung

Beide Begriffe betreffen wichtige Begleitmaßnahmen zur Liberalisierung von Dienstleistungsbranchen, um bestimmte gemeinwohlorientierte Ziele zu erreichen.[163] Sowohl Universaldienst als auch gemeinwirtschaftliche Verpflichtung betreffen nur die Arten und den Mindeststand der Erbringung der Dienstleistungen,[164] während sich der Begriff der Dienstleistungen von allgemeinem wirtschaftlichem Interesse auf konkrete Dienstleistungen mit dem Ziel eines optimalen Versorgungsniveaus bezieht.[165]

4. Neue Ausrichtung der Daseinsvorsorge

Die gemeinschaftsrechtliche Konzeption der Dienste von allgemeinem wirtschaftlichem Interesse lehnt sich an den französischen *service public* statt an das deutsche Konzept der Daseinsvorsorge an,[166] allerdings darf die Auslegung nicht an dieser Anlehnung festgemacht werden.[167] Als ein Begriff der

159 DAI-Grünbuch 2003, Rn. 16; DAI-Weißbuch 2004, Rn. 27.
160 Selbst das EuG bemängelt das Fehlen von klaren Abgrenzungen, siehe EuG, Urt. v. 12.02.2008, Rs. T-289/03, Slg. 2008, II- 81 Rn. 165 – BUPA.
161 DAI-Mitteilung 2000, Rn. 28; DAI-Mitteilung 2011, S. 4.
162 DAI-Mitteilung 1996, Rn. 18; DAI-Mitteilung 2000, Rn. 28.
163 DAI-Mitteilung 2000, Anhang II.
164 Loewenheim/Messen/Riesenkampff/Knauff, AEUV Art. 106 Rn. 63.
165 Krajewski, Grundstruktur, S. 114; GHN/Wernicke, AEUV Art. 106 Rn. 41.
166 von Danwitz, Dienste, S. 103, S. 116; Kersten, Der Staat 44 (2005), 543, 565.
167 Immenga/Mestmäcker/Schweitzer/Mestmäcker, AEUV Art. 106 Abs. 2 Rn. 77.

Unionsrechtsordnung ist er ohne Verweis auf eine nationale Rechtsordnung autonom auszulegen.[168] Obgleich der Umfang der Daseinsvorsorge im Europarecht dem Verständnis des deutschen Konzepts entspricht,[169] müssen sich die zwei Begriffe unterscheiden. Während das deutsche Konzept die öffentlich-rechtliche Bindungen der Leistungsverwaltung betont, orientieren sich Dienstleistungen von allgemeinem wirtschaftlichem Interesse an der effektiven Wettbewerbsöffnung.[170] Legt die deutsche Daseinsvorsorge große Aufmerksamkeit auf öffentliche Unternehmen, gelten die wettbewerbs- und die binnenmarktrechtlichen Bestimmungen ungeachtet des Statuts eines Unternehmens für die Leistung der Daseinsvorsorge.[171] Doch lässt sich eine Gemeinsamkeit der beiden Begriffe dahingehend feststellen, dass die Existenz der hochwertigen Dienste zu für die Bürger erschwinglichen Preisen gefördert werden soll.[172]

II. Das Verhältnis von Daseinsvorsorge und Wettbewerb

Die europäische Liberalisierungspolitik seit den 1990er Jahren führte dazu, dass staatliche Monopole in Wirtschaftssektoren der Daseinsvorsorge aufgehoben wurden.[173] Die Erbringung von Dienstleistungen von allgemeinem wirtschaftlichem Interesse gerät nach Art. 106 AEUV mehr in den Wettbewerb.[174] Inzwischen finden sich Stimmen, dass in den Bereichen der Daseinsvorsorge kein Wettbewerb stattfinden solle,[175] weil der Wettbewerb vulgo rücksichtslos sei.[176] Art. 106 Abs. 2 AEUV als Ausnahme von den EU-Verträgen steht an der Schnittstelle zwischen dem Interesse der Mitgliedstaaten am Einsatz bestimmter Unternehmen als Instrument der Wirtschafts- oder Sozialpolitik und dem Interesse der Gemeinschaft an der Einhaltung der Wettbewerbsregeln.[177] Folglich bleibt das Verhältnis zwischen dem Schutz der Daseinsvorsorge und der Durchsetzung des Wettbewerbsprinzips im europäischen Integrationsprozess

---

168 GHN/Wernicke, AEUV Art. 106 Rn. 37.

169 Loewenheim/Messen/Riesenkampff/Knauff, AEUV Art. 106 Rn. 64.

170 Möstl, FS Badura, S. 951, S. 956; von der Groeben /Schwarze/Hatje/Rober Klotz, AEUV Art. 106, Rn. 6.

171 Sog. Grundsatz der Neutralität siehe DAI-Mitteilung 2000, Rn. 20 und 21.

172 DAI-Mitteilung 2000, Rn. 8.

173 Paulweber/Weinand, EuZW 2001, 232, 233.

174 Möschel, JZ 2003,1021, 1023.

175 Weitergehend Broß, JZ 2003, 874, 876.

176 Broß, JZ 2003, 874, 875.

177 EuGH, Urt. v. 20.04.2010, Rs. C-265/08, Slg. 2010, I-3377 Rn. 28 – Federutility.

ein schwieriges Thema.[178] Das Einfügen des Art. 14 S. 1 AEUV durch den Vertrag von Amsterdam und die Beseitigung der Erwähnung des „freien unverfälschten Wettbewerbs" durch den Vertrag von Lissabon unterstreichen den besonderen Stellenwert der Dienste von allgemeinem wirtschaftlichem Interesse innerhalb der Union.[179] Zugleich stellt sich die Frage, wie die Aufwertung der gemeinwohlorientierten Leistungen die Auslegung von Art. 106 Abs. 2 AEUV rechtlich beeinflussen kann, damit ein etwaiges Spannungsverhältnis zwischen Daseinsvorsorge und Wettbewerb[180] entfallen könnte.

1. Das Verhältnis von Daseinsvorsorge und Wettbewerb im Primärrecht

Die Entwicklung der gemeinwohlorientierten Leistungen im Primärrecht erfolgte durch die Vertragsrevision von Amsterdam und Lissabon.[181] Im Sekundärrecht bestehen für alle traditionellen Bereiche der Daseinsvorsorge bereichsspezifische Vorschriften, z. B. Postdienst- und Telekommunikationsleistungen, die keine übergreifende Struktur aufweisen und nicht sämtliche relevanten Problemstellungen adressieren.[182] Hier werden hauptsächlich Normen aus EU-Verträgen und ihre Anwendung diskutiert.

a. Grundmodell: Art. 106 Abs. 2 AEUV

Art. 106 Abs. 2 AEUV gilt innerhalb des Primärrechts als die Zentralnorm auf dem Gebiet der öffentlichen Versorgung.[183] Danach gelten die Wettbewerbsregeln grundsätzlich auch für Unternehmen, die mit Dienstleistungen von allgemeinem wirtschaftlichen Interesse betraut sind. Nur wenn dies die Erfüllung der Aufgaben verhindert, kann von wettbewerblicher Anforderung abgewichen werden. Die Vorschrift ist die einzige Möglichkeit des Vertrags für die

---

178 Weiß, EuR-Bei 2011, 47; von der Groeben/Schwarze/Hatje/Klotz, AEUV Art. 106, Rn. 6.

179 von der Groeben/Schwarze/Voet van Vormizeele, AEUV Art. 14, Rn. 2.

180 GHN/Wernicke, AEUV 14 Rn. 45: Die Funktionsfähigkeit des Wettbewerbs sowie die Wahrung der Einheit des Binnenmarktes einerseits und die der gemeinwohlorientierten Dienste auf nationaler wie gemeinschaftsweiter Ebene andererseits stehen in einem Spannungsverhältnis.

181 Krajewski, EuR-Bei 2013, 109, 112; ausführlich Knauff, EuR 2010, 725, 726 f.

182 Knauff, EuR 2010, 725, 728; Loewenheim/Messen/Riesenkampff/Knauff, AEUV Art. 106 Rn. 93 mit Nennung der Richtlinien und Verordnungen.

183 Calliess/Ruffert/Christian Jung, AEUV Art. 106, Rn. 3.

Mitgliedstaaten, Ausnahmen von der Anwendung des Europarechts geltend zu machen.[184] Sie dient als sachgebietsübergreifende Ausnahmeklausel.[185]

Als eine Norm mit Kompromisscharakter[186] wird Art. 106 Abs. 2 AEUV erst ab Mitte der 1990er Jahre unmittelbar angewendet.[187] Um diese Ausnahme für Unternehmen, die mit Dienstleistungen von allgemeinem wirtschaftlichem Interesse betraut sind, zu rechtfertigen, müssen zwei Voraussetzungen vorliegen: Erstens muss die Anwendung der Vertragsbestimmungen die Aufgabenerfüllung verhindern. Zweitens darf das Abweichen vom Vertrag keine unverhältnismäßige Handelsbeeinträchtigung bewirken.[188] Als Durchbrechung wesentlicher Vertragsvorschriften ist die Norm nach ständiger Rechtsprechung des EuGH eng auszulegen.[189] Die Kommission hat bei jeder Ausnahme von den Vertragsvorschriften zu untersuchen, ob der Grundsatz der Verhältnismäßigkeit gewahrt ist.[190] Die Freistellung darf in Intensität und Umfang nicht weiter gehen als für die Erfüllung der übertragenen Gemeinwohlaufgaben erforderlich.[191] Die vertragswidrigen Maßnahmen und die Aufgabenerfüllung müssen gleich gewichtig sein.

Der Verhinderungsmaßstab i. S. v. Art. 106 Abs. 2 AEUV ist in der Rechtsprechung von großer Bedeutung.[192] In mehreren Verfahren bejaht der EuGH das Merkmal der Verhinderung bereits im Falle einer bloßen Gefährdung der Aufgabenerfüllung.[193] Diese Lockerung des strikt definierten Verhinderungsmaßstabs soll auf die Fälle beschränken, in denen der Übergang zu offenen Märkten umfangreiche ergänzende Maßnahmen auf mitgliedstaatlicher oder Unionsebene erfordert hätte, deren Konkretisierung im Zeitpunkt der Entscheidung

---

184 GHN/Wernicke, AEUV Art. 106 Rn. 62.

185 Streinz/Paul/Koenig, Art. 106 AEUV Rn. 36; von der Groeben/Schwarze/Klotz, AEUV Art. 106, Rn. 57.

186 von der Groeben/Schwarze/Klotz, AEUV Art. 106, Rn. 1.

187 Krajewski, EuR-Bei 2013, 109, 113; GHN/Wernicke, AEUV Art. 106, Rn. 13.

188 Streinz/Paul/Koenig, AEUV Art. 106 Rn. 40.

189 EuGH, Urt. v. 27.03.1974, Rs.127/73, Slg.1974, 313, Rn. 19/22 – BRT-II; EuGH, Urt. v. 17.07.1997, Rs. C- 242/95, Slg. 1997, I-4449, Rn. 50- GT-Link; EuGH, Urt. v. 23.10.1997, Rs. C-157/94, Slg. 1997, I-5699, Rn. 37 – Stromimporte.

190 DAI-Mitteilung 1996, Rn. 21.

191 EuGH, Urt. v. 19.05.1993, Rs. C320/91, Slg. 1993, I-2533, Rn. 14 – Corbeau.

192 Streinz/Paul/Koenig, AEUV Art. 106 Rn. 40.

193 EuGH, Urt. v. 23.10.1997, Rs. C-157/94, Slg. 1997, I-5699, Rn. 43 – Energiemonopol Niederlande; Urt. v. 23.10.1997, Rs.C-159/94, Slg. 1997, I-5815, Rn. 59 – Energiemonopol Frankreich; Urt. v. 23.10.1997, Rs.C-158/94, Slg. 1997, I-5789, Rn. 54 – Import- und Exportmonopol/Elektrizität.

fehlte.[194] Hinter der Lockerung steckt die Gefahr, dass die Mitgliedstaaten einen großen Einfluss auf die Reichweite der Liberalisierungsmaßnahmen der Kommission ausüben könnten.[195] Eine bloße Erschwerung oder Behinderung der Aufgabenerfüllung reicht nicht aus, die Freistellung zu rechtfertigen.[196]

Bei Art. 106 Abs. 2 AEUV handelt es sich um eine aufgabenbezogene Ausnahme.[197] Es ist daher nicht erforderlich, dass das Überleben des Unternehmens bedroht ist.[198] Folglich ist zu prüfen, ob das Unternehmen unter wirtschaftlich tragbaren Bedingungen die Sonderaufgaben erfüllen kann.[199] Bei der Prüfung ist eine ökonomische Analyse vorzunehmen,[200] in der die durch die Sonderaufgaben entstandenen Kosten und wirtschaftliche Voraussetzungen einbezogen werden.[201] Der Konflikt zwischen Aufgabenerfüllung und Einhaltung der Vertragsvorschriften muss konkret bewiesen werden.[202] Die Mitgliedstaaten tragen die Beweislast, wenn sie sich auf die Bereichsausnahme des Art. 106 Abs. 2 berufen.[203] Das heißt, sie haben zu beweisen, dass der Tatbestand (Definition der Aufgabe, das Vorliegen eines Betrauungsaktes und substantiierte Behauptung der Verhinderung) im jeweiligen Fall erfüllt wird.[204] Es obliegt danach der Kommission, ein alternatives, unionsfreundlicheres Mittel aufzuzeigen.[205]

Nach der Bejahung des Verhinderungsmaßstabs ist noch prüfen, ob die Ausnahme keine unverhältnismäßige Handelsbeeinträchtigung darstellt. Diese zusätzliche Regelung ist auf die Besorgnis zurückzuführen, dass wettbewerbliche Kontrolle der öffentlichen Sektoren mit Hilfe des Art. 106 Abs. 2 S. 1 AEUV

---

194 Streinz/Paul/Koenig, Art. 106 AEUV Rn. 72.

195 von der Groeben/Schwarze/Klotz, AEUV Art. 106, Rn. 81.

196 EuG, Urt. v. 19.06.1997, Rs. T-260/94, Slg. 1997, II-997, Rn. 138 – Air Inter.

197 Immenga/Mestmäcker/Schweitzer/Mestmäcker, AEUV Art. 106 II Rn. 104.

198 EuGH, Urt. v. 23.10.1997, Rs. C-157/94, Slg. 1997, I-5699, Rn. 43 – Energiemonopol Niederlande.

199 EuGH, Urt. v. 19.05.1993, Rs. C-320/91, Slg. 1993, I-2533, Rn. 16 – Corbeau.

200 von der Groeben/Schwarze/Klotz, AEUV Art. 106, Rn. 82; Immenga/Mestmäcker/Schweitzer/Mestmäcker, AEUV Art. 106 II Rn. 104.

201 EuGH, Urt. v. 27.04.1994,Rs. C-393/92, Slg.1994, I-1477, Rn. 49 – Almelo.

202 EuGH, Urt. v. 30. 01.1974, Rs.C-155/73, Sig. 1974, 409, Rn. 15-Sacchi; EuGH, Urt. v. 23.04.1991, Rs.C-41/90, Slg.1991, I-1979, Rn. 24-Höfner.

203 EuG, Urt. v. 19.06.1997, Rs. T -260/94, Slg. 1997, II-997, Rn. 138 – Air Inter; EuGH, Urt. v. 23.10.1997, Rs. C-157/94, Slg. 1997, I-5699, Rn. 51 – Energiemonopol Niederlande.

204 Ausführlich siehe GHN/Wernicke, AEUV Art. 106 Rn. 103.

205 EuGH, Urt. v. 23.10.1997, Rs.C-159/94, Slg. 1997, I-5815, Rn. 101 – Energiemonopol Frankreich.

weitgehend ausgehöhlt werden könnte.[206] Es ist umstritten, ob der Handelsverkehr i. S. v. Art. 106 Abs. 2 S. 2 AEUV als der freie Wirtschaftsverkehr im gesamten Binnenmarkt zu verstehen ist.[207] Bislang hat der EuGH die wesentlichen Konflikte auf der Ebene des Art. 106 Abs. 2 S. 1 AEUV gelöst, daher ist die praktische Bedeutung von Art. 106 Abs. 2 S. 2 AEUV gering geblieben.[208]

Durch weite Auslegung des Verhinderungsmaßstabs und ausgebliebene Prüfung der Handelsbeeinträchtigung versuchte die Rechtsprechung, das Spannungsfeld zwischen dem Interesse der Mitgliedstaaten am Einsatz bestimmter Unternehmen als Instrument der Wirtschafts- oder Fiskalpolitik und dem Interesse der Gemeinschaft an der Wahrung der Einheit des Gemeinsamen Marktes aufzulösen.[209] Für die Kommission gestattet das Regel-Ausnahme-Prinzip in der Norm eine optimale Verknüpfung von Markteffizienz und gemeinwohlrelevanten Erfordernissen und sollte weiter beibehalten werden.[210]

b. Neuerungen durch Art. 14 S. 1 AEUV

Durch den Vertrag von Amsterdam wurde Art. 14 S. 1 AEUV (ex-Art. 16 EGV) auf Drängen Frankreichs eingefügt.[211] Als zentrale Norm der Wirtschaftsverfassung der Gemeinschaft[212] verpflichtet sich die Gemeinschaft und die Mitgliedstaaten, die Grundsätze und Bedingungen für das Funktionieren der Dienste von allgemeinem wirtschaftlichen Interesse so zu gestalten, dass diese ihren Aufgaben nachkommen können. Durch Art. 14 S. 1 AEUV wird der Stellenwert von Leistungen der Daseinsvorsorge „innerhalb der gemeinsamen Werte der Union" anerkannt und ihre „Bedeutung für die Förderung des sozialen und territorialen Zusammenhalts" unterstrichen.[213] Inhaltlich begründet Art. 14 S. 1 AEUV für die Mitgliedstaaten und die Union eine Funktionsgewährleistungspflicht.[214] Im

---

206 Immenga/Mestmäcker/Schweitzer/Mestmäcker, AEUV Art. 106 II Rn. 129.

207 Dafür GHN/Wernicke, AEUV Art. 106 Rn. 68; Calliess/Ruffert/Jung, AEUV Art. 106 Rn. 55. Dagegen Immenga/Mestmäcker/Schweitzer/Mestmäcker, AEUV Art. 106 II Rn. 131.

208 Immenga/Mestmäcker/Schweitzer/Mestmäcker, AEUV Art. 106 II Rn. 129.

209 EuGH, Urt. v. 19.03.1991, Rs. C-202/88, Slg. 1991, I-1223, Rn. 12 – Endgeräte; EuGH, Urt. v. 23.10.1997, Rs. C-157/94, Slg. 1997, I-5699, Rn. 39 – Energiemonopol Niederlande.

210 DAI-Mitteilung 1996, Rn. 71.

211 Schwarze/Hatje, AEUV Art. 14, Rn. 1; Streinz/Paul/Koenig, AEUV Art. 14 Rn. 2.

212 GHN/Wernicke, AEUV Art. 14 Rn. 10.

213 Krajewski, EuR-Bei, 2013, 109, 114.

214 Calliess/Ruffert/Christian Jung, AEUV Art. 14, Rn. 22.

Hinblick auf die mitgliedstaatlichen Bestrebungen, nämlich Fragen der Daseinsvorsorge im Bereich ihrer nationalen Selbstbestimmung zu behalten, betont die Kommission die Gestaltungsfreiheit der Mitgliedstaaten bei der Definition, Reglementierung und Finanzierung von Leistungen der Daseinsvorsorge; sie darf nur einer Kontrolle auf offenkundige Fehler unterworfen werden.[215] Hier drückt sich eine Pflicht zur Rücksichtnahme auf die mitgliedstaatliche Gestaltungsfreiheit aus.[216]

Es ist unstrittig, dass Art. 14 S. 1 AEUV Teil der Grundsatznormen der Verträge und insofern bei der Auslegung und Anwendung der übrigen Vertragsbestimmungen zu berücksichtigen ist.[217] Großer Streit besteht in der Frage, wie weit die Aufwertung der gemeinwohlorientierten Leistungen die Auslegung von Art. 106 Abs. 2 rechtlich beeinflussen kann. Teilweise wird vertreten, dass der aus Art. 106 Abs. 2 AEUV folgende Ausnahmecharakter erheblich relativiert werde.[218] Die Funktionsfähigkeit des Wettbewerbs und die gemeinwohlorientierten Leistungen seien gleichrangige Gemeinwohlbelange, welche im Wege der praktischer Konkordanz in Einklang zu bringen seien.[219] Weitergehend wird vertreten, dass Art. 14 S. 1 AEUV zu einer Modifikation des Regel-Ausnahme-Verhältnisses führe, und die Leistungen der Daseinsvorsorge nicht mehr als rechtfertigungsbedürftiger Ausnahmefall bleiben.[220]

Eine Gleichstellung des Wettbewerbsprinzips und der Daseinsvorsorge ist zurückzuweisen. Art. 14 S. 1 AEUV hat angesichts seiner Unbestimmtheit keine unmittelbare Rechtsauswirkung.[221] Im Hinblick auf die Eingangsworte „unbeschadet der Artikel 93, 106 und 107" sind Änderungen an Inhalt und Auslegung des Art. 106 Abs. 2 AEUV rechtsdogmatisch ausgeschlossen.[222] Wichtig ist, dass das Wettbewerbsprinzip auf der rechtsdogmatischen Ebene nicht im Widerstreit zur Sicherstellung der Daseinsvorsorge steht.[223] Europäische

---

215 DAI-Mitteilung 2000, Rn. 22.

216 GHN/Wernicke, AEUV Art. 14 Rn. 40.

217 von der Groeben/Schwarze/Philipp Voet van Vormizeele, AEUV Art. 14 Rn. 10; Calliess/Ruffert/Christian Jung, AEUV Art. 14, Rn. 19.

218 Loewenheim/Messen/Riesenkampff/Knauff, AEUV Art. 106 Rn. 16.

219 GHN/Wernicke, AEUV Art. 14, Rn. 45; Schwarze, EuZW 334, 339; Scheiderhan, Vergaberecht, S. 75; ähnlich auch Frenz, EuR 2000, 901, 917.

220 Schwarze, 2001, 334, 337; Schwarze/Hatje, AEUV Art. 14 Rn. 3.

221 Schwarze/Hatje, AEUV Art. 14, Rn. 7; GHN/Wernicke, Art. 14 AEUV, Rn. 50.

222 Calliess/Ruffert/Christian Jung, AEUV Art. 14, Rn. 24; Immenga/Mestmäcker/Schweitzer/Mestmäcker, AEUV Art. 106 II Rn. 29.

223 Streinz/Paul/Koenig, AEUV Art. 14 Rn. 17.

Wettbewerbsvorschriften als Konditionalschaltung enthalten Tatbestand und Rechtsfolge, die konkret ausformulierte operative Vertragsregeln sind.[224] Art. 14 S. 1 AEUV als Unionsstrukturprinzip[225] hebt allein die Wichtigkeit der Leistungen der Daseinsvorsorge hervor, die Norm entfaltet als eine Querschnittsklausel ihre Wirkung erst in Verbindung mit anderen Vertragsbestimmungen.[226] Darunter stellen die Wettbewerbsvorschriften einen Mechanismus zur allokativen Optimierung der Daseinsvorsorgeleistungen dar.[227]

Die Auslegung des Verhinderungsmaßstabs durch die Rechtsprechung bleibt nach dem Inkrafttreten des Vertrags von Amsterdam unberührt. Für die Nichtanwendung der Wettbewerbsvorschriften genügt es, dass ohne die streitigen Maßnahmen die Erfüllung der dem Unternehmen übertragenen besonderen Aufgaben gefährdet wäre, oder dass die Aufgabenerfüllung unter wirtschaftlich annehmbaren Bedingungen unmöglich wäre.[228] Das EuG hat ein weites Ermessen der Mitgliedstaaten bei der Definition dessen, was sie als Dienstleistungen von allgemeinem wirtschaftlichem Interesse erachten, anerkannt.[229] Jedoch muss der Mitgliedstaat beweisen, dass seine Maßnahmen bestimmten, von der Rechtsprechung herausgearbeiteten Mindestkriterien genügen. Dazu gehören insb. das Vorliegen eines Betrauungsakts und der universale und obligatorische Charakter der Aufgabe.[230]

Art. 14 S. 1 AEUV hat seither wenig Bedeutung erlangt.[231] Diese Vorschrift wird meist zur Bestätigung der Wichtigkeit der Dienste von allgemeinem wirtschaftlichem Interesse herangezogen.[232] In keiner Weise gibt Art. 14 S. 1 AEUV freie Hand für die Gewährung jedweder Beihilfe an ein Versorgungsunternehmen.[233]

---

224 Streinz/Paul/Koenig, AEUV Art. 14 Rn. 17; Von der Groeben/Schwarze/Voet van Vormizelle, Art. 14 AEUV, Rn. 14.

225 Knauff, EuR 2010, 725, 730.

226 Immenga/Mestmäcker/Schweitzer/Mestmäcker, AEUV Art. 106 II Rn. 27.

227 von der Groeben/Schwarze/Voet van Vormizelle, AEUV Art. 14, Rn. 14; Weiß, EuR-Bei 2011, 47, 51; Streinz/Paul/Koenig, AEUV Art. 14 Rn. 17.

228 EuGH, Urt. v. 10.02.2000, Rs.C-147/97 und C-148/97, Slg. 2000, I-825, Rn. 50 – Deutsche Post; EuGH, Urt. v. 17.05.2001, Rs. C-340/99, Slg. 2001, I-4109, Rn. 54 – TNT Traco; EuGH, Urt. v. 15.11.2007, Rs. C-162/06, Slg. 2007, I-9911, Rn. 35 – International Mail Spain.

229 EuG, Urt. v. 12.02.2008, Rs. T-289/03, Slg. 2008, II-81, Rn. 166 – BUPA.

230 EuG, Urt. v. 12.02.2008, Rs. T-289/03, Slg. 2008, II-81, Rn. 172 – BUPA.

231 Streinz/Paul/Koenig, AEUV Art. 14 Rn. 21.

232 Siehe EuG, Urt. v. 12.02.2008, Rs. T-289/03, Slg. 2008, II-81, Rn. 167 – BUPA; Generalanwalt Poiares Maduro beim EuGH, Schlussantrag zu Rs. C-250/03 P, Slg.2006, I-6295, Fn. 35 zu Rn. 26.

233 EuG, Urt. v. 11.06.2009, Rs. T-189/03, Slg. 2009, II-1831, Rn. 128 – ASM Brescia.

Daher hat die frühere Auslegung des Art. 106 Abs. 2 AEUV unter Berücksichtigung der Entwicklungen seit dem Vertrag von Amsterdam nicht an Bedeutung verloren.[234]

c. *Neue Impulse durch den Vertrag von Lissabon?*

Der Vertrag von Lissabon ergänzte die Vorschrift des Art. 14 AEUV um einen Verweis auf Art. 4 EUV sowie eine Kompetenznorm und fügte das Protokoll Nr. 26 über Dienste von allgemeinem Interesse hinzu. Der Verweis auf Art. 4 EUV (Achtung der nationalen Identitäten, loyale Zusammenarbeit) kann als eine vertragliche Festlegung der langjährigen Kommissionspraxis und Rechtsprechung in Bezug auf die Definitionshoheit im Bereich der Daseinsvorsorge verstanden werden.[235]

Die Ergänzung „insbesondere jene wirtschaftlicher und finanzieller Art" in Art. 14 S. 1 AEUV steht in engem Zusammenhang mit Art. 14 S. 2 AEUV, nach dem die EU über Gesetzgebungskompetenz für die Festlegung von Grundsätzen und Bedingungen zur Sicherstellung der Daseinsvorsorge verfügt. Aus dem Wortlaut „insbesondere" ergibt sich, dass die EU nicht auf wirtschaftliche und finanzielle Ebene beschränkt ist.[236] Allerdings verleiht diese Norm der Union keine umfassende Regelungskompetenz.[237] Die Grundsätze und Bedingungen dürfen nicht auf alle Aspekte der Daseinsvorsorge beiziehen und die Definitions- und Organisationshoheit der Mitgliedstaaten beeinträchtigen.[238] Sie können nach Art. 14 S. 2 AEUV nur in der Rechtsform einer Verordnung geschaffen werden. Mangels politischem Willen der Mitgliedstaaten zur Europäisierung der Daseinsvorsorge[239] wird diese Kompetenz für sekundärrechtliche Klarstellungen bisher nicht wahrgenommen.[240]

Das Protokoll Nr. 26 über Dienste von allgemeinem Interesse betont, dass die Bedürfnisse des Nutzers bei der Leistungen der Daseinsvorsorge berücksichtigt werden sollen.[241] Nach Art. 2 des Protokolls berühren die Bestimmungen der

234 Dagegen GHN/Wernicke, AEUV Art. 106 Rn. 38.
235 Streinz/Paul/Koenig, AEUV Art. 14 Rn. 4.
236 Weiß, EuR-Bei 2011, 47, 59.
237 von der Groeben/Schwarze/Voet van Vormizelle, AEUV Art. 14, Rn. 13; Weiß, EuR-Bei 2011, 47, 60.
238 Krajewski, EuR 2013-Bei 2013, 109, 116; Weiß, EuR-Bei 2011, 47, 60.
239 Nur Knauff, EuR 2010, 725, 733 f.
240 GHN/Wernicke, AEUV Art. 106 Rn. 125; Wuermeling, WiVerw 2008, 247, 250. Zur Befürchtung einer Überregulierung vgl. Ruge, WiVerw 2008, 263, 268.
241 Krajewski, EuR-Bei 2013, 109, 118f; Knauff, EuR 2010, 725, 736; Schorkopf, WiVerw 2008, 253, 259.

Verträge nicht die Befugnis der Mitgliedstaaten hinsichtlich der Erbringung der nicht wirtschaftlichen Dienste von allgemeinem Interesse. Das Protokoll Nr. 26 dient v. a. einer „Selbstvergewisserung" der Mitgliedstaaten,[242] deswegen scheidet eine unmittelbare Rechtsfolge aus dem Protokoll aus.[243]

Art. 36 GRC verpflichtet die Union zur Anerkennung und Achtung des Zugangs zu Dienstleistungen von allgemeinem wirtschaftlichen Interesse. Diese Bestimmung knüpft an die Zugangsmöglichkeiten in den einzelnen Mitgliedstaaten an und bestätigt das nach nationalem Recht bestehende Teilhaberecht.[244] Aus Art. 36 GRC lässt sich daher kein subjektives Recht ableiten.[245] Art. 36 GRC soll den Zugang zu Leistungen der Daseinsvorsorge aus der Perspektive des Bürgers sichern.[246] Die Vorschrift enthält nur den Schutz der Nutzer, keinen Bestandsschutz für die Erbringer.[247]

Die Ergänzungen durch den Vertrag von Lissabon unterstreichen weiterhin den besonderen Stellenwert der Daseinsvorsorgeleistungen innerhalb der Union.[248] Die textlichen Veränderungen haben allerdings nicht viel Neues gebracht: Die neue Kompetenz der EU wird bislang nicht gebraucht.[249] Trotz der Streichung des unverfälschten Wettbewerbs prägt das Unionsrecht unverändert die zentrale Grundentscheidung für eine wettbewerbsfähige soziale Marktwirtschaft (Art. 3 Abs. 3 EUV),[250] nicht zuletzt wegen Art. 119, 120 und 127 AEUV und des Protokolls Nr. 27[251] zu Binnenmarkt und Wettbewerb. Damit ist jede Änderung am Regel-Ausnahme-Charakter von Art. 106 Abs. 2 AEUV ausgeschlossen.[252] Die Aufwertung der Funktionsfähigkeit der gemeinwohlorientierten Dienste durch neue Fassung des AEUV, Protokoll 26 und Art. 36 GRC ist bei der Auslegung der Voraussetzungen des Art. 106 Abs. 2 AEUV zu berücksichtigen.[253]

---

242 Knauff, EuR 2010, 725, 736.
243 Krajewski, EuR-Bei 2013, 109, 119.
244 Streinz/Paul/Koenig, AEUV Art. 14 Rn. 22.
245 Streinz/Paul/Koenig, AEUV Art. 14 Rn. 22; Frenz, EU-Grundrechte, Rn. 4271.
246 Frenz, EU-Grundrechte, Rn. 4271.
247 Frenz, EU-Grundrechte, Rn. 4283.
248 von der Groeben/Schwarze/Voet van Vormizelle, AEUV Art. 14, Rn. 2.
249 Knauff, EuR 2010, 725, 745; Krajewski, EuR-Bei 2013, 109, 120.
250 Calliess/Ruffert/Christian Jung, AEUV Art. 14, Rn. 6; Meljnik, Verhältnis, S. 33; Weiß, EuR 2011, 47, 54 f.
251 Gem. 51 EUV sind die Protokolle und Anhänge der Verträge Bestandteil der Verträge.
252 Immenga/Mestmäcker/Schweitzer/Mestmäcker, AEUV Art. 106 II Rn. 29.
253 EuGH, Urt. v. 07.09.2016, Rs. C-121/15, Rn. 40 – Anode.

2. *Paradigmenwechsel in der Rechtsprechung des EuGH?*

Zur der Frage, ob der Vertrag von Lissabon das Verhältnis zwischen Wettbewerbsprinzip und staatlicher Intervention geändert hat, muss noch die Rechtsprechung im Bereich der öffentlichen Dienstleistungen nach Inkrafttreten des Vertrags berücksichtigt werden.

a. *Verhältnismäßigkeitsprüfung nach Art. 106 Abs. 2 AEUV*

In der Rechtsprechung stellt die Verhältnismäßigkeitsprüfung das Kernstück der Anwendung des Art. 106 Abs. 2 AEUV dar. Zu prüfen ist, ob die Rechtsprechung in der Verhältnismäßigkeitsprüfung einen wichtigen Richtungswechsel vollzogen hat.

Im Federutility-Urteil hat der EuGH erstmals[254] den Ermessensspielraum der Mitgliedstaaten explizit anerkannt: Sie sind berechtigt, unter Beachtung des Unionsrecht, den Umfang und die Organisation ihrer Dienstleistungen von allgemeinem wirtschaftlichem Interesse zu bestimmen. Sie können insb. Ziele berücksichtigen, die ihrer nationalen Politik eigen sind.[255] Zugleich betont der EuGH, dass die staatliche Intervention, was ihre Dauer betrifft, auf das zur Erreichung des mit ihr verfolgten Ziels strikt Notwendige begrenzt werden muss, damit insb. nicht eine Maßnahme dauerhaft beibehalten wird, die bereits ihrer Natur nach ein Hindernis für die Verwirklichung eines funktionsfähigen Binnenmarkts darstellt.[256]

Die Verhältnismäßigkeitsprüfung findet sich in der neueren Rechtsprechung vermehrt. Die staatliche Intervention, die ein Ziel von allgemeinem wirtschaftlichem Interesse verfolgt, muss geeignet sein, die Verwirklichung des mit ihr verfolgten Ziels zu gewährleisten, und darf nicht über das hinausgehen, was zur Erreichung dieses Ziels erforderlich ist.[257] Der EuGH verlangt eine zeitliche Begrenzung der Maßnahme und regelmäßige Überprüfung der Erforderlichkeit.[258] Ein Privatisierungsverbot aus zwingenden Gründen des Allgemeininteresses kann erst die Kapitalverkehrsfreiheit überwiegen, wenn es Gemeinwohlziele verfolgt und nicht über das zu dessen Erreichung Erforderliche hinausgeht.[259]

254 GHN/Wernicke, Art. 106 Rn. 14.

255 EuGH, Urt. v. 20.04. 2010, Rs. C-265/08, Slg. 2010, I-3377, Rn. 29 – Federutility.

256 EuGH, Urt. v. 20.04. 2010, Rs. C-265/08, Slg. 2010, I-3377, Rn. 35 – Federutility.

257 EuGH, Urt. v. 21.12.2011, Rs. C-242/10, Slg. 2011, I-13665, Rn. 55 – Enel Produione. Kritisch dazu Heller, EWeRK 2012, 19, 23.

258 EuGH, Urt. v. 21.12.2011, Rs. C-242/10, Slg. 2011, I-13665, Rn. 63 ff. – Enel Produione.

259 EuGH, Urt. v. 22.10.2013, verb Rs. C-105/12, C-106/12 und C-107, Rn. 58 u. Rn. 67 – Essent u.a.

Zusammenfassend impliziert die Beachtung des Grundsatzes der Verhältnismäßigkeit: Erstens ist die Maßnahme geeignet, die Verwirklichung des mit ihr verfolgten Ziels zu gewährleisten. Zweitens muss die Dauer der staatlichen Intervention auf das zur Erreichung des mit ihr verfolgten Ziels strikt Notwendige begrenzt werden. Drittens darf die Interventionsmethode nicht über das hinausgehen, was zur Erreichung des verfolgten Ziels erforderlich ist. Viertens muss das Erfordernis der Erforderlichkeit im Hinblick auf den persönlichen Anwendungsbereich der Maßnahme beurteilt werden.[260]

In der jüngsten Rechtsprechung schließt sich das EuG der Forderung der Kommission an,[261] dass die Qualifizierung einer Tätigkeit als Dienstleistungen von allgemeinem wirtschaftlichem Interesse das Vorhandensein eines Marktversagens voraussetzt.[262] Die Tendenz der Rechtsprechung zeigt, dass bei den Interventionen der Mitgliedstaaten in Form einer Auferlegung spezifischer Pflichten zulasten privater Wettbewerber eine strenge Verhältnismäßigkeitsprüfung durchführt wird.[263] Dadurch werden die mitgliedstaatlichen Interventionen in den Wettbewerbsprozess in engen Grenzen gehalten.

b. Vergaberechtliche Anforderung an kommunale Daseinsvorsorge

Entsprechend dem europäischen Wettbewerbsmodell ermöglicht die Erbringung der Daseinsvorsorge durch externe Auftragsvergabe grundsätzlich eine effiziente Aufgabenerfüllung.[264] Da viele Kommunen eine schwierige Haushaltslage aufweisen, nehmen sie einige kommunale Aufgaben gemeinsam wahr.[265] Die interkommunale Zusammenarbeit gewinnt bei einer wirtschaftlicheren Leistungserbringung an Bedeutung.[266] Vergaberechtlich relevant sind zwei Formen der Zusammenarbeit: institutionelle und vertragliche interkommunale Zusammenarbeit.[267] Um sie vom Vergaberecht auszunehmen, beriefen sich die Mitgliedstaaten anfangs auf Teckal-Entscheidung des EuGH, wonach ein Auftrag dann nicht ausgeschrieben werden muss, wenn der Auftraggeber über den Auftragnehmer eine Kontrolle wie über eine eigene Dienststelle ausübt und der

---

260 EuGH, Urt. v. 07.09.2016, Rs. C-121/15, Rn. 55 ff. – Anode.

261 DAI-Mitteilung 2000, S. 3.

262 EuG, Urt. v. 16.09.2013,Rs. T-79/10, T-258/10, T-325/10, Rn. 154 – Colt Télécommunications France. Kritisch dazu GHN/Wernicke, AEUV Art. 14, Rn. 42.

263 Markopoulos, KommJur 2012, 330, 333.

264 Kühling, WiVerw 2008, 239, 246.

265 Dageförde, Vergaberecht, Rn. 299.

266 Sonder, LKV 2014, 207.

267 Ausführlich vgl. Dageförde, Vergaberecht, Rn. 310 ff.

Auftragnehmer seine Tätigkeit im Wesentlichen für den öffentlichen Auftraggeber verrichtet.[268] Die interkommunale Kooperation kann dies kaum erfüllen, weil in der Kooperation die beteiligten Kommunen einander nicht derart kontrollieren.[269]

In der grundlegenden Entscheidung zur Stadtreinigung Hamburg lässt der EuGH einen Abfallentsorgungsvertrag zwischen vier Landkreisen und der als Anstalt des öffentlichen Rechts fungierenden Stadtreinigung Hamburg nicht dem Vergaberecht unterfallen.[270] Die Zusammenarbeit öffentlicher Stellen ist dann vergaberechtlich nicht relevant, wenn das Hauptziel der Unionsvorschriften zum öffentlichen Auftragswesen – einen freien Dienstleistungsverkehr und die Eröffnung eines unverfälschten Wettbewerbs in allen Mitgliedstaaten – nicht in Frage gestellt wird, solange die Umsetzung der Zusammenarbeit nur durch Überlegungen und Erfordernisse bestimmt wird, die mit der Verfolgung von im öffentlichen Interesse liegenden Ziele zusammenhängen, und der Gleichbehandlungsgrundsatz der Interessenten gewährleistet ist, so dass kein privates Unternehmen besser gestellt wird als seine Wettbewerber.[271] In der Umsetzung des Art. 12 Abs. 4 und 5 der Richtlinie 2014/24/EU regeln § 108 Abs. 6, 7 und 8 GWB die horizontale Zusammenarbeit von öffentlichen Auftraggebern, die Normen orientieren sich weitgehend an den vom EuGH entwickelten Grundsätzen.[272] Dadurch wird die kommunale Daseinsvorsorge von dem Druck des Vergaberechts leicht gelockert.

Trotzdem ist das Modell einer Daseinsvorsorge im Wettbewerb dem Grunde nach im EU-Vertrag angelegt: Erstens verstößt eine generelle gesetzlich geregelte Vergaberechtsfreiheit von Kooperation innerhalb von Gebietskörperschaften gegen das EU-Vergaberecht.[273] Zweitens dürfen keine Privaten an der Kooperation beteiligt sein.[274] Drittens sollte interkommunale Kooperation den unverfälschten Wettbewerb nicht in Frage stellen und kein privates Unternehmen wird bei der Umsetzung der Zusammenarbeit besser als seine Wettbewerber

---

268 EuGH, Urt. v. 18.11.1999, Rs. C-107/98, Slg. 1999, I-8121, Rn. 50 – Teckal.

269 Krajewski, EuR-Bei 2013, 109, 123.

270 EuGH, Urt. v. 09.06.2009, Rs. C-480/06, Slg. 2009, I-4747 – Stadtreinigung Hamburg.

271 EuGH, Urt. v. 09.06.2009, Rs. C-480/06, Slg. 2009, I-4747, Rn. 47 – Stadtreinigung Hamburg. Weiter konkretisiert EuGH, Urt. v. 13.06.2013, Rs. C-386/11, Rn. 41 – Piepenbrock; EuGH, Urt. v. 29.11.2012, Rs. C-182/11 und C.183/11, Rn. 33 – Econord.

272 BT-Drs. 18/6281, S. 81.

273 EuGH, Urt. v. 13.01.2005, Rs. C-84/03, Slg. 2005, I-193, Rn. 39 – Spanien.

274 BT-Drs. 18/6281, S. 82.

gestellt.[275] Viertens muss dem Vertrag ein kooperatives Konzept zugrunde liegen, es reicht hingegen nicht, wenn sich der Beitrag eines Vertragspartners darauf beschränkt, den anderen für die Erbringung einer Leistung zu bezahlen.[276]

c. Beihilferechtliche Anforderung an Ausgleichszahlung

Um sozialverträgliche Konditionen der Leistungen der Daseinsvorsorge anzubieten, sind sie im Allgemeininteresse oft auf staatliche Zuschüsse angewiesen.[277] Wird für die Erbringung der Gemeinwohlverpflichtung eine öffentliche Ausgleichszahlung gewährt, stellt sich die Frage, ob diese mit dem gemeinschaftlichen Beihilfenrecht gem. Art. 107 AEUV vereinbar ist. Der EuGH hat in dem Urteil Altmark Trans dahin entschieden, dass eine staatliche Maßnahme nicht von Art. 107 Abs. 1 AEUV erfasst wird, soweit sie als Ausgleich anzusehen ist, der die Gegenleistung für Leistungen bildet, die von den Unternehmen, denen sie zugutekommt, zur Erfüllung von Gemeinwohlverpflichtungenerbracht werden, so dass diese Unternehmen in Wirklichkeit keinen finanziellen Vorteil erhalten und die genannte Maßnahme somit nicht bewirkt, dass sie gegenüber den mit ihnen im Wettbewerb stehenden Unternehmen in eine günstigere Wettbewerbsstellung gelangen.[278] Im konkreten Fall muss eine Reihe von Voraussetzungen kumulativ erfüllt sein:[279] Erstens muss das begünstigte Unternehmen tatsächlich mit der Erfüllung betraut und diese Verpflichtungen müssen klar definiert worden sein; zweitens sind die Parameter für die Berechnung der Ausgleichsleistung zuvor objektiv und transparent aufzustellen; drittens muss eine Überkompensation ausgeschlossen sein; viertens ist die Höhe der Ausgleichszahlung, wenn kein Vergabeverfahren erfolgt, am Maßstab eines durchschnittlichen, gut geführten Unternehmens zu bestimmen.

Aufgrund der Rechtsprechung findet sich der Anwendungsbereich für Art. 106 Abs. 2 AEUV noch dort, wo eine staatliche Ausgleichszahlung als Beihilfe zu qualifizieren ist.[280] Und Art. 106 Abs. 2 AEUV bewirkt lediglich eine

---

275 EuGH, Urt. v. 13.06.2013, Rs. C-386/11, Rn. 41 – Piepenbrock; EuGH, Urt. v. 19.12.2012, Rs. C-159/11, Rn. 34 – Lecce.

276 OLG Koblenz, Beschl. v. 3.12.2014, Verg 8/14, EWeRK 2015, 99.

277 Ferdinand Wollenschläger in: Kirchhof/Korte/Magen, § 6 Rn. 50.

278 EuGH, Urt. v. 24.07.2003, Rs. C-280/00, Slg. 2003, I-7747, Rn. 87 – Altmark Trans; EuGH, Urt. v. 22.10.2015, Rs. C-185/14, Rn. 84 – Easypay; EuGH, Urt. v. 18.02.2016, Rs. C-446/14 P, Rn. 24 – Zweckverband Tierkörperbeseitigung.

279 EuGH, Urt. v. 24.07.2003, Rs. C-280/00, Slg. 2003, I-7747, Rn. 89 ff. – Altmark Trans; EuGH, Urt. v. 18.02.2016, Rs. C-446/14 P, Rn. 25 ff. – Zweckverband Tierkörperbeseitigung.

280 Wernsmann/Loscher, NVwZ 2014, 976, 978; von Danwitz, Dienste, S. 103, S. 110.

Rechtfertigung der Maßnahme; die Notifizierungspflicht des Art. 108 Abs. 3 AEUV bleibt bestehen.[281] Um die Rechtssicherheit und -klarheit bezüglich der vier Kriterien in der Praxis zu schaffen,[282] hat die Kommission ein Maßnahmenpaket[283] erlassen und einen Beschluss[284] gefasst. Einerseits stellt die Kommission in dem Beschluss bestimmte soziale Dienstleistungen von der Notifizierungspflicht frei. Andererseits werden strenge Voraussetzungen im Rahmen für staatliche Beihilfen festgeschrieben, damit diese für die Erbringung der Dienstleistungen von allgemeinem wirtschaftlichem Interesse erforderlich sind und die Entwicklung des Handelsverkehrs nicht beeinträchtigen. Die Notwendigkeit eines Betrauungsakts, die Kalkulation der Höhe der Ausgleichsleistung und die Transparenz der Berechnungsparameter sollen eine willkürliche Ausgleichszahlung und anschließende Wettbewerbsverzerrung vermeiden.[285] Bei der Beihilfeprüfung hat die Analyse einer Tätigkeit als Dienstleistungen von allgemeinem wirtschaftlichem Interesse nur einen subsidiären Charakter.[286]

d. Stellungnahme

Die Rechtsprechung legt nahe, dass das Spannungsverhältnis zwischen Wettbewerb und staatlicher Intervention durch Verständnis für die Notwendigkeit einer Gestaltungsfreiheit gelöst wird.[287] Ein Paradigmenwechsel ist allerdings schwer zu erkennen.[288] Bei der Verhältnismäßigkeitsprüfung, bei vergaberechtlichen Anforderungen und Beihilferegelungen darf der unverfälschte Wettbewerb auf dem Gebiet der Daseinsvorsorge nicht in Frage gestellt werden.[289] Die Ausnahmen bewegen sich in den gesetzlichen Tatbeständen und müssen immer gerechtfertigt werden. In der neueren Rechtsprechung betont der EuGH, dass unabhängig von einem konkreten Verstoß des Unternehmens die bloße Schaffung einer missbrauchsgeneigten Marktstruktur gegen Art. 106 Abs. 1 i. V. m. Art. 102 AEUV verstößt.[290] Da die Mitgliedstaaten staatlichen Unternehmen oft ausschließliche Rechte als Gegenleistung für die Aufgabenerfüllung einräumen,

---

281 Calliess/Ruffert/Wolfram Cremer, AEUV Art. 107 Rn. 21.
282 Krajewski, EuR-Bei 2013, 109, 122; Weiß, EuR 2013, 669, 683.
283 Beihilfe-Mitteilung 2011.
284 Beihilfe-Beschluss 2012.
285 Weiß, EuR 2013, 669, 683.
286 EuGH, Urt. v. 18.02.2016, Rs. C-446/14 P, Rn. 44 – Zweckverband Tierkörperbeseitigung.
287 von Danwitz, S. 103, S. 128.
288 Aber Krajewski, EuR-Bei 2013, 109, 121.
289 Wernicke, EuZW 2015, 281, 283.
290 EuGH, Urt. v. 17.07.2014, Rs. C-553/12 P, Rn. 41 – DEI.

kann hier die Gefahr geschaffen werden, dass die staatlichen Unternehmen eine missbrauchsgeneigte marktbeherrschende Stellung erlangen.[291] Die Wettbewerbsstruktur wird vorsorglich verstärkt.[292]

3. *Zwischenergebnis*

Zusammenfassend lässt sich feststellen, dass der Wettbewerb in keinem Spannungsverhältnis mit der Daseinsvorsorge steht. Vielmehr müssen die Leistungen der Daseinsvorsorge in Durchsetzung der Wettbewerbsvorschriften erfolgen.[293] Natürlich ist der Kommission bewusst, dass die Aufgabenerfüllung der Daseinsvorsorge nicht blind auf einen reinen Wettbewerb vertrauen kann.[294] Deshalb sind die Rechtsrahmen für die Leistungen der Daseinsvorsorge laufend zu überprüfen, damit die Vorschriften ihren spezifischen Erfordernissen Rechnung tragen und die Bereitstellung der Dienste verbessern können.[295] Die im Jahr 2014 verabschiedeten Richtlinien[296] über die öffentliche Auftragsvergabe und die Konzessionsvergabe knüpfen an die Rechtsprechung an, schaffen mehr Rechtssicherheit und Raum für die Mitgliedstaaten.[297]

Das Europarecht hält weiter die Linie des Wettbewerbs[298] und berücksichtigt zugleich stärker die spezifischen Besonderheiten des Einzelsektors, die an die sozialpolitischen Belange gebunden sind. Unter Berücksichtigung der wichtigen Rolle der Daseinsvorsorge soll Art. 106 Abs. 2 AEUV das Interesse der Mitgliedstaaten am Einsatz bestimmter Unternehmen als Instrument der Wirtschafts- oder Sozialpolitik mit dem Interesse der Union an der Einhaltung der Wettbewerbsregeln und der Wahrung der Einheit der Union in Einklang bringen.[299] Der Wettbewerb aktiviert und optimiert den Markt der Leistungen der Daseinsvorsorge; staatliche Intervention muss Gemeinwohlziele verfolgen und den Grundsatz der Verhältnismäßigkeit beachten.[300]

---

291 Gabriel/Weiner, NZBau 2016, 466, 471.
292 Triantafyllou, EuZW 2014, 734, 737.
293 DAI-Mitteilung 2011, S. 6.
294 DAI-Grünbuch 2003, Rn. 29.
295 DAI-Mitteilung 2011, S. 6.
296 Richtlinie 2014/24/EU, Richtlinie 2014/25/EU und Richtlinie 2014/23/EU.
297 Neun/Otting, EuZW 2014, 535, 535.
298 Ruffert, AöR 134 (2009), 197, 202.
299 EuGH, Urt. v. 07.09.2016, Rs. C-121/15, Rn. 43 – Anode.
300 EuGH, Urt. v. 07.09.2016, Rs. C-121/15, Rn. 36 – Anode.

C. Von Erfüllungsverantwortung zur Gewährleistungsverantwortung

Da die Leistungen der Daseinsvorsorge möglicherweise vom Markt durch Wettbewerb erbracht werden können, gibt es verschiedene Wahrnehmungsmodi der öffentlichen Aufgaben.[301] Sie reichen von der hoheitlichen Aufgabenwahrnehmung, der vertraglichen Kooperation mit Privaten bis zur bloßen Rahmensetzung.[302] Die gewandelten Modalitäten der Aufgabenwahrnehmung führen zur Rollenveränderung des Staates vom Herrschaftsmonopolist zum Herrschaftsmanager.[303] Die Aktivierung der Gesellschaft wird seit den 1990er Jahren als jene eines Gewährleistungsstaates[304] beschrieben.[305] Durch diese Formel soll gesellschaftliche Leistungserbringung mit dem Erhalt von Gemeinwohlsicherungen verbunden werden, die für das Europarecht von Relevanz ist.[306]

I. Die Stufen staatlicher Verantwortung

Im Prozess arbeitsteiliger Verwirklichung des Gemeinwohls unter dem Leitbild des Gewährleistungsstaats stellt sich die Frage, in welchem Ausmaß staatliche Verantwortung noch besteht.[307] Der Begriff der Verantwortung hat heuristischen und normativen Gehalt:[308] Als heuristischer Begriff beschreibt er die Art und Weise der Bewältigung einer Aufgabe durch den Staat, die Rolle des Staats; die normative Bedeutungsebene fragt hingegen danach, welche Rolle der Staat in bestimmten Situationen, gegenüber tatsächlicher Lagen spielen soll.[309] Die Grenze zwischen heuristischer und normativer Bedeutungsebene muss gewahrt werden, damit keine Kompetenzen und Eingriffsbefugnissen vorschnell aus einer heuristischen Verantwortung hergeleitet werden.[310]

---

301 Schulze-Fielitz, GVwR I, § 12, 24 ff.
302 Dörr, VVDStRL 73 (2014), 323, 340.
303 Schuppert, Gewährleistungsstaat, S. 11, S. 16; ders., vhw FW 2008, 189.
304 Näher zur Begrifflichkeit Franzius, Der Staat 42 (2003),493, 494.
305 Schoch, NVwZ 2008, 241; Knauff, Gewährleistungsstaat, S. 65.
306 Franzius, Der Staat 42 (2003), 493, 494; GHN/Wernicke, AEUV Art. 14 Rn. 23.
307 Brehme, Wasserversorgung, S. 42.
308 Schmidt-Aßmann, Ordnungsidee, Kap. 3, Rn. 109. Über allgemeinen Definitionsansatz von Verantwortung siehe Voßkuhle, VVDStRL 62 (2003), 266, 270.
309 Ruge, Gewährleistungsverantwortung, S. 163; Röhl, Die Verwaltung-Bei 1999, 33, 47.
310 Röhl, Die Verwaltung-Bei 1999, 33, 48 f.

1. *Die Einzelheiten zu den drei Verantwortungen*

Die Rolle des Staats kann wegen des Zwangs der Gemeinwohlsicherung infolge des Wandels der Aufgabenwahrnehmung variieren: Als Stufen seiner Verantwortung werden Erfüllungs-, Gewährleistungs- und Auffangverantwortung genannt.[311]

Die Erfüllungsverantwortung umschreibt die Fälle, in denen der Staat zur Erfüllung der öffentlichen Aufgaben selbst tätig wird.[312] Diese unmittelbare Erfüllung durch öffentliche Einrichtungen oder Unternehmen ist in der kommunalen Wasserversorgung und Abwasserbeseitigung vertretbar.[313] Alternativ kann der Staat gänzlich oder teilweise öffentliche Aufgaben auf die Private übertragen. Zugleich wirkt er darauf hin, dass öffentliche Aufgaben gemeinwohlförderlich wahrgenommen werden.[314] Diese dem Staat bleibende Verantwortung – regelmäßig Vorgabe von Handlungsregeln und Überwachung – erfasst der Begriff der Gewährleistungsverantwortung.[315] In Anlehnung an die ordnungspolitische Vorstellung, dass der Markt die Versorgungsleistungen besser und effizienter als staatliche Monopole erbringen kann,[316] zielt die Gewährleistungsverantwortung einerseits darauf, privatautonomes und privatwirtschaftliches Handeln für die Förderung öffentlicher Zwecke zu nutzen.[317] Andererseits bringt sie die Sicherung der Gemeinwohlverwirklichung zum Ausdruck, dass die öffentlich-rechtlichen Bindungen eingehalten werden und das Handeln demokratisch legitimiert ist.[318] Kurz gesagt gewährleistet der Staat durch Rahmenvorgaben die Gemeinwohlsicherung bei Einschaltung der Privatwirtschaft.[319]

Auffangverantwortung bezieht sich auf die Entwicklung von Instrumentarien zur Nachsteuerung, wenn trotz staatlicher Steuerung die privatisierte Aufgabe nicht erfüllt oder defizitär erbracht wird.[320] Innerhalb der Auffangverantwortung lassen sich verschiedene Erscheinungsformen unterscheiden: Der Staat kann mit

311 Schulze-Fielitz, GVwR I, § 12, Rn. 148 ff.; Schmidt-Aßmann, Ordnungsidee, Kap. 3, Rn. 109 ff. Dieser Ansatz ist durch Hoffmann-Riem geprägt, siehe Hoffmann-Riem, Organisationsrecht, S. 355, S. 362 ff.

312 Brehme, Wasserversorgung, S. 49; Schmidt-Aßmann, Ordnungsidee, Kap. 3, Rn. 111.

313 Dörr, VVDStRL 73 (2014), 323, 343.

314 Schmidt-Aßmann, Ordnungsidee, Kap. 3, Rn. 114.

315 Schulze-Fielitz, GVwR I, § 12, Rn. 158; Brüning, JZ 2014, 1026, 1029.

316 Schumacher, DÖV 2012, 176, 179.

317 Schmidt-Aßmann, Ordnungsidee, Kap. 3, Rn. 115.

318 Franzius, Der Staat 42 (2003), 493, 506; Brüning, DÖV 2014, 908, 912.

319 Ziekow, Wirtschaftsrecht, § 13 Rn. 9.

320 Brehme, Wasserversorgung, S. 52; Ziekow, Wirtschaftsrecht, § 13, Rn. 10.

seinen hoheitlichen Mitteln wieder partiell selbst erfüllen oder Verlust für Dritte ausgleichen, im Extremfall einen Privatisierungsprozess rückgängig machen.[321]

2. *Kritik an der Verantwortungsstufung*

Die Stufung der Verantwortung ist in der Verwaltungsrechtslehre allgemein anerkannt,[322] und sollte auf die oben genannten drei Grundtypen begrenzt werden.[323] Der Vorzug dieser Stufung liegt darin, dass sich die grobe Kategorienbildung auf die grundlegenden Strukturunterschiede des staatlichen Tätigwerdens konzentriert.[324] Bei näherer Untersuchung erweist sich die Abgrenzung der drei Verantwortungen aber als undeutlich.[325]

Teilweise wird die Grenze zwischen Erfüllungs- und Gewährleistungsverantwortung unklar gesetzt, besonders bei der funktionalen Privatisierung. Die wohl h.M. ordnet diese Konstellation dem Bereich der Gewährleistungsverantwortung zu, weil es sich um Formen der arbeitsteiligen und kooperativen Aufgabenerledigung handelt, mit denen die Verwaltung ihre eigene Rolle neu definiert.[326] Die Gegenmeinung stützt sich auf die bestehen bleibende Verantwortlichkeit des Staates, der der öffentlich-rechtlichen Bindung unterliegt.[327] Für vorliegende Untersuchung wird der h.M. gefolgt, weil der in die Aufgabenerfüllung eingeschaltete Dritte bis zu einem gewissen Grad Autonomie besitzt.[328]

Problematisch ist die Abgrenzung zwischen Gewährleistungsverantwortung und Auffangverantwortung, wobei die letztere teilweise als Unterfall der ersteren angesehen wird.[329] Die Auffangverantwortung erweist sich als unverzichtbares Element positivrechtlicher Ausgestaltung des Gewährleistungsstaates.[330] Sie kann nicht als Leugnung des Kerns der Gewährleistungsverantwortung verstanden werden. Umgekehrt ergibt sich die Residualzuständigkeit des Staats aus dem

---

321 Schulze-Fielitz, GVwR I, § 12, Rn. 166; Dörr, VVDStRL73 (2014), 323, 353.

322 Schulze-Fielitz, GVwR I, § 12, Rn. 148.

323 Ziekow, Wirtschaftsrecht, § 13 Rn. 9.

324 Brehme, Wasserversorgung, S. 48.

325 Ruge, Gewährleistungsverantwortung, S. 178.

326 Schuppert, Gewährleistungsstaat, S. 11, S. 14; Schmidt-Aßmann, Ordnungsidee, Kap. 3, Rn. 114; Burgi in: Ehlers/Pünder, § 10 Rn. 9.

327 Brehme, Wasserversorgung, S. 50.

328 Trute, DVBl 1996, 950, 952; Ziekow, VerwArch 97 (2006), 626, 632.

329 Wollenschläger, Rückholoptionen, S. 27, S. 147f; Voßkuhle, VVDStRL 62 (2003), 266, 326; Cornils, AöR 131 (2006), 378, 403 ff.; Britz, Die Verwaltung 37 (2004), 145, 148.

330 Cornils, AöR 131 (2006), 378, 408.

Respekt vor den Funktionsgesetzen der Marktwirtschaft und der Normativität des Garantieversprechen.[331]

3. *Gewährleistungsverantwortung im Bereich des ÖPNV*

Kennzeichnend für die Gewährleistungsverantwortung ist, dass der Staat gewährleistet, dass die Versorgung unter den Bedingungen eines privatwirtschaftlichen Wettbewerbs erfolgen wird.[332] Die Gewährleistungsverantwortung kann sich sowohl aus Regelungen des sektorspezifischen Rechts ergeben als auch in einem allgemeinen Rechtsgrundsatz begründet werden.[333]

Aus dem EU-Recht ergibt sich keine umfassende Gewährleistungsverantwortung.[334] Art. 14 AEUV kann nur als Funktionsgarantie verstanden werden, die keine konkreten Gestaltungsaufträge enthält.[335] Die Art und Weise der Sicherstellung der Erbringungen der Daseinsvorsorge und weitere Ausgestaltung obliegen den Mitgliedstaaten.[336] Im Grundgesetz besteht auch keine Regelung über allgemeine staatliche Gewährleistungsverantwortung.[337] Die staatliche Verantwortung für öffentliche Aufgaben ist primär aus den Grundrechten und dem Sozialstaatsprinzip abgeleitet.[338]

Im Bereich des ÖPNV hat der Gesetzgeber die Aufgaben des Personennahverkehrs auf Länder übertragen (Art. 87e Abs. 4 S. 1 GG, Art. 106a GG). Das RegG erkennt die Sicherstellung einer ausreichenden Bedienung der Bevölkerung mit Verkehrsleistungen im ÖPNV als eine Aufgabe der Daseinsvorsorge der Länder an, die auch in den meisten Landesnahverkehrsgesetzen findet.[339] Da eine den sozialen-, umwelt- und verkehrspolitischen Interessen entsprechende Nahverkehrsbedienung allein durch Fahrgelderlöse nicht finanzierbar ist,[340] obliegt den kommunalen ÖPNV-Aufgabenträgern die Verantwortung dafür, eine ausreichende Verkehrsbedienung organisatorisch und finanziell sicherzustellen (§ 8 Abs. 3 PBefG). Ist eine ausreichende Verkehrsbedienung durch den

331 Cornils, AöR 131 (2006), 378, 406.

332 Möstl in Maunz/Dürig, Grundgesetz, Art. 87f Rn. 73.

333 Britz, Die Verwaltung 37 (2004), 145, 151; Brüning, JZ 2014, 1026.

334 Britz, Die Verwaltung 37 (2004), 145, 159.

335 GHN/Wernicke, AEUV Art. 14, Rn. 41.

336 Britz, Die Verwaltung 37 (2004), 145, 159. Dagegen Wollenschäger, Rückholoptionen, S. 102.

337 Voßkuhle, VVDStRL 62 (2003), 266,292.

338 Britz, Die Verwaltung 37 (2004), 145, 160; Bauer, VVDStRL 54 (1995), 243, 269.

339 Vgl. Roling, ÖPNV, S. 6.

340 Hermes in: Ehlers/Fehling/Pünder, § 25 Rn. 84

Markt nicht möglich, können die Aufgabenträger Dienstleistungskonzessionen i. S. d. Verordnung (EG) Nr. 1370/2007 vergeben.[341] Indem gesetzliche Regelungen für den Fall getroffen werden, dass die private Leistungserbringung zu keiner ausreichenden Versorgung führt, übernimmt der Staat eine Gewährleistungsverantwortung im Bereich des ÖPNV.[342]

II. Gewährleistungsverantwortung im chinesischen Recht

Für die Beantwortung der Frage, ob sich China als Entwicklungs- und Transformationsland ebenso wie Deutschland vom Erfüllungs- zum Gewährleistungsstaat gewandelt hat, muss geprüft werden, ob die die Rekonstruktion der Bedingungen der „Gesellschaftlichkeit" stattgefunden hat.[343] Neben der Aktivierung der gesellschaftlichen Kräften sollte der Staat hier die Restverantwortung tragen.

1. Die Etablierung und Entwicklung der sozialistischen Marktwirtschaft

Seitdem die chinesische Führung im Jahr 1978 die Reform und Öffnung eingeleitet hatte, entwickelte sich das chinesische Wirtschaftssystem schrittweise von einer Planwirtschaft über eine geplante Warenwirtschaft hin zu einer sozialistischen Marktwirtschaft.[344] Die sozialistische Marktwirtschaft ist eine Wirtschaftsgestaltung, in der das Staats- und das Kollektiveigentum Hauptsäulen der wirtschaftlichen Struktur sind, während die Tätigkeiten der nichtstaatlichen Wirtschaft als wichtige integrale Bestandteile der Wirtschaft zugelassen sind und der Markt eine grundlegende Rolle spielt.[345]

Seit 1980 wird das Verhältnis zwischen Staat und Wirtschaft im Rahmen der Wirtschaftsreform nach dem Staatsziel der sozialistischen Marktwirtschaft neu bestimmt. Die sog. Branchenministerien nach sowjetischen Vorbild wurden abgeschafft und eine deutlichere Trennung zwischen Wirtschaftsverwaltungsbehörden und Wirtschaftsunternehmen eingeführt.[346] Um das Staatsvermögen besser zu verwalten, wurden Aufsichts- und Verwaltungskommissionen für das Staatsvermögen (*State-owned Assets Supervision and Administration*

---

341 Knauff, NZBau 2011, 655.

342 Hermes in: Ehlers/Fehling/Pünder, § 25 Rn. 84; Britz, Die Verwaltung 37 (2004), 145, 156.

343 Ladeur, Der Staat 48 (2009), 163, 171.

344 Yu, PPP, S. 64.

345 List, Wirtschaftsverwaltungsrechtsaufgaben, S. 48.

346 List, Wirtschaftsverwaltugnsrechtsaufgaben, S. 57 ff.

Commissions) errichtet und etwa 83% der gesamten Vermögensrechte der zentralen Unternehmen an Privatunternehmen bzw. ausländische Investoren verkauft.[347]

Zugleich wurde die Rechtsstellung der nichtstaatlichen Wirtschaft schrittweise verbessert. Während sie bei den Verfassungsnovellen in 1982 und 1998 noch als Ergänzung galten, ist die nicht-öffentlich Wirtschaft in Art. 11 ChV 2004 vom Staat anzuspornen, zu fördern.[348] Bevor der Schutz der Privatwirtschaft in der Verfassung verankert war, beteiligte sich die Privatwirtschaft, zunächst ausländische Investitionen, bereits an Infrastrukturprojekten.[349] Öffentlich-private Partnerschaften, in deren Rahmen staatliche und private Kräfte namentlich zur Infrastrukturbereitstellung zusammenwirken, haben in China trotz fehlender und lückenhafter Gesetze überall ihren Platz gefunden.[350]

Die Privatisierung der Staatsunternehmen und die Ermutigung der nichtstaatlichen Wirtschaft haben die Märkte aktiviert und die Wettbewerbsfähigkeit der Unternehmen verstärkt, blieben jedoch auf Sektoren des Handels, der Industrie und des Baugewerbes beschränkt.[351] Wirtschaftsbereiche wie Telekommunikationswesen, Stromversorgung, Luftverkehr waren weiterhin Staatsmonopole. Seit 2005 dürfen nichtstaatliche Unternehmen in Form von Kapitalbeteiligungen in die Monopolbranchen einsteigen.[352]

In 2005 hat der chinesische Staatsrat neue Pilotnormen[353] erlassen, wonach das Telekommunikations-, Post- und Eisenbahnwesen reformiert und die Vermarktung der Wasserversorgung und anderer Branchen der öffentlichen Dienstleistungen weiter vorangetrieben werden sollen.[354] Die Experimente auf lokaler Ebene hat Beijing mit Erlass der Verordnung zur Konzession der städtischen Infrastruktur[355] eingeleitet. Bis heute haben viele Provinzen und lokale Städte

---

347 Yu, PPP, S. 71.

348 List, Wirtschaftsverwaltungsrechtsaufgaben, S. 59.

349 Yu, PPP, S. 81.

350 In China normalerweise als Betreibermodell, Build-Operate-Transfer-Modelle (BOTs) gestaltet. Zur Entwicklungsgeschichte von PPP in China siehe Yu, PPP, S. 81 ff.

351 Yu, PPP, S. 75.

352 Punkt 1, Absatz 2, Standpunkt des Staatsrats zur Förderung und Lenkung der Entwicklung der nicht-öffentlichen Wirtschaft (Guofa [2005] 3), veröffentlicht am 25.02.2005.

353 von Senger, Einführung, S. 198.

354 Punkt 2, Absatz 4, Standpunkt des Staatsrats zur Vertiefung der Reform des Wirtschaftssytems (Guofa [2005] 9), veröffentlicht am 04.04.2005.

355 Beschlossen und verabschiedet vom Ständigen Ausschuss des Volkskongresses Beijing am 01.12.2005, in Kraft getreten am 01.03.2006.

ähnliche Konzessionsregelungen zu städtischen öffentlichen Dienstleistungen erlassen. Danach sind die Wasser- und Wärmeversorgung, der U-Bahntransport und andere städtische öffentliche Dienstleistungen für inländische und ausländische Investitionen in Form von Konzessionen durch öffentliche Ausschreibung geöffnet.[356]

2. *Gewährleistungsverantwortung im chinesischen Recht?*

Wie im deutschen GG ist in der ChV keine allgemeine Gewährleistungsverantwortung niedergelegt. Der chinesische Verfassungsgesetzgeber hat zwar vielfach dem Staat die Förderung der Entwicklung der Wirtschaft, Gesellschaft, Umwelt, Kultur, Bildung und Technologie verpflichtet (Art. 19–22, 26 ChV). Die Vorschriften sind zu grob, genaue Konzepte daraus zu ziehen.[357]

Im Bereich des ÖPNV fehlt ein umfassendes Gesetz wie das deutsche PBefG, das Linien- und Gelegenheitsverkehr zugleich regelt. Vorschriften zur Verwaltung der Personenbeförderung mit städtischen Straßenbahnen und Bussen[358] enthalten nur Regelungen über die konkrete Beförderung, um die Fahrgäste zu schützen. In den Jahren 2004 und 2005 hat das Ministerium für Bauwesen Regelungen zur Verwaltung der Konzessionen und zur verstärkten Überwachung und Regulierung in den städtischen Versorgungsdienstleistungen erlassen.[359] Nach § 1 Vorschriften zur Verwaltung der Konzessionen der städtischen Versorgungsdienstleistungen sollen durch den Einsatz des Konzessionsbetriebssystems die Vermarktung der öffentlichen Dienstleistungen vertieft und öffentliche Sozialinteressen geschützt werden. Hierunter fällt der ÖPNV, der in Form der Konzession durch Wettbewerb an die Privatwirtschaft vergeben wird. Zum ÖPNV hat der Staatsrat in der jüngerer Zeit betont, dass die Investoren beim Marktzugang gleich behandelt werden sollen; für die Verluste der Unternehmen infolge von Ermäßigungskarten und von der Regierung auferlegten Verpflichtungen muss angemessener Ausgleich gewährt werden.[360] Aus den zersplitterten

356 List, Wirtschaftsverwaltungsrechtsaufgaben, S. 113.

357 Aber List, Wirtschaftsverwaltungsrechtsaufgaben, S. 113.

358 (Jianshebu ling Nr. 138), beschlossen am 23.03.2005, in Kraft getreten am 01.06.2005.

359 Vorschriften zur Verwaltung der Konzessionen der städtischen Versorgungsdienstleistungen (Jianshebu ling Nr. 126), erlassen am 29.03.2004, in Kraft getreten am 01.05.2004; Standpunkt des Bauministeriums zur Stärkung der Überwachung und Regulierung städtischer Versorgungsdienstleistungen (Jiancheng Nr. [2005] 154), veröffentlicht am 10.09.2005.

360 Punkt 4 Abs. 5 und Punkt 5 Abs. 1 Standpunkt des Staatsrats zum Vorrang der Entwicklung des städtischen ÖPNV, (Guofa Nr. [2012] 64), veröffentlicht am 29.12.2012.

Vorschriften und Pilotnormen ergibt sich eine Gewährleistungsverantwortung des Staates im ÖPNV.

III. Grundstruktur des Gewährleistungsverwaltungsrechts

1. Die Notwendigkeit eines Gewährleistungsverwaltungsrechts

Wenn der Staat auf bestimmte positive gesellschaftliche Zustände zielt und sich weiterhin in einer Letztverantwortung sieht,[361] ist es fraglich, inwieweit Hoheits- und Marktkonzepte miteinander kompatibel sind und inwieweit Wettbewerb als zentrales Ordnungsmuster gesellschaftlichen Zusammenlebens zu dienen vermag.[362] Im Gewährleistungsstaat muss durch entsprechende verwaltungsrechtliche Vorkehrungen eine Struktur errichtet werden, die einerseits die Dynamik gesellschaftlicher Prozesse für die Gemeinwohlverwirklichung aktiviert und nutzt, andererseits die Integrität hoheitlicher Verwaltungsträger bewahrt.[363] Bei Einschaltung von privaten Dritten muss sich der Staat seine Einwirkungs- und Steuerungsmöglichkeiten vorbehalten und die Verwirklichung der Gemeinwohlsicherung beobachten, um seinen Gewährleistungsverantwortung nachzukommen.[364]

Allein mit dem herkömmlichen, primär am Ziel der Gefahrenabwehr und -vorsorge ausgerichteten Instrumentarium der Wirtschaftsaufsicht lässt sich eine gemeinwohlsichernde Steuerung kaum bewerkstelligen.[365] Inzwischen werden neue Handlungstypologien für die Exekutive geschaffen.[366] Dies hat zu einer Konzentration auf das Gewährleistungsverwaltungsrecht geführt, das teilweise als dritte Säule des Verwaltungsrechts neben der Ordnungsverwaltung und der Leistungsverwaltung bezeichnet wird.[367] Das Gewährleistungsverwaltungsrecht soll einerseits multipolare Interessengeflechte auch in Dreiecksverhältnissen zwischen Privaten und dem Staat regelnd zum Ausgleich bringen, andererseits Rahmenbedingungen von Märkten durch Beobachtung und Beaufsichtigung schaffen, die die Anfälligkeit für gemeinwohlschädigendes Marktversagen minimieren.[368]

---

361 Franzius, Der Staat 42 (2003), 493, 494

362 Ruffert, AöR 134 (2009), 197, 204.

363 Ruffert, AöR 134 (2009), 197, 205.

364 BVerwG, Urt. v. 27.05.2009 – 8 C 10/08, NVwZ 2009, 1305, Rn. 29.

365 Voßkuhle, VVDStRL 62 (2003), 266, 321.

366 Schmitt, Bedarfsplanung, S. 36.

367 Schmitt, Bedarfsplanung, S. 36; Schulze-Fielitz, GVwR I, § 12, Rn. 24 ff.

368 Schulze-Fielitz, GVwR I, § 12, Rn. 40; Brehme, Wasserversorgung, 2010, S. 51.

2. *Grundstruktur des Gewährleistungsverwaltungsrechts*

Nach der Grundlinie, die Eigenrationalität von Verwaltung und Privaten zu erhalten, bilden folgende Ansätze das Gewährleistungsverwaltungsrecht:[369]

- Der rechtlich gesicherte, ermöglichte, gelenkte und geschaffene Wettbewerb.[370]
- Instrumente der Qualitäts- und Ergebnissicherung privater Leistungserbringung,
- Verfahren zur Auswahl und Qualifikation privater Kooperationspartner,
- Drittschutz für Konkurrenten und Verbraucher,
- Mechanismen zur transparenten Informationen, Evaluationen, Lernen,
- die Ausgestaltung effektiver staatlicher Rückholoptionen.

In den letzten Jahren hat eine Rekommunalisierung eingesetzt. Der Hauptgrund liegt darin, dass eine effizienzsteigernde und kostensparende Leistungserbringung nicht eingetreten ist.[371] Kritisch zu fragen bleibt, ob und inwieweit der Staat nach dem Scheitern von Kooperation öffentliche Aufgaben selbst erfüllen kann.[372] Die Bedenken liegen darin, dass die Gemeinden bei längerer Aufgabenabstinenz nicht in der Lage sind, die Aufgabe selbst zu erfüllen.[373] Als Bestandteil des Gewährleistungsverwaltungsrechts müssen staatliche Rückholoptionen effektiv ausgestaltet werden, um die Wirkungen des Marktversagens zu beheben.[374]

Aufgabe der Verwaltungsrechtsdogmatik ist es, das Gewährleistungsverwaltungsrecht näher zu strukturieren.[375] Um die Pflicht der Ergebnissicherung zu erfüllen, muss das Gewährleistungsverwaltungsrecht Instrumente bereitstellen, die Verteilungsverfahren, das Universaldienstmodell, eine Gewährung der Ausgleichsleistung und Marktanalyse enthalten.[376] Eine besondere Ausprägung dieser neuen Gewährleistungsaufsicht ist die wirtschaftsverwaltungsrechtliche Regulierung.[377] Regulierungsverantwortung ist insoweit innerhalb der Gewährleistungsverantwortung ein Element von mehreren.[378]

---

369 Voßkuhle, VVDStRL 62 (2003), 266, 310 ff.; Schmidt-Aßmann, Ordnungsidee, Kap. 3, Rn. 117; Schoch, NVwZ 2008, 241, 246.

370 Kirchhof in: ders./Korte/Magen, § 1 Rn. 14.

371 Anlass und Gründe der Rekommunalisierung siehe Schmidt, DÖV 2014, 357, 358.

372 Ambrosius, DMS 2013, 321, 327.

373 Schoch, NVwZ 2008, 241, 247; Voßkuhle, VVDStRL 62 (2003), 266, 326.

374 Wollenschläger, Rückholoptionen, S. 21.

375 Ehlers in: Ehlers/Pünder, § 1 Rn. 104.

376 Schoch, NVwZ 2008, 241, 246; Voßkuhle, VVDStRL 62 (2003), 266, 311 ff.

377 Stober, Wirtschaftsverwaltungsrecht, S. 205.

378 Ruffert in: Ehlers/Fehling/Pünder, § 21 Rn. 21.

IV. Zwischenergebnis

Reduziert der Staat den Grad der durch die Verwaltung selbst erbrachten Leistungen und zieht sich auf die Überwachung und Steuerung gesellschaftlicher Selbstorganisation zurück,[379] muss die Verwaltung gewährleisten, dass das Gewährleistungsziel, dem Wohl der Allgemeinheit Rechnung zu tragen, erreicht wird.[380] Der Rückzug von der unmittelbaren Aufgabenerfüllung auf die Wahrnehmung der Gewährleistungsverantwortung ist Ausdruck des als Gewährleistungsstaat bezeichneten Staatsmodells.[381] Weder das deutsche Grundgesetz noch chinesische Verfassung enthalten eine allgemeine Gewährleistungsverantwortung. Indem gesetzliche Regelungen für den Zustand getroffen werden, dass die private Leistungserbringung zu keiner ausreichenden Versorgung führt, übernimmt der Staat sowohl Deutschland als auch China im Bereich des ÖPNV eine Gewährleistungsverantwortung. Entsprechend wird die Exekutive vor die Herausforderung gestellt, die Aktivierung der gesellschaftlichen Leistungserbringung und die Verwirklichung der Gemeinwohlsicherung miteinander in Einklang zu bringen. Hier entsteht Gewährleistungsverwaltungsrecht. Seine Bausteine sind die Ergebnissicherung durch Vorgaben für die Leistungserbringung, die Qualifikation und Auswahl privater Akteure, die Schaffung eines Systems periodischer Evaluierung und die Ausgestaltung effektiver staatlicher Rückholoptionen.[382] Darunter fällt das Regulierungsrecht, das jene Merkmale bündelt, die für jene Rechtsgebiete charakteristisch sind, die vom Rückzug des Staates auf seine Gewährleistungsverantwortung betroffen sind.[383]

D. Zusammenfassung

Der von Forsthoff entwickelte Begriff der Daseinsvorsorge sollte die Lücke zwischen Verwaltungsrecht und Verwaltungswirklichkeit erfassen. Danach wird die Leistungsverwaltung mit Daseinsvorsorge als Kernstück neben der Eingriffsverwaltung in den Blick der Verwaltungsrechtswissenschaft gerückt. Jedoch lässt sich kaum eine konkrete Rechtsfolge aus dem Begriff der Daseinsvorsorge ableiten. Der Daseinsvorsorgebegriff beschreibt lediglich die für eine menschenwürdige Existenz unumgänglich notwendige Versorgung.

---

379 Trute, DVBl 1996, 950, 953.

380 BVerwG, Urt. v. 14.06.2016, 10 C 7.15, BeckRS 2016, 50923, Rn. 26.

381 Reich, Regulierung, Rn. 23.

382 Ehlers in: Ehlers/Pünder, § 1 Rn. 104.

383 Reich, Regulierung, Rn. 19.

Unter dem Einfluss des Europarechts werden die Leistungen der Daseinsvorsorge als ein Schlüsselelement des europäischen Gesellschaftsmodells angesehen. Die Dienstleistungen von allgemeinem wirtschaftlichem Interesse als Unterfall der Daseinsvorsorge werden überwiegend nach Art. 106 Abs. 2 AEUV im Wettbewerb erbracht. Zunehmend setzen die Mitgliedstaaten bevorzugterweise bestimmte Unternehmen als Instrument ein, um die mitgliedstaatliche Wirtschafts- oder Sozialpolitik durchzusetzen. Der dadurch entstandene Konflikt mit der Verwirklichung eines europäischen Binnenmarkts wird durch die Rechtsprechung im Rahmen der Verhältnismäßigkeitsprüfung gelöst, die in der neueren Zeit relativ streng zugunsten des Wettbewerbsprinzips durchführt wird.

Die Wahrnehmung und Sicherung der Daseinsvorsorge als Ausdruck eines europäischen Sozialmodells haben nach Art. 14 AEUV für die Bürger besondere Bedeutung.[384] Sollen die Leistungen der Daseinsvorsorge grundsätzlich durch den Markt erbracht werden, tritt an die Stelle der vormaligen Erfüllungsverantwortung des Staates seine Gewährleistungsverantwortung, die auf Förderung eines Wettbewerbs und die Verwirklichung der Sozialinteressen abzielt. Das sich ausbildende Gewährleistungsverwaltungsrecht bietet dafür unterschiedliche Handlungsinstrumente an. Darunter fällt die Regulierung, die Rechtsgebiete stark prägt, die vom Rückzug des Staates auf seine Gewährleistungsverantwortung betroffen sind.

384 Weiß, EuR-Bei 2011, 47, 66.

Kapitel 2: Regulierung zur leistungsfähigen Aufgabenerfüllung

A. Entstehung und Entwicklung der Regulierung

I. Ausgangspunkt der Regulierung in den USA

Regulierung ist ein importiertes Konzept aus den USA.[385] Vor der Entwicklung einer Grundstruktur des Regulierungsrechts ist ein Blick auf die Entstehung und Entwicklung in den USA von Bedeutung, um willkürliche Übertragung zu vermeiden.[386]

1. Entstehung der Regulierung

Die Regulierung lässt sich in den USA auf die Kontrolle des Eisenbahnwesens im 19. Jahrhundert zurückführen, als überhöhte Tarife auf Netzstrecken wegen privater Monopole das Funktionieren der Wirtschaft erschwerten.[387] Nach dem *Interstate Commerce Act* sollten alle Tarife vernünftig und gerecht sein,[388] zugleich wurde die *Interstate Commerce Commission* errichtet, die als erste Bundesverwaltungsbehörde außerhalb der klassischen Ministerialverwaltung das Transportwesen diskriminierungsfrei gestalten sollte.[389] Am Anfang unterwarf das Gesetz die Tarifregulierung vollständiger gerichtlicher Nachprüfung,[390] und die Behörde durfte nur im Falle unvernünftiger bzw. ungerechter Tarifsetzungen seitens der Eisenbahngesellschaften nachträglich Strafen verhängen.[391] Später wurden die Kompetenzen der *Interstate Commerce Commission* u. a. auf Tarifsetzung und Planung erweitert.[392]

Wegen der wirtschaftlichen Depression 1930 wurde eine Serie von Wirtschafts- und Sozialreformen, der *New Deal*, durchgesetzt, der das Modell einer *independent regulatory agency* flächendeckend über den Bereich der Netzwirtschaften hinaus einführte.[393] Die Regulierungsbehörden sind unabhängige

385 Ruffert in: Säcker/Schmidt-Preuß, S. 11, S. 16.
386 Burgi, FS Battis, S. 329, S. 330 f.
387 Lepsius in: Fehling/Ruffert, § 1 Rn. 3 ff.
388 Proelß, AöR 136 (2011),402, 410.
389 Schorkopf, JZ 2008, 20, 23; Lepsius in: Fehling/Ruffert, § 1 Rn. 21.
390 Lepsius in: Fehling/Ruffert, § 1 Rn. 26.
391 Proelß, AöR 136 (2011), 402, 410.
392 Lepsius in: Fehling/Ruffert, § 1 Rn. 30.
393 Schorkopf, JZ 2008, 20, 23; Lepsius in: Fehling/Ruffert, § 1 Rn. 40 und 60.

Fachbehörden, die durch Gesetze nur wenig angeleitet und deren Entscheidungen beschränkt von Gerichten überprüft werden.[394] Sie handeln, wie die *Federal Communications Commission*, quasi-legislativ und quasi-judikativ und sind kein Teil der Exekutive.[395]

Der Gegenstand der Regulierung wurde nach dem Zweiten Krieg kontinuierlich ausgeweitet, von Wettbewerbsverhalten spezifischer Netzwirtschaft auf allgemeine Ziele der Gemeinwohlförderung.[396] Die mit dem Gemeinwohl verbundenen *public utilities* sind der Kontrolle der *Public Utilities Commissions* der einzelstaatlichen Behörden unterworfen, damit die Versorgungssicherheit und erschwingliche Preise gewährleistet werden.[397] Trotz eines Bildes der starken Regulierung tendiert man zu einer zurückhaltenden Bewertung,[398] nicht zuletzt weil der Markt gegenüber der staatlichen Verfasstheit primäres Legitimitätskriterium ist.[399]

2. *Die Besonderheit der Regulierung in den USA*

Die Entstehung und Entwicklung der amerikanischen Regulierung können nicht vom Grundverständnis getrennt werden, wonach ein freier Markt als eine Art normativer Naturzustand fungiert.[400] Regulierung ist danach ein punktueller, an Einzelproblemen orientierter Notbehelf,[401] der in erster Linie der Kontrolle und Steuerung privater Monopolstrukturen in staatsfernen Märkten dient.[402] Als Eingriff in Markt und Privatheit müssen die Regulierungsmaßnahmen durch Recht und eine ökonomische Ratio gerechtfertigt werden. Vor diesem Hintergrund wird als Regulierung (*regulation*) im Kontext des öffentlichen Rechts schlichtweg jedwede Regelung verstanden, zwischen Regeln und Regulierung wird nicht unterschieden.[403] Durch eine Deregulierungspolitik seit ca. 1970 ähnelt die Regulierung in den USA in materieller Hinsicht dem deutschen Kartellrecht.[404]

394 Attendorn, MMR 2009, 238, 239.
395 Bullinger, DVBl 2003, 1355, 1360; Lepsius, in: Fehling/Ruffert, § 1 Rn. 64.
396 Lepsius in: Fehling/Ruffert, § 1 Rn. 86.
397 Säcker, AöR 130 (2005), 180, 193.
398 Lepsius in: Fehling/Ruffert, § 1 Rn. 110.
399 Masing, AöR 128 (2003), 558, 564.
400 Masing, AöR 128 (2003), 558, 562 f.
401 Ruffert in: Fehling/Ruffert, § 7 Rn. 11; Masing, AöR 128 (2003), 558, 571.
402 Burgi, FS Battis, S. 329, S. 330; Trute, FS Brohm, S. 169, S. 171
403 Masing, Die Verwaltung 37 (2003), 1, 2.
404 Proelß, AöR 136 (2011), 402, 411.

Das Regulierungsrecht ist stark von der Wirtschaftsentwicklung und dem Markt abhängig.[405] Daher kann die Andeutung des US-Regulierungsrechts weder eine vertiefte rechtswissenschaftliche Analyse ersetzen noch unmittelbar rechtsdogmatische Folgen begründen.[406]

II. Rechtlicher Import in Europa

1. Regulierung in der Folge von Liberalisierung

Der Kern der europäischen Wirtschaftsverfassung ist grundsätzlich der Binnenmarkt mit einer Kombination von Grundfreiheiten und Rechtsangleichung einerseits sowie das Wettbewerbsrecht andererseits.[407] Das Regulierungskonzept[408] entsteht kontinental infolge der Marktöffnung und Privatisierung staatlicher Monopole.[409] Anders als in den USA betreffen Daseinsvorsorgemärkte die vormals staatlich beherrschten Wirtschaftszweige, die jetzt system- und europarechtskonform zu gestalten sind.[410] Durch die Liberalisierung sollen die Marktzugangschancen zu einem bestimmten Markt geschaffen werden, mit der Hoffnung, dass mehr Wettbewerb in den bislang durch den Staat monopolisierten Bereichen entstehen kann.[411]

Unzweifelhaft geht mit einer Marktöffnung ein erheblicher Regulierungsbedarf einher. Die natürlichen Monopole stellen einen Fall des Marktversagens dar; um Wohlfahrtsverluste infolge monopolistischer Preisbildung zu verhindern, ist staatliches Handeln geboten.[412] In der Rechtsetzung[413] hat die Kommission die Notwendigkeit der Regulierung hervorgehoben.[414] Aus europarechtlicher Perspektive kann Regulierung als Instrument der Gemeinwohlverwirklichung durch wettbewerbliche Strukturen eingesetzt werden.[415] Allerdings erfordert die Bereitstellung eines angemessenen rechtlichen und institutionellen Rahmens eine

---

405 Pielow in: Säcker/Schmidt-Preuß, S. 19, S. 38.

406 Burgi, FS Battis, S. 329, S. 331.

407 Ruffert in: Fehling/Ruffert, § 3 Rn. 24.

408 Nach vertretener Sichtweise ist Regulierung ein im Wesentlichen über die verfolgten Ziele zu definierendes Konzept, vgl. Schmitt, Bedarfsplanung, S. 35.

409 Trute, FS Brohm, S. 169, S. 171.

410 Proelß, AöR 136 (2011), 402, 410.

411 Simon, Daseinsvorsorge, S. 35.

412 Rodi, Analyse, S. 226.

413 Einzelheiten siehe Ruffert in: Fehling/Ruffert, § 7 Rn. 15.

414 DAI- Grünbuch 2003, Rn. 105.

415 Ruffert in: Fehling/Ruffert, § 2 Rn. 39.

umfassende Bewertung der Auswirkungen auf das Wirtschaftswachstum, die Beschäftigung, die Erbringung der Leistungen, den gleichberechtigten Zugang, die Umweltbedingungen und den nationalen Haushalt.

2. *Regulierungsgesetzgebung und Regulierungsverbund*

Seit 1990er Jahren hat die europäische Gesetzgebung die Bildung des Regulierungskonzepts in Deutschland systematisch beeinflusst.[416] Für alle Sektoren geben europäische Richtlinien rechtliche Rahmen vor, nicht zuletzt für den Telekommunikations- oder Energiemarkt, den Eisenbahn- oder Postsektor.[417] Die sekundärrechtlichen Rechtsetzungsakte verlaufen unkoordiniert, zeigen aber einige Gemeinsamkeiten, wie Marktöffnung und Sicherung der Versorgungsqualität.

Bei der Marktöffnung obliegt es dem EU-Gesetzgeber bzw. der EU-Verwaltung zu bestimmen, was wirtschaftsschädlich ist und wie man gegen Marktmacht vorgehen muss.[418] Ihre Rechtsetzungsakte wirken nicht nur materiellrechtlich, sondern verändern auch die Verwaltungsstrukturen.[419] Die Schaffung eines wirksamen grenzüberschreitenden Wettbewerbs in ganz Europa führt zu einer Koordination der nationalen Regulierungsbehörden.[420] In der Regulierung der Netzwirtschaft haben sich besonders dichte Verbundstrukturen herausgebildet.[421] Nach § 12 Abs. 2 Nr. 2 TKG muss die Regulierungsbehörde den Stellungnahmen der Kommission und der anderen nationalen Regulierungsbehörden zu dem Entwurf der Regulierungsentscheidungen weitestgehend Rechnung tragen. Im Energiesektor gibt es einen ähnlichen Regulierungsverbund, jedoch schwächer als im TK-Sektor.[422] Mit dem Regulierungsverbund soll eine effektive, kohärente Durchsetzung der europarechtlich normierten Ziele sichergestellt werden.[423] Der sowohl horizontal (im Verbund der mitgliedstaatlichen Regulierungsbehörden) als auch vertikal (durch Verzahnung von nationalen Regulierungsbehörden und Kommission), wirft der Regulierungsverbund die Frage nach seiner gerichtlichen Kontrolle auf.[424]

---

416 Ruthig/Storr, Wirtschaftsrecht, Rn. 497.
417 Die Auflistung der geltenden Richtlinie siehe Ruthig/Storr, Wirtschaftsrecht, Rn. 497.
418 Markopoulos, KommJur 2012, 330, 331.
419 Ruffert in: Fehling/Ruffert, § 3 Rn. 37.
420 Trute, FS Selmer, S. 565, S. 568.
421 Ruffert in: Fehling/Ruffert, § 3 Rn. 44.
422 Britz, EuR 2006, 46, 67.
423 Britz, EuR 2006, 46, 54; Trute, FS-Slmer, S. 565, S. 566; Hwang, DÖV 2014, 681.
424 Trute, FS Selmer, S. 565, S. 582 f.; Ladeur/Möllers, DVBl 2005, 525, 526.

Der Europäische Regulierungsverbund verstärkt zugleich die Unabhängigkeit der nationalen Regulierungsbehörde, um den Einfluss der Monopolmacht auf Regulierungsverfügungen zu verhindern und Nationalinteressen zu überwinden.[425] Die Unabhängigkeit der Regulierungsbehörde wird in unterschiedlichem Umfang europarechtlich vorgeschrieben:[426] Art. 3 Abs. 2 und Abs. 3 der Richtlinie 2002/21/EG sollten die Unabhängigkeit der Regulierungsbehörde garantieren, damit sie ihre Befugnisse unparteiisch und transparent ausüben kann. Diese Tendenz geht in den letzten Jahren noch weiter. Im Elektrizitätsbinnenmarkt ist die Kommission der Auffassung, dass ein starke Regulierer für ein reibungsloses Funktionieren des Markts der Netzwirtschaften erforderlich ist.[427] Der EuGH betont in der Sache über die Regulierungsfreistellung für neue Märkte nach § 9a a.F. TKG, dass die Regulierungsbehörde über eine weitreichende Befugnis verfügt, damit die Regulierungsbedürftigkeit eines Marktes in jedem Einzelfall beurteilt werden kann.[428] Die Abwägung der Ziele der Regulierungsaufgaben muss die Regulierungsbehörde selbst durchsetzen, nicht der nationale Gesetzgeber.[429]

Sowohl das Leitbild der starken unabhängigen Regulierungsbehörde als auch der Regulierungsverbund werden langsam für andere Sektoren rezipiert, beispielsweise im Finanzmarktrecht.[430] Nach Vorstellung der Kommission können die organisatorischen Elemente der Regulierung zum Standardmodell europäischer Verwaltung werden.[431] Jedoch hat der Regulierungsverbund zur Folge, dass die Herrschaft der parlamentarischen Gesetzgebung relativiert wird.[432]

---

425 Trute, FS Selmer, S. 565, S. 579.

426 Masing, Gutachten, D 80.

427 Kommission der europäischen Gemeinschaften, Vorschlag für eine Richtlinie des Europäischen Parlaments und des Rates zur Änderung der Richtlinie 2003/54/EG über gemeinsame Vorschriften für den Elektrizitätsbinnenmarkt, KOM (2007) 528 endg. vom 19.09.2007, S. 9.

428 EuGH, Urt. v. 03.12.2009, Rs. C-424/07, Slg. 2009, I-11431, Rn. 61 – Marktdefinition.

429 EuGH, Urt. v. 03.12.2009, Rs. C-424/07, Slg. 2009, I-11431, Rn. 91 – Marktdefinition.

430 Ruthig/Storr, Wirtschaftsrecht, Rn. 497.

431 Durner, VVDStRL 70 (2011), 398, 413 f.

432 Hwang, DÖV 2014, 681, 682.

B. Grundstruktur des Regulierungsrechts

I. Zum Begriff der Regulierung und des Regulierungsrechts

Die Liberalisierungspolitik verschafft der privaten Wirtschaft mehr Marktzugangschancen, jedoch verbleiben die wettbewerbsbeschränkenden Nachwirkungen ehemaliger hoheitlicher oder hoheitlich ermöglichter und geduldeter Monopole.[433] Seit langem beschäftigt sich die Wirtschaftswissenschaft mit Marktversagen bzw. Staatsversagen und nimmt sich der institutionellen Arrangements zur Herstellung optimaler Allokationsbedingungen an.[434] Da die betroffenen Wirtschaftssektoren für die Grundversorgung der Bevölkerung von wesentlicher Bedeutung sind, besteht ein großer Bedarf, einerseits den Wettbewerb zu aktivieren, andererseits die Versorgungssicherheit zu gewährleisten.[435] In diesem Spannungsfeld steht die Lehre vom Regulierungsrecht.[436]

1. Regulierung und verwandte Begriffe

Seit 1970 wird „Regulierung" in der Sozialwissenschaft verwendet,[437] als ein Begriff, der den Einfluss auf gesellschaftliche und wirtschaftliche Prozesse umschreibt.[438] Bezogen auf die Wirtschaftswissenschaft ist eine Regulierung jegliche staatliche Einwirkung auf die Wirtschaft.[439] Vielfältige Verständnisse der Regulierung finden sich auch in der Rechtswissenschaft. Auf allgemeinster Ebene versteht man unter ihr jede gewollte staatliche Beeinflussung durch Rechtsinstrumente.[440] In diesem Sinne gibt es keinen Unterschied zwischen Regulierung und Regeln. Ein auf die Aktivierung der Marktkräfte basiertes Gewährleistungsverwaltungsrecht kann auf einem solchen Verständnis kaum aufgebaut werden.[441]

Die verwandten Begriffe können kaum zur Verdeutlichung beitragen: Vom Begriff der Deregulierung umfasst ist der Abbau rechtlicher Regelungen, die als Hindernis für wirtschaftliche Betätigung angesehen werden.[442] Bei einer

---

433 Klement, Wettbewerbsfreiheit, S. 545.

434 Burgi, FS Battis, S. 329, S. 330; ausführlich siehe Leschke in: Fehling/Ruffert, § 6 Rn. 6 ff.

435 Proelß, AöR 136 (2011), 402, 407.

436 Wahl, Herausforderungen, S. 83; Knauff, VerArch 98 (2007), 382.

437 Ziekow, Wirtschaftsrecht, § 13 Rn. 1.

438 Ruffert, AöR 124 (1999), 237, 242.

439 Bullinger, DVBl 2003, 1355, 1357.

440 Proelß, AöR 136 (2011), 402, 404.

441 Bullinger, DVBl 2003, 1355, 1357.

442 Ruffert in: Fehling/Ruffert, § 7 Rn. 5.

„regulierten Selbstregulierung“ handelt es sich um ein Arrangement, welches gesellschaftliche Selbstkoordination und staatliche Steuerung miteinander verknüpft.[443]

Trotz des Fehlens einer Definition in Gesetzen wird der konzeptionelle Rahmen für die Regulierung rekonstruiert.[444] Der konzeptionelle Ausgangspunkt ist stark von Netzmonopol geprägt.[445] In der Netzwirtschaft ist eine Duplizierung der jeweiligen Netzinfrastruktur mit volkswirtschaftlich unvertretbaren Kosten verbunden, auf die alternative Anbieter als Konkurrenten des Netzbetreibers zwingend angewiesen sind.[446] Die daraus entstandenen natürlichen Monopole liegen besonders deutlich in den Sektoren Telekommunikation, Eisenbahn und Energie.[447] Das Postwesen ist eigentlich nicht physisch netzgebunden, aber das Zustellsystem geht mit hohen Investitionen einher, das als Dienstleistungsnetz angesehen werden kann. Ein wirksamer Wettbewerb in den vier Gebieten existiert nach dem Wunsch der EU nicht. Dem kann der Staat nicht tatenlos zusehen, vielmehr muss er korrigierend eingreifen.[448] Anhand der Fachgesetze und Errichtung der einheitlich zuständigen Behörde (BNetzA) lässt sich auch eine Einschränkung des Begriffs „Regulierung“ in den Sektoren Telekommunikation, Energie, Eisenbahn und Post treffen.[449] Bei diesem Verständnis wird ein „*Regulation is what regulators do*“ zugrunde gelegt.[450] Regulierung in diesem Sinne bezeichnet Gewährleistung eines wirksamen Wettbewerbs auf den vier liberalisierten Märkten und der Grundversorgung durch unabhängige Behörden.[451]

Der auf den Umgang mit natürlichen Monopolen beschränkte Begriff wird indes als zu eng kritisiert.[452] So werde der Einsatz des Regulierungskonzepts in anderen Sektoren als der Netzwirtschaft verschlossen.[453] Angeschlossen an die Idee des Gewährleistungsstaats ist die Aufgabe der Regulierung, im konkreten Kontext soziale Anforderungen an den Wettbewerb zu formulieren und diese

---

443 Collin, JZ 2011, 274, 275.
444 Schorkopf, JZ 2008, 20, 21.
445 Pielow in: Säcker/Schmidt-Preuß, S. 19, S. 21.
446 Schmidt-Preuß in: Säcker/ders., S. 68.
447 Im Energiemarkt würden die integrierten Energieversorger ihr Netzmonopol ausnutzen, um ihre Wettbewerbsposition zu stärken, siehe Müller, Netze, S. 80.
448 Schmidt-Preuß in: Säcker/Schmidt-Preuß, S. 68, S. 70.
449 Masing,Gutachten, D 11.
450 Schebstadt, WuW 2005, 6, 8.
451 Pielow in: Säcker/Schmidt-Preuß, S. 19, S. 21; Säcker, AöR 130 (2005), 180, 188.
452 Burgi, FS Battis, S. 329, S. 331.
453 Franzius, DVBl 2010, 1086, 1088.

ohne Wettbewerbsverzerrung sicherzustellen.[454] Diese Linie erweitert den Regulierungsbegriff;[455] danach sollte Regulierung „als hoheitliches Handeln verstanden werden, das auf einen Wirtschaftssektor einwirkt, um sowohl Bedingungen für Wettbewerb zu schaffen und aufrechtzuerhalten als auch die Gemeinwohlsicherung im betreffenden Sektor zu garantieren".[456] Aufgrund dieser Abgrenzung erlaubt Regulierung als Rechtsbegriff, die rechtlichen Regeln und Prinzipien zu erfassen und zu systematisieren.[457]

2. *Abgrenzung des Regulierungsrechts*

Das Regulierungsrecht kann nicht mit dem Privatisierungsfolgenrecht gleichgesetzt werden.[458] Durch effiziente Leistungserbringung fördert die Privatisierung den Wettbewerb nur begrenzt.[459] Da die früheren Staatsmonopole die Konkurrenten mit Hilfe von absoluten Rechten am Zugriff auf Einrichtungen, Güter und Leistungen und anschließend den Wettbewerb hindern können, hat das Regulierungsrecht die weitergehende Aufgabe, die dem Wettbewerb verschlossenen Netze durch diskriminierungsfreie Zugangsbedingungen für jedermann zu öffnen und so den Güterwettbewerb zu ermöglichen.[460] Daher wird die wettbewerbsbezogene Dimension des Regulierungsrechts mit zunehmendem Zeitablauf wichtiger, während die Dimension als Privatisierungsfolgenrecht allmählich zurücktritt.[461]

a. *Das Verhältnis von Wettbewerbs- und Regulierungsrecht*

Das Wettbewerbs- und das Regulierungsrecht verfolgen ein gemeinsames Ziel, nämlich wettbewerbliche Koordination durch die Erhaltung oder Schaffung strategischer Handlungsspielräume der Markakteure sicherzustellen.[462] Sie unterscheiden sich im Hinblick auf Wettbewerbsprobleme wie auch auf rechtliche Implementation der Lösungsansätze.[463]

---

454 Masing, Die Verwaltung 37 (2003), 1, 7.
455 Magen in: Kirchhof/Korte/Magen, § 2 Rn. 4.
456 Ruffert in: Fehling/Ruffert, § 7 Rn. 58; Übernommen von Burgi, FS Battis, S. 329, S. 332; Kühling, DVBl 2013, 1093, 1095.
457 Bullinger, DVBl 2003, 1355, 1356; Burgi, FS Battis, S. 329; Ziekow, Wirtschaftsrecht, § 13 Rn. 3; Ruffert in: Säcker/Schmidt-Preuß, S. 11, S. 12.
458 Storr, DVBl 2006, 1017, 1018.
459 Röhl, JZ 2006, 831, 834.
460 Säcker, EnWZ 2015, 531, 532.
461 Klement, Wettbewerbsfreiheit, S. 545.
462 Broemel, Marktgewährleistungsrecht, S. 149; Säcker, EnWZ 2015, 531, 534.
463 Broemel, Marktgewährleistungsrecht, S. 149 ff.

Gemäß § 10 Abs. 2 TKG werden die Märkte erst reguliert, wenn auf ihnen die Anwendung des allgemeinen Wettbewerbsrechts allein nicht ausreicht, um dem betreffenden Marktversagen entgegenzuwirken. Während das allgemeine Kartellrecht einen bereits bestehenden Wettbewerb schützt, geht es der Regulierung darum, Wettbewerb erst herzustellen und dauerhaft zu sichern.[464] Das allgemeine Wettbewerbsrecht zielt auf die punktuelle Unterbindung normativ untersagter Verhaltensweisen,[465] während das Regulierungsrecht ohne Feststellung eines tatsächlichen Machtmissbrauchs proaktiv den Wettbewerb fördert.[466] Das allgemeine Kartellrecht ist auf das mildere Ex-post-Missbrauchsinstrumentarium begrenzt,[467] im Gegensatz dazu stellt das Regulierungsrecht durch behördliche Ex-ante-Kontrolle ein intensiveres Wettbewerbsrecht dar.[468] Stößt kartellrechtliche Missbrauchsaufsicht bei der Kontrolle an ihre Grenzen, stellt das Regulierungsrecht Instrumente bereit, die tiefer in den Marktprozess eingreifen.[469] Daher handelt es sich bei den Regulierungsvorschriften um sektorspezifisches Sonderkartellrecht.[470] Neben dem gemeinsamen Ziel hat das allgemeine Wettbewerbsrecht die Aufgabe, Kooperationen und Fusionen von Netzbetreibern zu kontrollieren, während das Regulierungsrecht die Grundversorgung gewährleisten muss.[471]

Fraglich ist, ob die Regulierung eine Daueraufgabe des Staates darstellt.[472] Die h.M. behandelt die Netzinfrastrukturregulierung als Daueraufgabe des Staates, der zur Gewährleistung einer leistungsfähigen Infrastruktur verpflichtet ist, um die Gemeinwohlbelange zu befriedigen.[473] Da das Regulierungsrecht durch Ex-ante-Kontrolle einen stärkeren Eingriff in den Marktmechanismus bedeutet,[474] sollte sich die Regulierung je nach Markt ausdifferenzieren: Dort, wo Wettbewerb besteht oder er möglich ist, entfällt das Regulierungsmandat.[475] In der

464 Röhl, JZ 2006, 831, 838; Masing, Die Verwaltung 37 (2003), 1, 5.
465 Broemel, Marktgewährleistungsrecht, S. 166.
466 Storr, DVBl 2006, 1017, 1018; Broemel, Marktgewährleistungsrecht, S. 169.
467 Schmidt- Preuß in: Säcker/Schmidt-Preuß, S. 68, S. 72.
468 Säcker, EnWZ 2015, 531.
469 Bitter, DVBl 2007, 293, 294.
470 BVerwG, Urt. v. 02.04.2008- 6 C 15/07, NVwZ 2008, 1359, Rn. 69; Broemel, Marktgewährleistungsrecht, S. 167.
471 Körber, FS Möschel, S. 1043, S. 1047; Säcker, EnWZ 2015, 531, 534.
472 Als unstreitig behandelt Franzius, DVBl 2010, 1086, 1088; dagegen Körber, FS Möschel, S. 1043, S. 1055.
473 Säcker, AöR 130 (2005), 180, 188; Ruffert in: Ehlers/Fehling/Pünder, § 21 Rn. 25; Broemel, Marktgewährleistungsrecht, S. 143.
474 Säcker, EnWZ 2015, 531, 532.
475 Schmidt-Preuß in Säcker/ders., Grundsatzfragen, S. 68, S. 71.

Märkte-Empfehlung 2014 wird der Verzicht auf Regulierung von Endkundenmärkten im Telekommunikationsbereich vorgeschlagen.[476] Nur wenn es keinen wirksamen Wettbewerb gibt, greift das Regulierungsrecht ein.[477] So steht es um die Regulierung der Energienetze; auf absehbare Zeit bleibt sie als eine Daueraufgabe des Staates erhalten, in die besonders die gemeinwohlorientierte Zielsetzung einbezogen wird.[478]

b. Regulierungsrecht und Infrastrukturrecht

Laut deutscher Gesetzessprache bezieht sich „Infrastruktur" auf die ortsfesten Anlagen und Einrichtungen, die als Trägerplattform für Marktgeschehen dienen.[479] Infrastrukturrecht als ein Querschnittsrechtgebiet[480] beschreibt dann die Regeln zur Planung, Errichtung, zum Unterhalt und Betrieb von Infrastruktur.[481] Die Infrastruktur ist für netzgebundene Leistungen wichtig, aber die Infrastruktursicherung zählt nicht zu den unverzichtbaren Instrumenten eines Regulierungsrechts.[482]

c. Rechtsnatur

Die vom Regulierungsrecht betroffenen Märkte stehen meiste unter Dreieckverhältnissen: Staat – Unternehmen – Bürger. Die aufgeführten Instrumente wie Preisregulierung oder Universaldienst sind oft durch Verwaltungsakte durchgesetzt, die klassisch öffentlich- rechtliche Handlungsformen sind.[483] Soweit es um Maßnahmen zur gemeinwohlbezogenen, sozial und ökologisch verantwortlichen Sicherstellung der Grundversorgung geht, ist das Regulierungsrecht öffentliches Recht.[484] Zugleich enthalten TKG und EnWG eine Fülle konkreter Vorgaben zum Verbraucherschutz, etwa Leistungs-, Unterhaltungs- oder Schadensersatzansprüche der Endkunden gegen Unternehmen,[485] die zum Privatrecht gehören.

---

476 Märkte-Empfehlung 2014, Erwägungsgrund 2.
477 Schmidt-Preuß in: Säcker/ders., S. 68, S. 71.
478 Körber, FS Möschel, S. 1043, S. 1053.
479 Dörr, VVDStRL 73 (2014), 323, 331; Gärditz in: Kirchhof/Korte/Magen, § 11 Rn. 2.
480 Küling, DVBl 2013, 1093, 1094.
481 Dörr, VVDStRL 73 (2014), 323, 332.
482 Röhl, JZ 2006, 831, 833.
483 Schebstadt, WuW 2005, 6, 9.
484 Säcker, EnWZ 2015, 531, 534; Körber, FS Möschel, S. 1043, S. 1054.
485 Hellermann, VVDStRL 70 (2011), 366, 373.

Durch Regulierung sollen die Kräfte eines Marktes so gestaltet werden, dass ein bestimmter Zweck erreicht wird.[486] Daher ist die Regulierung natürlicher Monopole anspruchsvoll.[487] Folglich ist das Regulierungsrecht ist mit umfassenden Handlungsinstrumenten ausgestattet. Regulierung erfolgt nicht nur durch Regulierungsverordnungen und Verwaltungsakte, sondern auch durch weiche Instrumente wie Marktbeobachtung (Monitoring, § 35 EnWG), finanzielle Anreize (§ 21a EnWG).[488] Das Privatrecht verstärkt die Steuerung durch Pflicht zur Vertragsgestaltung und Verbraucherschutz. Insofern liegt eine wechselseitige Verschränkung der Teilrechtsordnungen des Öffentlichen Rechts und des Privatrechts vor.[489]

Jedoch indiziert der ausgeübte Zwang zur Schaffung des Wettbewerbs Eingriffe in die Grundrechte der regulierten Unternehmen. Deswegen möchte die vorliegende Arbeit großen Wert auf Regulierungsverwaltungsrecht legen,[490] um zu fragen, ob und wie die Gemeinwohlbelange in den Wettbewerbsprozess implementiert werden,[491] ob das Rechtsstaatsprinzip noch von den Regulierungsinstrumenten eingehalten wird.[492]

II. Kernelemente und Regulierungsziele des Regulierungsrechts

1. Kernelemente des Regulierungsrechts

Die Regulierung wird in den letzten Jahren als modernes Verwaltungskonzept überall verwendet und durch gleichsam unbegrenzte Anwendung stark überstrapaziert.[493] Um die Leistungsfähigkeit des Regulierungsrechts zu verbessern, soll eine Befassung mit den Kernelementen des Regulierungskonzepts erfolgen.[494]

Gegenwärtig werden vier Kernelemente der Regulierung von Martin Burgi herausgearbeitet:[495] (1) Das Primärziel besteht in der Herstellung eines

---

486 Storr, DVBl 2006, 1017, 1018.
487 Rodi, Analyse, S. 226.
488 Storr, DVBl 2006, 1017, 1019.
489 Schebstadt, WuW 2005, 6, 9; Säcker, AöR 130 (2005), 180, 188. Anders Frenzel, JA 2008, 868, 869.
490 Storr, DVBl 2006, 1017, 1019.
491 Masing, Die Verwaltung 37 (2003), 1, 32.
492 Schorfkopf, JZ 2008, 20, 21.
493 Burgi, FS Battis, S. 329, S. 336.
494 Burgi, FS Battis, S. 329, S. 336.
495 Burgi, FS Battis, S. 329, S. 336 ff.; auch Kühling in: Säcker/Schmidt-Preuß, S. 44, S. 47 zwar „economic regulation“ und „social regulation“.

gemeinwohlpflichtigen Wettbewerbs; bloße Förderung des Wettbewerbs ist keine Regulierung. (2) Dabei geht es um einen von vornherein durch einen oder mehrere hinzutretende Gemeinwohlzwecke konditionierten Wettbewerb. Gemeinwohl- bzw. Sekundärzwecke wie Umweltschutz können dazu treten. (3) Die Regulierung reagiert im Angesicht einer dynamischen und unvorhersehbaren Entwicklung prospektiv. Um die Gestaltungsaufgabe zu erledigen, verfügt die Verwaltung über Einschätzungsprärogative (Regulierungsermessen). (4) Institutionell gibt eine oder mehrere Behörden, die von den betroffenen Unternehmen unabhängig sind.

Burgi hat dementsprechend einige Wirtschaftsbereiche aus dem Regulierungsrecht ausgeklammert: Wasserver- sowie die Abwasser- und Abfallentsorgung.[496] Der Grund aus seiner Sicht liegt darin, dass es in den drei Sektoren primär um die Erfüllung der kommunalen Pflichtaufgaben gehe. Die Herstellung des Wettbewerbs stehe auf einem nachrangigen Platz.[497]

Die aufgelisteten Kernelemente werden unter Vorbehalt vom Schrifttum angenommen.[498] Es ist jedoch fraglich, ob die Herstellung des Wettbewerbs immer das Primärziel des Regulierungsrechts angesehen werden soll. Wird die beschleunigte Energiewende in die Diskussion einbezogen, gehören die Versorgungssicherheit und der Umweltschutz zum Zielbündel des Energieregulierungsrechts.[499] Weder der Wettbewerb noch sozialpolitische Belange dürfen automatisch als primär behandelt werden. Vielmehr müssen die Ziele in den Abwägungsprozess des Gesetzgebers oder der Regulierungsbehörde einbezogen werden, bis die gute Ordnung hergestellt ist.[500] Regulierung ist auf konfligierende Ziele ausgerichtet, bei denen der Wettbewerb keine dominierende Rolle spielt.[501]

Mit dem vierten Kernelement wären die Sektoren des öffentlichen Wirtschaftsrechts, für die der Staat verantwortlich bleibt, vom Regulierungskonzept ausgeschlossen.[502] Diese Beschränkung ist zu eng, weil nur wenige Sektoren materiell privatisiert werden. In jüngerer Zeit treten noch die Rekommunalisierung im Energiesektor und die Rückverstaatlichung im Telekommunikationsbereich

496 Burgi, FS Battis, S. 329, S. 340.

497 Burgi, FS Battis, S. 329, S. 340; zugestimmt von Pielow in: Säcker/Schmidt-Preuß, S. 19, S. 31.

498 Ruffert in: Säcker/Schmidt-Preuß, S. 11, S. 13; Pielow in: Säcker/Schmidt-Preuß, S. 19, S. 31; Kirchhof in: Kirchhof/Korte/Magen, § 1 Rn. 6.

499 Fehling, Die Verwaltung 47 (2014), 313, 347.

500 Schorkopf, JZ 2008, 20, 26.

501 Fehling, Die Verwaltung 47 (2014), 313, 314.

502 Burgi, FS Battis, S. 329, S. 338.

auf.[503] Insofern ist es verkürzt, das Regulierungsrecht ausschließlich unter der Perspektive des Privatisierungsfolgenrechts zu sehen.[504] Vielmehr können auch die Märkte der Regulierung unterliegen, die dauerhaft oder aufs Neue von einer Pluralität privater und öffentlicher Anbieter geprägt sind.[505]

Ausgehend von den oben genannten Gründen können die vier Kernelemente des Regulierungsrechts von Burgi so modifiziert werden: Herstellung eines wirksamen Wettbewerbs; Integration sozialpolitischer Belange in den Wettbewerb; Normstrukturen mit komplexer Wertungs- und Prognosenotwendigkeit; relative Unabhängigkeit von Behörden gegenüber den regulierten Unternehmen.[506]

2. Regulierung in den Zielkonflikten

a. Vielfalt der Regulierungsziele

Traditioneller Ausgangspunkt des Regulierungsverwaltungsrechts ist die Herstellung von Wettbewerb in unvollkommenen Märkten.[507] Jedoch darf sich es nicht auf diese Aufgabe verkürzen lassen.[508] Gleichzeitig weisen das geltende Regulierungsrecht an zahlreichen Stellen sozialpolitische Bezüge auf.[509]

Die Regulierungsziele in den bisher anerkannten Regulierungssektoren sind ausnehmend divergierend.[510] In allen Sektoren stehen neben der Herstellung eines wirksamen Wettbewerbs weitere regulative Ideen.[511] Im Eisenbahnsektor fehlt Grundversorgung; Umweltschutz tritt nur im Energierecht auf; im Postsektor werden soziale Belange hinzugefügt; im Telekommunikationsmarkt wird dem Netzausbau ein höherer Stellenwert eingeräumt. Es zeigt sich, dass der Katalog der regulierungsrechtlichen Ziele kaum abschließend systematisch ist.[512] Zwischen den verschiedenen Zielen kann es zu Zielkonflikten kommen, besonders bei Verfolgung von Sozialinteressen und Wettbewerbsförderung.[513]

503 Möstl, GewArch 2011, 265, 269.
504 Überzeugend Kühling in: Säcker/Schmidt-Preuß, S. 44, S. 50; Möstl, GewArch 2011, 265, 269.
505 Möstl, GewArchiv 2011, 265, 269.
506 Ludwig in: Säcker/Schmidt-Preuß, S. 251, S. 252.
507 Kühling in: Säcker/Schmidt-Preuß, S. 44, S. 48.
508 Ruthig/Storr, Wirtschaftsrecht, Rn. 503.
509 Thomas in: Schmidt-Preuß/Körber, S. 70, S. 71.
510 § 2 PostG, § 2 TKG, § 1 EnWG.
511 Trute/Broemel, ZHR 2006, 706, 708; Schmitdt-Preuß in: Säcker/Schmidt-Preuß, 68, 77.
512 Lepsius in: Fehling/Ruffert, § 19 Rn. 25.
513 Cornils in Geppert/Schütz, TKG, § 2 Rn. 11.

Das Regulierungsrecht kennzeichnet sich durch seine instrumentelle und politische Natur, weil konkrete wirtschafts- und sozialpolitische Zustände erreicht werden sollen.[514]

Im Schrifttum werden die Regulierungsziele unterschiedlich behandelt, was dem Grundverständnis des Verhältnisses von Wettbewerb zu Gemeinwohl zugrunde liegt. Oliver Lepsius teilt die Regulierungsziele in zwei Bereiche: Wettbewerb und gemeinwohlorientierte Regulierungsziele.[515] Diese Unterteilung ist fraglich, weil Wettbewerb eine der Konstellationen ist, unter denen der Staat das Gemeinwohl durch die rechtliche Ordnung von Freiheit fördert.[516] Durch das Leistungsvermögen wettbewerblich verfasster Märkte werden die Bedürfnisse der Bürger effizient befriedigt, so dass von wettbewerbsimmanentem Gemeinwohl gesprochen werden kann.[517] Die Regulierungsziele, die außerhalb der Sicherstellung von Wettbewerbsfreiheit und ökonomischer Effizienz liegen, werden demnach als sozialpolitische Ziele bezeichnet. Dazu gehören namentlich der Verbraucherschutz, die Berücksichtigung von Interessen bestimmter Gesellschaftsteile, der Umweltschutz, Infrastruktursicherung[518] und Arbeitnehmerschutz.

b. Wettbewerb und sozialpolitische Ziele

Die Berücksichtigung der vielfältigen sozialpolitischen Ziele im Regulierungsrecht ist auf Kritik gestoßen.[519] Vor dem Hintergrund, dass das Grundgesetz nach der Rechtsprechung keine „optimale" Wettbewerbsordnung fordert,[520] ist die Verfolgung sozialpolitischer Ziele nicht verfassungsrechtlich unzulässig.[521] Der EuGH fordert, das Interesse der Mitgliedstaaten am Einsatz bestimmter Unternehmen als Instrument der Sozialpolitik im Kontext des Art. 14 AEUV und Art. 36 GRC stärker zu berücksichtigen,[522] wonach der Verbraucherschutz und die Versorgungssicherheit als Gemeinwohlziele anerkannt sind.[523] Deswegen

514 Lepsius in: Fehling/Ruffert, § 19 Rn. 25.
515 Lepsius in: Fehling/Ruffert, § 19 Rn. 32 ff.
516 Magen in: Kirchhof/Korte/Magen,§ 2 Rn. 7.
517 Magen in: Kirchhof/Korte/Magen,§ 2 Rn. 12.
518 VG Düsseldorf, Urt. v. 29.01.2015 – 6 K 7040/12, BeckRS 2015, 41261.
519 Deutlich Gärditz, AöR 135 (2010), 251, 287.
520 BVerfG, Urt. v. 20.07.1954 – 1 BvR 459 u. a., NJW 1954, 1235, 1236.
521 Thomas in: Schmidt-Preuß/Körber, S. 70, S. 84 ff.
522 EuGH, Urt. v. 07.09.2016, Rs. C-121/15, Rn. 40 ff. – Anode.
523 EuGH, Urt. v. 21.12.2011, Rs. C-242/10, Slg. 2011, I-13665, Rn. 54 – Enel Produione; EuGH, Urt. v. 22. 10. 2013, verb Rs. C-105/12 u.a., Rn. 59 – Essent u. a.

ist es den Mitgliedstaaten europarechtlich nicht verboten, sozialpolitische Ziele durch Regulierungsmaßnahmen zu verfolgen.

Da die Regulierungsgesetze vom Gesetzgeber nicht konditional, sondern final gestaltet werden,[524] sind die Regulierungsziele von großen Bedeutung, denn sie werden v. a. zur interpretatorischen Leitlinie bei der Ausfüllung von Beurteilung- und Ermessenstatbeständen herangezogen.[525] Die Maßnahmen der Regulierungsbehörde müssen sich inhaltlich an den Regulierungszielen ausrichten.[526]

aa) Die Priorisierung der Regulierungsziele

Im Schrifttum wird die Herstellung von Wettbewerb oft als das dominierende Ziel des Regulierungsrechts benannt.[527] Sozialpolitische Regulierungsziele bleiben hingegen für die Kritiker v. a. mittelbare Fernziele.[528] Ein Einwand gegen die Durchsetzung der sozialpolitischen Belange basiert auf Hayeksche Lehre, nämlich Wettbewerb als Entdeckungsverfahren zur Aufdeckung und Koordination von privatem Wissen nachgerade absolut zu setzen.[529] Nach diesem Einwand schützt das Wettbewerbsrecht nur die Wettbewerbsfreiheit, nicht die Erreichung bestimmter Wettbewerbsergebnisse (ergebnisoffenes Wettbewerbskonzept).[530] Die Steuerung der Wirkungsweise des Wettbewerbs durch Regulierung stehe im Widerspruch zu einem Marktsystem.[531]

Jedoch existiert im Regulierungsrecht kein naturwüchsiger Wettbewerb, wie Michael Fehling am Beispiel mit Novellen des Energierechts zeigt.[532] Die Herstellung von Wettbewerb ist deswegen geboten, weil ein wirksamer Wettbewerb durch die Selbstkoordination handelnder Marktteilnehmer nicht entstehen kann.[533] Um Wettbewerb herstellen zu können, muss man Wettbewerbsdefizite auf bestimmten Märkten feststellen. Es setzt eine Wirkungsanalyse von

---

524 Masing, Gutachten, D5, D 195, These 18.

525 Trute, FS Selmer, S. 565, S. 570; Danner/Theobald/Theobald, EnWG § 1 Rn. 6.

526 Cornils in Geppert/Schütz, TKG, § 2 Rn. 20.

527 Gärditz, AöR 135 (2010), 251, 287 „das Primärziel der Herstellung von Wettbewerb wird von Gemeinwohlsicherungsauftrag abgelöst“; Scherer, NJW 2004, 3001, 3002: „Vorrangiges Ziel ist es, den Wettbewerb im Bereich der Telekommunikation zu fördern.“

528 Gärditz, AöR 135 (2010), 251, 256.

529 Gärditz, AöR 135 (2010), 251, 257.

530 Gärditz, AöR 135 (2010), 251, 254.

531 Schebstadt, WuW 2005, 6, 12.

532 Fehling, Die Verwaltung 47 (2014), 313, 314.

533 Broemel, Marktgewährleistungsrecht, S. 166.

Marktstruktur und Verhalten der Akteure voraus.[534] Die Verbraucherschäden sind indirekte Beweise für staatliche Intervention.[535]

Gleichfalls kommt der Schutz des Wettbewerbs in Kartellrecht ohne gewisse Wettbewerbsprognosen nicht aus. So muss in der Fusionskontrolle vorhergesagt werden, wie sich der Wettbewerb in dem relevanten Prognosezeitraum von etwa fünf Jahren durch den Zusammenschluss verändern wird.[536] Ohne Marktergebniskontrolle lässt sich auch ein Ausbeutungsmissbrauch in § 19 Abs. 2 Nr. 2 GWB nicht feststellen.[537] Schließlich sind sozialpolitische Belange dem Kartellrecht nicht fremd. Ein gutes Beispiel ist die fusionskontrollrechtliche Ministererlaubnis nach § 42 GWB. Sie erlaubt dem Minister, einen vom Bundeskartellamt untersagten Zusammenschluss zu gestatten, wenn dies durch ein überragendes Interesse der Allgemeinheit gerechtfertigt ist. Die Arbeitsplatz- und Beschäftigungssicherung gehört dazu.[538]

Der Wettbewerb dient als Instrument zur effizienten Umsetzung wettbewerbsexterner Primärziele.[539] Ein Vorrang des Wettbewerbs kann vielmehr staatliche Intervention verhindern, sozialpolitische Ziele zu verwirklichen.[540] Im Energierecht macht der Gesetzgeber deutlich, dass zwischen den einzelnen in § 1 Abs. 1 EnWG aufgeführten Zielen kein Rangverhältnis besteht.[541] Im TKG wird der Wettbewerb ebenfalls auf sozialpolitischen Ziele bezogen; von einem Vorrang des Wettbewerbs kann keine Rede sein.[542] Es ist nicht ausgeschlossen, dass in den Einzelregulierungsmaßnahmen die Herstellung des Wettbewerbs am ersten Platz steht. Eine generelle, immer vorrangige Stellung, Wettbewerb zu schaffen, würde die Verwirklichung der anderen Gemeinwohlziele gefährden.

bb) Die Reichweite der sozialpolitischen Ziele

In rechtspolitischer Hinsicht ist zu untersuchen,[543] wie die wettbewerbsexternen Gemeinwohlziele abgegrenzt werden können. Für Lepsius wird ein sozialpflichtiger Wettbewerb durch das Regulierungsrecht institutionalisiert.[544] Danach

534 Thomas in: Schmidt-Preuß/Körber, S. 70, S. 82.
535 Thomas in: Schmidt-Preuß/Körber, S. 70, S. 83.
536 Thomas in: Schmidt-Preuß/Körber, S. 70, S. 79.
537 Thomas in: Schmidt-Preuß/Körber, S. 70, S. 81.
538 OLG Düsseldorf, Beschl. v. 12.07.2016 – VI-Kart 3/16 (V), BB 2016, 1741, 1744.
539 Magen in: Kirchhof/Korte/Magen, § 2 Rn. 89; Fehling, Ko Konturen, S. 91, S. 99.
540 Franzius, DVBl 2010, 1086, 1088.
541 BTDrs. 13/7274, S. 31.
542 Cornils in Geppert/Schütz, TKG, § 2 Rn. 14.
543 Thomas in: Schmidt-Preuß/Körber, S. 70, S. 97.
544 Lepsius in: Fehling/Ruffert, § 19 Rn. 1.

gehören die Ziele Infrastruktursicherung, Arbeitnehmerschutz, Umweltschutz und Verbraucherschutz zu den sozialen Regulierungszielen, solange sie durch Wettbewerbsordnung verwirklicht werden sollen.[545] Fraglich ist, ob zahlreiche sozialpolitische Ziele in den Fachgesetzen den Wettbewerb übermäßig stark belasten.

Sehr kontrovers wird der Verbraucherschutz als Regulierungsziel diskutiert. In allen Netzregulierungsgesetzen wird er festgeschrieben. Seine Stärkung bleibt wichtige, dringend zu lösende Frage des Regulierungsrechts.[546] Verbraucherschutz mittels Regulierung wird zum Teil kritisiert, weil die unmittelbare Durchsetzung des Verbraucherschutzes die echte Aufgabenerfüllung der Regulierung gefährde, nämlich Herstellung von Wettbewerb.[547] Eine Regulierungsentscheidung zugunsten des Verbrauchers betreffe auch Stromerzeuger, Netzbetreiber, Vermarkter und Großkunden, die als komplexe Interessenabwägung vom Parlament selbst geleistet werden solle, statt von der Regulierungsbehörde.[548] Das Regulierungsziel der Konsumentenwohlfahrt führe zur Entwertung der Grundrechte der regulierten Unternehmen.[549] Eine Verbraucherpolitik könne schließlich die Gesamtwohlfahrt gefährden.[550]

Wie oben dargestellt, dient der Wettbewerb als Instrument zur effizienten Umsetzung wettbewerbsexterner Primärziele.[551] Aus den Zielbestimmungen selbst folgen keine unmittelbaren Handlungsverpflichtungen der Marktakteure.[552] Zugleich können die Zielvorgaben den Kreis zulässiger Argumente für die Rechtfertigung von Regulierungsmaßnahmen eingrenzen.[553] Ein Beispiel dazu ist § 46 Abs. 3 S. 5 EnwG, wonach die Gemeinde bei der Auswahl des Unternehmens den Zielen des § 1 EnwG verpflichtet ist. Durch diese Verweisung wird ein Qualitätswettbewerb gefördert, nicht geschwächt.[554] Europarechtlich ist es auch geboten, dass die Beurteilung der Regulierungsbedürftigkeit von Märkten auf die Exekutive und nicht den nationalen Gesetzgeber übertragen wird.[555]

545 Lepsius in: Fehling/Ruffert, § 19 Rn. 46.
546 Stober, DÖV 2004, 221; Franzius, DVBl 2010, 1086, 1088.
547 Gärditz, AöR 135 (2010), 251, 287.
548 Gärditz, AöR 135 (2010), 251, 259 f.; Durner, VVDStRL 70 (2011), 398, 433.
549 Gärditz, AöR 135 (2010), 251, 261 f.
550 Durner, VVDStRL 70 (2011), 398, 433.
551 Thomas in: Schmidt-Preuß/Körber, S. 70, S. 78 ff.
552 Danner/Theobald/Theobald, EnWG § 1 Rn. 6.
553 Cornils in Geppert/Schütz, TKG, § 2 Rn. 19.
554 Thomas in: Schmidt-Preuß/Körber, S. 70, S. 83 f.
555 EuGH, Urt. v. 03.12.2009, Rs. C-424/07, Slg. 2009, I-11431, Rn. 74 – Marktdefinition.

Der Streit betrifft auch das Ziel des Arbeitnehmerschutzes. Während die Einführung eines Mindestlohns für Postzustelldienste als Wettbewerbsverzerrung gerügt wird,[556] sehen andere in der Implementation des Arbeitnehmerschutzes ein effizientes Instrument, um Wohlstandsverluste auf Arbeitnehmerseite durch die Effizienzgewinne des Wettbewerbs zu verhindern.[557] Kartellrechtlich kann der Arbeitnehmerschutz die Wettbewerbsbeschränkung rechtfertigen, wenn eine nachhaltige strukturelle Arbeitslosigkeit vermieden wird und andere, Erfolg versprechende Maßnahmen nicht zur Verfügung stehen.[558] Statt einer generellen Ablehnung muss der Arbeitnehmerschutz im Kontext der Einzelsektoren diskutiert werden. Unzulässig ist jedenfalls der Einsatz des Arbeitsrechts als verdecktes Steuerungsinstrument bezüglich der Wettbewerbspositionen unterschiedlicher Anbieter.[559]

Allerdings ist einzuräumen, dass die unbegrenzte Aufnahme sozialpolitischer Ziele in Fachgesetze die Freiheitsausübung der regulierten Unternehmen instrumentell auf soziale Nützlichkeit reduzieren kann.[560] Regulierung wäre dann eine geplante Veranstaltung.[561] Wettbewerb kann die freiheitssichernde und effizienzsteigernde Wirkung, die ihm zugedacht ist, indes nur erfüllen, wenn hinreichende Freiräume für den Wettbewerbsprozess verbleiben.[562] Wenn Regulierung wirklich für den Abbau der Spannungen zwischen wettbewerbsexternen Gemeinwohlzielen und Wettbewerb geeignet ist,[563] darf Regulierung nur die Garantie von Gemeinwohlbelangen in Form von marktkonformen Instrumenten beeinhalten.[564]

c. *Die Behandlung der Zielkonflikte*

Trotz des Versuches der Ausklammerung der marktinkonformen Gemeinwohlbelange ist es möglich, dass die Regulierungsziele in der Umsetzung Konflikte auslösen.[565] Das entscheidende Prinzip bei der Lösung von Zielkonflikten ist somit die Abwägung.[566] Wesen der Abwägung ist die Optimierung

556 Möschel, WuW 2008, 139; Ruffert in: Fehling/Ruffert, § 11 Rn. 17.
557 Fehling in: Fehling/Ruffert, § 20 Rn. 40.
558 Monopolkommission, Zusammenschlussvorhaben, Rn. 152.
559 Fehling/Ruffert in: Fehling/Ruffert, § 23 Rn. 13.
560 Magen in: Kirchhof/Korte/Magen, § 2 Rn. 10.
561 Thomas in: Schmidt-Preuß/Körber, S. 70, S. 100.
562 Thomas in: Schmidt-Preuß/Körber, S. 70, S. 101.
563 Ruffert, AöR 134 (2009), 197, 236.
564 Masing, Gutachten, D 43; Magen in: Kirchhof/Korte/Magen, § 2 Rn. 5.
565 Lepsius in: Fehling/Ruffert, § 19 Rn. 61; Cornils in Geppert/Schütz, TKG, § 2 Rn. 17.
566 Sommermann, Staatsziele, S. 412.

der Entscheidungsfindung unter möglichst umfassender Berücksichtigung aller entscheidungsrelevanten konfligierenden Aspekte.[567] Die weitgehende Verwirklichung und wechselseitige Beschränkung der Ziele sollen immer fallbezogen[568] unter Beachtung der Gesetzesvorschriften durchgeführt werden.[569]

Die Aufgabe der Abwägung ist in der Regulierungspraxis mühevoll durchgesetzt, nicht zuletzt weil die notwendige Aggregation der verschiedenen Belange unter Beachtung der jeweiligen Eintrittswahrscheinlichkeiten schwer abzubilden ist.[570] Mitunter wird die Kosten-Nutzen-Analyse bei der Auflösung der Zielkonflikte ausgeführt.[571] Sie ermöglicht den Vergleich qualitativ verschiedener Kosten und Nutzen durch Bildung eines einheitlichen Vergleichsmaßstabs. Es wird geprüft, ob die gebildete Wohlfahrtsfunktion vertretbar ist und keine Alternative existiert, die einen Betroffenen besser und niemand anderen schlechter stellt.[572] Mit der Kosten-Nutzen-Analyse werden die abstrakten Wertverhältnisse in Geldeinheiten klar ausgedrückt.[573] Die Kosten-Nutzen-Analyse kann trotzdem viel besser als ohne Maßstab sein, wenn die Bewertung nicht nur behauptet, sondern auch bewiesen und begründet wird.[574] Die Einführung der Kosten-Nutzen-Analyse erfüllt zugleich die Anforderung der Rechtsprechung, wonach die Behörde bei der Entgeltgenehmigung im Hinblick auf die widerstreitenden Regulierungsziele plausibel und erschöpfend argumentieren muss.[575]

III. Gerichtliche Kontrolldichte

1. Letztentscheidungsbefugnisse der Behörde

Das Kernproblem des Regulierungsrechts ist die gerichtliche Kontrolldichte.[576] Die Frage, über welche Letztentscheidungsbefugnisse die Verwaltung in den Regulierungsentscheidungen verfügt, wurde vor der Etablierung des Regulierungsrechts eingehend diskutiert.[577] Da das Regulierungsrecht einen starken

567 Martini/Finkenzeller, JuS 2012, 126.

568 Sommermann, Staatsziele, S. 412.

569 Auch Weck, DÖV 2015, 500, 507.

570 Hofmann, Abwägung, S. 135, S. 144.

571 Lepsius in: Fehling/Ruffert, § 19 Rn. 63.

572 Hofmann, Abwägung, S. 135, S. 144; Fehling, VerwArch 95 (2004), 443, 456.

573 Hofmann, Abwägung, S. 135, S. 145.

574 Winter, ZUR 2013, 387, 394.

575 BVerwG, Urt. v. 23.11.2011 – 6 C 11/10, NVwZ 2012, 1047, Rn. 38.

576 Schneider in: Fehling/Ruffert, § 22 Rn. 16. Gerichtliche Zuständigkeiten siehe Knauff, VerwArch 98 (2007), 382, 392.

577 Franke, Die Verwaltung 49 (2016), 25, 29.

Eingriff in den Marktprozess bedeutet und aufgrund der Ex-ante-Kontrolle mit komplexen Prognoseproblemen verbunden ist, muss unter rechtsstaatlichen Aspekten eine effektive, zugleich aber auch verhältnismäßige Gerichtskontrolle gefunden werden.[578]

a. Die Entwicklungslinie der Rechtsprechung

Angesichts des Eingriffscharakters von Regulierungsmaßnahmen und unterschiedlicher Konzepte in Fachgesetzen verfügt die Regulierungsbehörde über keinen übergreifenden Gestaltungs- und Beurteilungsspielraum.[579] Ob der Verwaltung ein Entscheidungsspielraum eingeräumt wird, muss sich ausdrücklich aus dem Gesetz ergeben oder durch Auslegung hinreichend deutlich zu ermitteln sein.[580] Für das Regulierungsrecht hat die Rechtsprechung differenzierte Anerkennung behördlicher Einschätzungs und Auswahlspielräume durchgeführt.[581]

aa) Entscheidungsspielräume im Telekommunikationsrecht

Die Marktregulierung im TKG umfasst hauptsächlich das Marktregulierungsverfahren, die Zugangs- und Entgeltregulierung. Durch das Marktregulierungsverfahren werden die Märkte ermittelt und die Wettbewerbssituation untersucht. Für die Marktdefinition räumt der Gesetzgeber der Behörde ausdrücklich einen Beurteilungsspielraum ein (§ 10 Abs. 2 S. 2 TKG).[582] Das BVerwG erstreckt den Beurteilungsspielraum auf die Marktanalyse in § 11 TKG, weil unter Berücksichtigung der Gesetzessystematik und des Normzwecks die Abgrenzung des relevanten Marktes, die Prüfung seiner potenziellen Regulierungsbedürftigkeit sowie die Marktanalyse aufeinander bezogen und untrennbar miteinander verbunden seien.[583] Für den Beurteilungsspielraum sprechen auch die Entscheidung mit wertenden Elementen und ein besonderes Verwaltungsorgan mit besonderer fachlicher Legitimation.[584] Das BVerfG hat diese Rechtsprechung gebilligt: Das BVerwG habe anerkannte Auslegungsmethoden verwendet; für

578 Säcker, EnWZ 2015, 531, 532.

579 Storr, DVBl 2006, 1017, 1022; Franke, Die Verwaltung 49 (2016), 25, 29; von Danwitz, DÖV 2004, 977, 981; Ludwig, JZ 2009, 290, 294.

580 BVerfG, Beschl. v. 31. 5. 2011 – 1 BvR 857/07, NVwZ 2011, 1062, Rn. 72; BVerfG, Beschl. v. 08.12.2011 - 1 BvR 1932/08, NVwZ 2012, 694, Rn. 24.

581 A.A. Schoch, GVwR III, § 50 Rn. 291a.

582 Kühling/Schall/Biendl, TKG, S. 145.

583 BVerwG, Urt. v. 2.4.2008 - 6 C 15/07, NVwZ 2008, 1359, Rn. 16.

584 BVerwG, Urt. v. 2.4.2008 - 6 C 15/07, NVwZ 2008, 1359, Rn. 20.

die Zurücknahme der Kontrolldichte bestehen tragfähige Sachgründe, nämlich § 10 Abs. 2 S. 1 und § 11 Abs. 1 TKG enthalten wertende und prognostische Elemente.[585]

Ist nach dem Marktdefinitions- und -analyseverfahren die Regulierungsbedürftigkeit eines Marktes zu bejahen, hat die Regulierungsbehörde zu prüfen, welche regulatorischen Pflichten einem in diesem Markt tätigen Unternehmen mit beträchtlicher Marktmacht durch die Regulierungsverfügung aufzuerlegen sind (§ 13 Abs. 1 TKG). Um eine effektive und funktionierende Vorleistungsregulierung zu gewährleisten, schreibt der Gesetzgeber in der Zugangsverpflichtung (§ 21 TKG) umfangreiche Vorgaben für die Bestimmung der Belange und Entscheidungskriterien vor, die in die Ermessensbetätigung einzubeziehen sind.[586] Für das BVerwG sei die Zugangsverpflichtung – insoweit dem Planfeststellungsbeschluss vergleichbar – das Ergebnis einer umfassenden Abwägung, bei der gegenläufige öffentliche und private Belange einzustellen, zu gewichten und auszugleichen seien.[587] Angesichts spezifischer Normstruktur sei es ausgeschlossen, die durch zahlreiche unbestimmte Rechtsbegriffe gesteuerte Abwägung von einer sich etwa daran erst anschließenden Ermessensbetätigung zu trennen und erstere der vollen gerichtlichen Kontrolle zu unterwerfen. Vielmehr sei die Abwägung ein untrennbarer Bestandteil des Regulierungsermessens selbst, das der Gesetzgeber der Behörde eingeräumt habe.[588] Das BVerwG stützte seine Zurücknahme der Rechtskontrolle – wie die Rechtsprechung zur Marktanalyse – auf wertende Elemente der Entscheidung und ein besonderes Verwaltungsorgan mit besonderer fachlicher Legitimation.[589] Im Anschluss daran prüft das BVerwG die Ausübung des Regulierungsermessens in Anlehnung an seine Abwägungsfehlerlehre im Planungsrecht.[590]

In der folgenden Rechtsprechung hat das BVerwG erklärt, dass die BNetzA im Rahmen ihrer Entscheidung über die Auferlegung der in § 13 TKG vorgesehenen Verpflichtung auch über Regulierungsermessen verfüge.[591] Zur

585 BVerfG, Beschl. v. 08.12.2011 – 1 BvR 1932/08, NVwZ 2012, 694, Rn. 31 und 38.

586 Bosch, Kontrolldichte, S. 216; Frank, Die Verwaltung 49 (2016), 25, 31.

587 BVerwG, Urt. v. 28.11.2007 – 6 C 42/06, NVwZ 2008, 575, Rn. 28.

588 BVerwG, Urt. v. 28.11.2007 – 6 C 42/06, NVwZ 2008, 575, Rn. 29.

589 BVerwG, Urt. v. 28.11.2007 – 6 C 42/06, NVwZ 2008, 575, Rn. 29 f.

590 BVerwG, Urt. v. 02.04.2008 – 6 C 15/07, NVwZ 2008, 1359, Rn. 47; BVerwG, Urt. v. 11.12.2013 – 6 C 24/12, NVwZ 2014, 942, Rn. 43; BVerwG, Beschl. v. 05.05.2014 – 6 B 46/13, NVwZ 2014, 1034, Rn. 6.

591 BVerwG, Urt. v. 12.06.2013 – 6 C 10/12, NVwZ 2013, 1352, Rn. 34; BVerwG, Urt. v. 11.12.2013 – 6 C 24/12, NVwZ 2014, 942, Rn. 43.

Entgeltregulierung hat das BVerwG angenommen, dass die Entscheidung, ob eine nachträgliche Entgeltregulierung zur Erreichung der Regulierungsziele ausreiche (§ 30 Abs. 1 TKG), einen untrennbaren Bestandteil des Regulierungsermessens bilde.[592] Mit Bezug auf das Gebot der Kostenorientierung[593] komme der Regulierungsbehörde ein Beurteilungsspielraum bei Festlegung der Preise für den entbündelten Zugang zum Teilnehmeranschluss zu,[594] der für das BVerwG im Hinblick auf unionsrechtlich vorgegebene Abwägung widerstreitender Regulierungsziele eine besondere Nähe zum Regulierungsermessen aufweise.[595] Ebenfalls bei der Auswahl der Berechnungsmethode des Anlagevermögens im Rahmen der Ermittlung der Kosten der effizienten Leistungsbereitstellung (KeL) (§ 31 Abs. 1 TKG).[596] Später wurde der Regulierungsbehörde sowohl bei der Frage, welche grundsätzlich vergleichbaren Märkte sie im Rahmen der Vergleichsmarktbetrachtung nach § 35 Abs. 1 S. 1 Nr. 1 TKG heranziehe, als auch in Bezug darauf, ob und gegebenenfalls in welcher Höhe Besonderheiten der Vergleichsmärkte Zu- bzw. Abschläge erforderlich machen, ein Entscheidungsspielraum eingeräumt.[597] Das BVerwG verdeutlichte in dieser Entscheidung zugleich, es handele sich verwaltungsrechtsdogmatisch nicht um ein Regulierungsermessen auf der Rechtsfolgenseite, sondern um Beurteilungsspielraum auf der Tatbestandsseite.[598]

In der jüngsten Rechtsprechung hat das BVerwG deutlich klargemacht, dass bei der Bestimmung der KeL der Behörde weder ein umfassender Beurteilungsspielraum noch ein auf die Ermittlung der Stundensätze bezogener punktueller Beurteilungsspielraum eingeräumt sei,[599] obwohl weder das TKG noch das Unionsrecht konkrete Vorgaben über die Frage enthält, ob die den beantragten Entgelten zu Grunde liegenden Stundensätze dem Effizienzgebot entsprechen.[600]

---

592 BVerwG, Urt. v. 02.04.2008 – 6 C 15/07, NVwZ 2008, 1359, Rn. 66.

593 Art. 3 Abs. 3 VO 2887/2000.

594 BVerwG, Urt. v. 23.11.2011 – 6 C 11/10, NVwZ 2012, 1047, Rn. 36.

595 BVerwG, Urt. v. 23.11.2011 – 6 C 11/10, NVwZ 2012, 1047, Rn. 38.

596 BVerwG, Urt. v. 25.09.2013 – 6 C 13/12, NVwZ 2014, 589, Rn. 34. Anerkennung des Beurteilungsspielraums für die Bestimmung der angemessenen Verzinsung des eingesetzten Kapitals siehe BVerwG, Urt. v. 17.08.2016 – 6 C 50/15, NVwZ 2017, 557, Rn. 31.

597 BVerwG, Beschl. v. 10.12.2014 – 6 C 18/13, NVwZ 2015, 967.

598 BVerwG, Beschl. v. 10.12.2014 – 6 C 18/13, NVwZ 2015, 967, Rn. 30.

599 BVerwG, Urt. v. 25.11.2015 – 6 C 39/14, NVwZ 2016, 387, Rn. 14.

600 BVerwG, Urt. v. 25.11.2015 – 6 C 39/14, NVwZ 2016, 387, Rn. 25 f.

Die Anerkennung eines Beurteilungsspielraums muss danach auf abgrenzbare Teilaspekte der Kostenkontrolle beschränkt werden.[601]

bb) Entscheidungsspielräume im Energieregulierungsrecht

Im Energiebereich hat der Gesetzgeber im Jahr 2005 das Konzept normativer Regulierung eingeführt.[602] Anders als TKG ist die Dichte der normativen Vorgaben in EnWG deutlich höher, weil fast alle wesentlichen Fragen des Netzzugangs und der Netzentgelte für Strom und Gas jeweils durch Verordnungen geregelt sind.[603] In den Entscheidungen zur kostenbasierten Entgeltgenehmigung hatte der BGH die Frage eines behördlichen Beurteilungsspielraums eher zurückhaltend gesehen.[604] In zwei Entscheidungen zur Anreizregulierung hat er jedoch ein gerichtlich nur beschränkt überprüfbares Regulierungsermessen anerkannt. Konkret wurde der Regulierungsbehörde sowohl für die Durchführung des Effizienzvergleichs nach §§ 12 ff. ARegV als auch für die Auswahl der einzelnen Parameter und Methoden bei der Bestimmung von Qualitätselementen nach §§ 19, 20 ARegV ein Spielraum zugestanden, der in einzelnen Aspekten einem Beurteilungsspielraum, in anderen Aspekten einem Regulierungsermessen gleichkam.[605] Nach der Rechtsprechung des BGH liegt die Gemeinsamkeit der Einräumung des Regulierungsermessens darin, dass beide eine komplexe Modellierung der maßgeblichen Verhältnisse bei den einzelnen Netzen und Netzbetreibern erfordern, die nicht in allen Einzelheiten rechtlich vorgegeben werden kann und vom Gesetzgeber bewusst nicht vorgegeben worden ist.[606]

b. Kritik und Streitpunkte

Die Rechtsprechung zur Anerkennung behördlicher Entscheidungsspielräume im Regulierungsverwaltungsrecht verdient überwiegend Kritik. Kernpunkte der Kritik betreffen die niedrige Kontrolldichte im Vergleich mit Gerichtskontrolle in allgemeinem Wettbewerbsrecht, die Begründungsarmut der Rechtsprechung und Kategorienvermengung durch Etablierung des Regulierungsermessens.

---

601 BVerwG, Urt. v. 25.11.2015 – 6 C 39/14, NVwZ 2016, 387, Rn. 15 f.

602 Frank, Die Verwaltung 49 (2016), 25, 33.

603 Frank, Die Verwaltung 49 (2016), 25, 34.

604 Grüneberg, RdE 2016, 49.

605 BGH, Beschl. v. 21.01.2014 – EnVR 12/12, BeckRS 2014, 04688; BGH, Beschl. v. 22.07.2014 – EnVR 59/12.

606 BGH, Beschl. v. 21.01.2014 – EnVR 12/12, BeckRS 2014, 04688, Rn. 25; BGH, Beschl. v. 22.07.2014 – EnVR 59/12, Rn. 23. Auch BGH, Beschl. v. 27.01.2015 – EnVR 39/13, Rn. 18.

Eine Vielzahl der Kritiker bemängelt an der Rechtsprechung, dass die BNetzA den Status einer materiell weitgehend kontrollfreien Verwaltungsbehörde gewinne.[607] Es geht also um Viel und um sehr Grundsätzliches.[608]

aa) Im Vergleich zur Gerichtskontrolle im allgemeinen Kartellrecht

Die eingeschränkte gerichtliche Kontrolldichte im Regulierungsverwaltungsrecht wird oft mit der Gerichtskontrolle im allgemeinen Wettbewerbsrecht durch Kartellgerichte verglichen. In st. Rspr. geht der BGH davon aus, dass die Entscheidungen des Bundeskartellamts immer einer gerichtlichen Vollkontrolle unterliegen.[609] Solche Entscheidungen betreffen nicht nur Missbrauchsverbot der marktbeherrschenden Stellung (§ 19 GWB),[610] sondern auch Fusionskontrollverfahren (§ 35 ff. GWB).[611] Kritiker monieren, es sei inkonsequent, dass das BVerwG bei der Regulierungsverfügung der BNetzA seine Kontrolldichte zurücknahm.[612]

Besonders kritisiert wird die Rechtsprechung über die Anerkennung des Beurteilungsspielraums in § 11 TKG. Für die Kartellgerichte gehören die den Gerichten in § 11 TKG abverlangten Feststellungen zum Alltag.[613] Aus der Gesetzgebungsgeschichte ergeben sich auch keine deutlichen Hinweise.[614] Allein wertende und prognostische Erkenntnisse rechtfertigen nicht pauschal die Rücknahme gerichtlicher Kontrollintensität.[615] Die einschlägigen europäischen Sekundärrechtsakte treffen auch keine Aussagen zur gerichtlichen Kontrolldichte.[616] Die weitgehende Rücknahme der Gerichtskontrolle genüge die Gewährleistung effektiven Rechtsschutzes nach Art. 19 Abs. 4 GG nicht.[617]

---

607 Schoch, GVwR III, § 50 Rn. 293d.

608 Winkler, DVBl 2013, 156.

609 Gärditz, NVwZ 2009, 1005, 1006; Attendorn, DVBl 2008, 1408, 1411.

610 Marktabgrenzung: BGH, Beschl. v. 7.2.2006 – KVR 5/05, NJW-RR 2006, 836; Preismissbrauchskontrolle: BGH, Beschl. v. 28.06.2005 – KVR 17/04, NVwZ 2006, 853.

611 Schoch, GVwR III, § 50 Rn. 294.

612 Attendorn, DVBl 2008, 1408, 1411; Gärditz, NVwZ 2009, 1005, 1006; Winkler, DVBl 2013, 156, 157.

613 Winkler, DVBl 2013, 156; Wollenschläger, Wissensgenerierung, S. 165.

614 Winkler, DVBl 2013, 156, 157.

615 Jacob/Lau, NVwZ 2015, 241, 243; Schoch, GVwR III, § 50 Rn. 289; Winkler, DVBl 2013, 156, 157.

616 Proelß, AöR 136 (2011), 402, 423; Gärditz, NVwZ 2009, 1005, 1007;

617 Sachs/Jasper, NVwZ 2012, 649, 650 f.; Würtenberger, GewArch 2016, 1, 8 f.

Die vorstehend skizzierte Kritik verlangt zutreffend eine substanzhafte und konsistente juristische Begründung seitens der Rechtsprechung.[618] Die Annahme der Letztentscheidungskompetenz der Behörde soll im Kontext mit den jeweils gesetzlich zugewiesenen Aufgaben und deren Eigenarten begründet werden.[619] Angesichts der wenig dichten Regelungsvorgaben im TKG übt die Behörde gestaltungsbezogene Aufgaben aus.[620] Die Marktregulierung geht von einem Konzept aktiver Marktbegleitung aus,[621] besonders der Verpflichtung der BNetzA, die Marktdefinition, Marktanalyse und Regulierungsverfügung anlassbezogen und periodisch zu überprüfen.[622] Auf einem Markt mit immer kürzer werdenden Produkt- und Marktzyklen ist eine flexible Rechtsanwendung durch die Regulierungsbehörde sicherzustellen. Durch Entscheidungssegmentierung, Behördenkooperation und weiträumige Partizipation der interessierten Parteien wird eine spezifische Expertise generiert,[623] über die das Gericht nicht verfügt.[624] Die Annahme eines Beurteilungsspielraums ist dadurch verstärkt, dass das Marktdefinitions- und -analyseverfahren bei grenzüberschreitenden Auswirkungen einem Abstimmungsprozess auf europäischer Ebene unterliegt (§ 10 Abs. 3, § 11 Abs. 4, § 12 Abs. 2 TKG). Der durch die europäischen Vorgaben angestrebte Kooperations- und Koordinationseffekt bei der Festlegung und Analyse der Märkte würde durch eine uneingeschränkte gerichtliche Kontrolle gefährdet.[625]

Sowohl das Telekommunikationsrecht, Postrecht als auch das Energieregulierungsrecht unterwerfen bestimmte Netznutzungsentgelte einer Ex-ante Genehmigungspflicht, deren Maßstab sich kurz mit den KeL umschreiben lässt (§ 31 Abs. 1 TKG, §§ 20 Abs. 1 PostG und 21 Abs. 2 EnWG).[626] Zweck des KeL-Maßstabs ist es, den wettbewerbsanalogen Preis zu ermitteln.[627] Daher stimmt dieser materiell-rechtliche Prüfungsmaßstab mit Preismissbrauchskontrolle im allgemeinen Kartellrecht überein.[628] Jedoch unterscheidet sich die Festlegung

618 Schoch, GVwR III, § 50 Rn. 294.
619 Eifert, ZHR 174 (2010), 449, 458.
620 Schoch, GVwR III, § 50 Rn. 294.
621 Eifert, ZHR 174 (2010), 449, 463.
622 Eifert, ZHR 174 (2010), 449, 464.
623 Wollenschläger, Wissensgenerierung, S. 171; Broemel, Marktgewährleistungsrecht, S. 330; Schulz, RW 2012, 330, 347.
624 Schulz, RW 2012, 330, 347.
625 BVerwG, Urt. v. 02.04.2008 – 6 C 15/07, NVwZ 2008, 1359, Rn. 17 f.
626 Trute/Broemel, ZHR 170 (2006), 706, 718; Säcker, EnWZ 2015, 531, 535.
627 BVerwG, Urt. v. 29.05.2013 – 6 C 10/11, NVwZ 2013, 1418, Rn. 41.
628 Kleinlein/Schubert, NJW 2014, 3191, 3193; Trute/Broemel, ZHR 170 (2006), 706, 718.

einer Missbrauchsgrenze substanziell von der Bestimmung des Preises nach KeL-Maßstab. In der aktuellen Rechtsprechung hat das BVerwG klargemacht, dass der Missbrauch einer marktbeherrschenden Stellung ein Unwerturteil enthält. Ob das Wettbewerbsverhalten eines Unternehmens den Missbrauchsvorwurf rechtfertigt, muss rechtlich eindeutig bestimmt sein und kann nicht von einer partiell unter Abwägungsgesichtspunkten zu treffenden Behördenentscheidung abhängen.[629] Im Zweifelsfall soll der nach Art. 12 Abs. 1 GG grundrechtlich geschützte Preisgestaltungsspielraum des Unternehmens am geringsten begrenzt werden.[630] Im Gegensatz dazu soll KeL-Maßstab verhindern, dass die Netzbetreiber Informationsvorsprünge strategisch nutzen, um die Anwendung der Missbrauchskontrolle abzufedern.[631]

bb) Rücknahme der Gerichtskontrolle durch Regulierungsermessen

Die Rechtsfigur des Regulierungsermessens wird in der Rechtsprechung hauptsächlich in Zugangsverpflichtungen (§ 21 TKG) und Entgeltregulierung (§ 30 ff. TKG) erwähnt. Das BVerwG stützt sich diesbezüglich auf die Kriterien, namentlich die finalen und einen komplexen Ausgleich verlangenden Normstrukturen der Rechtsgrundlagen, die wegen hoher Komplexität oder besonderer Dynamik der Materie betroffenen Funktionsgrenzen der Rechtsprechung und die Existenz eines Verwaltungskollegialorgans mit besonderer fachlicher Legitimation, das im Rahmen eines besonderen Verwaltungsverfahren entscheide.[632] Ergänzend stellt es darauf ab, dass der volle Ermessensspielraum der BNetzA auch unionsrechtlich geboten sei.[633]

Solche Argumente werden im Schrifttum stark kritisiert. Weder die Notwendigkeit noch das aus der Komplexität des zu beurteilenden Sachverhalts folgende Erfordernis einer besonderen Sachkunde rechtfertigen danach im Allgemeinen die Annahme, der Gesetzgeber habe von einer umfassenden gerichtlichen Nachprüfung Abstand nehmen wollen.[634] Hinzu kommt, dass zahlreiche Rechtsvorschriften auf die eine oder andere Weise technische oder ökonomische Fragen Bezug nehmen; durch Heranziehung des externen Sachverstands könnten die

629 BVerwG, Beschl. v. 10.12.2014 – 6 C 18/13, NVwZ 2015, 967, Rn. 42.

630 BVerwG, Beschl. v. 10.12.2014 – 6 C 18/13, NVwZ 2015, 967, Rn. 42; Broemol, JZ 2014, 286, 292.

631 Broemel, Marktgewährleistungsrecht, S. 322.

632 BVerwG, Urt. v. 28.11.2007 – 6 C 42/06, NVwZ 2008, 575, Rn. 29.

633 BVerwG, Urt. v. 28.11.2007 – 6 C 42/06, NVwZ 2008, 575, Rn. 30.

634 BVerwG, Urt. v. 25.11.1993 – 3 C 38/91, NVwZ 1995, 707, 708; Gärditz, NVwZ 2009, 1005, 1006.

Erkenntnisdefizite bewältigt werden.[635] Weder die Dynamik noch die Komplexität der geregelten Materie sprechen gegen die Gesetzesbindung der Verwaltung.[636]

Das zweites Kriterium - die Existenz eines besonderen Verwaltungsorgans, das im Rahmen eines besonderen Verwaltungsverfahren entscheidet - begegnet ebenfalls Bedenken. Eine Beurteilungsermächtigung kann aus entsprechenden Gesetzen entnommen werden, wenn ein besonderes Kollegialorgan mit einem multidimensionalen Sachverstand in einem besonderen Verfahren staatsfern entscheidet.[637] Die für die Regulierungsverfügung zuständigen Beschlusskammern seien kein pluralistisches Kollegialorgan, weil es an der interessenpluralen Zusammensetzung fehle.[638] Sie arbeiteten auch nicht weisungsfrei, weil das BMWi gegenüber der BNetzA als oberer Bundesbehörde weisungsbefugt sei.[639] Das Beschlusskammerverfahren führe lediglich zu einer Kollegialentscheidung; die übrigen Entscheidungselemente entsprechen Verfahrensregeln im geltenden Verwaltungsverfahrensrecht.[640]

Während die Regulierungsverfügung am Anfang als dem Planfeststellungsbeschluss vergleichbar angesehen wurde,[641] nahm das BVerwG danach für die Prüfung des Regulierungsermessens explizit Bezug auf die Abwägungsfehlerlehre im Planungsrecht.[642] Eine völlige Parallele zum Planungsrecht wird vom Schrifttum überwiegend abgelehnt.[643] Mit einem verkürzten Analogieschluss zur Raumplanung könnte das Regulierungsrecht in eine Wirtschaftsplanung umgewandelt werden.[644] Die in § 21 Abs. 1 S. 2 TKG aufgelisteten Kriterien seien gleichrangig;[645] die Berücksichtigungspflicht der BNetzA schließe eine starre Rechtsbindung an einzelne Kriterien i. S. v. Planungsleitsätzen und Verleihung

635 Ludwigs, JZ 2009, 290, 295.

636 Hwang, AöR 136 (2011), 553, 562.

637 Schneider in: Fehling/Ruffert, § 22 Rn. 23 ff.; Schoch, GVwR III, § 50 Rn. 289.

638 Attendorn, DVBl 2008, 1408, 1414; Gärditz, NVwZ 2009, 1005, 1007.

639 Attendorn, DVBl 2008, 1408, 1414.

640 Würtenberger, GewArch 2016, 1, 8.

641 BVerwG, Urt. v. 28.11.2007 - 6 C 42/06, NVwZ 2008, 575, Rn. 25.

642 BVerwG, Urt. v. 02.04.2008 - 6 C 15/07, NVwZ 2008, 1359, Rn. 47; explizit BVerwG, Urt. v. 11.12.2013 - 6 C 24/12, NVwZ 2014, 942, Rn. 57.

643 Aber Mayen, NVwZ 2008, 835.

644 Gärditz, NVwZ 2009, 1005, 1008; Attendorn, DVBl 2008, 1408, 1412; Kersten, VVDStRL 69 (2010), 288, 327.

645 Kersten, VVDStRL 69 (2010), 288, 327; Attendorn, DVBl 2008, 1408, 1416.

eines besonderen Gewichts an einzelne Kriterien i. S. v. Optimierungsgeboten aus.[646]

Die vorstehend skizzierte Darstellung verdeutlicht, dass die Begründung des BVerwG über die Anerkennung eines Regulierungsermessens zu kurz greift. Nachdem das BVerfG in der Rechtsprechung zur Einräumung eines Beurteilungsspielraums in § 11 TKG betont hat, dass sich dies ausdrücklich aus dem Gesetz ergibt oder durch Auslegung hinreichend deutlich zu ermitteln ist, dass ein hinreichend gewichtiger, am Grundsatz eines wirksamen Rechtsschutzes ausgerichteter Sachgrund vorliegt und dass den Fachgerichten genügend Möglichkeiten und in diesem Rahmen auch die Pflicht zu einer substanziellen Kontrolle des behördlichen Handelns verbleiben,[647] hat das BVerwG abschließend geklärt, dass in der Entgeltregulierung die Anerkennung eines Entscheidungsspielraums nur in Bezug auf abgrenzbare Teilaspekte angezeigt ist.[648] Bei der Konkretisierung des KeL-Maßstabs besteht daher kein umfassendes Regulierungsermessen.[649]

Die Kritik bedeutet jedoch nicht, dass dem TKG kein Regulierungsermessen entnommen werden dürfte.[650] Mit Blick auf die Normstrukturen des § 21 Abs. 1 TKG gebietet er eine Erwägung mit den allgemeinen Regulierungszielen und eine Berücksichtigung der sieben konkreten Kriterien.[651] Die unbestimmten Rechtsbegriffe in § 21 Abs. 1 TKG haben einen regulierungspolitischen Bezug zu den allgemeinen Regulierungszielen, damit die Verwaltung den gemeinwohlpflichtigen Wettbewerb je nach Einzelfall gestalten kann.[652] Zudem muss die Zugangsverpflichtung in einem angemessenen Verhältnis zu den Regulierungszielen in § 2 TKG stehen, was eine bestmögliche Zweckerreichung bedeutet.[653] Zugleich wird der Regulierungsbehörde in § 21 Abs. 1 S. 1 TKG ein Auswahlermessen[654] eingeräumt. Als Folge final überformter Konditionalprogramme verlangt die Norm einen komplexen Ausgleich verschiedener Belange.[655] Ist

646 Attendorn, DVBl 2008, 1408, 1416; Proelß, AöR 136 (2011), 402, 421.

647 BVerfG, Beschl. v. 08.12.2011 – 1 BvR 1932/08, NVwZ 2012, 694, Rn. 24.

648 BVerwG, Urt. v. 29.05.2013 - 6 C 10/11, NVwZ 2013, 1418, Rn. 31.

649 BVerwG, Urt. v. 29.05.2013 - 6 C 10/11, NVwZ 2013, 1418, Rn. 32; BVerwG, Urt. v. 17.08.2016 - 6 C 50/15, NVwZ 2017, 557, Rn. 13.

650 Schoch, GVwR III, § 50 Rn. 294.

651 Proelß, AöR 136 (2011), 402, 421.

652 Kersten, VVDStRL 69 (2010), 288, 326.

653 Proelß, AöR 136 (2011), 402, 422.

654 BVerwG, Urt. v. 28.11.2007 - 6 C 42/06, NVwZ 2008, 575, Rn. 28.

655 Kersten, VVDStRL 69 (2010), 288, 326.

gerichtliche Vollkontrolle eines einzelnen Kriteriums noch möglich, kann ein komplexer Ausgleich mehrerer gegenläufiger Belange durch das Gericht Schwierigkeiten bereiten, in diesem Fall soll die herkömmliche Ermessenslehre modifiziert werden, damit alle wesentlichen Gesichtspunkte Berücksichtigung finden.[656] Aus Perspektive der Wissensgenerierung verfügt die BNetzA durch Entscheidungssegmentierung, Behördenkooperation und weiträumige Partizipation über implizites Wissen, das in die Entscheidungen einfließt.[657] Dass insoweit die Gerichte besser entscheiden könnten, lässt sich schwerlich behaupten.[658] Zur Entgeltregulierung kommt eine Annahme eines Beurteilungsspielraums, der auf der Nahstelle zum Regulierungsermessen steht, nur in Betracht, wenn die Elemente der Kosten in besonderer Weise durch eine Abwägung gegenläufiger Regulierungsziele sowie ökonomische Wertungen und Prognosen geprägt sind.[659] Gerichtliche Kontrolle endet dort, wo das materielle Recht in verfassungsrechtlich unbedenklicher Weise das Entscheidungsverhalten nicht vollständig determiniert und der Verwaltung einen Einschätzungs und Auswahlspielraum belässt.[660]

Überzeugend ist hingegen die Bezugnahme des BVerwG auf das Abwägungsgebot.[661] Bei der Anordnung nach § 21 TKG handelt es sich um eine Abwägungsentscheidung, und das rechtsstaatliche Abwägungsgebot gilt für jede staatliche Abwägungsentscheidung.[662] Das Abwägungsgebot entstand im Planungsrecht, hat sich aber zu einem allgemeinen Grundsatz für multipolare Abwägungsvorgänge entwickelt, so dass der Rückgriff auf diese Wurzeln veranschaulichend, für die Begründung aber nicht erforderlich ist.[663]

Nach den Feststellungen des BGH ist für die Bestimmung des Effizienzwertes der Regulierungsbehörde nicht durch Gesetz oder Verordnung in allen

---

656 BVerwG, Urt. v. 13.11.1979 – 1 C 12/75, NJW 1980, 2036, 2037; Bosch, Kontrolldichte, S. 22.

657 Schulz, RW 2012, 330, 348; BVerfG, Beschl. v. 22.11.2016 – 1 BvL 6/14 u.a., NVwZ 2017, 305, Rn. 54.

658 Proelß, AöR 136 (2011), 402, 422.

659 BVerwG, Urt. v. 29.05.2013 – 6 C 10/11, NVwZ 2013, 1418, Rn. 31 f.; BVerwG, Urt. v. 25.11.2015 – 6 C 39/14, NVwZ 2016, 387, Rn. 27.

660 BVerfG, Beschl. v. 08.12.2011 – 1 BvR 1932/08, NVwZ 2012, 694, Rn. 23.

661 Eifert, ZHR 174 (2010), 449, 460; Attendorn, DVBl 2008, 1408, 1415; Bosch, Kontrolldichte, S. 22 f. A.A. Lege, DÖV 2015, 361, 374.

662 Attendorn, DVBl 2008, 1408, 1415.

663 Eifert, ZHR 174 (2010), 449, 461.

Einzelheiten vorgegeben, wie der Effizienzvergleich auszugestalten ist.[664] Bei der Bewertung von tatsächlichen Marktverhältnissen stellt sich eine Vielzahl von Fragen, die nicht exakt im Sinne von richtig oder falsch, sondern nur durch eine wertende Auswahlentscheidung beantwortet werden können.[665] Die Übertragung des Regulierungsermessens auf Energierecht durch Auslegung der Normen hält sich in den vom BVerfG aufgestellten Grenzen.[666]

cc) Rechtsdogmatische Vermengung durch Regulierungsermessen

Fraglich ist, ob die Etablierung eines aus Tatbestands- und Rechtsfolgenseite zusammengesetzten Regulierungsermessens zu einer Kategorienvermengung führt.[667] Herkömmlich werden drei Typen behördlicher Entscheidungsspielräume unterschieden: allgemeines Verwaltungsermessen, unbestimmte Rechtsbegriffe mit Beurteilungsspielraum und das Planungsermessen.[668] Das Regulierungsermessen als Unterfall des Planungsermessens ist überwiegend verneint, weil die Planungsrechtslehre außerhalb des Abwägungsgebots dem Regulierungsrecht nicht passt.[669] Selbst das BVerwG hat in der Rechtsprechung das Planungs- und das Regulierungsermessen unscharf, aber sprachlich abgegrenzt.[670]

Inzwischen wird angefordert, dass alle drei Typen behördlicher Entscheidungsspielräume unter eine einheitliche Figur des Verwaltungsermessens gebracht werden sollten.[671] Die Unterscheidung zwischen Beurteilungsspielraum und Ermessen ist schon lange Zweifeln ausgesetzt.[672] Methodisch kann die Ausübung des Ermessens als Tatbestandsergänzung verstanden werden.[673] Das Kontrollprogramm weist beim Ermessen, Beurteilungsspielraum und

---

664 BGH, Beschl. v. 21.01.2014 – EnVR 12/12, BeckRS 2014, 04688, Rn. 21; BT-Drs.15/5268, S. 120.

665 BGH, Beschl. v. 21.01.2014 – EnVR 12/12, BeckRS 2014, 04688, Rn. 25; BGH, Beschl. v. 22.07.2014 – EnVR 59/12, Rn. 23; BGH, Beschl. v. 27.01.2015 – EnVR 39/13, Rn. 18.

666 Höhne/Wollenschläger, EnWZ 2017, 11, 12; Grüneberg, RdE 2016, 49, 54.

667 Winkler, MMR 2012, 188, 189; Schoch, GVwR III, § 50 Rn. 293d; Broemel, JZ 2014, 286, 287.

668 Ludwigs, JZ 2009, 290, 292; Schoch, GVwR III, § 50 Rn. 268 ff.

669 Überzeugend Attendorn, DVBl 2008, 1408, 1415; Franzius, DVBl 2009, 409, 413; Winkler, DVBl 2013, 156, 160; Kersten, VVDStRL 69 (2010), 288, 327.

670 BVerwG, Urt. v. 02.04.2008 – 6 C 15/07, NVwZ 2008, 1359, Rn. 47.

671 Franzius, DVBl 2009, 409, 412; Ludwigs, JZ 2009, 290, 292.

672 Jestaedt in: Ehlers/Pünder, § 11 Rn. 10 ff.; Ludwigs, JZ 2009, 290, 292. Dagegen Maurer, Verwaltungsrecht, § 7, Rn. 55 ff.; Voßkuhle, JuS 2008, 117, 119.

673 Ausführlich Jestaedt in: Ehlers/Pünder, § 11 Rn. 15.

Planungsermessen ähnliche Grundstrukturen auf.[674] Das BVerwG hat auch in der Rechtsprechung in Bezug auf das Gebot der Kostenorientierung anerkannt, dass der Beurteilungsspielraum eine besondere Nähe zum Regulierungsermessen aufweist.[675]

Trotz der besonderen Nähe hat das BVerwG in einer Entscheidung am 10.12.2014 betont, dass der Entscheidungsspielraum der BNetzA in § 35 Abs. 1 TKG in die Kategorie der Beurteilungsspielräume auf der Tatbestandsseite eingeordnet werden soll, statt in die Kategorie des (Regulierungs-) Ermessens auf der Rechtsfolgenseite.[676] Angesichts dieser Rechtsprechung sollte die Dichotomie von Tatbestand und Ermessen nicht vorschnell eingeebnet werden.[677]

Das BVerwG hat auch den Unterschied zwischen allgemeinem Ermessen und dem Regulierungsermessen klargestellt: Maßgeblich für das Regulierungsermessen ist, dass die Regulierungsbehörde nicht nur auf Rechtsfolgenseite Ermessen, sondern auch auf der Tatbestandsebene einen mit dem Ermessen korrespondierenden umfassenden Beurteilungsspielraum hat, der in hohem Maße wertende und prognostische Elemente einbezieht.[678] Daher kann das Regulierungsermessen keiner der herkömmlichen Kategorien eindeutig zugeordnet werden.[679] Die Rechtsprechung lässt erkennen, dass das Regulierungsermessen eine eigenständige Kategorie ist. Es lässt sich heranziehen als Begründung für die Kontrollreduktion bei unmittelbaren Verknüpfung zwischen Auswahl- und Ausgestaltungsspielraum auf der Rechtsfolgenseite und einer durch zahlreiche unbestimmte Rechtsbegriffe gesteuerten Abwägung auf der Tatbestandsseite. Die Rechtsfigur des Regulierungsermessen entsteht im Kontext der spezifischen Normstruktur und der komplexen gestaltenden Aufgaben im Regulierungsverwaltungsrecht.

c. *Kontrollmaßstäbe beim Regulierungsermessen*

Das Schlagwort vom Regulierungsermessen darf nicht zu rechtsstaatlichen Defiziten bei der behördlichen Kontrolle führen.[680] Um weithin der Gewährleistung effektiven Rechtsschutzes gem. Art. 19 Abs. 4 GG hinreichend Rechnung zu

---

674 Eifert, ZHR 174 (2010), 449, 461; ders, ZJS 2008, 336, 342.

675 BVerwG, Urt. v. 23.11.2011 – 6 C 11/10, NVwZ 2012, 1047, Rn. 38.

676 BVerwG, Beschl. v. 10.12.2014 - 6 C 18/13, NVwZ 2015, 967, Rn. 30.

677 Winkler, DVBl 2013, 156, 158.

678 BVerwG, Beschl. v. 05.05.2014 - 6 B 46/13, NVwZ 2014, 1034, Rn. 9; Bergmann, NVwZ 2014, 1037, 1038.

679 BVerwG, Beschl. v. 05.05.2014 - 6 B 46/13, NVwZ 2014, 1034, Rn. 9.

680 Säcker, EnWZ 2015, 531, 532.

tragen,[681] führt die Rücknahme der inhaltlichen Kontrolle zu einer Verlagerung der Schwerpunkte gerichtlicher Überprüfung.[682] Nach st. Rspr. des BVerwG muss das Gericht prüfen, ob das Regulierungsermessen von der BNetzA fehlerhaft ausgeübt wird, namentlich ein Abwägungsausfall, Abwägungsdefizit, eine Abwägungsfehleinschätzung oder eine Abwägungsdisproportionalität unterlaufen sind.[683] Im Rahmen des Abwägungsdefizits ist zu prüfen, ob ein fehlerhaftes Normverständnis, eine unvollständige Alternativenprüfung oder unzureichende Sachverhaltsermittlung vorliegen.[684]

Allerdings unterliegt die Regulierungsbehörde bei der Ausfüllung eines solchen Entscheidungsspielraums besonderen Begründungsanforderungen. In der Abwägung widerstreitender Belange und Regulierungsziele, die die BNetzA im Rahmen des Regulierungsermessens vornehmen muss, hat das Gericht noch zu prüfen, ob die Behörde im Hinblick auf die Kriterien, die in den relevanten Rechtsnormen ausdrücklich hervorgehoben oder doch in ihnen angelegt sind, plausibel und erschöpfend argumentiert hat.[685]

Das Erfordernis einer plausiblen und erschöpfenden Entscheidungsbegründung macht die für Ausfüllung der Spielräume maßgeblichen Überlegungen transparent[686] und ermöglicht eine substanzielle gerichtliche Kontrolle.[687] Die gerichtliche Kontrolle der Ausübung des Regulierungsermessens hat sich dabei grundsätzlich auf diejenigen Erwägungen zu beschränken, die die Behörde zur Begründung ihrer Entscheidung dargelegt hat.[688] Sodann muss die Behörde im Einzelnen darlegen, wie sie die einzelnen Belange bewertet und aus welchen

681 BVerwG, Beschl. v. 10.12.2014 - 6 C 18/13, NVwZ 2015, 967, Rn. 39.

682 Franke, Die Verwaltung 49 (2016), 25, 40.

683 BVerwG, Urt. v. 02.04.2008 – 6 C 15/07, NVwZ 2008, 1359, Rn. 47; BVerwG, Urt. v. 11.12.2013 - 6 C 24/12, NVwZ 2014, 942, Rn. 43; BVerwG, Urt. v. 12.06.2013 - 6 C 11/12, BeckRs 2013, 53794, Rn. 34; BVerwG, Urt. v. 23.11.2011 – 6 C 11/10, NVwZ 2012, 1047, Rn. 38.

684 BVerwG, Urt. v. 12.06.2013 - 6 C 11/12, BeckRs 2013, 53794, Rn. 54; BVerwG, Urt. v. 11.12.2013 - 6 C 24/12, NVwZ 2014, 942, Rn. 44.

685 BVerwG, Beschl. v. 10.12.2014 - 6 C 18/13, NVwZ 2015, 967, Rn. 38; BVerwG, Urt. v. 25.9.2013 - 6 C 13/12, NVwZ 2014, 589, Rn. 34; BVerwG, Urt. v. 23.11.2011 – 6 C 11/10, NVwZ 2012, 1047, Rn. 38; BGH, Beschl. v. 22.07.2014 - EnVR 59/12, Rn. 29.

686 Franke, Die Verwaltung 49 (2016), 25, 41.

687 BVerwG, Beschl. v. 10.12.2014 - 6 C 18/13, NVwZ 2015, 967, Rn. 39.

688 BVerwG, Urt. v. 23.11.2011 – 6 C 11/10, NVwZ 2012, 1047, Rn. 40; BVerwG, Urt. v. 11.12.2013 - 6 C 24/12, NVwZ 2014, 942, Rn. 43.

Gründen sie ihren Gestaltungsspielraum in bestimmter Weise ausgeschöpft hat.[689]

2. *Geheimnisschutz im gerichtlichen Verfahren*

Eine der wichtigsten Rechtsschutzfragen der Regulierungsverwaltung stellt der Ausgleich zwischen dem grundrechtlich verbürgten Schutz von Betriebs und Geschäftsgeheimnissen und der Sicherung effektiven Rechtsschutzes dar.[690] Insbesondere die Entgeltregulierung ist in hohem Maße informationsabhängig, weshalb den regulierten Unternehmen vielfältige Nachweis- und Auskunftspflichten auferlegt werden.[691] Die daraufhin übermittelten Daten können Betriebs- und Geschäftsgeheimnisse enthalten, z. B. die individuelle Kosten- und Erlöslage eines Unternehmens. Soweit die Behördenakten schützenswerte Betriebs- und Geschäftsgeheimnisse enthalten, sollen diese den anderen Verfahrensbeteiligten nicht zugänglich gemacht werden.[692] Dieser Geheimnisschutz als Ausfluss der Grundrechte der Art. 12 und 14 GG steht in einem Spannungsverhältnis mit der Effektivität des Rechtsschutzes nach Art. 19 Abs. 4 GG sowie dem Recht auf rechtliches Gehör nach Art. 103 Abs. 1 GG.[693] Daher bedarf es stets einer Abwägung, ob Geheimnisschutz auch angesichts des Interesses an effektivem Rechtsschutz zu gewähren ist.[694] Die allgemeinen Regelungen zum In-camera-Verfahren (§ 99 Abs. 2 VwGO) zeigen Schwächen in der Lösung der regulierungsrechtlichen Streitigkeiten, weil die Durchführung des Zwischenverfahrens bei besonderen, mit der Hauptsache nicht befassten Fachsenaten zur Verfahrensverzögerung führt.[695]

Prozessual modifiziert sowohl das TKG als auch das EnWG die Regelungen in § 99 Abs. 2 VwGO, allerdings auf unterschiedliche Weise.[696] Meilenstein für den Geheimnisschutz im Telekommunikationsbereich ist die EuGH-Rechtsprechung,[697] wonach das Gericht über sämtliche erforderliche Informationen verfügen muss. Durch die Novelle 2012 ist die Vorlageverweigerungsbefugnis der BNetzA zu einem bloßen Kennzeichnungsrecht über

689 BGH, Beschl. v. 22.07.2014 – EnVR 59/12, Rn. 30.
690 Burgi, NJW 2006, 2439, 2443; Schneider in: Fehling/Ruffert, § 22 Rn. 29.
691 Schneider in: Fehling/Ruffert, § 22 Rn. 29.
692 Attendorn/Geppert in Geppert/Schütz, TKG, § 138 Rn. 2.
693 Knauff, VerwArch 98 (2007), 382, 405; Grüneberg, RdE 2016, 49, 54.
694 BVerfG, Beschl. v. 14.03.2006 – 1 BvR 2087/03 u.a., NVwZ 2006, 1041, Rn. 114.
695 Ohlenburg, NVwZ 2005, 15, 17; Christiansen, Optimierung, S. 216.
696 Franke, Die Verwaltung 49 (2016), 25, 49.
697 EuGH, Urt. v. 13.07.2006, Rs. C-438/04, Slg 2006, I-6675- Mobistar.

die Geheimhaltungsbedürftigkeit herabgesetzt worden (§ 138 Abs. 1 TKG).[698] Die Novelle 2012 hat in § 138 Abs. 2 TKG neues Modell[699] dergestalt geregelt, dass das Gericht auf Antrag durch separaten Beschluss darüber entscheidet, inwieweit im Hauptsacheverfahren die Beteiligten Akteneinsicht und Stellung nehmen dürfen und inwieweit die entsprechenden Tatsachen in die Urteilsbegründung aufgenommen werden (§§ 100, 108 VwGO). Es findet mithin ein (in camera) Zwischenverfahren beim Hauptsachegericht selbst statt.[700] Wenn eine Abwägung ergibt, dass das Geheimhaltungsinteresse das Interesse auf rechtliches Gehör überwiegt, kann das Akteneinsichtsrecht ausgeschlossen und die Entscheidung entgegen § 108 Abs. 2 VwGO auf Tatsachen und Beweisergebnisse gestützt werden, zu denen sich die Beteiligten nicht äußern konnten.[701] § 138 TKG eröffnet damit erstmalig in der deutschen Rechtsordnung die Möglichkeit eines In-camera-Hauptsacheverfahrens.[702]

Das EnWG sieht hingegen ein Zwischenverfahren vor, in dem das Gericht über die Offenlegung unter Abwägung des Geheimhaltungs- und des Rechtsschutzinteresses entscheidet (§ 84 Abs. 2 EnWG).[703] Eine Verwertung der Daten ist dann nur möglich, wenn das Gericht im Zwischenverfahren die Offenlegung beschließt.[704] Das in beiden Gesetzen vorgesehene Zwischenverfahren ermöglicht im Ergebnis zwar dasselbe Maß an Geheimnisschutz.[705] Aber das Rechtsschutzinteresse des Dritten im TKG wird im Vergleich zu EnWG weniger eingeschränkt, was einen optimalen Ausgleich der widerstreitenden Interessen ermöglicht.[706] Es wird empfohlen, § 84 EnWG auch in dieser Richtung zu modifizieren.[707] Um multipolare Interessenkonflikte besser zu bewältigen und Gerichtsentscheidungen auf einer breiten Tatsachenbasis fußen zu lassen, wurde 2015 im Gesetzentwurf zur VwGO vorgeschlagen, dass das In-camera-Zwischenverfahren künftig vom Gericht der Hauptsache durchgeführt werden und durch das neue In-camera-Hauptsacheverfahren ergänzt soll.[708]

---

698 Attendorn/Geppert in Geppert/Schütz, TKG, § 138 Rn. 3.
699 Attendorn/Geppert in Geppert/Schütz, TKG, § 138 Rn. 4.
700 Christiansen, Optimierung, S. 213.
701 Götz, Schutz, S. 62.
702 Decher, Klagebefugnis, S. 31.
703 Franke, Die Verwaltung 49 (2016), 25, 50.
704 Danner/Theobald/Gussone, EnWG, § 84 Rn. 12.
705 Christiansen, Optimierung, S. 218.
706 Franke, Die Verwaltung 49 (2016), 25, 50; Decher, Klagebefugnis, S. 32.
707 Franke, Die Verwaltung 49 (2016), 25, 50 f.; Christiansen, Optimierung, S. 230 ff.
708 Siehe BT-Drs. 18/3921, S. 2.

3. *Zwischenergebnis*

Die oben gegebene Darstellung hat gezeigt, dass die Besonderheiten des Regulierungsverwaltungsrechts sich auch auf den Rechtsschutz auswirken. Das allgemeine Verwaltungsprozessrecht bedarf deshalb einiger Modifikationen, um den Unterschieden gerecht zu werden.[709] Die Marktregulierung ist in besonderer Weise durch eine Abwägung gegenläufiger Regulierungsziele sowie ökonomische Wertungen und Prognosen gekennzeichnet,[710] was zu einer Rücknahme der gerichtlichen Kontrolldichte führt. Sowohl das Regulierungsermessen als auch der Beurteilungsspielraum aus den konkreten Normen implizieren den Gestaltungsauftrag der Regulierungsbehörde. Allerdings darf die Anerkennung der behördlichen Letztentscheidungsbefugnisse zu keiner Freistellung von Kontrolle führen, sondern zum Wechsel von der idealtypisch auf die richtige Entscheidung bezogenen Subsumtionskontrolle zu einer Entscheidungsgewissheit verarbeitenden Abwägungskontrolle.[711] Die Regulierungsbehörde unterliegt zugleich bei der Ausfüllung des Entscheidungsspielraums Begründungsanforderungen, um der Gewährleistung effektiven Rechtsschutzes gem. Art. 19 Abs. 4 GG Rechnung zu tragen.

Für Maßnahmen der Entgeltregulierung müssen der Regulierungsbehörde umfangreiche Informationen über die Unternehmen zur Verfügung stehen, die des Geheimnisschutzes im Verwaltungsprozess bedürfen. Die Ausgestaltung des § 138 TKG ermöglicht, das Hauptsacheverfahren oder Teile davon zum Schutz von Betriebs- und Geschäftsgeheimnissen in camera durchzuführen.[712] Der optimale Ausgleich der widerstreitenden Interessen in § 138 TKG kann auch auf andere Rechtsgebieten übertragen werden.[713]

V. Zusammenfassung

Infolge der bestehenden Monopole spielt die staatliche Regulierung eine aktive Rolle in der Gestaltung des Wettbewerbs durch fortlaufende Korrektur partiellen Marktversagens und durch die Betonung von Gemeinwohlanforderungen.[714] Das daraufhin entstandene Regulierungsverwaltungsrecht stellt durch behördliche Ex-ante-Kontrolle ein intensiverstes Wettbewerbsrecht dar.

709 Decher, Klagebefugnis, S. 34.
710 BVerwG, Urt. v. 29.05.2013 - 6 C 10/11, NVwZ 2013, 1418, Rn. 31;
711 Franzius, DVBl 2009, 409, 412.
712 Götz, Schutz, S. 63.
713 Ferner Burgi, NJW 2006, 2439, 2443
714 Fehling, Konturen, S. 91, S. 97; Schebstadt, WuW 2005, 6, 8

Traditioneller Ausgangspunkt des Regulierungsverwaltungsrechts ist die Herstellung von Wettbewerb auf dem Markt. Es bedeutet nicht, dass sozialpolitische Regulierungsbelange mittelbare Fernziele bleiben sollen. Die Regulierungsziele sind gleichwertig, sie kennen keine Zielhierarchien.[715] Allerdings kann die unbegrenzte Aufnahme der sozialpolitischen Ziele die Freiräume der Unternehmen gefährden, daher muss staatliche Intervention möglichst wettbewerbsneutral[716] erfolgen. Unter bestimmten Umständen provozieren die Regulierungsziele in ihrer Umsetzung Konflikte. Bei der Lösung der Zielkonflikte ist das entscheidende Prinzip die Abwägung, damit alle entscheidungsrelevanten Aspekte berücksichtigt werden.

Die Aufgabe der Abwägung und der daran anknüpfende Gestaltungsspielraum für die Regulierungsbehörde stellen den Rechtsschutz der regulierten Unternehmen und der Wettbewerber in Frage. Für das Regulierungsrecht hat die Rechtsprechung differenzierte behördliche Entscheidungsspielräume anerkannt. Am Anfang war die Rechtsprechung zum Beurteilungsspielraum in § 11 TKG und Regulierungsermessen in § 21 TKG begründungsarm. Später erhielt die Rechtsfigur des Regulierungsermessen deutlichere Konturen. Maßgeblich für das Regulierungsermessen ist, dass die Regulierungsbehörde nicht nur auf Rechtsfolgenseite Ermessen, sondern auch auf der Tatbestandsebene einen mit dem Ermessen korrespondierenden umfassenden Beurteilungsspielraum hat, der in hohem Maße wertende und prognostische Elemente einbezieht.[717] Daher kann das Regulierungsermessen keiner der herkömmlichen Kategorien eindeutig zugeordnet werden. In einem informationsabhängigen Regulierungsverwaltungsrechts trifft § 138 TKG einen optimalen Ausgleich zwischen Geheimnisschutz und effektiven Rechtsschutz, eine Übertragung auf andere Rechtsgebieten ist begrüßenswert.

C. Instrumente zur Erfüllung des Regulierungsauftrags

I. Vielfalt der Regulierungsinstrumente

Die Komplexität der Regulierungsziele und Kernelemente spiegeln sich in einem Mix der Regulierungstechniken wider.[718] Solche Regulierungstechniken werden

---

715 Kersten, VVDStRL 69 (2010), 288, 327.

716 Krichhof/Korte/Magen u.a. in: Kirchhof/Korte/Magen, § 4 Rn. 40.

717 BVerwG, Beschl. v. 05.05.2014 – 6 B 46/13, NVwZ 2014, 1034, Rn. 9; Bergmann, NVwZ 2014, 1037, 1038.

718 Fehling in: Fehling/Ruffert, § 20 Rn. 1.

hier als Regulierungsinstrumente bezeichnet, mit denen die Regulierungsinstanzen in marktwirtschaftliche Produktions- und Allokationsprozess eingreifen, um die genannten Regulierungsziele in sektorspezifischen Gesetzen zu erfüllen.[719]

Die Gründe, die das Regulierungsrecht als ein gesondertes Rechtsgebiet rechtfertigen, bedeuten nicht zugleich, dass es solche Instrumente gibt, die exklusiv in Regulierungssektoren Verwendung finden.[720] Die sog. spezifischen Instrumente zur Regulierung,[721] wie Ermöglichung des Zugangs und Entgeltregulierung, sind dem allgemeinen Wettbewerbsrecht entlehnt.[722]

Der Marktzutritt gehört zur herkömmlichen Wirtschaftsaufsicht, er hat sich jedoch in den letzten Jahren wegen der Deregulierung und Innovation stark verändert.[723] Einerseits wurde die Bedürfnisprüfung als Instrument zur staatlichen Begrenzung des Marktzutritts in vielen Sektoren als Hindernis der Wirtschaftsentwicklung beurteilt.[724] Andererseits ist namentlich die Versteigerung von Mobilfunkfrequenzen für das schnelle Internet nicht mehr neu. Daher werden die veränderten Regelungen des Marktzutritts als Regulierungsinstrument vorgestellt.

Unstrittig bleibt der Universaldienst, der am ehesten zum Regulierungsrecht gehört.[725] Um die Subsumtionsfähigkeit des Universaldienstes zu erhöhen, wird hier die Instrumente zur Gewährleistung einer Grundversorgung mit Gütern und Dienstleistungen genannt. Danach können die Regulierungsinstrumente in drei Gruppen klassifiziert werden: Marktzutrittsregulierung, Herstellung von Wettbewerb, Gewährleistung flächendeckender Versorgung.[726]

II. Regulierungsinstrumente zum Marktzutritt

1. Von Bedürfnisprüfung zur Marktöffnung

Die Aufnahme einer marktrelevanten Tätigkeit wird als Marktzugang oder auch Marktzutritt bezeichnet. Am Beginn der Entwicklung des Marktzutritts fand die

---

719 Kühling in: Säcker/Schmidt-Preuß, S. 44, S. 53.
720 Fehling in: Fehling/Ruffert, § 20 Rn. 1.
721 Ziekow, Wirtschaftsrecht, § 13 Rn. 19.
722 Fehling in: Fehling/Ruffert, § 20 Rn. 1.
723 Fehling in: Fehling/Ruffert, § 20 Rn. 81.
724 Fehling, JuS 2014, 1057, 1060.
725 Fehling in: Fehling/Ruffert, § 20 Rn. 1.
726 Stober, Wirtschaftsverwaltungsrecht, S. 205; Kühling in: Säcker/Schmidt-Preuß, S. 44, S. 53.

Bedürfnisprüfung in vielen Sektoren Anwendung. So durfte die Genehmigung gem. § 3 Abs. 2 Nr. 3 EnWG 1998 versagt werden, wenn die beantragte Versorgungstätigkeit zu ungünstigeren Versorgungsbedingungen für die betroffenen Abnehmer insgesamt führen oder sich für das verbleibende Gebiet des bisherigen Versorgers erhebliche Nachteile ergeben würden. Die im § 9 Abs. 2 PBefG 1934 vorgesehene Bedürfnisprüfung im Taxigewerbe ist nach der Rechtsprechung mit der Berufsfreiheit in Art. 12 Abs. 1 GG unvereinbar.[727] Insgesamt verabschiedet sich die Wirtschaft von der sog. Kontingentgenehmigung.[728] Durch Deregulierung werden die Genehmigungserfordernisse fortschreitend reduziert; in vielen Wirtschaftssektoren bestehen Anzeige- und Genehmigungspflichten.

Die Anzeige- und Genehmigungspflichten bedienen in erster Linie die Überwachungsfunktion.[729] Durch präventive Zutrittskontrolle werden die Fachkunde, Leistungsfähigkeit und Zuverlässigkeit geprüft oder gefordert. Ein Verzicht auf eine Genehmigungspflicht in bestimmten Sektoren kommt deswegen nicht in Betracht, weil zwei Gründe darin liegen: Erstens müssen strenge Sicherheitsbedingungen gewährleistet werden, die mit dem Leben der Nutzer eng verbunden sind, z. B. Bahn und ÖPNV.[730] Zweitens setzen manche wirtschaftliche Betätigungen die Nutzung einer Infrastruktur voraus, ist die Infrastruktur in staatlicher Hand oder übernimmt der Staat die Verteilung der knappen Ressourcen, so ist eine Kontrollerlaubnis ein geeignetes Instrument, sowohl wirtschaftliche Betätigung als auch Nutzung der erforderlichen Infrastruktur zu ermöglichen.[731]

2. *Anzeigepflicht*

Nach dem TKG besteht lediglich eine Meldepflicht. Wer gewerblich öffentliche Telekommunikationsnetze betreibt oder gewerblich öffentlich zugängliche Telekommunikationsdienste erbringt, muss gem. § 6 Abs. 1 TKG die Aufnahme, Änderung und Beendigung seiner Tätigkeit sowie Änderungen seiner Firma bei der BNetzA unverzüglich melden. Gemäß § 5 EnWG unterwirft der Gesetzgeber die Energiebelieferung von Haushaltskunden der Anzeigepflicht. § 5 S. 3 EnWG erfordert noch die Darlegung des Vorliegens der personellen, technischen und wirtschaftlichen Leistungsfähigkeit sowie der Zuverlässigkeit

---

727 BVerfG, Beschl. v. 08.06.1960 – 1 BvL 53/55, NJW 1960, 1515.

728 Ruthig/Storr, Wirtschaftsrecht, Rn. 535.

729 Storr, DVBl 2006, 1017, 1022.

730 Fehling in: Fehling/Ruffert, § 20 Rn. 81.

731 Kühling in: Säcker/Schmidt-Preuß, S. 44, S. 54.

der Geschäftsleitung. Im Postsektor sind die Express- und Paketdienstleistungen anzeigepflichtig.[732]

3. *Genehmigungspflicht*

In Eisenbahnwesen besteht grundsätzlich eine Genehmigungspflicht zur Erbringung von Eisenbahnverkehrsleistungen und für den Infrastrukturbetrieb, sie ist nur ausnahmsweise genehmigungsfrei (§ 6 Abs. 1 S. 2 AEG).[733] Auch die Aufnahme des Betriebs eines Energieversorgungsnetzes bedarf gem. § 4 Abs. 1 EnWG der Genehmigung. Gemäß § 5 PostG bedarf einer Erlaubnis, wer Briefsendungen, deren Einzelgewicht nicht mehr als 1.000 Gramm beträgt, gewerbsmäßig für andere befördert.

Da die nutzbaren Frequenzen begrenzt sind und sich zu einer potentiell knappen Ressource wandeln, bedarf deren Nutzung der staatlichen Koordinierung und Steuerung.[734] Jede Frequenznutzung erfordert eine vorherige Zuteilungsentscheidung, soweit im TKG nichts anderes bestimmt ist, § 55 Abs. 1 S. 1 TKG. Gemäß § 1 Abs. 1 S. 2 TKG entscheidet die BNetzA über die Wahl des Versteigerungs- oder des Ausschreibungsverfahrens.

III. Die Herstellung von Wettbewerb

Bloße Marktöffnung stellt keine hinreichende Bedingung für die Verwirklichung des Wettbewerbs und der sozialpolitischen Ziele dar, denn der infolge der ehemals staatswirtschaftlichen Organisationsform verstärkte Monopolist kontrolliert weiter den Zugang zu seiner Netzinfrastruktur.[735] Die Newcomer würden durch das Zugangsmonopol und die dadurch entstandenen ökonomischen Vorteile aus dem Markt gedrängt.[736] Zur Lösung dieser Probleme trachtet das Regulierungsrecht nach der Herstellung von Wettbewerb. Durch rechtliche Regelungen soll der Wettbewerb ermöglicht (Netzzugangsregulierung) und geschaffen (Ausschreibungswettbewerb) werden.[737]

Der zugrunde liegende Wettbewerb ist der frei zugängliche, durch Konkurrenz geprägte, in einem rechtlichen Rahmen eingehegte, sich in eigener Dynamik

732 BNetzA, Post, S. 27.
733 Storr, DVBl 2006, 1017, 1022.
734 Ruthig/Storr, Wirtschaftsrecht, Rn. 557; über die Verfassungsmäßigkeit siehe Ruffert, AöR 124 (1999), 237, 259 ff.
735 Kühling in: Säcker/Schmidt-Preuß, S. 44, S. 54.
736 Ruffert in: Ehlers/Fehling/Pünder, § 21 Rn. 40.
737 Kirchhof in: Kirchhof/Korte/Magen, § 1 Rn. 15.

entfaltende Bereich freier wirtschaftlicher Betätigung.[738] Betrachtet man die Verwendung des Begriffs „Wettbewerb“ im deutschen Recht stellt sich die Frage, welches wettbewerbspolitische Bild der Gesetzgeber vor Augen hat. Im Regierungsentwurf zum GWB wurden funktionsfähiger und wirksamer Wettbewerb gleichgesetzt.[739] In der Regulierung des Telekommunikations- und Eisenbahnsektors hat der Gesetzgeber auf einen wirksamen Wettbewerb zurückgegriffen (§ 10 Abs. 2 S. 1 TKG und § 3 Nr. 2 ERegG). Im Energiesektor werden beide Begriffe in verschiedenen Stellen des EnWG (§ 62 Abs. 1 und § 1 Abs. 2) verwendet, wobei eine Unterscheidung nicht ersichtlich ist. § 2 Abs. 2 Nr. 2 PostG sieht die Sicherstellung eines funktionsfähigen Wettbewerbs als Regulierungsziel, allerdings greift die Postregulierung in der Praxis auf die Regulierung des Telekommunikationssektors zurück,[740] es sollte wirksamer Wettbewerb deshalb als Prototyp künftiger Regulierung ausgemacht werden.[741] Um einen wirksamen Wettbewerb herzustellen, stellt das Regulierungsrecht ein Instrumentenarsenal zur Verfügung: Netzzugang, Preiskontrolle und Entflechtung.[742]

1. *Zugangsregulierung*

Die Zugangsregulierung ist ein zentrales Element der Herstellung eines wirksamen Wettbewerbs im Regulierungsverwaltungsrecht.[743] Damit sind die Regelungen über den Zugang zum Netz bzw. zu unverzichtbaren Einrichtungen eines Wirtschaftssektors gemeint. Entstanden aus der kartellrechtlichen *essential facilities*- Lehre versucht die Zugangsregulierung darum das natürliche Monopol für dritte Konkurrenten aufzubrechen und so den Wettbewerb zu ermöglichen.[744] Dabei ist zwischen dem Wettbewerb im Markt und dem Wettbewerb um den Markt zu unterscheiden.[745]

---

738 Kirchhof/Kirchhof/Magen u.a. in: Kirchhof/Korte/Magen, § 4 Rn. 39.

739 BT-Drs. VI/2520, S. 34: Schutzobjekt des GWB ist ein funktionsfähiger, wirksamer Wettbewerb.

740 Monopolkommission, Post 2013, Rn. 53.

741 Koenig, DVBl 2009, 1082, 1088.

742 Ruffert in: Ehlers/Fehling/Pünder, § 21 Rn. 40.

743 Trute/Broemel, ZHR 170 (2006), 6706, 708.

744 Ruffert in: Ehlers/Fehling/Pünder, § 21 Rn. 41.

745 Simon, Daseinsvorsorge, S. 36.

a. Wettbewerb im Markt

Auf bestimmten Märkten herrschen natürliche Monopole, eine Duplizierung der Netzinfrastruktur oder ein Ausweichen auf andere Infrastrukturen ist technisch unmöglich oder wirtschaftlich unvernünftig.[746] Die Bereitstellung der Netzdienstleistungen seitens des Wettbewerbers ist nur möglich, wenn gleichzeitig der Zugang zu den komplementären Netzinfrastrukturen gewährleistet wird.[747] Die gesetzliche Eröffnung des diskriminierungsfreien Zugangs von Anbietern zur Infrastruktur kann als das Modell des Wettbewerbs im Markt bezeichnet werden, dadurch verschiedene Netzdienstleistungsanbieter gleichzeitig eine einzige Infrastruktur nutzen, miteinander konkurrieren, sodass der einzelne Kunde sich seine Versorger aussuchen kann.[748] Die Fachgesetze normieren hierfür explizit rechtliche Verpflichtungen der Netzinhaber, die Herzstück der Regulierung der Netzwirtschaften darstellen.[749]

Im Energiesektor sind die Betreiber von Energieversorgungsnetzen verpflichtet, jedermann nach sachlich gerechtfertigten Kriterien diskriminierungsfrei Netzzugang zu gewähren (§ 20 Abs. 1 EnWG). Berechtigter kann jedermann sein, wobei praktisch bedeutsam v. a. der Zugangsanspruch von Stromlieferanten sein dürfte.[750] Konditionen und Entgelte müssen im Internet veröffentlicht werden. Das Rechts auf Netzzugang ist für Strom und Gas in den §§ 20 Abs. 1a und Abs. 1b EnWG konkretisiert. Einheitlich gilt, dass die Netzbetreiber zusammenarbeiten müssen, damit das Zugangssystem funktioniert.[751] Ein Verweigerungsrecht besteht, wenn dem Betreiber der Zugang betriebsbedingten oder sonstigen Gründen nicht möglich oder nicht zumutbar ist (§ 20 Abs. 2 EnWG).

Im Eisenbahnsektor ist das Netznutzungsrecht auch gesetzlich festgeschrieben, um eine Diskriminierung zu vermeiden. § 10 ERegG gewährt jedem Zugangsberechtigten das Recht auf Zugang zu Eisenbahnanlagen für alle Arten von Schienengüterverkehrsdiensten (Abs. 1); für Personenverkehrsdienste allen Zugangsberechtigten mit Sitz im Inland (Abs. 2). Jeder Zugangsberechtigte – ohne Beschränkung auf die im Inland Ansässigen[752] – hat das Recht auf Zugang zu Serviceeinrichtungen (§ 10 Abs. 4 ERegG). Ein Betreiber der Schienenwege

---

746 Ruthig/Storr, Wirtschaftsrecht, Rn. 572; Trute/Broemel, ZHR 170 (2006), 706, 708.

747 Knieps, Netzökonomie, S. 4.

748 Masing, VerwArch 95 (2004), 151, 156; Dörr, VVDStRL 73 (2014), 323, 344.

749 Fehling in: Fehling/Ruffert, § 20 Rn. 5.

750 Ruthig/Storr, Wirtschaftsrecht, Rn. 574.

751 Schmidt-Preuß in: Säcker/Schmidt-Preuß, S. 68, S. 78.

752 Gerstner, N&R 2016, 211, 214.

hat allen Zugangsberechtigten die Leistungen des Mindestzugangspakets zu gewähren (§ 11 ERegG). Sowohl der Zugang zu Infrastrukturen als auch der Zugang zu Leistungen ist jeweils zu angemessenen, nicht diskriminierenden und transparenten Bedingungen zu gewähren (§§ 10, 11 ERegG).[753] Bei der Post sind Mitbenutzungsrechte anders als die Sektoren mit physischen Netzen. Die §§ 28, 29 PostG sehen die Verpflichtung des lizensierten Marktbeherrschers zum Angebot von sog. Teilleistungen und zum Zugang zu Postfachanlagen und Adressänderungen vor.[754] Bei dem Zugang zur Teilleistung werden noch gesonderte Voraussetzungen (wirtschaftliche Zumutbarkeit und keine Behinderung des Wettbewerbs) hinzugefügt. Soweit die Funktionsfähigkeit der Einrichtungen oder die Betriebssicherheit gefährdet werden, kann die Gewährung zum Zugang verweigert werden (§ 28 Abs. 1 S. 3 PostG).

Ein gänzlich anderes Konzept zeigt die Zugangsregulierung im TKG.[755] Nach Maßgabe der Marktanalyse kann die Regulierungsbehörde einen höchst differenzierten Katalog von Zugangsverpflichtungen anordnen oder von ihnen dispensieren.[756] Damit wird die Reichweite der Regulierung in die Hand der Behörde gegeben.[757] Kommt die BNetzA zum Ergebnis, dass eine beträchtliche Marktmacht vorliegt und wirksamer Wettbewerb nicht besteht, legt sie den marktbeherrschenden Unternehmen Regulierungsverfügung auf (§ 13 TKG). Netzzugangs- und Zusammenschaltungsrechte finden sich in §§ 21 bzw. 16 TKG. Danach ist jeder Betreiber eines öffentlichen Telekommunikationsnetzes verpflichtet, anderen Betreibern öffentlicher Telekommunikationsnetze auf Verlangen ein Angebot auf Zusammenschaltung zu unterbreiten. Herzstück der Zugangsregulierung ist die Anordnung abstrakter Zugangsverpflichtungen nach § 21 TKG. Schließlich kann der Netzzugang nur verweigert werden, wenn die Netzintegrität oder die Netzsicherheit gefährdet nach objektiven Maßstäben werden.

b. Wettbewerb um den Markt

Der diskriminierungsfreie Netzzugang als Ausdruck des Wettbewerbs im Markt kann bei der Erbringung der Wasserversorgung und Linienverkehrsdienste in die Schwierigkeiten geraten, weil in den beiden Bereichen angesichts der

---

753 Gerstner, N&R 2016, 211, 215.

754 Schmidt-Preuß in: Säcker/Schmidt-Preuß, S. 68, S. 80.

755 Ruthig/Storr, Wirtschaftsrecht, Rn. 577.

756 Trute/Broemel, ZHR 170 (2006), 6706, 713.

757 Schmidt-Preuß in: Säcker/Schmidt-Preuß, S. 68, S. 79.

technischen und wirtschaftlichen Gründe ein echter Netzzugang die Qualität und Ordnung der öffentlichen Dienstleistungen gefährdet.[758] Das Ersatzmodell für den Netzzugang ist der Wettbewerb um den Markt, wonach die Anbieter im Wettbewerb um das zeitlich befristete Recht zur Versorgung mit einer Dienstleistung der Daseinsvorsorge in einem Versorgungsgebiet stehen.[759] Statt eines Wettbewerb der Dienstleistungen wird ein Wettbewerb um das Monopol durchgeführt: Der Auftragnehmer bzw. Konzessionär muss bei ineffizienter Leistungserbringung damit rechnen, bei der turnusmäßigen Neuvergabe von einem Wettbewerber abgelöst zu werden.[760]

Dies ist z. B. der Fall bei der Vergabe gemeinwirtschaftlicher Linienverkehrsdienste im ÖPNV, die gem. § 8a Abs. 2 PBefG und Art. 5 Abs. 2 lit. c VO 1370/1007 grundsätzlich in einem wettbewerblichen Verfahren zu erfolgen hat.[761] Die kommunale Wasserversorgung wird auch in Gestalt des Konzessionsmodells an Private vergeben.[762] Insgesamt ist der Ausschreibungswettbewerb auf die Herstellung und Nutzung von Wettbewerb ausgerichtet.[763] Mit Flexibilität und Anpassungsfähigkeit hat dieses Modell ein weites mögliches Anwendungsspektrum und gilt als Grundmuster moderner Verwaltung.[764]

2. *Entgeltregulierung*

Mit der Zugangsregulierung können die Wettbewerber ihre Dienstleistungen auf den Markt bringen, auf dem vertikal integrierte Unternehmen regelmäßig ähnliche Produkte anbieten.[765] Unter diesem Konkurrenzverhältnis hat ein vertikal integrierter Netzbetreiber jedes Interesse, die Chancen der Wettbewerber durch möglichst hohe Preise zu schmälern, besonders auf Vorleistungsmärkten.[766] Um einen chancengleichen und wirksamen Wettbewerb zu verwirklichen, werden die Preissetzungsspielräume von Infrastrukturunternehmen beschränkt.

Die Entgeltregulierung ist zugleich mit dem Infrastrukturausbau eng verbunden. Sind die Entgelte zu niedrig, verringern sich die Investitionen in die

758 Kühling, DVBl 2010, 205, 206.
759 Masing, VerwArch 95 (2004), 151, 158; Simon, Daseinsvorsorge, S. 36.
760 Fehling in: Fehling/Ruffert, § 20 Rn. 25; Masing, VerwArch 95 (2004), 151, 158.
761 Dörr, VVDStRL 73 (2014), 323, 345.
762 Masing, VerwArch 95 (2004), 151, 159.
763 Masing, VerwArch 95 (2004), 151, 161.
764 Masing, VerwArch 95 (2004), 151, 160.
765 Kühling in: Säcker/Schmidt-Preuß, S. 44, S. 55.
766 Masing, Gutachten, D 5, D 118.

Infrastruktur und v. a. die Innovationsleistung.[767] Darum muss die Regulierungsbehörde bei der Entgeltregulierung deren Auswirkung auf die Ziele der Wettbewerbsförderung und des Infrastrukturausbaus bewerten und im Rahmen ihrer Regulierungsverantwortung eine Abwägung vornehmen.[768] Angesichts der Informationsdefizite gehört Entgeltregulierung zu den schwierigsten Aufgaben der Regulierung.[769]

a. Effizienz als Kostenmaßstab

Da die Preisbildung im modernen Staat im Regelfall in der Freiheit der Unternehmen steht,[770] greift die Preiskontrolle stark in die unternehmerische Freiheit ein. Ansatzpunkt der Entgeltregulierung ist es, ex ante einen materiellen Maßstab für die Netznutzungsentgelte vorzugeben, der den Wettbewerb simuliert und dadurch für den einzelnen Netznutzer ein angemessenes Entgelt gewährleistet.[771]

Wettbewerbsorientierter Maßstab für angemessene Nutzungsentgelte sind die Kosten der effizienten Leistungsbereitstellung.[772] Die Preiskontrolle im Telekommunikationssektor setzt voll auf den KeL-Maßstab. Gemäß § 31 Abs. 1 S. 2 TKG sollen genehmigte Entgelte der Summe der KeL entsprechen. Im Postsektor haben sich die genehmigungsbedürftigen Entgelte an den KeL zu orientieren (§§ 20 Abs. 1, 21 Abs. 1 PostG). Der KeL-Maßstab bestimmt den Inhalt des Aufschlagsverbots und rechtfertigt im Fall seiner Überschreitung für sich allein die Versagung der Entgeltegenehmigung.[773] Energierechtlich werden die Entgelte auf der Grundlage der Kosten einer Betriebsführung, die jenen eines effizienten und strukturell vergleichbaren Netzbetreibers entsprechen müssen, gebildet (§ 21 Abs. 2 EnWG). Zugleich müssen die Anreizen für eine effiziente Leistungserbringung und einer angemessenen, wettbewerbsfähigen und risikoangepassten Verzinsung des eingesetzten Kapitals berücksichtigt werden. Im Sinne des Als-ob-Wettbewerbs verlangt das Gesetz effiziente Kosten.[774]

Effizienz als Maßstab spielt allerdings kaum Rolle in der Regulierung des Eisenbahnwesens.[775] Gemäß § 45 Abs. 1 ERegG unterliegen die Entgelte eines

---

767 Ruthig/Storr, Wirtschaftsrecht, Rn. 583.
768 Wieland, DÖV 2011, 705, 713.
769 Trute/Broemel, ZHR 170 (2006), 706, 717; Masing, Gutachten, D 5, D 117.
770 Appel, VVDStRL 67 (2008), 226, 243.
771 Trute/Broemel, ZHR 170 (2006), 706, 718.
772 Säcker, EnWZ 2015, 531, 535.
773 BVerwG, Urt. v. 29.05.2013 – 6 C 10/11, NVwZ 2013, 1418, Rn. 28.
774 Schmidt-Preuß in: Säcker/ders., S. 68, S. 82.
775 Gerstner, N&R 2016, 211, 216.

Betreibers der Schienenwege einer Genehmigungspflicht. Als materiellen Entgeltregulierungsmaßstab sieht das Gesetz in § 31 Abs. 2 ERegG sowie in § 36 Abs. 1 ERegG das Prinzip der Vollkostendeckung vor.[776]

Die Behörde kann auch Entgelte nachträglich anordnen (§ 38 Abs. 4 S. 2 TKG). Bisher werden die Endkundenentgelte im Telekommunikationssektor und Energiesektor nicht mehr reguliert. Im Postsektor werden Vorleistungsebene und Endkundenebene begrenzt reguliert.[777] Eine grundlegende Alternative zur Preisregulierung ist in einem Wettbewerb um die Monopolstellung zu stehen. Dazu bietet sich an, dass die Anbieterstellung im Rahmen von Ausschreibungsverfahren mit verdeckten Preisangeboten vergeben oder versteigert wird.[778]

b. Anreizregulierung

Stellt die Preiskontrolle auf die betriebsnotwendigen Kosten (Renditeregulierung und Kostenzuschlagsregulierung) ab, neigen die regulierten Unternehmen dazu, eher teurere Lösungen zu wählen und auf kostensenkende Maßnahmen zu verzichten.[779] Es schädigt zugleich die Interessen der Verbraucher. Um die Defizite der kostenorientierten Regulierung zu vermeiden, wird die Anreizregulierung in der Netzwirtschaft eingeführt. Die Grundidee der Anreizregulierung besteht darin, dem Netzbetreiber verstärkt Anreize zur Effizienzsteigerung zu geben, indem die Erlösentwicklung weitgehend von der tatsächlichen Kostenentwicklung während einer Regulierungsperiode entkoppelt wird.[780] Dem Netzbetreiber wird eine Preis- oder Erlösobergrenze genannt, die er nicht überschreiten darf.[781] Die Anreizregulierung überlässt es dem Netzbetreiber, wie er durch operative Detailarbeit seine Effizienz optimal steigert.[782] Er hat dadurch die Möglichkeit, durch Kostensenkung mehr Gewinne zu erwirtschaften.[783]

Die Obergrenzenregulierung der Anreizregulierung besteht in den Varianten der Price-Cap und der Revenue-Cap-Regulierung.[784] Bei der Price-Cap-Regulierung wird zum Beginn jeder Regulierungsperiode eine Preisobergrenze

---

776 Gerstner, N&R 2016, 211, 217.
777 Kleinlein/Schubert, NJW 2014, 3191, 3193.
778 Rodi, Analyse, S. 228.
779 Kirchberg, Anreizregulierung, S. 27; Säcker, N&R 2009, 78, 81.
780 Kirchberg, Anreizregulierung, S. 27; Ruthig/Storr, Wirtschaftsrecht, Rn. 586.
781 Bueschler, BLJ 2014, 16, 20.
782 Säcker, N&R 2009, 78, 81.
783 Kirchberg, Anreizregulierung, S. 28.
784 Bueschler, BLJ 2014, 16, 20; daneben gibt es auch Vergleichswettbewerb (Yardstick-Competition) siehe Kirchberg, Anreizregulierung, S. 29.

festgelegt und jährlich um den Faktor RPI-X angepasst, wobei RPI die Veränderung der Inflation und X die Produktivitätssteigerung widerspiegelt.[785] Angelehnt an die Preisobergrenzregulierung gibt die Regulierungsbehörde bei der Revenue-Cap-Regulierung eine Obergrenze für den zulässigen Gesamterlös des Netzbetreibers statt einer Preisobergrenze vor.[786] Im Telekommunikationssektor wird das Price-Cap-Verfahren in § 31 Abs. 1 S. 1 Nr. 2 TKG geregelt, das in der Endkundenentgeltregulierung nur bis Jahrhundertwende Anwendung fand, seither keine praktische Bedeutung mehr aufweist.[787] Im Postsektor hat die BNetzA im Rahmen des Price-Cap-Verfahrens die Entgelte für Briefsendungen bis 1000 g genehmigt.[788]

Seit 2009 sind die Entgelte für die Netznutzung im Energiesektor nach der ARegV zu bilden.[789] Der Gesetzgeber hat sich für ein Verfahren zur Bestimmung von Erlösobergrenzen entschieden (§ 4 ARegV).[790] Der Vorteil der Erlösobergrenze gegenüber Preisobergrenze liegt in der einfacheren Durchführbarkeit,[791] allerdings sinkt das Interesse der Unternehmen an der Erbringung weiterer Dienstleistung, wenn die durch eine Obergrenze regulierten Gesamterlöse erreicht sind.[792] Das kann für das politische Ziel – Reduktion des Energieverbrauchs – sinnvoll sein.[793]

Nach § 26 Abs. 2 S. 2 ERegG darf die mit den Betriebsleistungen gewichtete Summe der Entgelte die Obergrenze der Gesamtkosten nicht übersteigen. Das Gesetz bestimmt ausdrücklich, dass die Obergrenze der Gesamtkosten ausschließlich als Grundlage für die Begrenzung der zu genehmigenden Entgelte und nicht zur Begrenzung des zu erzielenden Gesamtumsatzes dient (§ 26 Abs. 2 S. 3 ERegG). Es handelt sich hier um eine Price-Cap-Regulierung, die Preissetzungsflexibilität der Leistungen erhöht und diskriminierende Kostenzuschlüsselung verhindert.[794]

Die Entgeltregulierung betrifft nicht nur unternehmerische Freiheit, sondern auch das Verbraucherinteresse und den Netzausbau. Daher muss die

785 Kirchberg, Anreizregulierung, S. 28.
786 Bueschler, BLJ 2014, 16, 20.
787 Schmidt-Preuß in: Säcker/Schmidt-Preuß, S. 68, S. 85.
788 BNetzA, Verbraucherschutz, S. 116.
789 Scholtka/Baumbach, NJW 2010, 1118, 1121; Lismann, NVwZ 2014, 691, 693.
790 Bueschler, BLJ 2014, 16, 17; Säcker, N&R 2009, 78, 81.
791 Kirchberg, Anreizregulierung, S. 29.
792 Säcker, N&R 2009, 78, 81.
793 Bueschler, BLJ 2014, 16, 22.
794 Gerstner, N&R 2016, 211, 216; Bueschler, BLJ 2014, 16, 21 f.

Regulierungsrahmen stabil und vorhersehbar sein. Gute Regulierung sollte offen, transparent, konsistent und nachvollziehbar sein.[795]

3. *Entflechtung*

Die Netzzugangsregulierung wird sodann von der Entbündelungsregulierung flankiert. Einerseits dient sie der Effektuierung der Zugangsregulierung, andererseits der Vermeidung von Quersubventionierung.[796] Dies kann geschehen in Form der gesellschaftsrechtlichen, der operationellen, der informationellen, der buchhalterischen und der eigentumsrechtlichen Entflechtung. Die eigentumsrechtliche Entflechtung (*ownership unbundling*) als die stärkste Form des Eingriffs auf die Eigentumsfreiheit des Unternehmens ist im Regulierungsrecht nicht etabliert. Die anderen vier Formen der Entflechtung finden sich in §§ 7 ff. EnWG. Nach §§ 7, 24, 40 TKG sind die regulierten Unternehmen verpflichtet, funktionelle Trennung oder Buchführungstrennung durchzuführen. Gleiche Regelungen finden sich auch in § 10 PostG. Der Gesetzgeber fordert in § 7 ERegG eine getrennte Rechnungslegung für Erbringung von Verkehrsleistungen und Betrieb von Eisenbahnanlagen. Nach § 8 Abs. 1 ERegG muss der Betreiber der Schienenwege rechtlich, organisatorisch und in seinen Entscheidungen von Eisenbahnverkehrsunternehmen unabhängig sein, soweit es Entscheidungen über die Zuweisung von Zugtrassen und über die Wegeentgelte betrifft. Diese operationelle Entflechtung wurde in der Rechtsprechung[797] zur § 9a AEG a.F. strikt ausgelegt, dass die Einflussnahme von Dritten nicht nur in der abschließenden Phase verwehrt wird, sondern auch in Vor- und Nachbereitungshandlungen.[798] In der Praxis steht die Umsetzung der Entflechtungsvorschriften vor großen Schwierigkeiten.[799]

IV. Gewährleistung flächendeckender Versorgung

Die Marktöffnung und die Herstellung von Wettbewerb können nicht verhindern, dass sich Dienstleistungsanbieter aus unrentablen Märkten zurückziehen und folglich die Versorgungssicherheit der Bevölkerung gefährden.[800] Angesichts

795 Haucap/Heimeshoff, WiVerw 2010, 92, 97.
796 Fehling in: Fehling/Ruffert, § 20 Rn. 18.
797 BVerwG, Urt. v. 18.05.2010 – 3 C 21/09, NVwZ 2010, 1366.
798 Kritisch Staebe, DVBl 2010, 986, 988.
799 Masing, Gutachten, D 5, D 117.
800 Korte in: Kirchhof/Korte/Magen, § 14 Rn. 12. Beispiel öffentliche Münz- und Kartentelefone siehe Neumann, KommJur 2012, 161, 162.

dieser Gefahr muss der Staat seine Auffangverantwortung übernehmen, um eine Erbringung hinreichender Dienstleistungen, auf die die Bevölkerung angewiesen ist, zu gewährleisten.[801] In Fachgesetzen werden Regelungen zur Gewährleistung eines bestimmten Mindestniveaus an Versorgung festgeschrieben.[802]

Wenn der Staat an die Stelle der Marktteilnehmer treten möchte, kann er von vornherein den privaten Unternehmen bestimmte Gemeinwohlpflichten auferlegen oder zunächst auf die Kräfte des Marktes vertrauen.[803] Insoweit überlappen sich die versorgungssichernden Instrumente teilweise mit den wettbewerbsschaffenden Instrumenten.[804]

1. Universaldienst

a. Begriff

Als Hauptinstrument der sozialstaatlichen Gewährleistungspflicht für flächendeckend ausreichende Dienstleistungen wurde lange das Universaldienst-Konzept angesehen; seiner Analyse galt höchste Aufmerksamkeit.[805] Unter Universaldienst wird die Garantie eines Mindestangebots an Dienstleistungen von einer bestimmten Qualität zu angemessenen Preisen für alle Bewohner eines Gebietes verstanden.[806] Regulierungsrechtlich anspruchsvoll bleibt dies, weil die staatliche Intervention in den Marktprozess marktverzerrende Wirkung entfalten könnte.[807] Der Universaldienst soll daher grundsätzlich durch den Markt erbracht werden.[808]

Das Universaldienstmodell im TKG basiert auf mehreren aufeinander aufbauenden Stufen (Stufenmodell).[809] Ausgangspunkt der §§ 78 ff. TKG ist die sog. generelle Beitragspflicht der marktmächtigen Anbieter. Stellt die BNetzA eine Unterversorgung fest, kündigt sie ein verpflichtendes Vorgehen an, falls sich kein versorgungswilliges Unternehmen findet. Macht ein Unternehmen, das zur Erbringung verpflichtet werden soll, glaubhaft, dass es im Falle der Verpflichtung einen Ausgleich verlangen kann, ist der Unterversorgung im Wege

801 Reents, Ausbau, S. 54; Cornils, AöR 131 (2006), 378, 405.
802 Ziekow, Wirtschaftsrecht, § 13 Rn. 19; Neumann, KommJur 2012, 161, 163.
803 Korte in: Kirchhof/Korte/Magen, § 14 Rn. 17.
804 Fehling in: Fehling/Ruffert, § 20 Rn. 44.
805 Möstl, GewArch 2011, 265, 266.
806 Krajewski, Grundstrukturen, S. 111.
807 Masing, Die Verwaltung 37 (2003), 1, 27.
808 Neumann, KommJur 2012, 161, 165.
809 Franzius, ZG 2010, 66, 68.

der Ausschreibung des defizitären Dienstes abzuhelfen. Falls die Ausschreibung keinen geeigneten Bewerber hervorbringt, erlaubt § 81 TKG eine endgültige Indienstnahme bei gleichzeitigem Kostenausgleich.[810] Die Gewährleistung des Universaldienstes im Postsektor (§§ 11ff. PostG) enthält ähnliche Vorgaben.

Die Regelungen über die Universaldienstleistung standen lange Zeit am Rand der Aufmerksamkeit. Denn ein ehemaliger Monopolist erbringt bisher freiwillig die Universaldienstleistung.[811] Zukünftig müssten die universaldienstpflichtigen Unternehmen die Universaldienste im Umlageverfahren finanzieren (Universaldienstsabgaben).[812]

b. Entwicklung

Als Mechanismus der sozialstaatlichen Umverteilung[813] muss der Universaldienst inhaltlich flexibel und dynamisch sein, damit die Anforderungen an die Leistungen der Daseinsvorsorge den sozialen Entwicklungen Rechnung tragen können.[814] Jedoch wird das Universaldienstmodell als weitaus weniger dynamisch und zukunftsorientiert bewertet.[815] Problematisch ist, ob die Bereitstellung von Zugängen zu Internet-Hochleistungsnetzen als Universaldienst eingeordnet werden kann.[816] Die Mitgliedstaaten dürfen die Dienstleistungen in Art. 4 ff. der Richtlinie 2002/22/EG nicht qualitativ ausweiten.[817] Maßgeblich dafür, was als Universaldienst anzusehen ist, ist nach Art. 4 Abs. 2 der Richtlinie 2002/22/EG, inwieweit eine TK-Leistung von der Mehrzahl der Nutzer verwendet wird.[818] Daher fällt das zweistellige Breitbandziel der Regierung nicht unter § 78 Abs. 2 Nr. 1 TKG.[819] Der Grund, dass das Universaldienstemodell in der Praxis schwer durchsetzbar ist, liegt darin, dass die Grundrechte des Verpflichteten, der Wettbewerber und der Endnutzer bei der Auferlegung des Universaldiensts

---

810 Vier-Stufen-Modell ausführlich Korte in: Kirchhof/Korte/Magen, § 14 Rn. 30 ff.

811 Franzius, DVBl 2010, 1086, 1089.

812 Kersten, DVBl 2006, 942, 948. Über die Verfassungsmäßigkeit der Sonderabgabe siehe Franzius, ZG 2010, 66, 70; Ruffert, 124 (1999), 237, 273; Kube, Die Verwaltung 41 (2008), 1, 16:

813 Masing, Die Verwaltung 37 (2003), 1, 27.

814 DAI-Grünbuch 2003, S. 19.

815 Franzius, ZG 2010, 66, 71.

816 Korte in: Kirchhof/Korte/Magen, § 14 Rn. 39.

817 Korte in: Kirchhof/Korte/Magen, § 14 Rn. 37.

818 Fetzer, MMR 2011, 707, 708.

819 Korte in: Kirchhof/Korte/Magen, § 14 Rn. 39; Fetzer, MMR 2011, 707, 708; Möstl, GewArch 2011, 265, 268. A.A. Schumacher, MMR 2011, 711, 714.

in Ausgleich gebracht werden müssen.[820] Zumindest darf die Verpflichtung nicht zur Wettbewerbsverzerrung und Remonopolisierung führen.

2. *Grundversorgung*

Im Energiesektor spielt die individuelle Versorgungssicherheit eine wichtige Rolle. Nach § 18 Abs. 1 EnWG sind Betreiber von Energieversorgungsnetzen für Gemeindegebiete verpflichtet, jedermann an ihr Energieversorgungsnetz anzuschließen. Hinzu ist die Grundversorgungspflicht jenes Versorgungsunternehmens festgeschrieben, das die meisten Haushaltskunden in einem Netzgebiet der allgemeinen Versorgung beliefert (§ 36 EnWG). Anders als das Universaldienstmodell im TK-Sektor wird die Grundversorgungspflicht im Energiesektor von vornherein auferlegt. Ein finanzieller Ausgleich für diese Indienstnahme ist nicht vorgesehen. Stattdessen steht die Versorgungspflicht unter dem Vorbehalt der wirtschaftlichen Zumutbarkeit.[821] Für den Gesetzgeber kann das Unternehmen mit den meisten Kunden einige schlechte Risiken in seiner gesamten Kalkulation ausgleichen.[822] Das im Jahr 2012 eingeführte Stilllegungsverbot systemrelevanter Anlagen (§ 13b EnWG) kann auch als Sicherstellung der Versorgungssicherheit angesehen werden.[823]

3. *Betriebs- und Beförderungspflicht*

Im Verkehrssektor gibt es weder einen Universaldienst noch eine Grundversorgungspflicht.[824] Infolge der demografischen Entwicklung und vielfältiger Substitutionsmöglichkeiten wird kein flächendeckender Minimalstandard im AEG und PBefG definiert.[825] Aus § 4 Abs. 3 AEG sowie § 11 AEG wird eine Betriebspflicht des Infrastrukturunternehmens abgeleitet, die nach der Rechtsprechung nicht unter dem Vorbehalt der wirtschaftlichen Rentabilität einer Strecke steht.[826] Das PBefG sieht ausdrücklich eine Betriebspflicht des Unternehmers vor (§ 21 Abs. 1 PBefG). Wird die gesetzliche Frist eingehalten, kann die Betriebspflicht

---

820 Franzius, ZG 2010, 66, 69.
821 Fehling in: Fehling/Ruffert,§ 20 Rn. 48.
822 Fehling in: Fehling/Ruffert, § 20 Rn. 48.
823 Kühling in: Säcker/Schmidt-Preuß, 2015, S. 44, S. 56.
824 Franzius, DVBl 2010, 1086, 1090.
825 Kersten, DVBl 2006, 942, 946.
826 BVerwG, Urt. v. 25.10.2007 – 3 C 51/06, NVwZ 2008, 1017; OVG Hamburg, Beschl. v. 28.08.2006 – 2 Bs 80/06, NVwZ 2007, 964.

einer Strecke eingestellt werden (§§ 21 Abs. 4 PBefG, 11 AEG). Hinzu tritt die Beförderungspflicht der Verkehrsunternehmen (§ 10 AEG, § 22 PBefG).

Als Alternative zum Universaldienst können die Verkehrsdienstleistungen mit finanziellen Zuschüssen ausgeschrieben werden.[827] Zur Vermeidung ruinösen Wettbewerbs und einer unterbrochenen Versorgung wird die Erbringung gemeinwirtschaftlicher Leistung durch Linienmonopole gesetzt (§ 13 Abs. 2 PBefG).[828] Im Eisenbahnsektor können gemeinwirtschaftliche Leistungen ausgeschrieben werden (§ 15 AEG). Die zuständige Behörde muss die Verkehrsangebote (Taxi, Fernbus, Eisenbahn, Obussen und Bus) so abstimmten, dass das jeweils gesamte Verkehrsangebot den Bedürfnissen der Bevölkerung genügt.[829]

IV. Zusammenfassung

Das Regulierungsverwaltungsrecht entwickelt sich aus dem Recht der Netzwirtschaften. Angesichts seiner ökonomischen Besonderheiten sind verschiedene Regulierungsinstrumente in Fachgesetzen vorgesehen, die das Kernstück des Regulierungsrechts bilden. Sie können in drei Gruppen klassifiziert werden: Marktzutrittsregulierung, Herstellung eines wirksamen Wettbewerbs und Gewährleistung der Grundversorgung. Aufgrund der Technikentwicklung und Deregulierung werden die Marktzutrittshindernisse zu Daseinsvorsorgesektoren zunehmend reduziert, damit mehr Neueinsteiger auf den Markt treten können. Die bestehenden Anzeige- und Genehmigungspflichten erfüllen hauptsächlich die Überwachungsfunktion.

Ein wirksamer Wettbewerb kann erst entstehen, wenn die Neueinsteiger den Zugang zu der vom Monopolisten kontrollierten Netzinfrastruktur bekommen. Durch rechtliche Regelungen soll ein wirksamer Wettbewerb ermöglicht (Netzzugangsregulierung) und geschaffen (Ausschreibungswettbewerb) werden. Ohne eine Regulierung der Entgelte für die Netznutzung ist die Zugangsregulierung unzureichend.[830] Außerhalb des Eisenbahnwesens setzt die Preiskontrolle im TK-Sektor, Postwesen und Energiesektor voll auf den KeL-Maßstab. Um kostensenkende Maßnahmen der Netzbetreiber zu veranlassen, schafft die Anreizregulierung eine Entkoppelung der Netzentgelte von der tatsächlichen Kostenentwicklung. Die Netzzugangsregulierung wird sodann von der Entbündelung verstärkt.

---

827 Franzius, ZG 2010, 66, 73.

828 Fehling in: Fehling/Ruffert, § 20 Rn. 54.

829 Kersten, DVBl 2006, 942, 946.

830 Trute/Broemel, ZHR 170 (2006), 706, 717.

Geschieht eine Schlechterfüllung oder ein Marktversagen, muss der Staat seine Gewährleistungsverantwortung übernehmen. Die Fachgesetze stellen ein Instrumentenarsenal zur Verfügung dar: Universaldienstmodell im TK-Sektor und Postwesen, Grundversorgungpflicht im Energierecht und Betriebs- und Beförderungspflicht im Verkehrssektor. Zur Vermeidung einer Marktverzerrung wird die Verwirklichung flächendeckender Versorgung möglichst durch Wettbewerb konstruiert.[831]

D. Verfassungsrechtliche Prüfung der Regulierung

I. Rechtsstaatliche Anforderungen an die Regulierung

Nach der Privatisierung sind die meisten Netzbetreiber grundrechtsfähig.[832] Die Regulierungsinstrumente schaffen zwar mehr Wettbewerbsfreiheit für die Marktteilnehmer, greifen aber in die Grundrechte der Netzbetreiber ein.[833] Rechtsstaatliche Anforderungen müssen im Zuge der Regulierungstendenz ausreichend beachtet werden, um die einseitige Betonung der Zielsetzung und Methoden der Regulierung zu mildern.[834]

1. Grundrechte als die Grenze der Regulierung

Seit Beginn des Regulierungsrechts spielten die Grundrechte der regulierten Unternehmen jedoch eine untergeordnete Rolle.[835] Es wurde behauptet, dass die Grundrechte dem Regulierungsrecht nur schwache Grenze ziehen könnten.[836] Das Regulierungsrecht diene dem Gemeinwohl der ganzen Gesellschaft und enthalte multipolare Rechtsbeziehungen, die nicht durch eine zweipolige Grundrechtsdogmatik bewältigt werden könnten.[837] Multipolare Rechtsverhältnisse finden sich jedoch nicht nur im Regulierungsrecht, sondern auch im Planungs- und Anlagengenehmigungsrecht.[838] Die Durchsetzung der Gemeinwohlziele sollte nicht dazu führen, dass die Grundrechte der regulierten Unternehmen immer zurücktreten. Daher muss die Tendenz der Dekonstitutionalisierung des

831 Broemel, Marktgewährleistungsrecht, S. 355.
832 Storr, DVBl 2006, 1017, 1021.
833 Burgi, DVBl 2006, 269, 272.
834 Huber, FS Stober, S. 547, S. 552; Schorkopf, JZ 2008, 20, 28.
835 Burgi, FS Battis, S. 329, S. 342.
836 Lepsius in: Fehling/Ruffert, § 4 Rn. 61.
837 Broemel, Marktgewährleistungsrecht, S. 349.
838 Pielow in: Säcker/Schmidt-Preuß, S. 19, S. 40.

Regulierungsrechts verhindert werden,[839] denn der Erhalt individueller Rechtsposition gilt als Basis einer freiheitlichen Wirtschaftsverfassung.[840]

Die Regulierungsinstrumente, entweder Entgeltregulierung oder Universaldienst, hängen eng mit den Grundrechten der regulierten Unternehmen zusammen, hauptsächlich Art. 12 GG sowie Art. 14 GG.[841] Das Netzzugangsrecht betrifft primär die grundrechtlich geschützte Eigentumsfreiheit der Netzeigentümer.[842] Daher ist stets eine gesamtwirtschaftliche Betrachtungsweise vorzunehmen sowie die Zumutbarkeit des Netzausbaus zu überprüfen.[843] Die Entgeltregulierung wirkt sich mehr auf die durch Art. 12 Abs. 1 GG gewährte Privatautonomie aus, da der Netzbetreiber nicht frei Preise aushandeln kann.[844] Als verfassungswidrig kritisiert wurden Vorschriften der § 4 ff. EEG 2000, nach denen die Netzbetreiber verpflichtet waren, Ökostrom zu Hochpreisen abzunehmen.[845] Die Regelung, dass der systemverantwortliche Netzbetreiber die Stilllegung konventioneller Kraftwerke prüft und die BNetzA eine Stilllegung verbietet (§ 13b EnWG), könnte die Planungs- und Investitionsfreiheit des Kraftwerkbetreibers gefährden[846] und möglicherweise mit den Grundrechtsgewährleistungen unvereinbar sein.[847]

Die Anerkennung des Beurteilungsspielraums in § 11 TKG[848] und des Regulierungsermessens in § 21 Abs. 1 TKG[849] erregt erneut Streit über das Verständnis der Garantie effektiven Rechtsschutzes gem. Art. 19 Abs. 4 GG. Allerdings ergibt sich aus Art. 19 Abs. 4 GG keine materiell geschützte Rechtsposition.[850] Art. 19 Abs. 4 S. 1 GG steht der Annahme eines behördlichen Letztentscheidungsrechts nicht entgegen, wenn sich es – erstens – ausdrücklich aus dem Gesetz ergibt oder

839 Burgi, FS Battis, S. 329, S. 343; Pielow in: Säcker/Schmidt-Preuß, S. 19, S. 40.

840 Ruffert, AöR 134 (2009), 197, 237.

841 Fetzer in: Kirchhof/Korte/Magen, § 10 Rn. 67.

842 Fetzer in: Kirchhof/Korte/Magen, § 10 Rn. 68.

843 Langbein/Weißenborn, RdE 2008, 23, 24.

844 Fetzer in: Kirchhof/Korte/Magen, § 10 Rn. 68.

845 Kube, Die Verwaltung 41 (2008), 1, 28. Ab 2017 wird die Vergütungshöhe des erneuerbaren Stroms nicht wie bisher staatlich festgelegt, sondern durch Ausschreibungen am Markt ermittelt werden, BT-Drs. 18/8660, S. 291.

846 Pielow in: Säcker/Schmidt-Preuß, S. 19, S. 41.

847 Wolfers/Wollenschläger, N&R 2013, 251, 255; Riewe, EWeRK 2014, 176, 177. Zur Heranziehung für Redispatch siehe BVerfG, Beschl. v. 13.03.2014 – 1 BvR 3570/13, EWeRK 2014, 175.

848 BVerwG, Urt. v. 02.04.2008 – 6 C 15/07, NVwZ 2008, 1359.

849 BVerwG, Urt. v. 28.11.2007 – 6 C 42/06, NVwZ 2008, 575.

850 BVerfG, Beschl. v. 08.12.2011 – 1 BvR 1932/08, NVwZ 2012, 694, Rn. 21.

durch Auslegung hinreichend deutlich zu ermitteln ist, wenn – zweitens – ein hinreichend gewichtiger, am Grundsatz eines wirksamen Rechtsschutzes ausgerichteter Sachgrund vorliegt und wenn – drittens – den Fachgerichten genügend Möglichkeiten und in diesem Rahmen auch die Pflicht zu einer substantiellen Kontrolle des behördlichen Handelns verbleiben.[851]

Die verfassungsrechtliche Gewährleistung effektiven Rechtsschutzes kann durch die Wettbewerbssituation beeinflusst werden. Während die Rücknahme der gerichtlichen Kontrolle durch § 35 Abs. 5 S. 2 und S. 3 TKG, die das Risiko aller Wettbewerber, Nachleistungen erbringen zu müssen, einschränkt, ursprünglich mit Art. 19 Abs. 4 GG vereinbar war, lässt sich ein solch unterschiedsloser Schutz in der jetzigen Wettbewerbssituation nicht rechtfertigen, was die Verfassungswidrigkeit der Beschränkung des Rechtsschutzes führt.[852]

2. *Demokratische Anforderung*

Mit Ausnahme des Postsektors wurden in allen Netzindustrien sekundärrechtliche Vorgaben zur Gewährleistung einer politischen Unabhängigkeit der nationalen Regulierungsstellen etabliert.[853] Zulässig bleiben nur allgemeine politische Leitlinien der Regierung.[854] Der EuGH betont in der Entscheidung über die Regulierungsfreistellung für neue Märkte nach § 9a TKG a.F., dass die Regulierungsbehörde über eine weitreichende Befugnis verfügt, damit sie die Regulierungsbedürftigkeit eines Marktes in jedem Einzelfall selbst beurteilen kann.[855]

Im Schrifttum sind die unionsrechtlichen Forderungen auf scharfe Kritik gestoßen. Die Ausübung jeder Staatsgewalt muss nach Art. 20 Abs. 2 GG Anforderungen demokratischer Legitimation erfüllen.[856] Der Einfluss des Volkes auf die Ausübung der Staatsgewalt durch das staatliche Organ kann an die zwei grundsätzlichen Bestimmungsfaktoren anknüpfen, die sachlichinhaltlichen und organisatorischpersonellen Vorgaben.[857] Der politischen Unabhängigkeit der Regulierungsbehörde wird ein Defizit an sachlich-inhaltlicher Legitimation vorgeworfen.[858] Um einen effektiven Einfluss des Volkes auf die Ausübung der

851 BVerwG, Urt. v. 17.08.2016 – 6 C 50/15, NVwZ 2017, 557, Rn. 32.

852 BVerfG, Beschl. v. 22.11.2016 – 1 BvL 6/14 u.a., NVwZ 2017, 305, Rn. 56 ff.

853 Ludwigs in: Säcker/Schmidt-Preuß, S. 251, S. 253.

854 Ludwigs in: Säcker/Schmidt-Preuß, S. 251, S. 254.

855 EuGH, Urt. v. 03.12.2009, Rs. C-424/07, Slg. 2009, I-11431, Rn. 61 – Marktdefinition.

856 BVerfG, Beschl. v. 15.02.1978 – 2 BvR 134, 268/76, NJW 1978, 1967; BVerfG, Beschl. v. 01.10.1987 – 2 BvR 1178/86 u. a., NJW 1988, 890.

857 Grzeszick in Maunz/Dürig, Grundgesetz, Art. 20, Rn. 118.

858 Gärditz, AöR 135 (2010), 251, 284.

Staatsgewalt zu gewährleisten, ist ein bestimmtes Legitimationsniveau zu erreichen. Für die Beurteilung, ob ein hinreichendes Niveau an demokratischer Legitimation erreicht wird, haben die verschiedenen Formen der Legitimation nicht je für sich Bedeutung, sondern nur in ihrem Zusammenwirken.[859] Es ist möglich, dass der Mangel an sachlich-inhaltlicher Legitimation durch die festzustellende gesteigerte personelle Legitimation der Bundesagentur partiell ausgeglichen werden kann.[860] Die Erreichung der Gemeinwohlzwecke kann die Legitimationsschwäche der Regulierungsbehörde kompensatorisch ergänzen.[861]

II. Regulierung im chinesischen Recht

1. Verfassungsrechtliche Grundlage der Regulierung

Anders als die wirtschaftspolitische Neutralität des deutschen Grundgesetzes[862] wird die Soziale Marktwirtschaft in der chinesischen Verfassung festgeschrieben. Gemäß Art. 15 ChV praktiziert der Staat die sozialistische Marktwirtschaft, verstärkt die Gesetzgebung in Bezug auf die Wirtschaft und vervollkommnet die Marktkontrolle. In den letzten 40 Jahren wurden zur chinesischen Wirtschaft im Zuge der Wirtschaftsreformen viele Gesetze, Verordnungen, Vorschriften und Pilotnormen erlassen,[863] viele davon sind rechtsstaatlichen und demokratischen Vorbehalte aussetzbar. Während die Grundrechte im GG als Regulierungsgrenze wirken, können die Grundrechte der Bürger nicht direkt vor chinesischen Gerichten geltend gemacht werden. Die Errichtung der damaligen *State Electricity Regulatory Commission* (heute *National Energy Administration*) war wegen fehlender Ermächtigungsgrundlage bemängelt worden.[864] Was die Verfassungsauslegung angeht, steht China noch in den Kinderschuhen.[865]

859 BVerfG, Beschl. v. 05.12.2002 – 2 BvL 5/98 u.a., NVwZ 2003, 974, 975; BVerfG, BVerfG, Beschl. v. 06.05.2014 – 2 BvR 1139/12, Rn. 168.

860 Ludwigs in: Säcker/Schmidt-Preuß, S. 251,S. 257. A.A. Gärditz, AöR 135 (2010), 251, 285.

861 Trute, GVwR I, § 6 Rn. 53; Schmidt-Aßmann, Dogmatik, S. 156.

862 BVerfG, Urt. v. 20.07.1954 – 1 BvR 459/52 u.a., NJW 1954, 1235, 1236; Lepsius in: Fehling/Ruffert, § 4 Rn. 20.

863 List, Wirtschaftsverwaltungsrechtsaufgaben, S. 49 ff.

864 Song, TLJ 2010, 53, 70.

865 Yu, PPP, S. 189.

2. *Überblick einfachgesetzlicher Regelungen der Regulierung*

Der Kern der Marktwirtschaft liegt im Wettbewerb. Für lange Zeit wurden sozialistische Monopole positiv bewertet.[866] Um einen wirksamen Wettbewerb zu fördern, wurde das Antimonopolgesetz der Volksrepublik China (im Folgenden: AMG) erlassen, das am 1. August 2008 in Kraft getreten ist. Das Gesetz sieht in seinem dritten Kapitel (§§ 17 ff. AMG) die Unterbindung eines bereits bestehenden Missbrauchs einer marktbeherrschenden Position durch Unternehmen vor, die über eine entsprechende Position im jeweiligen Marktsegment verfügen. Die besonders wichtigen Versorgungsbereiche, in denen Netzwerkstrukturen und natürliche Monopole kennzeichnend sind, sind nicht von seiner Anwendung ausgeschlossen.[867] Obwohl das AMG die Netzzugangsrechte (*essential facilities doctrine*) nicht geregelt hat, ist es möglich, von § 17 Abs. 1 Nr. 3 AMG, wonach es einem Unternehmen verboten ist, das eine marktbeherrschende Stellung innehat, seine marktbeherrschende Stellung zu missbrauchen, indem es ohne angemessenen Grund Geschäfte mit Geschäftspartnern ablehnt, Netzzugangsrechte abzuleiten.[868]

Die Telekommunikationsverordnung (TKV)[869] sieht die Zusammenschaltungspflicht der Telekommunikationsnetzbetreiber vor (§§ 17 ff. TKV). Unter erheblichen Druck des chinesischen Staatsrats sind zwischen fast allen staatlichen Netzbetreibern Vereinbarungen zur Zusammenschaltung zustande gekommen, die jedoch wegen gegenseitig leitungsstörender Maßnahmen der Netzbetreiber ins Leere laufen.[870] Im Postsektor sind weder Netzzugangsrecht noch Entgeltregulierung geregelt. Ausnahmsweise hat der Gesetzgeber Netzzugangsrechte in § 22 des Stromgesetzes geschaffen.[871] Jedoch fehlt im Stromsektor eine Entgeltregulierung. Insgesamt unterliegen die Versorgungsmärkte in China noch der Kartellkontrolle. Ein Regulierungskonzept mit Herstellung von Wettbewerb ist den meisten Wirtschaftssektoren fremd.

---

866 Hippe, ZChinR 2006, 347, 351.

867 Fleischer, ZChinR 2014, 109.

868 Li, MLS 2009, 69, 80.

869 Bekanntgemacht und in Kraft gesetzt am 25.09.2000 (Guowuyuan ling Nr. 291), revidiert durch die Entscheidungen des Staatsrats zur Novellierung der Verordnungen am 29.07.2014 und 06.02.2016.

870 Dong, Zusammenschaltung, S. 168.

871 § 22 Abs. 1 S. 2 Stromgesetz: Auf Antrag von einem als unabhängige juristische Person tätigen Stromerzeugungsunternehmen sollen die Stromnetzbetreiber den Netzzugang gewähren.

E. Zusammenfassung

Als ein importiertes Konzept aus den USA hat die Regulierung in Deutschland eigene Bedeutung gewonnen. Aus dem Recht der Netzwirtschaft entsteht ein Regulierungsverwaltungsrecht, das nach Herstellung wirksamen Wettbewerbs und der Verwirklichung sozialpolitischer Ziele trachtet. Durch behördliche Ex-ante-Kontrolle ist es ohne Feststellung eines tatsächlichen Machtmissbrauchs intensives öffentliches Wettbewerbsrecht. Sozialpolitische Regulierungsziele sind gleichberechtigt mit dem Wettbewerb. Allerdings darf die Verwirklichung der sozialpolitischen Regulierungsziele nicht dazu führen, dass keine hinreichenden Freiräume für den offenen Wettbewerbsprozess verbleiben.

Um die Regulierungsziele durchzusetzen, werden verschiedene Regulierungsinstrumente in den Fachgesetzen eingeführt, die in drei Gruppen klassifiziert werden können: Marktzutrittsregulierung, Herstellung von Wettbewerb und Gewährleistung flächendeckender Versorgung. Mit der Marktöffnung treten mehr Unternehmen in die monopolisierten Märkte. Die Netzzugangsregulierung und anschließende Preiskontrolle ermöglichen den Neueinsteigern, unter angemessenen Preisen die von Monopolisten kontrollierten Netzinfrastrukturen zu benutzen. Tritt ein Marktversagen auf, werden das Universaldienstmodell im TK-Sektor und Postwesen, die Grundversorgungpflicht im Energierecht und gemeinwirtschaftliche Leistungen im Verkehrssektor zur Verfügung gestellt.

Die Regulierungsinstrumente hängen eng mit den Grundrechten der regulierten Unternehmen zusammen, hauptsächlich Art. 12 GG und Art. 14 GG. Die Marktregulierung ist in besonderer Weise durch eine Abwägung gegenläufiger Regulierungsziele sowie ökonomische Wertungen und Prognosen gekennzeichnet, was die Modifikation des allgemeinen Verwaltungsprozessrechts in der gerichtlichen Kontrolle der Regulierungsentscheidungen rechtfertigt. Die Rechtsfigur des Regulierungsermessens kann als ein neuer Typus der behördlichen Entscheidungsspielräume begriffen werden. Die Bewerkstelligung des prozessualen Geheimnisschutzes in § 138 TKG kann für andere Regulierungssektoren vorbildlich sein.

Die vorliegende Arbeit wählt den ÖPNV als Beispiel, um zu untersuchen, wie das Regulierungskonzept in diesem Sektor umgesetzt wird, um nützliche Hinweise für chinesischen Gesetzgeber daraus zu ziehen.

Kapitel 3: ÖPNV in Verwirklichung des Regulierungskonzepts

A. Einführung der Rechtsvergleichung im ÖPNV

I. Öffentlicher Personennahverkehr und Daseinsvorsorge

Da die Mobilität der Bürger für die Entfaltung der Grundrechte von Bedeutung ist,[872] ist das Personenbeförderungsrecht von Anfang an ein wichtiger Bestandteil des Verwaltungsrechts.[873] Grob gesagt findet das Personenbeförderungsrecht in zwei Bereichen statt: öffentlichen Personennahverkehr und Fernverkehr.[874] Wegen der vielfältigen Erscheinungsformen ist das Personenbeförderungsrecht durch ein komplexes Regelungsgeflecht gekennzeichnet.[875] Mit der Novellierung des PBefG zum 01.01.2013 ist der Konkurrenzschutz zugunsten der Eisenbahn entfallen. Der innerdeutsche Personenfernverkehr ist weitgehend liberalisiert.[876] Im Gegensatz dazu unterliegt der öffentliche Personennahverkehr, auf den die Bevölkerung im Alltag besonders angewiesen ist, vielfältiger Interventionen des Staates.[877]

1. Definition des öffentlichen Personennahverkehrs

Der öffentliche Personennahverkehr wird in zwei Gesetzen definiert, genauer gesagt in § 2 RegG und § 8 Abs. 1 S. 1 PBefG, die beide seit dem 01.01.1996 gelten. Gemäß § 2 RegG ist öffentlicher Personennahverkehr die allgemein zugängliche Beförderung von Personen mit Verkehrsmitteln im Linienverkehr, die überwiegend dazu bestimmt ist, die Verkehrsnachfrage im Stadt-, Vorort- oder Regionalverkehr zu befriedigen. Daraus folgt, dass unter ÖPNV sowohl der straßengebundene öffentliche Personennahverkehr als auch der öffentliche Schienenpersonennahverkehr fallen.[878] Im Vergleich dazu ist die Definition im PBefG auf öffentlichen Straßenpersonennahverkehr (ÖSPV) verengt. Der

872 Wachinger, Marktzugang, S. 66 f.
873 Knauff in: Ehlers/Fehling/Pünder, § 27 Rn. 1.
874 Knauff in: Ehlers/Fehling/Pünder, § 27 Rn. 2.
875 Knauff, in: Ehlers/Fehling/Pünder,§ 27 Rn. 4; ders. Gewährleistungsstaat, S. 293.
876 Saxinger, GewArch 2013, 346.
877 Fehling in: Fehling/Ruffert, § 10, Rn. 5.
878 Linke, ÖPNV, S. 44; Wachinger, Marktzugang, S. 5.

Schienenpersonennahverkehr (SPNV) hat im AEG seine Normierung gefunden. Gemeinsamkeit beider Definitionen ist die Hervorhebung des Linienverkehrs.

Nach § 8 Abs. 2 PBefG zählt auch der ersetzende, ergänzende oder verdichtende Verkehr mit Taxen oder Mietwagen zum ÖPNV. Danach werden bestimmte Gelegenheitsfahrten in den ÖPNV einbezogen, anderenfalls wäre § 8 Abs. 2 PBefG entbehrlich.[879] Unter ÖPNV versteht man daher nicht nur den Linienverkehr, sondern auch den Gelegenheitsverkehr, solange er die Funktion des Linienverkehrs übernimmt.[880] Unter Bedingungen des demographischen Wandels sind inzwischen flexible Bedienungsformen in vielen Regionen Deutschlands fester Bestandteil des örtlichen ÖPNV-Angebots.[881]

2. *Öffentlicher Personennahverkehr als Daseinsvorsorge?*

Laut Statistik nutzen rund 10 Mrd. Fahrgäste jährlich ÖPNV in Deutschland.[882] Zur Mobilität der Bevölkerung leistet der ÖPNV einen großen Beitrag, der seine Bedeutung ohne weitere Erläuterung beweist. Seit Forsthoff wird der ÖPNV als Aufgabe der staatlichen Daseinsvorsorge bezeichnet.[883] Trotz Vermehrung der Verkehrsmittel hat sich diese Behauptung nicht geändert.[884] Fraglich ist, ob es zutreffend ist, den ÖPNV pauschal den Aufgaben der Daseinsvorsorge zuzuordnen.

Nach dem Wortlaut des § 1 Abs. 1 RegG ist lediglich die Sicherstellung einer ausreichenden Verkehrsbedienung der Bevölkerung eine Aufgabe der Daseinsvorsorge. Das PBefG hat in § 8 Abs. 3 an „ausreichende Bedienung" angeschlossen, danach definiert der Aufgabenträger die Anforderungen an das Bedienungsangebot in einem Nahverkehrsplan. Eine ausreichende Verkehrsbedienung ist nach Angebot und Nachfrage im Verkehr und den Bedürfnissen der Allgemeinheit zu beurteilen.[885] Den Aufgabenträgern ist nicht die Planung eines optimalen ÖPNV oder gar von Luxusverkehren aufgegeben.[886] Im Hinblick auf

879 OVG Lüneburg, Urt. v. 19.09.2007 – 7 LC 208/04, BeckRS 2007, 27580, Rn. 38.

880 Linke, ÖPNV, S. 44; Berschin in: Baumeister, A 2 Rn. 13.

881 VDV, Bedienungsformen, S. 4.

882 Verband Deutscher Verkehrsunternehmen e.V., Jahrsbericht 2014/2015, Erschienen im Mai 2015, S. 68.

883 Forshoff, Leistungsträger, S. 7 u. 42.

884 Uerpmann-Wittzack, HdbStR IV, § 89, Rn. 29; OVG Münster, Beschl. v. 24.05.2007 – 13 B 577/07, NVwZ-RR 2007, 561.

885 EuGH, Urt. v. 17.09.1998 – Rs.C-412/96, Slg. 1998, I-5141, Rn. 33 – Kainuun Liikenne Oy.

886 Knauff, GewArch 2013, 283, 285.

die Rechtsprechung[887] zielt § 8 Abs. 3 S. 1 PBefG nur darauf ab, dass die erkennbaren Verkehrsbedürfnisse der örtlichen Bevölkerung grundsätzlich befriedigt werden.[888] Kurz gesagt ist grundsätzlich nur die Sicherstellung einer befriedigenden Verkehrsbedienung im ÖPNV Aufgabe der Daseinsvorsorge.

Eine Zuordnung der Verkehrsbedienung als ÖPNV erfolgt bereits dann, wenn ein Verkehr drei Merkmale erfüllt: Personenbeförderung, allgemeine Zugänglichkeit und Nahverkehr (§ 8 Abs. 1 S. 1 PBefG).[889] Wegen ausschließlicher Nutzung durch Touristen[890] werden Stadtrundfahrten in der Rechtsprechung aus dem Begriff des ÖPNV herausgenommen.[891] Jedoch unterscheiden weder § 8 Abs. 1 S. 1 PBefG noch die Definition des Linienverkehrs in § 42 nach dem Fahrtzweck.[892] Die Auffassung, dass die Bevölkerung wegen der Streckenführung und der Preisgestaltung Stadtrundfahrten nicht zu Beförderungszweck nutze,[893] verengt den Begriff der Beförderung.[894] Stadtrundfahrten, wenn sie allgemein zugänglich sind sowie mit festen Linienwegen fahrplanmäßig verkehren und Unterwegshalte bedienen, sollten daher dem ÖPNV i.S.d. § 8 Abs. 1 PBefG zugeordnet werden.

Zutreffend dienen die Stadtrundfahrten nicht primär der Fortbewegung der Allgemeinheit.[895] Ihre Streckenführung und hohe Preise sind ungeeignet für den Alltag der Bevölkerung.[896] Die weit überwiegenden Gruppen der Bevölkerung sind vielmehr auf ein dauerhaftes Funktionieren einer Beförderung in einer regelmäßigen Verkehrsverbindung zu angemessenen Preisen angewiesen.[897] Die Durchführung von Stadtrundfahrten überschreitet die Grenze einer befriedigenden Verkehrsbedienung im ÖPNV. Bei Stadtrundfahrtenlinien und den Standardlinienverkehren handelt es sich daher um unterschiedliche Verkehrsmärkte.[898] Die allgemeinen Linienverkehre nehmen erst Aufgaben der

887 BVerwG, Urt. v. 24.06.2010 – 3 C 14/09, NVwZ 2011, 115, Rn. 18: Ebenso sind die Höhe der Fahrpreise und die eventuelle Einbindung in ein einheitliches Tarifsystem von Bedeutung.

888 Knauff, GewArch 2013, 283, 285. A.A. Brenner/Arnold, NVwZ 2015, 385, 387.

889 Barth in: Baumeister, A2 Rn. 11 ff.

890 OVG Bautzen, Urt. v. 29.06.2011 – 4 A 690/09.

891 OVG Hamburg, Beschl. v. 02.01.2012 – 3 Bs 55/11, BeckRS 2012, 46984.

892 Barth in: Baumeister, A2 Rn. 18.

893 OVG Hamburg, Urt. v. 22.09.2006 – 1 Bf 162/05, GewArch 2007, 121, 122.

894 Zutreffend BFH, Urt. v. 30.06.2011 – V R 44/10, DStRE 2011, 1470, 1471.

895 OVG Bautzen, Urt. v. 29.06.2011 – 4 A 690/09.

896 OVG Hamburg, Beschl. v. 20.09.2004 – 1 Bs 303/04, NJOZ 2004, 4380; OVG Münster, Beschl. v. 24.05.2007 – 13 B 577/07, NVwZ-RR 2007, 561, 562.

897 OVG Münster, Beschl. v. 24.05.2007 – 13 B 577/07, NVwZ-RR 2007, 561.

898 OVG Hamburg, Beschl. v. 02.01.2012 – 3 Bs 55/11, BeckRS 2012, 46984.

Daseinsvorsorge wahr.[899] Deswegen sollte der ÖPNV nicht pauschal als Aufgabe der Daseinsvorsorge bezeichnet werden.[900] Die vorliegende Arbeit bleibt auf jene Verkehrsleistungen im Nahverkehr beschränkt, die die Aufgabe der öffentlichen Daseinsvorsorge wahrnehmen.

II. Einführung des Regulierungskonzepts im ÖPNV

Der ÖPNV ist auch ein wichtiger Wirtschaftszweig, also Personennahverkehrsmarkt. Es wird geschätzt, dass die Wertschöpfung in diesem Wirtschaftssektor im Jahr 2008 rund 25 Mrd. Euro betrug.[901] Im Jahr 2010 waren 392 öffentliche und 80 gemischtwirtschaftliche sowie 2069 private Unternehmen im Linienverkehr tätig.[902] Wegen der wirtschaftlichen Relevanz des ÖPNV drängen europäische Systemanbieter aus Frankreich, Großbritannien und Skandinavien auf den deutschen Markt.[903] Mit der VO 1370/2007 setzte die Kommission den öffentlichen Personennahverkehr in den Wettbewerb, um sichere, effiziente und hochwertige Personenverkehrsdienste zu gewährleisten.[904] Das Regulierungskonzept, das nach der Herstellung von wirksamem Wettbewerb und der Verwirklichung der sozialpolitischen Ziele trachtet, könnte für die Entwicklung des Personennahverkehrsmarkts fruchtbar gemacht werden.

Die Erbringung der Personenverkehrsdienste durch Wettbewerb soll nicht nur sicher, effizient und hochwertig sein, sondern auch die sozialen, umweltpolitischen und raumplanerischen Faktoren zugleich berücksichtigen. Die besondere Komplexität des Zielebündels mag damit dazu beitragen, dass beim ÖPNV größere Schwierigkeiten anzutreffen sind als etwa bei den Netzwirtschaften.[905] Ein Überblick auf den Normenkomplex im Bereich des ÖPNV ergibt, dass das Regulierungskonzept und die Regulierungsinstrumente vollständig im ÖPNV durchgesetzt werden können.

Die Personenverkehrsmärkte werden unter den Bedingungen eines freien Wettbewerbs, die dereguliert sind und in denen keine ausschließliche Rechte

---

899 VGH München, 24.09.2012 - 11 B 12.321; OVG Hamburg, Beschl. v. 02.01.2012 3 Bs 55/11, BeckRS 2012, 46984; OVG Hamburg, Urt. v. 22.09.2006 – 1 Bf 162/05, GewArch 2007, 121, 122.

900 Bundeskartellamt, Kommunalisierung, S. 18; Krajewski, VerwArch 99 (2008), 174, 183.

901 FES, Finanzierung, S. 9.

902 Heinze in Heinze/Fehling/Fiedler, PBefG, Vorbemerkung Rn. 29.

903 Ronellenfitsch, VerwArch 92 (2001), 131, 132.

904 Erwägungsgrund 4 VO 1370/2007.

905 Fehling in: Fehling/Ruffert, § 10, Rn. 5; Albrecht/Gabriel, DÖV 2007, 907.

gewährt werden, gesetzt.[906] § 8 Abs. 4 S. 1 PBefG bestimmt, dass Verkehrsleistungen im ÖPNV eigenwirtschaftlich zu erbringen sind. Die gesetzgeberische Grundentscheidung ist eindeutig: Immer dann, wenn der Markt im Wechselspiel von Angebot und Nachfrage die angemessenen Leistungen und Tarife liefern kann, ist dem unternehmerischen Leistungsangebot der Vorzug zu geben.[907] Im Fall der Etablierung der eigenwirtschaftlichen Verkehre unterliegt die Genehmigungserteilung nur materiellen gewerbe- und verkehrsrechtlichen Anforderungen.[908] Der Vorrang der Eigenwirtschaftlichkeit korrespondiert insoweit mit dem Charakter des PBefG als vom Grundsatz der Gewerbefreiheit durchdrungenes besonderes Gewerberecht.[909]

Wird ausreichende Verkehrsbedienung durch Marktöffnung nicht gewährleistet, stehen der zuständigen Behörde verschiedene Instrumente in der VO 1370/2007 zur Verfügung,[910] darunter die Gewährung ausschließlicher Rechte an oder die Gewährung einer finanziellen Ausgleichsleistung für die Betreiber sowie der Festlegung allgemeiner Vorschriften für den Betrieb öffentlicher Verkehrsdienste.[911] Bei der Intervention des Staats kann eine Einführung des regulierten Wettbewerbs zwischen Betreibern ein befriedigendes Ergebnis schaffen.[912] Durch den Wettbewerb um Zuschuss und Dienstleistungskonzession (Wettbewerb um den Markt) werden die ausreichende Verkehrsbedienung und andere Gemeinwohlziele sichergestellt.[913]

Zur Gewährleistung zuverlässiger Versorgung enthalten AEG und PBefG ein Bündel von Einzelinstrumenten:[914] Grundsätzlich sind Verkehrsunternehmen verpflichtet, den Betrieb in der Geltungsdauer aufrechtzuerhalten (§ 21 PBefG, § 4 AEG). Nur unter bestimmten Voraussetzungen und Verfahren darf von der Betriebspflicht entbunden werden. ÖPNV-Unternehmen trifft eine Beförderungspflicht (§§ 10 AEG, 22 PBefG), die Tarife unterliegen auch der Genehmigungspflicht (§§ 12 AEG; 39 PBefG). Aus sozialpolitischen Gründen werden die Beförderungsentgelte im Ausbildungsverkehr verbilligt (§ 45a PBefG), und Schwerbehinderte unentgeltlich befördert (§§ 145 ff. SGB IX), dementsprechend

---

906 Erwägungsgrund 8 VO 1370/2007.
907 Werner in: Baumeister, A 3 Rn. 200, S. 649; Knauff, GewArch 2013, 283, 284.
908 Knauff in: Ehlers/Fehling/Pünder, § 27 Rn. 20.
909 Knauff, GewArch 2013, 282, 285.
910 Ziekow, NVwZ 2009, 865, 866.
911 Erwägungsgrund 5 VO 1370/2007.
912 Erwägungsgrund 7 VO 1370/2007.
913 Schröder, NVwZ 2008, 1288, 1290; Kersten, VVDStRL 69 (2010), 288, 308.
914 Fehling in: Fehling/Ruffert, § 10 Rn. 44.

soll das Verkehrsunternehmen einen Ausgleich durch die öffentliche Hand erhalten.[915]

III. Rechtsvergleichung zwischen Deutschland und China im Bereich ÖPNV

Bevor Hinweise und Empfehlungen aus den deutschen Regulierungsrahmen gezogen werden, sollen die Rechtsstrukturen des ÖPNV in Deutschland und China verglichen werden, um zu verhindern, dass die Unterschiede bei den Regelungsmodellen und zu bewältigenden Problemen zu groß geraten, als dass die Hinweise für China unplausibel werden.

Die gewerbliche Personenbeförderung ist seit Beginn der Industriegesellschaft durch besondere Gefahren gekennzeichnet, die das Verkehrsgewerbe für Menschen und Sachgüter mit sich bringt.[916] Gewerberechtlich besteht für alle Personenbeförderungsarten nach § 2 PBefG eine Genehmigungspflicht. Die Sicherheit und die Ordnung des Verkehrsgewerbes sind unerlässliche Genehmigungsvoraussetzungen, § 13 PBefG. Eine gleiche Regelung findet sich auch in chinesischen Straßenverkehrsgesetzgebung. Gemäß § 1 Straßentransportverordnung (STV)[917] ist der Verordnungszweck, die Marktordnung und die Sicherheit des Straßentransports, zu gewährleisten. Nach § 10 STV unterliegen die Personenbeförderungsunternehmen der Genehmigungspflicht. Der Antragsteller muss ein funktionsfähiges Sicherheitskontrollsystem und geprüfte Wagen besitzen (§ 8 STV).

Um die optimale Wirtschaftlichkeit der erforderlichen Verkehrsleistungen im Interesse staatlicher Daseinsvorsorge zu gewährleisten,[918] wird eine Beeinträchtigung der Wettbewerbslage des genehmigten durch hinzutretende konkurrierende Verkehre durch Versagungsgründe in § 13 Abs. 2 S. 1 Nr. 3 PBefG minimiert. Daher wirkt der Genehmigungsvorbehalt wie ein Kontingent,[919] die Genehmigungsbehörde hat die Verkehrsbedürfnisse zu ermitteln und zu bewerten, um dann entscheiden zu können, ob und in welchem Maße sie befriedigt werden können und sollen.[920] Eine Ermittlung der Verkehrsbedürfnisse findet

---

915 BVerwG, Beschl. v. 17.01.2003 – 5 B 261/02, NVwZ 2003, 866, 867.

916 Scheidler, GewArch 2011, 417.

917 (Guowuyuan ling Nr. 406), bekanntgemacht am 30.04.2004, Inkraftgetreten am 01.07.2004, revidiert durch die Entscheidungen des Staatsrats am 09.11.2012 und 06.02.2016.

918 Heinze in Heinze/Fehling/Fiedler, PBefG, § 13 Rn. 48 ff.

919 Heinze in Heinze/Fehling/Fiedler, PBefG, § 13 Rn. 70.

920 VGH München, Urteil v. 15.03.2012 – 11 B 09.1100, BeckRS 2012, 25773, Rn. 50.

sich auch im chinesischen Recht. Gemäß § 12 STV hat die Straßenverkehrsverwaltung bei der Prüfung des Personenbeförderungsantrags eine Vielzahl von Faktoren einschließlich Angebot und Nachfrage auf dem Personenbeförderungsmarkt, Grundversorgung und Nutzungsbequemlichkeit zu berücksichtigen. Während viele Wirtschaftssektoren heutzutage dereguliert und von Bedürfnisprüfungsverfahren abgeschieden sind,[921] ist der Markt der Personenbeförderung noch von Planwirtschaftlichkeit geprägt.

Mit der Novelle des PBefG wurde die Herstellung des Wettbewerbs im Personenbeförderungsmarkt deutlich verstärkt. In China hat das Marktsystem bei der Erbringung der Verkehrsleistungen auch mehr Aufmerksamkeit erfahren.[922] Es wird betont, dass die Investoren bei Marktzugang gleich behandelt werden sollen; für die Verluste der Unternehmen bezüglich der Ermäßigungskarten und von der Regierung auferlegten Aufgaben muss ein angemessener Ausgleich gewährt werden. Der chinesische ÖPNV befindet sich im Wandel, die Monopolstellungen aufzubrechen, den Wettbewerb einzuführen.[923]

Neben dem deutschen Regulierungsmodell ist es möglich, den gesamten Personenbeförderungsmarkt zu deregulieren. Ein solches Modell wird namentlich für den britischen Busverkehr außerhalb Londons verwirklicht. Mit dem 1985 *Transport Act* wurde eine Deregulierung des Busverkehrs eingeführt.[924] Der Marktzutritt ist frei, die Unternehmen unterliegen einer bloßen Anzeigepflicht. Alle objektiven Zulassungsbeschränkungen und jeglicher Besitzstandsschutz sind entfallen. Die Unternehmen legen Fahrpläne und -preise gänzlich frei fest.[925] Wegen der mangelnden Koordinierung des Gesamtangebots ist die Nutzung des ÖPNV zurückgegangen, mit negativen Folgen für den Umweltschutz.[926] Der einzige Vorteil ist eine Absenkung der öffentlichen Zuschüsse für den ÖPNV.[927] Aufgrund der ähnlichen Rechtsstrukturen zwischen Deutschland und China und der negativen Folgen einer vollständigen Deregulierung ist es sinnvoller, eine Rechtsvergleichung zwischen Deutschland und China zu leisten.

---

921 Ruthig/Storr, Wirtschaftsrecht, Rn. 535.

922 Standpunkt des Staatsrats zum Vorrang der Entwicklung städtischer ÖPNV, (Guofa Nr. [2012] 64), veröffentlicht am 29.12.2012.

923 Wei, CV, 2009, 88.

924 Wachinger, Marktzugang, S. 33.

925 Fehling, Die Verwaltung 34 (2001), 25, 52.

926 Fehling, Die Verwaltung 34 (2001), 25, 53.

927 Wachinger, Marktzugang, S. 34.

IV. Begrenzung des Forschungsgegenstands

Gegenstand der vorliegenden Arbeit soll ausschließlich der ÖSPV sein, weil der Regulierungsrahmen des SPNV ganz anders aufgestellt ist. Zunächst besteht der Unterschied bei der Genehmigungserteilung von Eisenbahnverkehrsleistungen und der Verkehrsleistungen im PBefG darin, dass das AEG kein Bedürfnisprüfungsverfahren vorsieht. Die Genehmigung gemäß § 6 AEG ist rein gewerberechtlich und nicht linienbezogen.[928]

Bei der Vergabe der Verkehrsdienste fallen beide Bereiche unter unterschiedliche Rechtsregimes: Für die Vergabe von SPNV-Leistungen gilt bei Überschreiten des Schwellenwerts das Kartellvergaberecht (§ 131 Abs. 1 GWB).[929] Die SPNV-Leistungen als Dienstleistungskonzessionen zu vergeben, setzt nach Rechtsprechung des BGH die Übernahme eines wesentlichen Teils des Betriebsrisikos durch den Konzessionär voraus.[930] Diese Voraussetzung ist in der Praxis selten gegeben.[931] Gemäß § 131 Abs. 2 GWB ist eine Direktvergabe nach Art. 5 Abs. 2 VO 1370/2007 für die SPNV-Leistungen vorgesehen. Dadurch wird die Vergabe von SPNV-Leistungen in der Zukunft erleichtert.[932] Für die Vergabe von ÖSPV-Leistungen sollen weiterhin die Regelungen der §§ 8a, 8b PBefG gelten.[933] Angesichts der unterschiedlichen Rechtsregimes wird nur der Regulierungsrahmen des ÖSPV unter Berücksichtigung der Erfüllung des Daseinsvorsorgeauftrags genau untersucht.

In Deutschland lassen sich die regionalen Verkehrsbedürfnisse durch das Zusammenwirken von konventionellen Linienverkehren mit Bahnen und Bussen und von flexiblen Bedienungsformen bestmöglich befriedigen.[934] Mit Blick auf diese Realität werden die folgenden Ausführungen in zwei Teile aufgeteilt: Regulierung des konventionellen Linienverkehrs und der flexiblen Bedienungsformen. Zusätzlich wird die Regulierung des Taxigewerbes diskutiert.

---

928 Linke, ÖPNV, S. 51.

929 BT-Drs. 18/6281, S. 117; BGH, Beschl. v. 08.02.2011 – X ZB 4/10, NZBau 2011, 175, Rn. 18 ff.

930 BGH, Beschl. v. 08.02.2011 – X ZB 4/10, NZBau 2011, 175, Rn. 32.

931 Kühling, IR 2011, 101, 103; Hermes in: Ehlers/Fehling/Pünder, § 25 Rn. 89.

932 Wagner-Cardenal/Dierkes, NZBau 2014, 738, 740.

933 BT-Drs. 18/6281, S. 117.

934 VDV, Bedienungsformen, S. 3.

B. Regulierung des konventionellen Linienverkehrs

Gemäß § 42 S. 1 PBefG ist Linienverkehr eine zwischen bestimmten Ausgangs- und Endpunkten eingerichtete regelmäßige Verkehrsbindung, auf der Fahrgäste an bestimmten Haltestellen ein- und aussteigen können. Der konventionelle Linienverkehr nimmt Aufgaben der öffentlichen Daseinsvorsorge wahr.

Der Linienverkehr war wegen der Gewerbefreiheit dereguliert und wettbewerbsorientiert.[935] Seit 1934 unterliegt er dem Genehmigungsvorbehalt. Im Rahmen des Genehmigungsverfahrens findet gemäß § 13 Abs. 2 S. 1 Nr. 3 PBefG eine Bedürfnisprüfung statt.[936] Diese strengeren Maßstäbe für die Zulassung neuer Unternehmen werden durch die besondere Bedeutung des konventionellen Linienverkehrs rechtfertigt, wonach große Gruppen der Bevölkerung auf das Bestehen und das verlässliche, dauerhafte Funktionieren dieses Verkehrs angewiesen sind.[937]

Die Knappheit des Verkehrsraums, der Umweltschutz und die allgemeine Mobilität der Bevölkerung in der modernen Welt stellen große Herausforderungen für den Staat dar. Die Erbringung der Linienverkehre muss so organisiert werden, dass die konfligierenden öffentlichen Interessen in einen Ausgleich gebracht werden. Vorgeordnete Planung und Bestimmung der Linienfahrten durch die zuständige Behörde sind daher notwendig, um die Massenverkehrsmittel zu koordinieren.[938] Solche Vorgaben sind in der Regel in einem Nahverkehrsplan zu definieren (§ 8 Abs. 3 S. 2 PBefG).

Öffentliche Nahverkehrsleistungen, die zugleich von verkehrs-, sozial- und arbeitsmarktpolitischen Erwägungen beeinflusst werden, kann der Markt allein nicht leisten.[939] Die Einnahmeausfälle der Verkehrsunternehmen erfordern schließlich einen Ausgleich. Nach der Statistik betrug die Beihilfevolumen im Jahr 2008 ca. 16 Mrd. Euro, wobei sich die Tariferlöse auf nur 9 Mrd. Euro beliefen.[940] Sie zeigt, die Verkehrsleistungen im ÖPNV sind in der Regel ohne öffentliche Kofinanzierung nicht zu erbringen, zumindest nicht in einem den öffentlichen Interessen angemessenen Umfang.[941] Die öffentliche Kofinanzierung gerät daher in den Fokus der Beihilfenaufsicht.

---

935 Ronellenfitsch, VerwArch 92 (2001), 131, 135.

936 Rebler, RdTW 2014, 461, 463.

937 BVerfG, Beschl. v. 08.06.1960 – 1 BvL 53/55, NJW 1960, 1515.

938 Heinze, ZRP 2012, 84, 85; Knieps, Netzökonomie, S. 4.

939 Heinze in Heinze/Fehling/Fiedler, PBefG, Vorbemerkung I, Rn. 31.

940 FES, Finanzierung, S. 9

941 Wachinger, Marktzugang, S. 143.

Vor dem Hintergrund der Knappheit der Genehmigungen und Beihilfe wandelt sich das gewerberechtliche Genehmigungsverfahren in ein komplexes Auswahlverfahren,[942] in dem das Vergaberecht eine wichtige Rolle spielt. Der Linienverkehr steht nicht nur in einem Spannungsfeld zwischen Verkehrsgewerbe-, Vergabe- und Beihilferecht. Die sozialpolitischen Belange sind auch in den Ausschreibungswettbewerb zu berücksichtigen.[943] Da die Bevölkerung am stärksten von Linienverkehren betroffen wird, entsteht großer Regulierungsbedarf.

I. Nahverkehrsplanung

1. Rechtliche Einordnung des Nahverkehrsplans

Gemäß § 8 Abs. 3 S. 8 PBefG bildet der Nahverkehrsplan den Rahmen für die Entwicklung des ÖPNV. Dem Aufgabenträger obliegt die Ausgestaltungs- und Finanzierungsverantwortung für die ausreichende Verkehrsbedienung. Aus dem PBefG ergibt sich keine Verpflichtung des Aufgabenträgers zur Aufstellung eines Nahverkehrsplans.[944] Allerdings folgt die Pflicht zur Aufstellung des Nahverkehrsplans aus den von fast allen Bundesländern erlassenen Nahverkehrsgesetzen. Aus Sicht des Aufgabenträgers stellt der Nahverkehrsplan politische Vorgaben zur ÖPNV-Gestaltung dar.[945] Es handelt sich in erster Linie um eine Selbstbindung des Aufgabenträgers, rechtlich besitzt er nach h.M. keinen Normcharakter.[946] Da sein Hauptzweck die Definition der ausreichenden Verkehrsbedienung ist, kann er als sektoraler Bedarfs- und Entwicklungsplan eingeordnet werden.[947]

2. Inhalte und Bindungswirkung des Nahverkehrsplans

Gemäß § 8 Abs. 3 S. 2 PBefG sind die Anforderungen an Umfang, Qualität, Umweltqualität und Integration der Verkehrsleistungen zu definieren. Die Verwirklichung vollständiger Barrierefreiheit muss auch im Nahverkehrsplan berücksichtigt werden. Der Aufgabenträger kann daher alle Aspekte und

---

942 Martini, Verteilungslenkung, S. 389.

943 Wachinger, Marktzugang, S. 144.

944 Werner in: Baumeister, A3 Rn. 170.

945 Stade, Nahverkehrsplan, S. 8.

946 Heinze in Heinze/Fehling/Fiedler, PBefG, § 8 Rn. 43; Bühner/Siemer, DÖV 2015, 21, 22; differenzierend nach Einzellfall Brenner/Arnold, NVwZ 2015, 385, 386.

947 Fehling, DVBl 2015, 464, 465; Werner in: Baumeister, A3 Rn. 190.

Anforderungen in den Nahverkehrsplan setzen, die zur Erreichung von verkehrs-, umwelt- und sozialpolitischen Zielen mit Personenverkehrsdiensten verknüpft sind,[948] um eine ausreichende Verkehrsbedienung i. S. v. § 8 Abs. 3 S. 1 PBefG sicherzustellen. Bei der Konkretisierung der ausreichenden Verkehrsbedienung verfügt der Aufgabenträger über einen Beurteilungsspielraum.[949]

Ein Nahverkehrsplan ist für die Genehmigungsbehörde zwingend zu berücksichtigen, wenn er rechtmäßig zustande gekommen ist und vorhandene Verkehrsstrukturen beachtet (§ 8 Abs. 3a PBefG). Mit diesem Berücksichtigungsgebot ist angeordnet, dass sich die Genehmigungsbehörde über den Plan nur nach Maßgabe überwiegender Gründe des öffentlichen Verkehrsinteresses hinwegsetzen darf.[950] Steht der beantragte Verkehr mit dem Nahverkehrsplan nicht in Einklang, kann die Genehmigungsbehörde gemäß § 13 Abs. 2a S. 1 PBefG die Genehmigung versagen, sie muss es aber nicht.

Bei eigenwirtschaftlichen Konkurrenzanträgen sind die Festlegungen eines Nahverkehrsplans zu berücksichtigen, um die beste Verkehrsbedienung auszuwählen. Bei beabsichtigtem Auftragsverkehr soll der Aufgabenträger die Anforderungen für Fahrplan, Beförderungsentgelt und Standards in der Vorabbekanntmachung angeben; eine Vergabe als Gesamtleistung kann auch angegeben werden. Die Angaben können durch Verweis auf bestimmte Inhalte eines Nahverkehrsplanes geschehen (§ 8a Abs. 2 PBefG). Ein solcher Verweis ist nur möglich, wenn die Anforderungen für die Vergabe einer bestimmten Linien im Nahverkehrsplan exakt beschrieben sind.[951]

Die Möglichkeit, dass der Aufgabenträger in der Vorabbekanntmachung eine Vergabe als Gesamtleistung festlegen kann, muss die Wirtschaftlichkeit der Verkehrsgestaltung und Integration der Verkehrsmittel beachten.[952] Die Verkehre, die im Rahmen einer Linienbündelung zusammengefasst werden, müssen verkehrlich und wirtschaftlich verbunden sein. Daher hat eine umfassende Abwägung der öffentlichen und unternehmerischen Interessen zu erfolgen.[953] Die Vorgaben über Linienbündelung im Nahverkehrsplan sind ein zwingender Versagungsgrund der Genehmigung, wenn der Antrag einzelne ertragliche Linien aus dem Linienbündel herauslösen würde (§ 13 Abs. 2 S. 1 Nr. 3 lit. d PBefG).

948 Werner in: Baumeister, A3 Rn. 172.
949 Bühner/Siemer, DÖV 2015, 21, 23; Werner in: Baumeister, A3 Rn. 199.
950 Heinze in Heinze/Fehling/Fiedler, PBefG, § 8 Rn. 44.
951 Werner in: Baumeister, A3 Rn. 182.
952 Werner in: Baumeister, A3 Rn. 185.
953 Bühner/Siemer, DÖV 2015, 21, 23.

Hier können die Vorgaben über Linienbündelung als eine materielle Rechtsnorm angesehen werden.[954]

3. *Aufstellung des Nahverkehrsplans*

Der Nahverkehrsplan als Bedarfsplanung soll einerseits den vorhanden Bestand feststellen, andererseits die zukünftige Entwicklung abschätzen.[955] Die Ermittlung der vorhanden Verkehrsangebote ermöglicht dem Aufgabenträger, Probleme festzustellen. Für die Befriedigung des künftigen Bedarfs sollen gesellschaftlicher Wandel und verkehrstechnische Aspekte einfließen. Die Interessen der vorhandenen Verkehrsunternehmer sind angemessen und diskriminierungsfrei zu berücksichtigen (§ 8 Abs. 3 S. 7 PBefG). Zugleich werden alle Anforderungen im Nahverkehrsplan unter den Vorbehalt der Finanzierbarkeit gestellt. Daher muss der Aufgabenträger im Rahmen der Nahverkehrsplanung alle von der Planung berührten öffentlichen und privaten Belange gerecht abwägen.[956] Aus dem Wesen einer rechtsstaatlichen Planung ergibt sich das Abwägungsgebot.[957] Hierbei gilt die Abwägungsfehlerlehre als Kontrollmaßstab.[958]

Gemäß § 8 Abs. 3 S. 6 PBefG sind die vorhandenen Unternehmen bei der Aufstellung des Nahverkehrsplans frühzeitig zu beteiligen. Es ist unnötig, dass das Unternehmen eine Genehmigung besitzt.[959] Die Beteiligung der Unternehmen umfasst lediglich die Gewährung von Gelegenheit zur Einflussnahme.[960] Von ihrer Zustimmung als Voraussetzung der Wirksamkeit des Plans kann nicht die Rede sein.[961] Diese zwingende Beteiligungspflicht gilt nicht nur bei der Aufstellung, sondern auch bei sämtlichen Fortschreibungen.[962] Die Nahverkehrsplanung soll durch einen intensiven Abstimmungsprozess zwischen Aufgabenträgern, Verkehrsunternehmen und sonstigen Beteiligenden erfolgen.[963] Ein Nahverkehrsplan, der ohne Mitwirkung der Unternehmen zustande gekommen

---

954 Brenner/Arnold, NVwZ 2015, 385, 386.
955 Werner in: Baumeister, A3 Rn. 190.
956 Bühner/Siemer, DÖV 2015, 21, 23; Werner in: Baumeister, A3 Rn. 192.
957 BVerfG, Beschl. v. 11. 11. 2002 – 1 BvR 218/99, NVwZ 2003, 197, 198.
958 Bühner/Siemer, DÖV 2015, 21, 23; Werner in: Baumeister, A3 Rn. 199; Heinze in Heinze/Fehling/Fiedler, PBefG, § 8 Rn. 42.
959 Fromm/Sellmann/Zuck, PBefG, § 8 Rn. 6a.
960 Bayern, Leitlinie, S. 3.
961 Heinze in Heinze/Fehling/Fiedler, PBefG, § 8 Rn. 52.
962 Bühner/Siemer, DÖV 2015, 21, 22.
963 Bühner/Siemer, DÖV 2015, 21, 22. Verineind VG Karlsruhe, Urt. v. 09.02.2010 – 8 K 1038/09, Rn. 29.

ist, ist fehlerhaft und wegen Verletzung des Abwägungsgebots aufzuheben.[964] Nach § 8 Abs. 3a PBefG wirkt die Genehmigungsbehörde auch bei der Aufstellung des Nahverkehrsplans mit.

Da der Nahverkehrsplan keine Rechtsnormqualität besitzt, kann er nur inzident im Rahmen einer Klage, die die Erteilung oder Versagung einer Genehmigung betrifft, Gegenstand der gerichtlichen Prüfung sein.[965] Die Genehmigungsbehörde darf ihre Entscheidung nicht auf einen rechtsfehlerhaften Nahverkehrsplan stützen, der die Anforderung des § 8 Abs. 3 PBefG nicht erfüllt.[966]

4. Entwicklungsrichtung

Die PBefG-Novelle 2012 hat die Bindungskraft des Nahverkehrsplans und seine Bedeutung erhöht.[967] In der Folge wird die Stellung des Aufgabenträgers deutlich verstärkt.[968] Wegen der Grundrechtsrelevanz darf der Nahverkehrsplan keine die unternehmerische Freiheit erdrosselnde Tendenz haben, sodass den Unternehmen Ausgestaltungsfreiräume verbleiben müssen.[969]

Nach Vorstellung der EU sollen die Ziele und Umsetzungsmaßnahmen der Politik zum ÖPNV in regelmäßig aufzustellenden „multimodalen Plänen für den öffentlichen Verkehr“ festgelegt werden, die sich auf sämtliche relevante Verkehrsträger erstrecken.[970] Die Aufstellung gemeinwirtschaftlicher Verpflichtungen und die Vergabe öffentlicher Dienstleistungsaufträge müssen mit den geltenden Plänen in Einklang stehen. Dies dürfte auf eine deutliche Stärkung der Nahverkehrspläne hinauslaufen.[971]

II. Der Vorrang der Eigenwirtschaftlichkeit

1. Neue Definition und der Vorrang der Eigenwirtschaftlichkeit

Gemäß § 8 Abs. 4 S. 1 PBefG sind Verkehrsleistungen im ÖPNV eigenwirtschaftlich zu erbringen. Am Vorrang eigenwirtschaftlicher Verkehre wird weiter vom

964 Heinze in Heinze/Fehling/Fiedler, PBefG, § 8 Rn. 52.
965 Fromm/Sellmann/Zuck, PBefG, § 8 Rn. 7; Werner in: Baumeister, A3 Rn. 198. A.A. Brenner/Arnold, NVwZ 2015, 385, 387.
966 Werner in: Baumeister, A3 Rn. 198.
967 Brenner/Arnold, NVwZ 2015, 385, 386.
968 Fiedler/Wachinger, N&R 2013, 194
969 Knauff in: Ehlers/Fehling/Pünder, § 27 Rn. 25.
970 Art. 2a Vorschlag zur Änderung VO 1370/2007.
971 Fiedler/Wachinger, N&R 2014, 210.

Gesetzgeber festgehalten.[972] Allerdings hat der Begriff der Eigenwirtschaftlichkeit einen grundlegenden Wandel erfahren, so dass einige Rechtsprechung und Verwaltungspraxis überholt sind.[973] Im Vergleich mit der weiten Auslegung der Eigenwirtschaftlichkeit in der Rechtsprechung,[974] bestimmt § 8 Abs. 4 S. 2 PBefG nunmehr, dass Verkehrsleistungen nur eigenwirtschaftlich sind, deren Aufwand gedeckt wird durch Beförderungserlöse, Ausgleichsleistungen auf der Grundlage von allgemeinen Vorschriften nach § 3 Abs. 2 und 3 der VO 1370/2007 und sonstige Unternehmenserträgen im handelsrechtlichen Sinne, soweit diese keine Ausgleichsleistungen für die Erfüllung gemeinwirtschaftlicher Verpflichtungen nach Artikel 3 Abs. 1 der VO 1370/2007 darstellen und keine ausschließlichen Rechte gewährt werden. Die neue Legaldefinition der Eigenwirtschaftlichkeit ist deutlich enger gefasst als ihre frühere Fassung.[975] Unter diesem Begriff werden nur zwei Arten der Eigenwirtschaftlichkeit gefasst, entweder durch Fahrgeld und sonstige Einnahmen,[976] die nicht unter VO 1370/2007 fallen, oder durch Ausgleichsleistungen aufgrund allgemeiner Vorschriften i. S.v. Art. 2 lit. l VO 1370/2007 anfallen.

Die Sicherung des Vorrangs der Eigenwirtschaftlichkeit basiert auf der Annahme, dass die Verkehrsleistungen frei vom Markt erbracht werden können.[977] Die Genehmigungsbehörde fragt daher nicht eine von ihr vorbestimmte Leistungen nach, sondern genehmigt die bei ihr beantragten Leistungen (Unternehmensinitiative).[978] Die Genehmigungserteilung einer eigenwirtschaftlichen Verkehrsbedienung spart nicht nur Zuschüsse, sondern auch hohe Ausschreibungskosten. Zugleich erhalten die Verkehrsunternehmen mehr Gestaltungsräume bei der Bildung der Verkehrsbedienung statt festgelegten Anforderungen in der Vorabbekanntmachung zu folgen.[979] Jedoch wird der Vorrang der eigenwirtschaftlichen Verkehrsbedienung neben enger Definition deutlich eingeschränkt: Die ausreichende Verkehrsbedienung muss sichergestellt werden; falls es eine Vorabbekanntmachung gibt, darf der Antrag die in der

972 Knauff, GewArch 2013, 283, 284.

973 Heinze in Heinze/Fehling/Fiedler, PBefG, § 8 Rn. 64.

974 Deutlich BVerwG, Urt. v. 19.10.2006 – 3 C 33/05, NVwZ 2007, 330, Rn. 28: Zuschüsse der öffentlichen Hand zu den Kosten einer Verkehrsleistung heben deren Eigenwirtschaftlichkeit nicht auf.

975 Knauff, GewArch 2013, 283, 284.

976 Z. B. Fahrzeugförderung, Werbeeinnahmen, siehe BT-Drs. 17/8233, S. 13.

977 Knauff, GewArch 2013, 283, 284.

978 Werner in: Baumeister, A 3 Rn. 200.

979 Heinze in Heinze/Fehling/Fiedler, PBefG, § 13 Rn. 155; Rödl & Partner, Verkehr, S. 8.

Vorabbekanntmachung enthaltenen Mindeststandards nicht unterschreiten.[980] Damit das Vorrangprinzip des § 8 Abs. 4 S. 1 PBefG praktische Auswirkungen zeitigen kann, bedarf es einer verfahrensrechtlichen und materiellen Konkretisierung.

a. *Eigenwirtschaftlichkeit und Nahverkehrsplanung*

Nach § 13 Abs. 2a S. 1 PBefG kann die Genehmigung versagt werden, wenn der eigenwirtschaftliche Antrag mit dem Nahverkehrsplan nicht in Einklang steht. Ob der eigenwirtschaftliche Antrag genehmigt werden kann, hängt wesentlich vom Nahverkehrsplan ab, davon, wie die ausreichende Verkehrsbedienung definiert wird. In der Ausübung des Beurteilungsspielraums sind vorhandene Verkehrsstrukturen zu beachten (§ 8 Abs. 3a S. 2 PBefG), damit keine Luxusverkehre geplant werden, die eigenwirtschaftliche Verkehre unmöglich machen.[981] Das Beteiligungsrecht der vorhandenen Unternehmer (§ 8 Abs. 3 S. 5 und 6 PBefG) bei der Nahverkehrsplanung soll ermöglichen, dass die Verkehrsunternehmen ihre Vorstellungen in den Nahverkehrsplan einfließen lassen und dadurch selbst dafür Sorge tragen, dass Verkehrsleistungen eigenwirtschaftlich erbracht werden können.[982] Der Nahverkehrsplan entfaltet schließlich keine strikte Bindungswirkung für die Genehmigungsbehörde. Vielmehr wird ihr in § 13 Abs. 2a S. 1 PBefG ein Ermessen eingeräumt. Die Genehmigungsbehörde kann einem eigenwirtschaftlichen Antrag trotzdem stattgeben, wenn sie zu dem Ergebnis kommt, dass eine ausreichende Verkehrsbedienung im Falle fehlender Übereinstimmung mit dem Nahverkehrsplan gegeben ist.[983]

b. *Verfahrensrechtliche Anforderungen*

Um den Vorrang der Eigenwirtschaftlichkeit zu gewährleisten, hat der Gesetzgeber nach der Rechtsprechung[984] eine gestufte Konstruktion zwischen den eigenwirtschaftlichen und beauftragten Verkehren normiert. Verfahrensrechtlich muss das Genehmigungsverfahren so abgestimmt werden, dass der Vorrang der Eigenwirtschaftlichkeit strikt eingehalten wird. Nach § 12 Abs. 5 S. 1 PBefG ist der eigenwirtschaftliche Antrag spätestens zwölf Monate vor dem Beginn des beantragten Geltungsraums zu stellen. Für beauftragte Verkehre gilt dagegen

980 Fiedler/Wachinger, N&R 2013, 194, 195.
981 Knauff, GewArch 2013, 283, 285.
982 Knauff, GewArch 2013, 283, 286.
983 Knauff, GewArch 2013, 283, 286.
984 BVerwG, Urt. v. 29.10.2009 – 3 C 1/09, NVWZ-RR 2010, 559, Rn. 19.

nach § 12 Abs. 7 PBefG eine mit sechs Monaten sowohl kürzere als auch weniger verbindliche Antragsfrist. Das Fristenregime schichtet Genehmigungsanträge für eigenwirtschaftliche und beauftragte Verkehre nahezu überschneidungsfrei voneinander ab und stellt klare Kollisionsregeln bereit.[985] In der Praxis muss eine Vergabestelle zunächst im Zusammenwirken mit der Genehmigungsbehörde klären, ob die Verkehrsleistungen eigenwirtschaftlich erbracht werden können.[986]

Im Falle der beabsichtigen Vergabe eines öffentlichen Dienstleistungsauftrags ist auch ein eigenwirtschaftlicher Antrag möglich. Ein entsprechender Antrag ist spätestens drei Monate nach der Vorabbekanntmachung gem. § 12 Abs. 6 S. 1 PBefG zu stellen. Bis die Genehmigungsbehörde über den eigenwirtschaftlichen Antrag nach § 13 Abs. 2a PBefG entscheidet, darf kein wettbewerbliches Vergabeverfahren durchgeführt werden. Der Vorrang der Eigenwirtschaftlichkeit kann nicht dadurch unterlaufen werden, dass ein wettbewerbliches Vergabeverfahren durchgeführt und zum Abschluss gebracht wird, während sich ein eigenwirtschaftlicher Antrag noch in der Entscheidungsphase befindet.[987]

2. *Genehmigungswettbewerb*

Soweit der Antrag tatsächlich die Definition der Eigenwirtschaftlichkeit erfüllt und rechtzeitig gestellt wird, werden die subjektiven Genehmigungsvoraussetzungen (§ 13 Abs. 1 PBefG), die Befahrbarkeit der Straße (§ 13 Abs. 2 S. 1 Nr. 1 PBefG), die Nichtbeeinträchtigung von ausschließlichen Rechten (§ 13 Abs. 2 S. 1 Nr. 2 PBefG), die Nichtbeeinträchtigung der öffentlichen Verkehrsinteressen (§ 13 Abs. 2 S. 1 Nr. 3 PBefG) und der Einklang mit dem Nahverkehrsplan von der Genehmigungsbehörde geprüft.[988] Erfüllt der Antrag nach der Prüfung alle Voraussetzungen, dann hat der Antragsteller aus § 2 und § 13 PBefG im Hinblick auf die Berufsfreiheit in Art. 12 GG einen Anspruch auf Genehmigungserteilung.[989] Es handelt sich um eine gebundene Entscheidung, wenn kein Bewerberüberhang vorliegt.[990]

---

985 Knauff, GewArch 2013, 283, 287.

986 VK Münster, Beschl. v. 29.05.2013 – VK 5/13.

987 Aber VG Münster, Urt. v. 06.03.2015 – 10 K 2747/13, BeckRS 2015, 47112.

988 Werner, in: Baumeister, Recht des ÖPNV, A 3 Rn. 288 ff.

989 Saxinger, GewArch 2014, 377.

990 Heinze in Heinze/Fehling/Fiedler, PBefG, § 13 Rn. 11; Fromm/Sellmann/Zuck, PBefG, § 13 Rn. 15b; Saxinger, GewArch 2014, 377, 378; Werner, in: Baumeister, Recht des ÖPNV, A 3 Rn. 215.

a. *Genehmigungswettbewerb als Ermessensentscheidung*

Erfüllen mehrere eigenwirtschaftliche Anträge die Genehmigungsvoraussetzungen nach § 13 Abs. 1 PBefG und liegt kein zwingender Versagungsgrund nach § 13 Abs. 2 PBefG vor, muss die Genehmigungsbehörde ermitteln, welcher Unternehmer mit seinem Antrag die beste Verkehrsbedienung anbietet (§ 13 Abs. 2b S. 1 PBefG) und ob gegebenenfalls der Altunternehmer trotz schlechter Bedienung aus Gründen des Besitzstandsschutzes zu bevorzugen ist (§ 13 Abs. 3 PBefG).[991] Die Auswahl der besten Verkehrsbedienung durch die Genehmigungsbehörde wird als Genehmigungswettbewerb bezeichnet.[992] Beim Genehmigungswettbewerb muss Art. 12 Abs. 1 i. V. m. Art. 3 Abs. 1 GG gewährleisten, dass jeder Bewerber eine faire Chance erhält und in einem angemessenen Verfahren behandelt wird.[993] Durch die Novelle schafft der Gesetzgeber eindeutige Fristen für verschiedene Verfahrensstufen und regelt die Maßstäbe für die von der Genehmigungsbehörde zu treffende Auswahlentscheidung.[994] Der Genehmigungswettbewerb ist wegen der Verfahrenskonstruktion in der Praxis nur für konkurrierende eigenwirtschaftliche Verkehre anwendbar.[995]

Fraglich ist, wie die Auswahlentscheidung von der Genehmigungsbehörde getroffen werden kann, weil das vom Gesetzgeber vorgegebene Auswahlkriterium der besten Verkehrsbedienung in hohem Maße unbestimmt und auslegungsbedürftig ist.[996] Um die Bewertung zu erleichtern, hat der Gesetzgeber auf den Nahverkehrsplan verwiesen, diesem jedoch keine Verbindlichkeit verliehen.[997] Die Berücksichtigung des Nahverkehrsplans und des Altunternehmerprivilegs sowie die Gesamtbetrachtung der öffentlichen Verkehrsinteressen führen dazu,[998] dass der Genehmigungsbehörde bei der Entscheidung über die Auswahl des zuzulassenden Unternehmerangebots ein Entscheidungsspielraum zukommt. Zu diesem Entscheidungsspielraum wird teilweise vertreten, dass der Gesetzgeber durch den unbestimmten Rechtsbegriff „beste Verkehrsbedienung" der Behörde einen Beurteilungsspielraum eingeräumt habe.[999] Nach st. Rspr.

---

991 Werner in: Baumeister, A 3 Rn. 208.

992 BVerfG, Beschl. v. 11.10.2010 – 1 BvR 1425/10, Rn. 1.

993 BVerfG, Beschl. v. 11.10.2010 – 1 BvR 1425/10, Rn. 10.

994 Fiedler/Wachinger, N&R 2013, 194, 195.

995 Knauff, GewArch 2013, 283, 287.

996 Saxinger, GewArch 2014, 377, 378.

997 Fromm/Sellmann/Zuck, PBefG, § 13 Rn. 15d.

998 VGH Mannheim, Urt. v. 31.03.2009 – 3 S 2455/06, NVwZRR 2009, 720, 725.

999 VG Koblenz, Urt. v. 28.01.2015 – 5 K 510/14.KO, BeckRS 2015, 41687; VG Augsburg, Urt. v. 27.09.2016 – Au 3 K 15.489, BeckRS 2016, 53159, Rn. 23.

liegt die Auswahlentscheidung im Ermessen der Genehmigungsbehörde.[1000] Das Gericht kann nur prüfen, ob die gesetzlichen Grenzen des Ermessens überschritten sind oder von dem Ermessen in einer dem Zweck der Ermächtigung nicht entsprechenden Weise Gebrauch gemacht worden ist (§ 114 S. 1 VwGO).[1001]

Bei der Auswahlentscheidung ist einerseits durch die Berufsfreiheit in Art. 12 Abs. 1 GG der Wettbewerb der Unternehmer um den Zugang zum Markt geschützt.[1002] Andererseits müssen im Rahmen des Genehmigungsverfahrens die öffentlichen Belange ausreichend berücksichtigt werden: die Festlegungen des Nahverkehrsplans nach § 13 Abs. 2b S. 2 PBefG, das Altunternehmerprivileg in § 13 Abs. 3 PBefG, die öffentlichen Verkehrsinteressen i. S. v. § 13 Abs. 2 S. 1 Nr. 2 PBefG.[1003] Daher ist die zu treffende Auswahlentscheidung das Ergebnis einer umfassenden und komplexen Abwägung, bei der gegenläufige öffentliche und private Belange einzustellen, zu gewichten und auszugleichen sind.[1004] Für die Kontrolle der Auswahlentscheidung ist die Abwägungsfehlerlehre geeignet.[1005] Die Genehmigungsbehörde unterliegt bei der Ausfüllung des Entscheidungsspielraums besonderen Begründungsanforderungen.[1006] Die Auswahlentscheidung muss von der Behörde so ausführlich begründet werden, dass dem nachprüfenden Gericht die ihm obliegende Kontrolle möglich wird.[1007] Es ist dem Gericht unter diesen Umständen verwehrt, anstelle der Behörde eigene Abwägungen anzustellen und die der Behörde vorbehaltene Auswahlentscheidung selbst zu treffen.[1008]

1000 BVerwG, Beschl. v. 18.06.1998 – 3 B 223.97, BeckRS 1998, 30437698; VGH Mannheim, Urt. v. 31.03.2009 – 3 S 2455/06, NVwZRR 2009, 720, 725; OVG Koblenz, Urt. v. 15.04.2015 – 7 A 10718/14.OVG, BeckRS 2015, 45205; Saxinger, GewArch 2014, 377, 378. Dagegen als gebundene Entscheidung siehe Heinze, ZRP 2012, 84, 86; ders. in Heinze/Fehling/Fiedler, PBefG, § 13 Rn. 70 ff.

1001 VGH Kassel, Urt. v. 18.08.2009 – 2 A 1515/08, NZBau 2010, 264, 269.

1002 BVerwG, Urt. v. 24.06.2010 – 3 C 14/09, NVwZ 2011, 115, Rn. 22.

1003 Z. B. ob der eigenwirtschaftliche Verkehr dauerhaft betrieben werden kann, siehe BVerwG, Urt. v. 24.10.2013 – 3 C 26/12, NVwZ-RR 2014, 224; ob der Genehmigungsantrag eine „Rosinenpickerei" besteht, siehe VG Augsburg, Urt. v. 27.09.2016 – Au 3 K 15.489, BeckRS 2016, 53159.

1004 BVerwG, Urt. v. 28.11.2007 – 6 C 42/06, NVwZ 2008, 575, Rn. 28.

1005 VG Augsburg, Urt. v. 27.09.2016 – Au 3 K 15.489, BeckRS 2016, 53159, Rn. 23.

1006 BVerwG, Beschl. v. 10.12.2014 – 6 C 18/13, NVwZ 2015, 967, Rn. 38.

1007 BVerwG, Beschl. v. 13.12.2012 – 3 B 46.12, BeckRS 2013, 46749, Rn. 7; VG Düsseldorf, Urt. v. 05.02.2015 – 6 K 7650/13, BeckRS 2015, 42403.

1008 VG Trier, Urt. v. 03.06.2014 – 1 K 388/14.TR, BeckRS 2014, 54054.

In der Genehmigungspraxis wird eine Bewertungsmatrix (Bewertungsrichtlinie im „Wittenberger Modell“)[1009] nach Maßgabe der Vorgaben im Nahverkehrsplan für die Beurteilung aller im Genehmigungswettbewerb eingegangenen Angebote vom Aufgabenträger in enger Abstimmung mit der Genehmigungsbehörde erstellt. Dabei werden die angebotenen Verkehrsleistungen nach Quantität und Qualität erfasst und anhand gewichteter Wertungskriterien beurteilt.[1010] Eine gesetzliche Pflicht der Behörde zur Aufstellung einer Bewertungsmatrix besteht nicht.[1011] Umstritten bleibt, ob die Genehmigungsbehörde Auskunft über eine solche Bewertungsmatrix erteilen muss. Eine derartige behördliche Pflicht wurde bislang überwiegend verneint.[1012] Das hat zur Folge, dass das Auswahlverfahren insofern an unzureichender Transparenz leidet.[1013] Die Ablehnung der Aufstellung und Offenlegung der Bewertungsmatrix genügt den aus Art. 12 Abs. 1 GG abgeleiteten Anforderungen nicht. Nimmt ein Auswahlverfahren unmittelbaren Einfluss auf Konkurrenzsituationen und damit auf das Ergebnis der Auswahlentscheidung, muss das Verfahren nach Rechtsprechung des BVerfG so ausgestaltet sein, dass tatsächlich von allen potenziellen Bewerbern derjenige gefunden wird, der am ehesten den gesetzten Anforderungen entspricht.[1014] Daher soll die zuständige Behörde bereits im Vorfeld des Auswahlverfahrens den Beteiligten Bewertungskriterien zur Verfügung stellen, damit die Unternehmen ihre Anträge an den maßgeblichen Kriterien der Leistungserbringung ausrichten und die Genehmigungsmöglichkeit berechnen können.[1015]

Sofern die Bewertungsmatrix bekanntgemacht wird, tritt eine Ermessensbindung an diese ein.[1016] Allerdings darf diese Selbstbindung nicht dazu führen, dass jede andere Entscheidung als die Genehmigungserteilung an den Antragsteller, der sich nach Bewertungsmatrix in einer besseren Ausgangsposition befindet, rechtswidrig wäre. Nach der Rechtsprechung kann die Realisierbarkeit des Leistungsangebots an der Genehmigungserteilung hindern.[1017]

1009 Wenzel/Denzin/Siederer, LKV 2008, 18, 21.

1010 VGH Mannheim, 31.03.2009 – 3 S 2455/06, NVwZ-RR 2009, 720, 726.

1011 Saxinger, GewArch 2014, 377, 380.

1012 VGH Mannheim, 31.03.2009 – 3 S 2455/06, NVwZ-RR 2009, 720, 725; VG Braunschweig, Beschl. v. 08.07.2005 – 6 B 370/05, BeckRS 2005, 28376.

1013 Werner in: Baumeister, A 3 Rn. 225; Heinze in Heinze/Fehling/Fiedler, PBefG, § 13 Rn. 14.

1014 BVerwG, Urt. v. 02.07.2003 – 3 C 46/02, NJW 2003, 2696, 2698.

1015 Werner in: Baumeister, A 3 Rn. 209.

1016 OVG Magdeburg, Urt. v. 01.08.2012 – 3 L 2/11, BeckRS 2012, 60842. Verneind Saxinger, GewArch 2014, 377, 380.

1017 VGH Mannheim, 31.03.2009 – 3 S 2455/06, NVwZ-RR 2009, 720, 726.

b. Altunternehmerprivileg

Auf dem ÖPNV-Markt gibt es ein Dilemma zwischen guter Verkehrsbedienung und Investitionsschutz durch Zubilligung von Großvaterrechten, wie der TK-Sektor zeigt.[1018] Nach § 13 Abs. 3 PBefG ist der Altunternehmer angemessen zu berücksichtigen, wenn der von ihm jahrelang ausgeübte Betrieb den öffentlichen Verkehrsinteressen entsprach. Gegen § 13 Abs. 2 S. 1 Nr. 3 lit. c PBefG stellt § 13 Abs. 3 PBefG eine selbstständige Regelung dar, wenn nach Ablauf einer Genehmigung ein Antrag auf Erteilung einer neuen Genehmigung gestellt wird.[1019] § 13 Abs. 3 PBefG kommt eine tragende Rolle nur bei der Genehmigung konkurrierender eigenwirtschaftlichen Verkehre zu, denn die Anwendung des Altunternehmerprivilegs bei der Vergabe der öffentlichen Dienstleistungsaufträge würde gegen das Gleichbehandlungsgebot verstoßen.[1020] Im Hinblick auf das Berücksichtigungsgebot leidet das Altunternehmerprivileg in der Praxis unter großer Rechtsunsicherheit.

Nach der Rechtsprechung setzt das Altunternehmerprivileg voraus, dass der Unternehmer den Verkehr selbst betrieben haben muss, was bspw. im Falle einer Betriebsführungsübertragung gemäß § 2 Abs. 2 Nr. 3 PBefG nicht der Fall ist.[1021] Der Besitzstandschutz kann ferner dann eingeschränkt sein, wenn große Teile des Verkehrs von Subunternehmern erbracht wurden.[1022] Hoch umstritten ist, wie das Altunternehmerprivileg angemessen beim Genehmigungswettbewerb berücksichtigt werden kann. Zum Teil wird vertreten, dass dem Altunternehmer gegenüber einem Neubewerber ein starker Schutz zukomme, der nur durch gewichtige Gründe bzw. ein überzeugend besseres Angebot überwunden werden könne.[1023] Zugleich gibt es eine weniger anspruchsvolle Rechtsprechung, wonach ein einfaches „Besser" ausreicht, damit sich der Neueinsteiger durchsetzen kann.[1024]

Nach der höchstrichterlichen Rechtsprechung kommt das Altunternehmerprivileg nicht nur dann zum Tragen, wenn die konkurrierenden Verkehrsangebote

---

1018 Werner in: Baumeister, A 3 Rn. 225; Haucap/Heimeshoff, WiVerw 2010,92, 97.

1019 VGH München, Urt. v. 06.03.2008 – 11 B 04.2449, NJOZ 2008, 3833, 3836; VGH Mannheim, Urt. v. 27.11.2003 – 3 S 709/03, BeckRS 2003, 25650.

1020 Schröder, NVwZ 2008, 1288, 1294; Fehling in Heinze/Fehling/Fiedler, PBefG, § 8b Rn. 36.

1021 BVerwG, Urt. v. 19.10.2006 – 3 C 33/05, NVwZ 2007, 330, Rn. 47 ff.

1022 VG Sigmaringen, Urt. v. 23.02.2005 – 5 K 910/04, BeckRS 2005, 25622; Knauff, NZV 2007, 556, 558.

1023 VG Freiburg, Urt. v. 18.12.2002 – 1 K 2400/99, NJOZ 2004, 1167, 1176.

1024 VG Minden, Beschl. v. 15.06.2007 – 7 L 226/07, BeckRS 2007, 25911.

annähernd gleichwertig sind. Die angemessene Berücksichtigung eines Altunternehmers kann nach Maßgabe der Umstände des Einzelfalles auch dazu führen, dass ein gewisser Rückstand seines Verkehrsangebotes gegenüber dem konkurrierender Anbieter ausgeglichen werden kann.[1025] Macht der Newcomer ein besseres Angebot, so ist dessen Vorsprung mit dem Altunternehmerprivileg des Konkurrenten abzuwägen.[1026] Gerade der Gedanke des Schutzes von Investitionen des Altkonzessionärs legt nahe, dass ein geringfügiges qualitatives Zurückliegen des vom Altunternehmer unterbreiteten Verkehrsangebots nicht zwingend zu seinem Unterliegen bei der Auswahlentscheidung führen muss.[1027] Für das BVerwG ist ein besseres Angebot nur eine notwendige, nicht aber eine hinreichende Bedingung dafür, dass der Neubewerber zum Zuge kommt.[1028] Dies kann dazu führen, dass der Neubewerber faktisch ein wesentlich besseres Angebot abgeben muss. Unter diesem Umstand fehlt ihm im Regelfall eine realistische Chance auf Marktzutritt.[1029]

Das Genehmigungsverfahren wird noch dadurch überlastet, dass der Gesetzgeber durch die Novelle 2012 die verbindliche Zusicherung in § 12 Abs. 1a PBefG eingeführt hat. Viele Neubewerber verwenden verbindliche Zusicherungen, um die Aussichten im Genehmigungswettbewerb zu erhöhen. Problematisch ist, wie die Behörde mit dem Altunternehmerprivileg und Zusicherungen der Neubewerber umgehen kann.[1030] Nach der Rechtsprechung muss die Behörde die inhaltliche Reichweite der abgegebenen Zusicherung zutreffend auslegen und damit einen maßgeblichen Wertungsgesichtspunkt objektiv angemessen gewichten; diese Auslegung und Gewichtung unterliegen voller gerichtlichen Prüfung.[1031]

Die Abgabe der verbindlichen Zusicherungen schafft nicht selbstverständlich die beste Verkehrsbedienung i. S. v. § 13 Abs. 2b PBefG. Die Frage nach dem besseren Angebot bei Abgabe verbindlicher Zusicherungen hängt vielmehr von der Bedeutung des zugesicherten Standards ab.[1032] Die Genehmigungsbehörde muss jede durch den Antragsteller abgegebene verbindliche Zusicherung gesondert

---

1025 BVerwG, Urt. v. 12.12.2013 – 3 C 30.12, KommJur 2014, 306, Rn. 43.

1026 BVerwG, Urt. v. 12.12.2013 – 3 C 30.12, KommJur 2014, 306, Rn. 44.

1027 BVerwG, Urt. v. 12.12.2013 – 3 C 30.12, KommJur 2014, 306, Rn. 45; gefolgt von VG Trier, 25.08.2015 – 1 K 843/15, BeckRS 2015, 52502.

1028 BVerwG, Urt. v. 12.12.2013 – 3 C 30.12, KommJur 2014, 306, Rn. 44.

1029 IHK, Busverkehr, S. 29.

1030 Allzu optimistisch IHK, Busverkehr, S. 28.

1031 VG Koblenz, Urt. v. 28.01.2015 – 5 K 510/14.KO, BeckRS 2015, 41687.

1032 OVG Koblenz, Urt. v. 15.04.2015 – 7 A 10718/14.OVG, BeckRS 2015, 45205, Rn. 37.

hinsichtlich Inhalt und Bedeutung würdigen. Wenn der von einem Unternehmer verbindlich zugesicherte Standard von dem Altkonzessionär zukünftig auch ohne entsprechende Zusicherung eingehalten wird oder nur eine Bagatelle betrifft, kommt der verbindlichen Zusicherung keine ausschlaggebende Bedeutung zu.[1033] Führen die verbindlichen Zusicherungen zu einer so großen Verbesserung des Angebots, muss das Altunternehmerprivileg überwunden werden, weil es nur einen gewissen Rückstand des Angebots des Altkonzessionär ausgleichen kann.[1034]

Das Altunternehmerprivileg nach der Ausgestaltung des Gesetzes muss im Rahmen der im behördlichen Ermessen stehenden Auswahlentscheidung in § 13 Abs. 2b S. 1 PBefG angemessen berücksichtigt werden. Fraglich ist daher, ob der Behörde in § 13 Abs. 3 PBefG ein Entscheidungsspielraum eingeräumt wird. Zunächst ging die Rechtsprechung überwiegend davon aus, dass die angemessene Berücksichtigung stets von den besonderen Umständen des Einzelfalls abhängig und gerichtlich voll nachprüfbar sei.[1035] Später hat das BVerwG erklärt, dass die jahrelange beanstandungsfreie Betriebsführung ein Gesichtspunkt ist, der in die im behördlichen Ermessen stehende Auswahlentscheidung einzustellen ist.[1036] Angesichts der engen Verbindung mit Verkehrsplanung ist es nicht ausgeschlossen, dass es sich bei § 13 Abs. 3 PBefG um eine Ermessensentscheidung handelt, die demzufolge nur einer eingeschränkten gerichtlichen Kontrolle zugänglich ist.[1037]

3. *Mehrfachgenehmigungsverbot*

a. *Schutz der genehmigten Verkehre*

Im Genehmigungswettbewerb bewerben sich zwei oder mehrere Antragsteller um eine offene Genehmigung. Werden die Verkehrsleistungen von einem bereits genehmigten Unternehmer erbracht, ist das Genehmigungsverfahren für einen neu beantragten Verkehr vom Gesetzgeber anders ausgestaltet (sog. Zusammentreffen beantragter mit genehmigten Verkehren).[1038] Der neue beantragte Verkehr darf die öffentlichen Verkehrsinteressen nicht beeinträchtigen (§ 13 Abs. 2

1033 OVG Koblenz, Urt. v. 15.04.2015 – 7 A 10718/14.OVG, BeckRS 2015, 45205, Rn. 38.
1034 OVG Koblenz, Urt. v. 15.04.2015 – 7 A 10718/14.OVG, BeckRS 2015, 45205, Rn. 56.
1035 BVerwG, Urt. v. 11.10.1968 – VII C 16/66, BVerwGE 30, 242, 248; OVG Lüneburg, Urt. v. 16.09.2004 – 7 LB 3545/01, NVwZ-RR 2005, 105, 110.
1036 BVerwG, Urt. v. 19.10.2006 – 3 C 33/05, NVwZ 2007, 330, Rn. 50.
1037 VGH München, Urt. v. 06.03.2008 – 11 B 04.2449, NJOZ 2008, 3833, 3841.
1038 A.A. Heinze in Heinze/Fehling/Fiedler, PBefG, § 13 Rn. 78.

S. Nr. 3 PBefG). Exemplarisch ausgefüllt wird der Begriff der Beeinträchtigung der öffentlichen Verkehrsinteressen durch den Anforderungskatalog von § 13 Abs. 2 S. 1 Nr. 3 lit. a bis d. Die in § 13 Abs. 2 S. 1 Nr. 3 lit. a bis d benannten Belange sind nicht abschließend.[1039]

Aus § 13 Abs. 2 S. 1 Nr. 3 PBefG wird ein Parallelbedienungsverbot von der Rechtsprechung abgeleitet, wonach nicht mehreren Unternehmen für denselben Verkehr parallel zueinander eine Linienverkehrsgenehmigung erteilt wird.[1040] Nach der Rechtsprechung könnte eine Parallelbedienung zur Unwirtschaftlichkeit der Leistungserbringung und schließlich zu einem ruinösen Wettbewerb führen.[1041] Durch das Parallelbedienungsverbot ist eine Schutzwirkung für die Unternehmer mit bestehendem Angebot gegeben. Allerdings soll der Altunternehmer nicht vor Konkurrenz schlechthin geschützt werden. Es sollte durch konkrete und substanziierte Angabe belegt werden, dass der neue beantragte Verkehr tatsächlich die wirtschaftliche Grundlage des Altunternehmers gefährden könnte.[1042] Daher muss das Verbot einschränkend ausgelegt werden, um den verfassungsrechtlichen Anforderungen an die damit verbundene Einschränkung der Berufsfreiheit nach Art. 12 Abs. 1 GG zu genügen.[1043]

Die Genehmigung ist dann zu versagen, wenn der Verkehr mit den vorhandenen Verkehrsmitteln bereits befriedigend bedient wird, wenn der beantragte Verkehr ohne eine wesentliche Verbesserung der Verkehrsbedienung Verkehrsaufgaben wahrnehmen soll, die vorhandene Unternehmen oder Eisenbahnen bereits wahrnehmen, oder wenn die für die Bedienung dieses Verkehrs vorhandenen Unternehmen oder Eisenbahnen bereit sind, das Ausgestaltungsrecht auszuüben (§ 13 Abs. 2 S. 1 Nr. 3 lit. a bis c PBefG). Die benannten Versagungsgründe sind in der gesetzlichen Reihenfolge zu untersuchen.[1044] Ob eine Liniengenehmigung gegen das Parallelbedienungsverbot verstößt, ist vom Standpunkt der Verkehrsnutzer aus zu beurteilen.[1045] Sind für die Verkehrsnutzer nur Endhaltestellen maßgeblich, ist ein Verstoß gegen das Verbot nicht ausgeschlossen, obwohl die Linienführungen ganz unterschiedlich verlaufen.[1046] Das Verbot

---

1039 BVerwG, Urt. v. 24.10.2013 – 3 C 26/12, NVwZ- RR 2014, 224, Rn. 23.

1040 BVerwG, Urt. v. 24.06.2010 – 3 C 14/09, NVwZ 2011, 115, Rn. 15; nach Novelle des PBefG siehe VG Düsseldorf, Urt. v. 05.02.2015 – 6 K 7650/13, BeckRS 2015, 42403.

1041 BVerwG, Urt. v. 24.06.2010 – 3 C 14/09, NVwZ 2011, 115, Rn. 15.

1042 BVerwG, Urt. v. 24.06.2010 – 3 C 14/09, NVwZ 2011, 115, Rn. 22.

1043 OVG Hamburg, Beschl. v. 20.09.2004 – 1 Bs 303/04, NJOZ 2004, 4380, 4382.

1044 BVerwG, Urt. v. 11.10.1968 – VII C 111.66, BVerwGE 30, 251, 253; Werner in: Baumeister, A 3 Rn. 215.

1045 Fromm/Sellmann/Zuck, PBefG, § 13 Rn. 7.

1046 VG Düsseldorf, Urt. v. 05.02.2015 – 6 K 7650/13, BeckRS 2015, 42403.

beschränkt sich daher nicht auf Fälle exakter Übereinstimmung in allen Einzelheiten (Linienführung, Haltestellen, Fahrplan).[1047] Bei der Erteilung einer Zustimmung zur Fahrplanänderung ist auch zu prüfen, ob der Zustimmung Versagungsgründe des § 13 Abs. 2 S. 1 Nr. 3 PBefG entgegenstehen, weil sie verschiedene Verkehrsbedürfnisse betrifft.[1048]

Ob der Verkehr mit den vorhandenen Verkehrsmitteln befriedigend bedient wird, hängt regelmäßig von vielen Faktoren ab, einschließlich der Streckenführung, zeitlicher Dichte der Bedienung und der Fahrpreisermäßigung.[1049] Unter Verkehr ist der Bedarf der Verkehrsnutzer nach Angeboten im ÖPNV zu verstehen.[1050] Eine befriedigende Bedienung des Verkehrs mit den vorhandenen Verkehrsmitteln liegt nicht vor, wenn eine Lücke im Verkehrsangebot besteht, wenn – mit anderen Worten – die Nachfrage das Angebot übersteigt.[1051] Wird eine Lücke im Verkehrsangebot festgestellt, dann ist zu prüfen, ob der Antrag eine wesentliche Verbesserung der Verkehrsbedienung verspricht. Geringfügige Verbesserungen verschaffen keinen Vorrang.[1052] Eine wesentliche Verbesserung liegt erst vor, wenn die Verkehrsnutzer in ein günstigeres Tarifsystem oder Außenbezirke von Gemeinden in das innerörtliche Verkehrsnetz einbezogen werden.[1053]

Nach st. Rspr. kommt der Genehmigungsbehörde bei der Bewertung von Verkehrsbedürfnissen der unterschiedlichsten Art und ihrer befriedigenden Bedienung und sowie einer wesentlichen Verbesserung der Verkehrsbedienung im Sinne von § 13 Abs. 2 S. 1 Nr. 3 lit. a und b PBefG ein Beurteilungsspielraum zu, der auch die Frage einschließt, wie gewichtig einzelne öffentliche Verkehrsinteressen sowohl für sich gesehen als auch im Verhältnis zu anderen sind.[1054]

1047 VG München, Urt. v. 25.03.2015 – M 23 K 13.3440, BeckRS 2015, 52515.

1048 VG Ansbach, Beschluss v. 04.12.2012 – 10 S 12.00163.

1049 BVerwG, Urt. v. 24.06.2010 3 C 14/09 (VGH Kassel), NVwZ 2011, 115, Rn. 18 f.

1050 Werner in: Baumeister, A 3 Rn. 216; VG Düsseldorf, Urt. v. 05.02.2015 – 6 K 7650/13, BeckRS 2015, 42403.

1051 BVerwG, Urt. v. 24. 6. 2010 – 3 C 14/09, NVwZ 2011, 115, Rn. 15; VG Düsseldorf, Urt. v. 05.02.2015 – 6 K 7650/13, BeckRS 2015, 42403.

1052 Heinze in Heinze/Fehling/Fiedler, PBefG,§ 13 Rn. 86; VG München, Urt. v. 25.03.2015 – M 23 K 13.3440, BeckRS 2015, 52515. Ein Zeitvorteil von 8 Minuten fällt nicht ins Gewicht, wenn die Fahrt planmäßig 88 Minuten dauert, siehe VG Düsseldorf, Urt. v. 05.02.2015 – 6 K 7650/13, BeckRS 2015, 42403

1053 Heinze in Heinze/Fehling/Fiedler, PBefG, § 13 Rn. 88.

1054 BVerwG, Urt. v. 28.07.1989 – 7 C 39/87 NJW 1989, 3233, 3235; BVerwG, Urt. v. 24. 6. 2010 – 3 C 14/09, NVwZ 2011, 115, Rn. 13; VGH München, Urt. v. 15.03.2012 – 11 B 09.1100, Rn. 50;

Dazu hat die Genehmigungsbehörde die Verkehrsbedürfnisse zu ermitteln und zu bewerten, um dann entscheiden zu können, ob und in welchem Maße sie befriedigt werden können und sollen. Diese Entscheidung setzt nicht nur prognostische, sondern auch verkehrs- und raumordnerische Wertungen voraus. Die Behördenentscheidung ist deshalb ähnlich wie andere planerische Verwaltungsentscheidungen der gerichtlichen Prüfung nur begrenzt zugänglich.[1055] Steht der Behörde ein Beurteilungsspielraum zu, muss die Beurteilung von ihr so ausführlich begründet werden, dass dem nachprüfenden Gericht die ihm obliegende Kontrolle möglich wird.[1056]

Liegen die Versagungsgründe des § 13 Abs. 2 S. 1 Nr. 3 lit. a und b PBefG nicht vor, haben die vorhandenen Unternehmen nach lit. c das Vorrecht, durch eine Ausgestaltung ihres Verkehrs selbst für eine entsprechende Verbesserung der Verkehrsbedienung zu sorgen, um die neue Genehmigungserteilung zu verhindern.[1057] Das Ausgestaltungsrecht des vorhandenen Unternehmers wird eng gesetzt,[1058] also nur auf Ergänzung beschränkt.[1059] Der vorhandene Unternehmer verliert seinen Schutz vor neuen Genehmigungserteilung, wenn er davon keinen Gebrauch macht oder den Verkehr umgestalten müsste.[1060] Eine erst entstehende Bereitschaft für die Ausgestaltung ist nicht ausreichend.[1061] Das Ausgestaltungsrecht ist nur bei eigenwirtschaftlichen Verkehren möglich, weil der beauftragte Unternehmer auf Grundlage der Vorgaben des öffentlichen Dienstleistungsauftrags nicht über derartige Spielräume verfügt.[1062]

Mit dem durch die Novelle neu geschaffenen Versagungsgrund lit. d soll nach dem Gesetzgeber vermieden werden, dass Unternehmer sich ertragreiche Verkehre aus einem vorhandenen Netz oder Linienbündel heraussuchen können, während die übrigen Verkehre von der öffentlichen Hand finanziert werden müssen.[1063] Ist lit. d auch in der gesetzlichen Reihenfolge zu prüfen, bedeutet

1055 BVerwG, Urt. v. 24.06.2010 - 3 C 14/09, NVwZ 2011, 115, Rn. 13; BVerwG, Beschl. v. 13.12.2012 - 3 B 46.12, BeckRS 2013, 46749, Rn. 7; VG München, Urt. v. 25.03.2015 - M 23 K 13.3440, BeckRS 2015, 52515.

1056 BVerwG, Beschl. v. 13.12.2012 - 3 B 46.12, BeckRS 2013, 46749, Rn. 7; VG Düsseldorf, Urt. v. 05.02.2015 - 6 K 7650/13, BeckRS 2015, 42403.

1057 BVerwG, Urt. v. 24.06.2010 - 3 C 14/09, NVwZ 2011, 115, Rn. 27.

1058 Werner in: Baumeister, A 3 Rn. 218.

1059 BVerwG, Urt. v. 24.06.2010 - 3 C 14/09, NVwZ 2011, 115, Rn. 29.

1060 BVerwG, Urt. v. 28.07.1989 - 7 C 39/87, NJW 1989, 3233, 3234; BVerwG, Urt. v. 24.06.2010 - 3 C 14/09, NVwZ 2011, 115, Rn. 30.

1061 OVG Bautzen, Beschl. v. 20.07.2012 - 4 A 718/10, Rn. 11.

1062 Knauff, GewArch 2013, 283, 289; Fromm/Sellmann/Zuck, PBefG, § 13 Rn. 11.

1063 BT-Dr. 17/8233, S. 16.

dies für den Neubewerber, dass sein Antrag sich nicht auf einzelne ertragreiche Linien oder auf ein Teilnetz beschränken soll, wenn er eine Lücke im Angebot entdeckt, eine wesentliche Verbesserung durchführt und der Altunternehmer sein Ausgestaltungsrecht aufgibt.[1064] Nach diesem Verständnis müssen die Neubewerber zumeist Linien eines vorhandenen Verkehrsnetzes übernehmen, weil sonst insbesondere Mittelstandsunternehmen keine Chance auf den Marktzutritt haben.[1065]

Die Verhinderung einer „Rosinenpickerei“ in § 13 Abs. 2 S. 1 Nr. 3 lit. d PBefG kann ohne gesetzliche Reihenfolge allein für die Prüfung eines eigenwirtschaftlichen Antrags herangezogen werden.[1066] Hat der Bewerber sich nicht nur um die lukrative Linie, sondern auch um die wenig ertragreichen Linien und um die defizitären Linien beworben, ist nicht erkennbar, dass er eine „Rosinenpickerei“ betriebe.[1067] Da der Aufgabenträger mit der Festlegung von Linienbündeln eine Vorentscheidung über die Notwendigkeit der Ausschreibung eines öffentlichen Dienstleistungsauftrags trifft und über Ausmaß und Charakter des Wettbewerbs bestimmt,[1068] muss er das Gebot der eigenwirtschaftlichen Verkehrsbedienung beachten.[1069] Richtigerweise soll der Versagungsgrund nicht greifen, wenn der Eintritt einer Finanzierungslast des Aufgabenträgers ausgeschlossen werden kann.[1070] Der Aufgabenträger darf einzelne ertragreiche und eigenwirtschaftliche Linien nicht in zuschussbedürftige Verkehre integrieren und ihrer Eigenwirtschaftlichkeit berauben.[1071]

b. Linienverkehrsgenehmigung als ausschließliches Recht?

Mit Blick auf die Wirkung des Parallelbedienungsverbots ist streitig, ob die Linienverkehrsgenehmigung i. S. eines ausschließlichen Rechts wirkt.[1072] Ein ausschließliches Recht ist in Art. 2 lit. f VO 1370/2007 legaldefiniert als ein den Ausschluss aller anderen Betreiber ermöglichendes Recht. Teilweise wird vertreten, dass die Linienverkehrsgenehmigung lediglich bestimmte Vorrechte

1064 Werner in: Baumeister, A3 Rn. 222.
1065 Werner in: Baumeister, A 3 Rn. 222.
1066 Siehe VG Augsburg, Urt. v. 27.09.2016 – Au 3 K 15.489, BeckRS 2016, 53159.
1067 VG Augsburg, Urt. v. 27.09.2016 – Au 3 K 15.489, BeckRS 2016, 53159, Rn. 30.
1068 Brenner/Arnold, NVwZ 2015, 385, 386.
1069 Bühner/Siemer, DÖV 2015, 21, 25.
1070 Fromm/Sellmann/Zuck, PBefG, § 13 Rn. 13.
1071 Bühner/Siemer, DÖV 2015, 21, 27.
1072 Werner in: Baumeister, A 3 Rn. 215.

gewähre und nicht ausschließlich sei.[1073] Überwiegend wird vertreten, dass die Liniengenehmigung durch den Schutz des Parallelbedienungsverbots ein ausschließliches Recht der VO 1370/2007 verleihe.[1074]

Durch eine Linienverkehrsgenehmigung erfolgt ein totaler Ausschluss der Wettbewerber gerade nicht. Die Genehmigung ist lediglich ein gewerberechtliches Instrument zur Gefahrenabwehr, um die ordnungsgemäße Verkehrsbedienung zu gewährleisten.[1075] Kann ein Neubewerber mit seinem Genehmigungsantrag die vorab skizzierten Versagungsgründe überwinden, so ist der Markt für ihn offen. Der gesetzlich vorgegebene Regulierungsrahmen geht somit nicht *per se* von einem Doppelbedienungsverbot aus, so dass hier zwei Unternehmen parallel nebeneinander Verkehrsleistungen erbringen können.[1076] Sollte die Linienverkehrsgenehmigung als ausschließliches Recht eingestuft werden, müsste gem. Art. 3 Abs. 1 VO 1370/2007 eine Vergabe im Rahmen eines öffentlichen Dienstleistungsauftrags erfolgen, dann wäre es sinnlos, den Vorrang der Eigenwirtschaftlichkeit weiter zu regeln.

Nach Ansicht der Bundesregierung ist die Linienverkehrsgenehmigung nicht als ausschließliches Recht anzusehen, weil sie keinen umfassenden Schutz vor Konkurrenz gewährt.[1077] Diese Ansicht ist vom Gesetzgeber aufgenommen worden und wurde folgerichtig in § 8a Abs. 8 PBefG ausdrücklich geregelt, wonach nicht die Linienverkehrsgenehmigung das ausschließliche Recht darstellt, sondern ein solches nur dann vorliegt, wenn die zuständige Behörde für nicht eigenwirtschaftliche Verkehre vor Erteilung des Rechts klarstellt, inwieweit dieses den Betreiber vor Konkurrenz schützen soll.[1078] Nach der Rechtsprechung soll der Altunternehmer nicht vor Konkurrenz schlechthin geschützt werden.[1079] Er verfügt daher nicht über ein exakt vorweg bestimmtes ausschließliches Recht, sondern kann seine Rechtsposition nur aus dem von der Genehmigungsbehörde zu beurteilenden öffentlichen Verkehrsinteressen ableiten.[1080]

1073 OLG Düsseldorf, Beschl. v. 02.03.2011 – VII-Verg 48/10, NZBau 2011, 244, 246.

1074 VG Halle, Urt. v. 25.10.2010 – 7 A 21/10; VGH München, Beschl. V. 16.8.2012 - Az. 11 CS 12.1607; Heinze, DVBl 2011, 534, 535; Albrecht/Gabriel, DÖV 2007, 907, 913; Nettesheim, NVwZ 2009, 1449, 1450; Linke, ÖPNV, S. 175.

1075 Röling, DVBl 2010, 1213, 1219.

1076 Werner in: Baumeister, A 3 Rn. 215.

1077 BT-Drs. 17/314, S. 3.

1078 BDO, PBefG, S. 6.

1079 BVerwG, Urt. v. 24.06.2010 – 3 C 14/09, NVwZ 2011, 115, Rn. 22.

1080 Werner in: Baumeister, A 3 Rn. 219.

Nach Nr. 2.2.6. Leitlinien VO 1370/2007 können die Mitgliedstaaten ein ausschließliches Recht durch Rechtsvorschriften oder Verwaltungspraktiken gewähren, die nicht ausschließlich erscheinen, aber andere Unternehmen *de facto* an einer Marktbeteiligung hindern. Angesichts dieser weiten unverbindlichen Auslegung des ausschließlichen Rechts könnte das Ausgestaltungsrecht der vorhandenen Unternehmer in § 13 Abs. 2 Satz 1 Nr. 3 lit. c PBefG als ein De-facto-Hindernis der Marktbeteiligung angesehen werden, weil der Wettbewerber trotz der Entdeckung der Lücke und wesentlicher Verbesserung die Chance des Marktzutritts verlieren könnte.[1081] Da das Interesse der Allgemeinheit an einem funktionsfähigen ÖPNV nach der Rechtsprechung des BVerfG strengere Maßstäbe in § 13 Abs. 2 S. 1 Nr. 3 PBefG für den Linienverkehr rechtfertigt,[1082] ist die Rechtsprechung des EuGH abzuwarten.[1083]

4. *Prüfungsumfang im Genehmigungsverfahren*

Um das Grundprinzip des Vorrangs der Eigenwirtschaftlichkeit zu verwirklichen, muss die Genehmigungsbehörde im Verfahren genau prüfen, ob der zu genehmigende Verkehr durch ein ausschließliches Recht oder unzulässige Ausgleichsleistungen geschützt wird. Liegt eine gemeinschaftsrechtlich unzulässige Beihilfe vor, ist der eigenwirtschaftliche Antrag abzulehnen.[1084]

Lange umstritten war, ob ein eigenwirtschaftlicher Antrag auch daraufhin überprüft werden muss, inwieweit die vom Antragsteller angebotene Bedienung tatsächlich dauerhaft eigenwirtschaftlich machbar ist. Die Rechtsprechung war zunächst der Auffassung, dass der Maßstab für die Beurteilung der finanziellen Leistungsfähigkeit nach § 13 Abs. 1 S. 1 Nr. 1 PBefG die Vermögenssituation des Unternehmers bei der Antragstellung sei.[1085] Danach habe die Behörde im Rahmen des Genehmigungsverfahrens nicht zu prüfen, wie der beantragte Linienverkehr künftig finanziert werde, weil für die Abschätzung zu erwartender Defizite und Deckung weder das PBefG noch PBZugV irgendeinen Maßstab zur Verfügung stelle.[1086]

1081 Linke, EuZW 2014, 766, 769; ders, ÖPNV, S. 174.

1082 BVerfG, Beschl. v. 08.06.1960 – 1 BvL 53/55, NJW 1960, 1515.

1083 Fehling in Heinze/Fehling/Fiedler, PBefG, § 8a Rn. 112.

1084 OVG Koblenz, Beschl. v. 04.11.2005 – 7 B 11329/05, LKV 2006, 276, 277; Werner in: Baumeister, A 3 Rn. 210.

1085 BVerwG, Urt. v. 06.04.2000 – 3 C 6/99, NVwZ 2001, 322, 324.

1086 OVG Lüneburg, Urt. v. 16.09.2004 – 7 LB 3545/01, NVwZ-RR 2005, 105, 107.

Die spätere Rechtsprechung hat an dieser Auffassung nicht festgehalten. Das OVG Mannheim ist der Ansicht, dass unter dem Aspekt von Dumping-Angeboten wegen des Gleichbehandlungsgebots die Ernsthaftigkeit und Realisierbarkeit der von dem Bewerber angebotenen Verkehrsbedienung zu prüfen seien.[1087] Im Anschluss daran meint der VGH Kassel, wenn der Behörde konkrete Anhaltspunkte dafür vorliegen, dass ein beantragter eigenwirtschaftlicher Verkehr nicht kostendeckend betrieben werden könne, sei der Bewerber verpflichtet, die Kostendeckung i. S. d. § 8 Abs. 4 S. 2 PBefG substantiiert darzulegen.[1088] Die uneinheitliche Auslegung des Gesetzes erschwert das Prüfungsverfahren der Genehmigungsbehörden. Mit der Entscheidung des BVerwG im Herbst 2013, die sich zwar auf die frühere Rechtslage bezieht, jedoch für das geltende Recht einschlägig ist,[1089] wird verdeutlicht, dass der Antrag abzulehnen ist, wenn konkrete Anhaltspunkte dafür vorliegen, dass der Antragsteller wegen fehlender Kostendeckung die Linie nicht dauerhaft betreiben kann.[1090] Die Dauerhaftigkeit des angebotenen Linienbetriebs ist als ein sonstiges öffentliches Verkehrsinteresse i. S. v. § 13 Abs. 2 S. 1 Nr. 3 PBefG einzustufen.[1091] Die Prüfung der Dauerhaftigkeit des beantragten Verkehrs soll die missbräuchliche Ausnutzung des Vorrangs der Eigenwirtschaftlichkeit verhindern, damit die Betriebspflicht tatsächlich für die Allgemeinheit erfüllt werden kann.[1092]

Entgegen der häufigen Ansicht, dass der Behörde bei dem Begriff „die öffentlichen Verkehrsinteressen" wegen seines planerischen Einschlags ein Beurteilungsspielraum zukomme,[1093] muss die Einräumung eines Beurteilungsspielraums in § 13 Abs. 2 S. 1 Nr. 3 PBefG je nach Einzelfall beurteilt werden. Die Anerkennung eines Beurteilungsspielraums im ÖPNV setzt nicht nur prognostische, sondern auch eine verkehrs- und raumordnerische Wertungen voraus, die ähnlich wie andere planerische Verwaltungsentscheidungen ausgestaltet sein müssen.[1094] Ob der beantragte Verkehr eine „Rosinenpickerei" darstellt,

1087 VGH Mannheim, Urteil v. 31.03.2009 – 3 S 2455/06, NVwZ-RR 2009, 720, 726.

1088 VGH Kassel, Urt. v. 05.04.2011 – 2 A 1593/10, BeckRS 2011, 50913.

1089 Knauff, GewArch 2014, 157, 159.

1090 BVerwG, Urt. v. 24.10.2013 – 3 C 26/12, NVwZ-RR 2014, 224; VG Meinigen, Urt. v. 1.4.2014 – 2K 190/12.

1091 BVerwG, Urt. v. 24.10.2013 – 3 C 26/12, NVwZ-RR 2014, 224, Rn. 23.

1092 BVerwG, Urt. v. 24.10.2013 – 3 C 26/12, NVwZ-RR 2014, 224, Rn. 27.

1093 Fromm/Sellmann/Zuck, PBefG, § 13 Rn. 5. Kritisch zum Begriff „die öffentlichen Verkehrsinteressen" siehe Heinze, ZRP 2012, 84, 85.

1094 St. Rspr. BVerwG, Urt. v. 24.06.2010 – 3 C 14/09, NVwZ 2011, 115, Rn. 13; BVerwG, Beschl. v. 13.12.2012 – 3 B 46.12, BeckRS 2013, 46749, Rn. 7; VGH München, Urteil v. 15.03.2012 – 11 B 09.1100, Rn. 50.

unterliegt bisher voller Gerichtskontrolle.[1095] Ebenfalls wird der Genehmigungsbehörde kein Beurteilungsspielraum bei der Beantwortung der Frage eingeräumt, ob die wirtschaftlichen Verhältnisse des Bewerbers einen Betrieb der Linie im beantragten Umfang erlauben.[1096]

III. Wettbewerb um den Markt

Nur soweit eine ausreichende Verkehrsbedienung durch eigenwirtschaftliche Verkehrsleistungen nicht sichergestellt ist, kann lückenfüllend die zuständige Behörde die Initiative ergreifen und Verkehrsleistungen mit finanziellem Ausgleich ins Werk setzen.[1097] Da nach den bisherigen Erfahrungen kaum eine Nahverkehrsstrecke oder gar ein ganzes Netz ausschließlich mit den Fahrgeldeinnahmen betrieben werden kann,[1098] fällt ein Großteil der Verkehrsleistungen bereits aufgrund der Ausgleichszahlungen in den Anwendungsbereich der VO 1370/2007.

Das Unionsrecht, konkret die VO 1370/2007, bietet der zuständigen Behörde die Möglichkeiten, entweder öffentlichen Dienstleistungsauftrag zu erteilen oder allgemeine Vorschriften zu erlassen, die zum Teil in §§ 8a, 8b PBefG weiter konkretisiert und ergänzt werden. Diese Konkretisierungen und Ergänzungen betreffen hauptsächlich den Verfahrensverlauf und Rechtsschutz. Zwischen Erteilung des öffentlichen Dienstleistungsauftrags und der Aufstellung allgemeiner Vorschriften hat der Aufgabenträger ein Wahlrecht,[1099] muss allerdings die Vorgaben der VO 1370/2007 beachten. Wird für die Erbringung einer Verkehrsleistung ein Ausgleich nur über eine allgemeine Vorschrift gewährt, ist diese Verkehrsleistung trotz Erfüllung gemeinwirtschaftlicher Verpflichtungen als eigenwirtschaftlich i. S. d. § 8 Abs. 4 S. 2 PBefG zu qualifizieren. Im Rahmen der Vorgaben des Nahverkehrsplans gestalten die Unternehmer den Verkehr eigenverantwortlich aus.[1100] Genehmigungsrechtlich genießen eigenwirtschaftliche Verkehrsleistungen Vorrang gegenüber solchen Verkehrsleistungen, für die ein Ausgleich im Rahmen eines öffentlichen Dienstleistungsauftrags gewährt wird.

Die individuelle Erteilung eines öffentlichen Dienstleistungsauftrags ist das zentrale Instrument für die Gewährleistung der ausreichenden

---

1095 VG Augsburg, Urt. v. 27.09.2016 Au 3 K 15.489, BeckRS 2016, 53159, Rn. 30.
1096 BVerwG, Urt. v. 24.10.2013 – 3 C 26/12, NVwZ-RR 2014, 224, Rn. 21.
1097 Fehling in Heinze/Fehling/Fiedler, PBefG, § 8a Rn. 10.
1098 Pünder, EuR 2007, 564, 566.
1099 Fehling in Heinze/Fehling/Fiedler, PBefG, § 8a Rn. 19.
1100 Rödl & Partner, Public, S. 15.

Verkehrsbedienungen.[1101] Die Gewährung ausschließlicher Rechte und/oder Ausgleichsleistungen für die Erfüllung gemeinwirtschaftlicher Verpflichtung hat dann im Rahmen eines öffentlichen Dienstleistungsauftrags zu erfolgen (Art. 3 Abs. 1 VO 1370/2007).[1102] Über einen öffentlichen Dienstleistungsauftrag kann jede Art gemeinwirtschaftlicher Verpflichtung begründet werden.[1103] Der Mindestinhalt des öffentlichen Dienstleistungsauftrags gem. Art. 4 Abs. 1, 2 und 7 der VO 1370/2007 umfasst die vom Betreiber zu bedienenden Linien und die Bedienungshäufigkeit, die Parameter zur Berechnung des Ausgleichsleistungen, die Aufteilung der Kosten und Einnahmen, Art und Umfang eines eingeräumten Ausschließlichkeitsrechts und eine Regelung über die Unteraufträge.[1104] Sollen Verkehrsleistungen mittels eines öffentlichen Dienstleistungsauftrags eingekauft werden, verfügt die öffentliche Hand als Besteller über weite Gestaltungsspielräume im Vergleich zu eigenwirtschaftlichen Verkehren, sowohl bei der Planung als auch bei der Auftragsvergabe.[1105]

Während Markt und Wettbewerb in der Vorgängerverordnung 1191/69 gar keine Rolle spielten, setzte sich die EU in der VO 1370/2007 für einen regulierten Wettbewerb ein.[1106] Gemeint ist ein staatlich initiierter und regulierter Ausschreibungswettbewerb um die ausschließliche Verkehrsbedienung und/oder Zuschüsse.[1107] Die konkreten Handlungsinstrumente im Rahmen der Erteilung eines öffentlichen Dienstleistungsauftrags umfassen Vergabeverfahren nach dem Kartellvergaberecht (Art. 5 Abs. 1 S. 2 VO 1370/2007, § 8a Abs. 2 S. 1 PBefG), ein wettbewerbliches Vergabeverfahren (§ 8b PBefG, Art. 5 Abs. 3 VO 1370/2007), Selbsterbringung und Direktvergabe an einen internen Betreiber (Art. 5 Abs. 2 VO 1370/2007, § 8a Abs. 3 PBefG), Direktvergabe von Kleinaufträgen (Art. 5 Abs. 4 VO 1370/2007) und Notvergabe (Art. 5 Abs. 5 VO 1370/2007). Bei der Auftragsvergabe spielen die ersten drei Vergabemodalitäten eine wichtige Rolle. Durch die Novelle 2012 hat der Gesetzgeber mehr Klarheit über das Verhältnis zwischen Vergabeverfahren und Genehmigungsverfahren geschaffen.[1108]

1101 Fehling in Heinze/Fehling/Fiedler, PBefG, § 8a Rn. 21.

1102 Fromm/Sellmann/Zuck, PBefG, § 8a Rn. 1.

1103 Werner in: Baumeister, A 3 Rn. 240.

1104 Fehling in Heinze/Fehling/Fiedler, PBefG, § 8a Rn. 22.

1105 Fehling/Niehnus, DÖV 2008, 662, 668.

1106 Erwägungsgründe 4 und 8 VO 1370/2007.

1107 Fehling/Niehnus, DÖV 2008, 662, 663.

1108 Fromm/Sellmann/Zuck, PBefG, § 8a Rn. 1.

1. Linienverkehrsgenehmigung und gemeinwirtschaftliche Verpflichtungen

Im Schrifttum ist umstritten, ob sich die mit der Liniengenehmigung einhergehende Betriebs- (§ 21 Abs. 1 PBefG), Beförderungs- (§ 22 PBefG) und Tarifpflicht (§ 39 PBefG) als gemeinwirtschaftliche Verpflichtungen i. S. v. Art. 2 lit. e VO 1370/2007 interpretieren lassen. Gemäß Art. 2 Abs. 2 der aufgehobenen VO 1191/69 wurden Verpflichtungen des öffentlichen Dienstes als die Betriebspflicht, die Beförderungspflicht und die Tarifpflicht definiert, die der EuGH[1109] und das BVerwG[1110] als gemeinwirtschaftliche Pflichten angesehen hatten. Nach diesem Verständnis übernehmen die eigenwirtschaftlichen Verkehre durch die Erteilung der Liniengenehmigung auch gemeinwirtschaftliche Verpflichtungen. Das hat zur Folge, dass alle Arten der Erbringung der Verkehrsleistungen unter den VO 1370/2007 fallen würden.

Die Gleichsetzung gemeinwirtschaftlicher Verpflichtungen und der Betriebs-, Tarif- und Beförderungspflicht erscheint im Hinblick auf VO 1370/2007 zweifelhaft. Gemäß Art. 1 lit. e VO 1370/2007 ist die gemeinwirtschaftliche Verpflichtung eine von der zuständigen Behörde festgelegte oder bestimmte Anforderung im Hinblick auf die Sicherstellung von im allgemeinen Interesse liegenden öffentlichen Personenverkehrsdiensten, die der Betreiber unter Berücksichtigung seines eigenen wirtschaftlichen Interesses nicht oder nicht im gleichen Umfang oder nicht zu den gleichen Bedingungen ohne Gegenleistung übernommen hätte. Diese Definition unterscheidet sich erheblich von der VO 1191/69:[1111] Mit der VO 1191/69 sollten die Verpflichtungen des öffentlichen Dienstes aufgehoben werden. Die Verkehrsunternehmen konnten danach die Aufhebung von gemeinwirtschaftlichen Pflichten beantragen, wenn ihnen aus den Pflichten wirtschaftliche Nachteile erwachsen. In VO 1370/2007 besteht ein Anspruch auf Befreiung von gemeinwirtschaftlichen Pflichten nicht mehr. Die von der zuständigen Behörde festgelegte oder bestimmte Anforderung ist dann erst gemeinwirtschaftliche Verpflichtung, wenn der Markt keine angemessenen Dienste bietet. Kurz gesagt, werden die Verkehrsdienste von dem Verkehrsunternehmen eigenwirtschaftlich erbracht, darf die mit der Liniengenehmigung einhergehende Pflicht nicht als gemeinwirtschaftliche Verpflichtung bezeichnet werden.

Der neue Rechtsrahmen für den Busfernverkehr bestätigt diese Schlussfolgerung. Der Busfernverkehr unterliegt zwar der Betriebs- und Beförderungspflicht,

1109 EuGH, Urt. v. 24.07.2003, Rs. C-280/00, Slg. 2003, I-7747, Rn. 32 und 47 – Altmark Trans.

1110 BVerwG, Urt. v. 29.10.2009 – 3 C 1/09, NVwZ-RR 2010, 559, 561.

1111 Berschin in: Baumeister, A 1 Rn. 23.

erfüllt aber keine gemeinwirtschaftliche Verpflichtung,[1112] denn VO 1370/2007 ist nicht anwendbar auf einen solchen deregulierten Verkehrsmarkt.[1113] Daher darf die mit der Liniengenehmigung einhergehende Betriebs-, Tarif- und Beförderungspflicht nicht als gemeinwirtschaftliche Verpflichtung interpretiert werden.

2. *Vergabeverfahren nach dem Kartellvergaberecht*

a. *Öffentlicher Dienstleistungsauftrag als Beschaffungsgegenstand*

Kommt der Aufgabenträger zu dem Ergebnis, dass nur durch die Gewährung eines ausschließlichen Rechts und/oder von Ausgleichsleistungen das Angebotsniveau erreicht werden kann, erfolgt diese Gewährung im Rahmen eines öffentlichen Dienstleistungsauftrags. Nach Art. 5 Abs. 1 S. 1 VO 1370/2007 werden öffentliche Dienstleistungsaufträge nach Maßstäben dieser Verordnung vergeben. Der öffentliche Dienstleistungsauftrag i.S.d. VO 1370/2007 ist ein spezieller Begriff des Unionsrechts, der in Art. 2 lit. i definiert wird. Aus den Regelungen des § 8a Abs. 2 S. 1 PBefG und des Art. 5 Abs. 1 S. 2 und 3 VO 1370/2007 lässt sich ableiten, dass die öffentlichen Dienstleistungsaufträge zwei Arten umfassen:[1114] Öffentliche Dienstleistungsaufträge i. S. d. § 103 Abs. 1 GWB und öffentliche Dienstleistungsaufträge in Form der Dienstleistungskonzession.[1115] Für öffentliche Dienstleistungsaufträge i. S. d. § 103 Abs. 1 GWB gilt der Teil 4 des GWB, so stellt § 8a Abs. 2 S. 1 PBefG klar; für öffentliche Dienstleistungsaufträge in Form von Dienstleistungskonzession gilt das spezielle Vergaberecht der VO 1370/2007.[1116]

Der Anwendungsvorrang des allgemeinen Vergaberechts ist auf Kritik gestoßen, weil das EU-weite Vergabeverfahren für die zuständige Behörde einen großen zeitlichen und personellen Aufwand mit sich bringen kann. Dasselbe gilt für die Überwachung der Leistungserbringung.[1117] Problematisch hinzu kommt noch die Schwierigkeit bei der Abgrenzung von Dienstleistungsauftrag und Dienstleistungskonzession.

1112 A.A. Saxinger, GewArch 2013, 346, 349

1113 Erwägungsgrund 8 VO 1370/2007.

1114 Schröder, NVwZ 2008, 1288, 1289.

1115 Fehling in Heinze/Fehling/Fiedler, PBefG, § 8a Rn. 28.

1116 Nettsheim, NVwZ 2009, 1449, 1451; Einzelheiten siehe Werner in: Baumeister, A 3 Rn. 252.

1117 Pünder, EuR 2007, 564, 578; Knauff, NZBau 2012, 65, 74.

b. Abgrenzung von Dienstleistungsauftrag und Dienstleistungskonzession

Der Abgrenzung zwischen Dienstleistungsauftrag und Dienstleistungskonzession kommt insoweit Bedeutung zu, als das Sondervergaberecht der VO 1370/2007 vom Vorliegen einer Dienstleistungskonzession abhängt. Nur wenn die Voraussetzungen der Dienstleistungskonzession erfüllt sind, richtet sich die Vergabe der Verkehrsdienste ausschließlich nach Art. 5 Abs. 2 ff. der VO 1370/2007 (Art. 5 Abs. 1 S. 2 VO 1370/2007 und Art. 10 Abs. 3 Richtlinie 2014/23/EU). Für die Abgrenzung der beiden Begriffe ist ausschließlich auf das Europarecht abzustellen, nationale Regelungen sind für die Unterscheidung nicht von Relevanz.[1118]

Art. 5 Abs. 1 lit. b Richtlinie 2014/23/EU bestimmt, dass unter einer Dienstleistungskonzession ein entgeltlicher, schriftlich geschlossener Vertrag zu verstehen ist, mit dem ein oder mehrere öffentliche Auftraggeber einen oder mehrere Wirtschaftsteilnehmer mit der Erbringung und der Verwaltung von Dienstleistungen betrauen, die nicht in der Erbringung von Bauleistungen nach lit. a bestehen, wobei die Gegenleistung entweder allein in dem Recht zur Verwertung der vertragsgegenständlichen Dienstleistungen oder in diesem Recht zuzüglich einer Zahlung besteht. Angesichts dieser Definition ist die zwischen dem öffentlichen Auftraggeber und dem Auftragnehmer vereinbarte Gegenleistung für die Erbringung der Dienstleistung für die Abgrenzung von Bedeutung.[1119] Bei einem Dienstleistungsauftrag erhält der Auftragnehmer ein unmittelbar vom öffentlichen Auftraggeber an ihn gezahltes Entgelt, während bei einer Dienstleistungskonzession die Gegenleistung für die Erbringung der Dienstleistungen in dem Recht zur Nutzung der Dienstleistung besteht, sei es ohne oder zuzüglich der Zahlung eines Preises.[1120] Auch wenn die Art der Vergütung eines der ausschlaggebenden Kriterien für die Einordnung darstellt, ergibt sich aus der Rechtsprechung darüber hinaus, dass die Übernahme des Betriebsrisikos ein maßgebliches Abgrenzungskriterium bildet.[1121] Wird ein Bruttovertrag abgeschlossen, bei dem das Verkehrsunternehmen einen fixen Preis für die Leistungserbringung erhält und die jeweils tatsächlich erzielten Fahrgeldeinnahmen dem Preis für die

1118 EuGH, Urt. v. 10.11.2011, Rs. C-348/10, NVwZ 2012, 236, Rn. 40- Norma-A; BGH, Beschl. v. 08.02.2011 – X ZB 4/10, NZBau 2011, 175, Rn. 33.

1119 Diemon-Wies/Hesse, NZBau 2012, 341, 342.

1120 EuGH, Urt. v. 10.11.2011, Rs. C-348/10, NVwZ 2012, 236, Rn. 41 – Norma-A.

1121 EuGH, Urt. v. 10.11.2011, Rs. C-348/10, NVwZ 2012, 236, Rn. 44 – Norma-A; EuGH, Urt. V. 13.10.2005, Rs. C458/03, Slg. 2005, I8585, Rn. 41 – Parking Brixen.

Leistung gegengerechnet werden, liegt grundsätzlich ein Dienstleistungsauftrag vor, weil das Marktrisiko vom Auftraggeber getragen wird.[1122]

Erhält das Verkehrsunternehmen die Fahrgeldeinnahmen sowie ergänzend Zahlungen des Aufgabenträgers (Nettovertrag), bedeutet dies nicht automatisch, dass eine Dienstleistungskonzession vorliegt.[1123] Werden die Verluste pauschal in einem steuerlichen kommunalen Querverbund oder durch Gesellschafter ausgeglichen, kann der Konzessionscharakter bei Vorliegen eines Nettovertrags trotzdem entfallen.[1124] Daher muss der Nettovertrag genau geprüft werden,[1125] ob das wirtschaftliche Betriebsrisiko der fraglichen Dienstleistung von dem Auftragnehmer übernommen wird.[1126]

Für die Einordnung als Dienstleistungskonzession ist erforderlich, dass der öffentliche Auftraggeber das auf ihm lastende wirtschaftliche Betriebsrisiko in vollem Umfang oder zumindest in wesentlichen Teilen auf den Konzessionär überträgt.[1127] Unter dem wirtschaftlichen Betriebsrisiko ist das Risiko zu verstehen, den Unwägbarkeiten des Marktes ausgesetzt zu sein.[1128] Im Bereich der Verkehrsdienste handelt es sich dann um eine Dienstleistungskonzession, wenn die Zuzahlung an den Umsatz oder an die Zahl der beförderten Fahrgäste und damit an die Fahrgeldeinnahmen gekoppelt ist.[1129] Die konkrete Beurteilung, ob der jeweilige Dienstleistungserbringer unter Berücksichtigung aller Einzelfallumstände das Betriebsrisiko zum wesentlichen Teil übernommen hat, unterliegt allein den nationalen Nachprüfungsinstanzen.[1130]

Das OLG Düsseldorf ist der Ansicht, dass von einem beschaffungsrelevanten Dienstleistungsauftrag gesprochen werden dürfte, wenn der Auftraggeber mehr als 50% der Betriebskosten des Verkehrsunternehmens durch Zuschüsse

---

1122 Fehling in Heinze/Fehling/Fiedler, PBefG, § 8a Rn. 29; Wagner-Cardenal/Dierkes, NZBau 2014, 738, 739; IHK, Busverkehr, S. 48.

1123 Fehling in Heinze/Fehling/Fiedler, PBefG, § 8a Rn. 29.

1124 Wagner-Cardenal/Dierkes, NZBau 2014, 738, 739; Fehling in Heinze/Fehling/Fiedler, PBefG, § 8a Rn. 30.

1125 Berschin in: Baumeister, A 1 Rn. 101.

1126 EuGH, Urt. v. 10.09.2009, Rs. C206/08, Slg. 2009, I-8377, Rn. 59 – Eurawasser.

1127 EuGH, Urt. v. 10.09.2009, Rs. C206/08, Slg. 2009, I-8377, Rn. 77 – Eurawasser; EuGH, Urt. v. 10.11.2011, Rs. C-348/10, NVwZ 2012, 236, Rn. 45 – Norma-A.

1128 EuGH, Urt. v. 10.11.2011, Rs. C-348/10, NVwZ 2012, 236, Rn. 48 – Norma-A.

1129 Fehling in Heinze/Fehling/Fiedler, PBefG, § 8a Rn. 30.

1130 EuGH, Urt. v. 10.03.2011 – C-274/09, NZBau 2011, 239, Rn. 36 – Rettungsdienst Stadler; EuGH, Urt. v. 10.11.2011, Rs. C-348/10, NVwZ 2012, 236, Rn. 57 – Norma-A.

abdeckt.[1131] Maßstab für die Beurteilung der Übernahme des Betriebsrisikos ist allerdings kein bestimmter prozentualer Schwellenwert, sondern eine wertende Gesamtbetrachtung aller Einzelfallumstände.[1132] Der BGH hat betont, dass die Prüfung der Übernahme zumindest eines wesentlichen Teils des Betriebsrisikos eine Gesamtbetrachtung aller Umstände des Einzelfalls einschließlich der für den Vertragsgegenstand maßgeblichen Marktbedingungen und der gesamten vertraglichen Vereinbarungen erfordert.[1133] Ist eine Zuzahlung vorgesehen, kann der Vertrag nicht als Dienstleistungskonzession eingeordnet werden, wenn die zusätzliche Vergütung oder Aufwandsentschädigung ein solches Gewicht hat, dass ihr bei wertender Betrachtung kein bloßer Zuschusscharakter mehr beigemessen werden kann, sondern sich darin zeigt, dass die aus der Erbringung der Dienstleistung möglichen Einkünfte allein ein Entgelt darstellen würden, das weitab von einer äquivalenten Gegenleistung läge.[1134]

Die Gesamtbetrachtung aller Umstände des Einzelfalls kann im konkreten Fall schwierig sein.[1135] Art. 5 Abs. 1 S. 2 Richtlinie 2014/23/EU, der in § 105 Abs. 2 GWB wortgetreu umgesetzt wird, beschreibt die Charakteristika der Konzession in Anschluss an die Rechtsprechung näher. Danach gilt das Betriebsrisiko als vom Konzessionsnehmer getragen, wenn unter normalen Betriebsbedingungen nicht garantiert ist, dass die Investitionsaufwendungen oder die Kosten für die Erbringung der Dienstleistungen wieder erwirtschaftet werden können. Der Teil des auf den Konzessionsnehmer übergegangenen Risikos umfasst es, den Unwägbarkeiten des Marktes tatsächlich ausgesetzt zu sein, so dass potenzielle geschätzte Verluste des Konzessionsnehmers nicht rein nominell oder vernachlässigbar sind. Das Betriebsrisiko kann ein Nachfrage- oder Angebotsrisiko sein. Genauer betrachtet, spricht kein Satz der neuen Konzessionsrichtlinie dafür, dass der überwiegende Teil des Betriebsrisikos auf den Konzessionär übergehen muss.[1136] Es muss nur irgendein substanzielles Risiko, dass die Investitionen und Kosten des Konzessionärs nicht ausgeglichen werden, als spekulatives Element verbleiben.[1137] Ein in diesem Sinne substanzielles Betriebsrisiko übernimmt das Verkehrsunternehmen bereits dann, wenn Schwankungen beim

1131 OLG Düsseldorf, Beschl. v. 02.03.2011 – VII-Verg 48/10, NZBau 2011, 244, 249.
1132 BGH, Beschl. v. 08.02.2011 – X ZB 4/10, NZBau 2011, 175, Rn. 34; Diemon-Wies/Hesse, NZBau 2012, 341, 345; Berschin in: Baumeister, A 1 Rn. 101.
1133 BGH, Beschl. v. 08.02.2011 – X ZB 4/10, NZBau 2011, 175, Rn. 32 ff.
1134 BGH, Beschl. v. 08.02.2011 – X ZB 4/10, NZBau 2011, 175, Rn. 37.
1135 OLG Karlsruhe, Beschl. v. 09.10.2012 – 15 Verg 12/11, ZfBR 2013, 285.
1136 Opitz, NVwZ 2014, 753, 756; Fehling in Heinze/Fehling/Fiedler, PBefG, § 8a Rn. 32.
1137 Opitz, NVwZ 2014, 753, 756.

Fahrgastaufkommen die wirtschaftliche Rentabilität der vertraglich übernommenen Verkehrsbedienung gefährden können.[1138]

c. Kartellvergaberecht für Vergaben ab Erreichen der Schwellenwerte

Nach § 106 Abs. 1 GWB gelten das Vergabeverfahren und die Auftragsausführung in §§ 119 ff. GWB nur für Dienstleistungsaufträge oberhalb der Schwellenwerte, die das BMWi unverzüglich bekannt gibt.[1139] Die EU-Schwellenwerte betragen seit dem 01.01.2016 bei Dienstleistungsaufträgen 209.000 Euro. Umstritten ist, nach welchem Recht die Vergabe der öffentlichen Dienstleistungsaufträge i. S. d. § 103 Abs. 1 GWB unterhalb der Schwellenwerte erfolgt. Als eine Sonderregelung[1140] schließt § 8a Abs. 2 S. 1 PBefG die Anwendbarkeit der VO 1370/2007 aus, wenn die öffentlichen Dienstleistungsaufträge zugleich öffentliche Aufträge i. S. d. § 103 Abs. 1 GWB sind. Das bedeutet, solche öffentlichen Dienstleistungsaufträge sind mangels Überschreitung der Schwellenwerte gemäß den Anforderungen des unterschwelligen Vergaberechts zu vergeben.[1141] Zusammenfassend kann man feststellen, praktisch finden die spezifischen Vergaberegeln des Art. 5 Abs. 2 bis 6 VO 1370/2007 ihre Anwendung nur bei Dienstleistungskonzession.

Nach § 8a Abs. 2 S. 2 Hs. 1 PBefG ist der Aufgabenträger verpflichtet, eine Vorabbekanntmachung im EU-Amtsblatt zu veröffentlichen, durch die interessierte Unternehmen aus dem EU-Ausland über die anstehenden Vergabeverfahren unterrichtet werden.[1142] Diese Pflicht findet ihre Anwendung bei allen Arten der Vergabe, sie ist nicht auf die in Art. 7 Abs. 2 der VO 1370/2007 genannten wettbewerblichen Vergabeverfahren und Direktvergaben begrenzt. Dadurch soll die schwierige Abgrenzung zwischen vergaberechtlichen Dienstleistungsaufträgen und Dienstleistungskonzession insoweit nicht zu Verfahrensunterschieden führen.[1143] Die Veröffentlichung soll spätestens ein Jahr vor Einleitung der Vergabeverfahren, jedoch nicht früher als 27 Monate vor vorgesehenem Betriebsbeginn erfolgen. Eine zu frühe Veröffentlichung würde es den Unternehmern erschweren, einen eigenwirtschaftlichen Antrag zu stellen.[1144]

1138 Fehling in Heinze/Fehling/Fiedler, PBefG, § 8a Rn. 32.

1139 Fehling in Heinze/Fehling/Fiedler, PBefG, § 8a Rn. 33.

1140 Fehling in Heinze/Fehling/Fiedler, PBefG, § 8a Rn. 34.

1141 Knauff, NZBau 2012, 65, 71; Fehling in Heinze/Fehling/Fiedler, PBefG, § 8a Rn. 34. A.A. Fromm/Sellmann/Zuck, PBefG, § 8a Rn. 5.

1142 Knauff, NZBau 2011, 655, 656.

1143 Fehling in Heinze/Fehling/Fiedler, PBefG, § 8a Rn. 41

1144 BR-Drs. 462/11, S. 26.

3. Vergabe nach VO 1370/2007

a. Beauftragung durch wettbewerbliches Vergabeverfahren

Der Anwendungsbereich des vergaberechtlichen Teils der VO 1370/2007 ist faktisch wesentlich auf Aufträge mit geringem Gewicht[1145] und Dienstleistungskonzessionen beschränkt. Als boomendes Zukunftsmodell durchzieht die Dienstleistungskonzession mittlerweile das gesamte Spektrum der Staats und Kommunalwirtschaft.[1146]

Sofern dann kein Fall der zulässigen Direktvergabe vorliegt, ist zwingend ein wettbewerbliches Vergabeverfahren zur Auswahl des Anbieters durchzuführen (Art. 5 Abs. 3 VO 1370/2007). Die Kommission ist der Auffassung, dass die Vergabe der öffentlichen Dienstleistungsaufträge im Wege eines wettbewerblichen Vergabeverfahrens den Grundsatz der Auswahl des Anbieters bildet, weil die Einführung des regulierten Wettbewerbs zwischen Betreibern zu einem attraktiveren und innovativeren Dienstleistungsangebot zu niedrigeren Kosten führt.[1147]

Bei der Ausgestaltung des wettbewerblichen Vergabeverfahrens beschränken sich die europarechtlichen Vorgaben in Art. 5 Abs. 3 VO 1370/2007 auf ein Minimum.[1148] Die Norm verlangt lediglich ein allen Betreibern offenstehendes, faires und den Grundsätzen der Transparenz und Gleichbehandlung genügtes Verfahren. Die Minimum-Regelung soll den Mitgliedstaaten weitere Handlungsspielräume überlassen.[1149] Allerdings ist dem Ausgestaltungsspielraum eine Grenze gesetzt. Gemäß Erwägungsgrund 23 der VO 1370/2007 ist es den zuständigen Behörden nicht gestattet, Aufträge oder Netze aufzuteilen, um so ein wettbewerbliches Vergabeverfahren zu vermeiden.[1150] Um Anwenderfreundlichkeit und Rechtssicherheit zu schaffen, werden die Grundzüge des wettbewerblichen Vergabeverfahrens in Abs. 2 bis 7 des § 8b PBefG konkretisiert. Die Konkretisierung beschränkt sich auf wenige, aber grundlegende Bestimmungen zur Gleichbehandlung, zur Zuschlagserteilung und zur Dokumentations- und nachträglichen Informationspflicht. Neue Verpflichtungen werden nicht geschaffen.[1151]

1145 Knauff, NZBau 2012, 65, 71.

1146 Burgi, NZBau 2005, 610, 611; Opitz, NVwZ 2014, 753, 754.

1147 Nr. 2.2.9. Leitlinien VO 1370/2007.

1148 Knauff, NZBau 2011, 655, 656.

1149 Schröder, NVwZ 2008, 1288, 1294.

1150 BDO, PBefG,S. 17.

1151 BR-Drs. 462/11, S. 29.

In § 8b Abs. 2 PBefG wird die Bekanntmachung über das vorgesehene wettbewerbliche Vergabeverfahren geregelt, die möglicherweise zusammen mit der Vorabbekanntmachung in Art. 7 Abs. 2 VO 1370/2007 im Amtsblatt der EU veröffentlicht werden können.[1152] Die Bekanntmachung muss allen in Betracht kommenden Bietern zugänglich sein und den Mindestinhalt nach § 8b Abs. 2 S. 3 PBefG enthalten. Getrennt geregelt sind die Vorgaben über die Leistungsbeschreibung in § 8b Abs. 3 PBefG, die eindeutig und umfassend sein müssen, um ein unparteiisches und gerechtes Vergabeverfahren durchzuführen.[1153]

Das Unionsrecht enthält keine Regelung zu dem Zuschlagskriterium. Mit der Novelle 2012 nennt § 8b Abs. 4 S. 2 PBefG das wirtschaftliches Angebot als ausschlaggebendes Zuschlagskriterium, das auch für das allgemeine Vergaberecht gem. § 97 Abs. 1 GWB gilt.[1154] Der niedrigste Preis soll nicht allein ausschlaggebend sein. Durch die transparente Festlegung der Bewertungskriterien kann das Angebot mit der besten Verkehrsbedienung gewählt werden.[1155] Ob und in welchem Umfang die Vergabe der Unteraufträge durch das beauftragte Verkehrsunternehmen zugelassen wird, steht zwar im Ermessen des Aufgabenträgers,[1156] zugleich ist die Forderung in Art. 4 Abs. 7 S. 2 VO 1370/2007 zu beachten, wonach der beauftragte Unternehmer einen bedeutenden Teil der Dienste selbst erbringen muss. Unter einem bedeutenden Teil wird ein Wert von 20–30% verstanden.[1157] Ob und in welchem Umfang eine Vergabe von Unteraufträgen in Frage kommt, ist in den Vergabeunterlagen und den öffentlichen Dienstleistungsaufträgen anzugeben (Art. 4 Abs. 7 S. 1 VO 1370/2007). Fehlt jede Aussage dazu, ist dies nach dem objektiven Empfängerhorizont so zu verstehen, dass keine Unteraufträge vorgesehen sind.[1158] Die für eine Vergabe von Unteraufträgen geltenden Bedingungen sind aus Gründen der Rechtssicherheit in den öffentlichen Dienstleistungsaufträgen festzulegen (Art. 4 Abs. 7 S. 4 VO 1370/2007).[1159] Konkrete Normierungen zum Verfahren der Unterauftragsvergabe enthält die VO 1370/2007 nicht.[1160] Ob Unteraufträge nach wettbewerblichen Grundsätzen

---

1152 Fehling in Heinze/Fehling/Fiedler, PBefG, § 8b Rn. 17.
1153 Fromm/Sellmann/Zuck, PBefG, § 8b Rn. 4.
1154 Fehling in Heinze/Fehling/Fiedler, PBefG, § 8b Rn. 48; Fromm/Sellmann/Zuck, PBefG, § 8b Rn. 5.
1155 Fehling in Heinze/Fehling/Fiedler, PBefG, § 8b Rn. 49 f.
1156 Fehling in Heinze/Fehling/Fiedler, PBefG, § 8b Rn. 59.
1157 Linke, NZBau 2012, 338.
1158 Fehling in Heinze/Fehling/Fiedler, PBefG, § 8b Rn. 59.
1159 Fromm/Sellmann/Zuck, PBefG, § 8b Rn. 6.
1160 Linke, NZBau 2012, 338, 339.

zu übertragen sind, steht im Ermessen der zuständigen Behörde (§ 8b Abs. 5 PBefG).[1161] Die Vergabe der Unteraufträge kann durch wettbewerbliches Verfahren i. S. d. Art. 5 Abs. 3 VO 1370/2007 durchgeführt werden,[1162] die Unteraufträge oberhalb der Schwellenwerte als Dienstleistungsaufträge i. S. v. § 103 Abs. 1 GWB unterliegen aber dem Kartellvergaberecht.[1163]

Die Dokumentationspflicht und Begründungspflicht in § 8b Abs. 6 Abs. 7 PBefG ergeben sich aus dem Transparenzgebot. Auf ihre Einhaltung hat der Unternehmer einen Anspruch gem. § 8a Abs. 6 PBefG.[1164] Die Informationspflicht für die nicht berücksichtigten Bieter in § 8b Abs. 7 PBefG ermöglicht einen wirksamen Rechtsschutz, ein Verstoß kann zur Unwirksamkeit des abgeschlossenen Vertrag führen (§135 GWB).[1165]

Der konkrete Ablauf des wettbewerblichen Vergabeverfahrens ist jenseits der Geltung der Vergabegrundsätze nicht vorgegeben.[1166] Die Verfahrensgestaltung steht im Ermessen der zuständigen Behörde,[1167] es ist aber die EuGH-Rechtsprechung zur Vergabe von Dienstleistungskonzessionen zu berücksichtigen.[1168] Da die Vergabe von Dienstleistungskonzessionen im Regelfall als komplex eingestuft wird,[1169] sollte die Behörde ermächtigt werden,[1170] nach Abgabe der Angebote und einer eventuellen Vorauswahl unter Einhaltung der Vergabegrundsätze Verhandlungen zu führen, damit der Besonderheit und Komplexität am besten Rechnung getragen ist (Art. 5 Abs. 3 S. 3 VO 1370/2007). Bei dem Verhandlungsverfahren, das im Kartellvergaberecht zum Kanon der grundsätzlich zulässigen Verfahrensarten zählt und sich von einer Direktvergabe unterscheidet, ist sein wettbewerblicher Charakter insoweit zu bejahen.[1171] Daher muss das Verhandlungsverfahren nicht als Ausnahme behandelt werden.[1172] Bei Durchführung der

---

1161 Fromm/Sellmann/Zuck, PBefG, § 8b Rn. 6.

1162 Fehling in Heinze/Fehling/Fiedler, PBefG, § 8b Rn. 62.

1163 Fehling in Heinze/Fehling/Fiedler, PBefG, § 8b Rn. 63; Fromm/Sellmann/Zuck, PBefG, § 8b Rn. 6; Linke, NZBau 2012, 338, 340.

1164 Fehling in Heinze/Fehling/Fiedler, PBefG, § 8b Rn. 66.

1165 Fehling in Heinze/Fehling/Fiedler, PBefG, § 8b Rn. 76.

1166 Knauff, NZBau 2011, 655, 657.

1167 Fehling in Heinze/Fehling/Fiedler, PBefG, § 8b Rn. 43.

1168 Knauff, NZBau 2011, 655, 657.

1169 Fehling in Heinze/Fehling/Fiedler, PBefG, § 8b Rn. 44.

1170 Erwägungsgrund 22 VO 1370/2007.

1171 Knauff, NZBau 2011, 655, 657.

1172 Knauff, NZBau 2011, 655, 657; Fehling in Heinze/Fehling/Fiedler, PBefG, § 8b Rn. 44; dagegen Schröder, NVwZ 2008, 1288, 1291.

Verhandlungen ist allerdings sicherzustellen, dass diese getrennt erfolgen.[1173] Reine Preisverhandlungen sind unzulässig.[1174]

Im Ergebnis sind die Vorgaben über das wettbewerbliche Vergabeverfahren nach der Konkretisierung des PBefG punktuell dem Kartellvergaberecht entlehnt.[1175] Der Gesetzgeber hat keine Vorgaben für eine bestimmte Art des Vergabeverfahrens getroffen, damit die Vergabestelle über mehr Verhandlungsspielräume verfügt.

b. Direktvergabe

Im Schrifttum wird die Direktvergabe i.S.v. Art. 2 lit. h VO 1370/2007 stärker diskutiert als das wettbewerbliche Vergabeverfahren. Angesichts der möglichen Wettbewerbsverzerrung[1176] werden die Voraussetzungen der Direktvergabe in der VO 1370/2007 ausführlich und abschließend geregelt.[1177] Trotzdem entsteht in der Praxis eine uneinheitliche Rechtsanwendung.

Da Art. 5 Abs. 2 und 4 VO 1370/2007 auf nationales Recht verweisen, stellt § 8a Abs. 3 PBefG zunächst klar, dass die zuständige Behörde bei Erbringung der Verkehrsdienste zur Direktvergabe berechtigt ist.[1178] Es ist fraglich, ob § 8a Abs. 3 PBefG gegen Art. 12 Abs. 1 GG verstößt.[1179] Als Abwehrrecht gewährt Art. 12 Abs. 1 GG keinen Schutz vor der wirtschaftlichen Konkurrenz des Staates oder von Gemeinden, solange dadurch die private wirtschaftliche Betätigung nicht unmöglich gemacht, unzumutbar eingeschränkt wird oder eine unerlaubte Monopolstellung entsteht.[1180] Durch den Vorrang der Eigenwirtschaftlichkeit wird die Teilnahme der Privaten an wirtschaftlichen Betätigung nicht generell unmöglich gemacht.[1181] Bieten die Verkehrsunternehmen wegen der unternehmerischen Freiheit keine angemessenen Dienste an, muss der Aufgabenträger seine Gewährleistungsverantwortung wegen des Marktversagens übernehmen. Die Vergabe eines öffentlichen Dienstleistungsauftrags an einen bestimmten

---

1173 Knauff, NZBau 2011, 655, 657.

1174 Knauff, NZBau 2011, 655, 657.

1175 Fehling in Heinze/Fehling/Fiedler, PBefG, § 8b Rn. 12; IHK, Busverkehr, S. 43.

1176 Nr. 2.3.1. iii. Leitlinien VO 1370/2007.

1177 Fromm/Sellmann/Zuck, PBefG, § 8a Rn. 9a.

1178 BT-Drs. 17/10857, S. 20.

1179 Bejaht Ziekow, NVwZ 2009, 865, 868 ff.

1180 BVerwG, Beschl. v. 21.03.1995 – 1 B 211/94, NJW 1995, 2938, 2939; OLG München, Beschl. v. 31.03.2016 – Verg 14/15, NZBau 2016, 583, Rn. 226.

1181 BVerfG, Beschl. v. 13.06.2006 – 1 BvR 1160/03, NJW 2006, 3701, Rn. 60; OLG München, Beschl. v. 31.03.2016 – Verg 14/15, NZBau 2016, 583, Rn. 226.

Betreiber ohne Durchführung eines vorherigen wettbewerblichen Vergabeverfahrens findet auch eine gewisse ökonomische Legitimation darin, dass ein Ausschreibungswettbewerb erhebliche Transaktionskosten verursacht und in kommunalen Unternehmen bei gutem Management auch kostensparende Synergieeffekte auftreten können.[1182] Die Berufsfreiheit in Art. 12 Abs. 1 GG begründet daher keinen unmittelbaren Anspruch für die Wettbewerber auf Vergabe im wettbewerblichen Verfahren.[1183]

Nimmt allerdings eine Auswahlentscheidung unmittelbaren Einfluss auf die Konkurrenzsituationen, muss das Verfahren der Auswahlentscheidung nach Rechtsprechung des BVerfG[1184] gerecht gestaltet werden. Danach hat die Behörde die Entscheidung der beabsichtige Direktvergabe zu begründen, wenn interessierte Unternehmer dies beantragen (§ 8a Abs. 5 PBefG und Art. 7 Abs. 4 VO 1370/2007). Aus Sicht der Kommission soll die Erbringung öffentlicher Personenverkehrsdienste durch einen internen Betreiber eine Ausnahme bleiben.[1185] Unter Einhaltung der Voraussetzungen in Art. 5 Abs. 2 VO 1370/2007 verfügt der Aufgabenträger Entscheidungsspielräume bei Wahl der Vergabearten.[1186] Aufgrund des Wahlrechts der Behörde zwischen Ausschreibung und Direktvergabe und dem damit verbundenen Einschätzungs- und Gestaltungsspielraum ist die Gerichtsprüfung auf Ermessensfehler beschränkt.[1187]

Da die VO 1370/2007 die Voraussetzungen der Direktvergabe abschließend regelt, erfüllt § 8a Abs. 5 S. 1 eine Klarstellungsfunktion.[1188] Die Arten der Direktvergabe umfassen Eigenerbringung, Direktvergabe an einen internen Betreiber, Direktvergabe von Kleinaufträgen und Notvergabe. Die Eigenerbringung ist nur durch eine rechtlich nicht getrennte Einheit möglich.[1189] Unter Berücksichtigung der Marktöffnung unterliegt die Selbsterbringung der Verkehrsdienste durch die zuständige Behörde den Beschränkungen in Art. 5 Abs. 2 lit a bis e VO

1182 Fehling in: Fehling/Ruffert, § 10 Rn. 27. Die Direktvergabe als unmittelbare Marktschließung zu Lasten der Niederlassungsfreiheit (Art. 49 AEUV) kritisch siehe Berschin in: Baumeister, A 1 Rn. 107 f.

1183 Nettesheim, NVwZ 2009, 1449, 1453; Knauff, NZBau 2012, 65, 68; OLG München, Beschl. v. 31.3.2016 – Verg 14/15, NZBau 2016, 583, Rn. 226.

1184 BVerwG, Urt. v. 02.07.2003 – 3 C 46/02, NJW 2003, 2696, 2698.

1185 Nr. 2.2.9. Leitlinien VO 1370/2007.

1186 Fehling/Niehus, DÖV 2008, 662, 669; Fehling in Heinze/Fehling/Fiedler, PBefG, § 8a Rn. 48.

1187 OLG München, Beschl. v. 31.03.2016 – Verg 14/15, NZBau 2016, 583, Rn. 188.

1188 Fromm/Sellmann/Zuck, PBefG, § 8a Rn. 9a.

1189 Berschin in: Baumeister, A 1 Rn. 121.

1370/2007.[1190] Danach ist die rechtlich nicht getrennte Einheit verpflichtet, den überwiegenden Teil selbst zu erbringen.[1191]

Anknüpfend an die Teckal-Kriterien zur In-House-Vergabe im Kartellvergaberecht[1192] hat die VO 1370/2007 Voraussetzungen der Direktvergabe an einen internen Betreiber in Art. 5 Abs. 2 lit. a bis e ausführlich formuliert, die kumulativ erfüllt werden müssen. Zunächst muss der Aufgabenträger über die rechtlich getrennte Einheit eine tatsächliche Kontrolle ausüben wie über eine eigene Dienststelle (lit. a). Sie kann eine Urenkel-Gesellschaft sein.[1193] Eine Minderheitsbeteiligung eines Privaten (öffentlich-private Partnerschaft) ist zugelassen.[1194] Der interne Betreiber und jede andere Einheit, auf die dieser Betreiber einen nur geringfügigen Einfluss ausübt, führen die Verkehrsdienste ausschließlich innerhalb des Zuständigkeitsgebiets der zuständigen Behörde aus (lit. b Hs. 1). Davon ausgenommen sind lediglich abgehende Linien und sonstige Teilleistungen. Abgehende Linien sind solche Linien, die Anbindungs- bzw. Verbindungscharakter zu benachbarten örtlichen Behörden haben.[1195] Sie müssen allerdings qualitativ von deutlich untergeordneter Bedeutung bleiben.[1196] Ferner dürfen der interne Betreiber und jede andere Einheit, auf die dieser Betreiber einen nur geringfügigen Einfluss ausübt, nicht an wettbewerblichen Vergabeverfahren außerhalb des örtlichen Zuständigkeitsgebietes der beauftragenden Behörde teilnehmen (lit. b Hs. 2). Entgegen der Auffassung der Kommission[1197] sind die Mutter- und Schwesterunternehmen des internen Betreibers nach dem eindeutigen Wort und Entstehungsgeschichte des lit. b nicht von den Tätigkeitsbeschränkungen erfasst.[1198] Ein geringfügiger Einfluss liegt bereits vor, wenn es eine gemeinsame Buchhaltung und personelle Verflechtungen sowie die Erbringung von Managementleistungen gibt.[1199] Die wettbewerblichen Vergabeverfahren sollen

---

1190 So Berschin in: Baumeister, A 1 Rn. 121.

1191 Linke, NZBau 2012, 338.

1192 Fehling in Heinze/Fehling/Fiedler, PBefG, § 8a Rn. 49.

1193 OLG München, Beschl. v. 31.03.2016 – Verg 14/15, NZBau 2016, 583, Rn. 202.

1194 Nicht optimistisch Berschin in: Baumeister, A 1 Rn. 124.

1195 Wagner-Cardenal/Dierkes, NZBau 2014, 738, 741.

1196 Fehling in Heinze/Fehling/Fiedler, PBefG, § 8a Rn. 51.

1197 Nach Nr. 2.3.1.iii. Leitlinien VO 1370/2007 müssen alle Einheiten, die deren Kontrolle unterliegen, geografisch auf das Zuständigkeitsgebiet der zuständigen örtlichen Behörde beschränkt sein oder von einer zuständigen örtlichen Behörde gemeinsam kontrolliert werden.

1198 Linke, EuZW 2014, 766, 767; Berschin in: Baumeister, A 1 Rn. 128; Knauff, NZBau 2012, 65, 70.

1199 OLG Düsseldorf, Beschl. v. 02.03.2011 – VII-Verg 48/10, NZBau 2011, 244, 251.

hier so weit ausgelegt werden, dass Vergabeverfahren nach Kartellvergaberecht auch erfasst sind.[1200] Nicht betroffen von der Tätigkeitsbeschränkung sind eigenwirtschaftliche Verkehrsleistungen, die direkt beauftragte interne Betreiber an jedem Ort anbieten dürfen.[1201] Das Wettbewerbsverbot ist auch nicht verletzt, wenn lediglich die rechtliche Möglichkeit in Gesellschaftsvertrag oder Satzung eingeräumt wird.[1202]

Art. 5 Abs. 2 lit. c VO 1370/2007 ergänzt die Verhaltenspflichten des internen Betreibers, damit er sich rechtzeitig vor Ablauf des Direktvergabe-Zeitraums auf den Wettbewerb vorbereiten kann.[1203] Da es zuständige örtliche Behörden in Deutschland gibt, ist Art. 5 Abs. 2 lit. d VO 1370/2007 bedeutungslos.[1204] Nach lit. e ist der interne Betreiber verpflichtet, den überwiegenden Teil des öffentlichen Personenverkehrsdienstes selbst zu erbringen. Eine Leistungserstellung von mehr als 50% wird üblicherweise angenommen.[1205] Die Kommission hat hingegen das Gebot der überwiegenden Eigenerbringung deutlich strenger ausgelegt, so dass es für die Untervergabe von mehr als einem Drittel der öffentlichen Verkehrsdienste guter Gründe bedarf.[1206] Zugleich ist der Umfang über die Vergabe von Unteraufträgen in den öffentlichen Dienstleistungsaufträgen anzugeben (Art. 4 Abs. 7 S. 1 VO 1370/2007). Ein Fehlen der Angabe stellt nach der Rechtsprechung einen vergaberechtlichen Verstoß dar, der zur Unwirksamkeit der Vergabe führt.[1207]

Einigkeit besteht darin, dass Art. 5 Abs. 2 VO 1370/2007 nicht nur Dienstleistungskonzessionen umfasst, sondern auch die Inhouse-Vergaben i. S. d. Rechtsprechung des EuGH.[1208] Denn weder die Dienstleistungskonzession noch Inhouse-Vergabe i. S. d. Teckal-Rechtsprechung[1209] stellt einen Beschaffungsvorgang dar.[1210] Unterschiedlich behandelt wird die Frage, welche Anforderungen

---

1200 Wagner-Cardenal/Dierkes, NZBau 2014, 738, 741.

1201 Knauff, NZBau 2012, 65, 70.

1202 OLG München, Beschl. v. 31.03.2016 – Verg 14/15, NZBau 2016, 583, Rn. 210.

1203 Fehling in Heinze/Fehling/Fiedler, PBefG, § 8a Rn. 52.

1204 Fehling in Heinze/Fehling/Fiedler, PBefG, § 8a Rn. 52.

1205 Knauff, NZBau 2012, 65, 70; Linke, EuZW 2014, 766, 769.

1206 Nr. 2.2.9. Leitlinien VO 1370/2007.

1207 OLG München, Beschl. v. 22.06.2011 – Verg 6/11, NZBau 2011, 701, 704.

1208 OLG Düsseldorf, Beschluss v. 02.03.2011 – Verg 48/10, NZBau 2011, 244, 247; OLG München, Beschl. v. 31.3.2016 – Verg 14/15, NZBau 2016, 583, Rn. 135.

1209 EuGH, Urt. v. 18.11.1999, Rs.C-107/98, Slg. 1999, I-8121 – Teckal.

1210 OLG München, Beschl. v. 31.3.2016 – Verg 14/15, NZBau 2016, 583, Rn. 135; OLG Düsseldorf, Beschluss v. 02.03.2011 – Verg 48/10, NZBau 2011, 244, 247; Knauff, NZBau 2012, 65, 69.

an die Inhouse-Vergaben zu stellen sind.[1211] Das OLG Düsseldorf hat eine zweistufige Prüfung durchgeführt: Liegt ein Inhouse-Geschäft anhand der traditionellen Inhouse-Kriterien der Rechtsprechung des EuGH vor, kommt die Direktvergabe in § 5 Abs. 2 VO 1370/2007 erst zur Anwendung.[1212] Im Gegensatz dazu vertritt das OLG München, dass die Regelungen in Art. 5 Abs. 2 VO 1370/2007 einen Spezialfall der Inhouse-Vergabe darstellen, die den vom EuGH in Rechtsprechung entwickelten Inhouse-Kriterien im klassischen Vergabebereich vorgehen.[1213]

Im legislativen Prozess des VergRModG versuchte der Bundesrat, einen § 131a in das GWB einzuführen, wonach durch Verweis auf § 131 Abs. 2 GWB nur Art. 5 Abs. 2 der VO 1370/2007 die Voraussetzungen für eine Direktvergabe an kommunale Unternehmen bestimmen sollte.[1214] Dieser Vorschlag wurde nicht in das GWB aufgenommen. Die Anforderungen nach Art. 5 Abs. 2 VO 1370/2007 gegenüber den vom EuGH aufgestellten Inhouse-Kriterien sind insgesamt deutlich leichter zu erfüllen.[1215]

Angesichts der möglichen Wettbewerbsverzerrung der Direktvergabe werden die Dokumentationspflicht und Informationspflicht in Art. 7 Abs. 2 und 4 VO 1370/2007 festgeschrieben,[1216] die der Transparenz und Selbstkontrolle des Aufgabenträgers wie auch dem Rechtsschutz interessierter Mitbewerber dienen.[1217] § 8a Abs. 5 PBefG knüpft daran an, geht im Detail in entscheidenden Punkten darüber aus, wandelt sich in eine Begründungspflicht.[1218] Nach der Rechtsprechung muss diese Begründung über eine bloße Behauptung hinausgehen und objektiv nachvollziehbare Angaben enthalten, aus denen auf das Vorliegen der tatbestandlichen Voraussetzungen der Direktvergabeart geschlossen werden kann.[1219] Sie darf sich auf die tragenden Gründe beschränken und muss nicht sämtliche tatsächlichen oder rechtlich erheblichen Gesichtspunkte enthalten.[1220]

1211 Wagner-Cardenal/Dierkes, NZBau 2014, 738, 740.

1212 OLG Düsseldorf, Beschl. v. 02.03.2011 – Verg 48/10, NZBau 2011, 244, 247 ff.

1213 OLG München, Beschl. v. 31.03.2016 – Verg 14/15, NZBau 2016, 583, Rn. 132.

1214 BR-Drs. 367/15, S. 16.

1215 Wagner-Cardenal/Dierkes, NZBau 2014, 738, 740; Knauff, NZBau 2012, 65, 68.

1216 OLG Frankfurt a.M., Beschl. v. 10.11.2015 – 11 Verg 8/15, BeckRS 2016, 04261, Rn. 35 ff.

1217 Fromm/Sellmann/Zuck, PBefG, § 8a Rn. 11.

1218 Fehling in Heinze/Fehling/Fiedler, PBefG, § 8a Rn. 58.

1219 OLG Frankfurt a.M., Beschl. v. 10.11.2015 – 11 Verg 8/15, BeckRS 2016, 04261, Rn. 37.

1220 OLG München, Beschl. v. 31.03.2016 – Verg 14/15, NZBau 2016, 583, Rn. 186.

4. *Abstimmung des Vergabeverfahrens mit dem Genehmigungsverfahren*

Da die meisten Verkehrsdienste infolge ihrer Gemeinwirtschaftlichkeit dem Vergaberechtsregime unterworfen sind, ist das Verkehrsgewerberecht mehr oder weniger verdrängt.[1221] Es stellt sich die Frage, wie die Liniengenehmigungserteilung mit dem Vergabeverfahren abgestimmt wird.

Mit der Neuregelung in § 13 Abs. 2c PBefG hat die Genehmigungsbehörde auf Antrag des Aufgabenträgers die subjektiven Voraussetzungen und Befahrbarkeit der Straße bereits im Vergabeverfahren zu prüfen. Im Fall eines positiven Prüfungsergebnisses gilt die Liniengenehmigung als erteilt; dadurch wird der Verwaltungsaufwand reduziert.[1222]

Aus § 13 Abs. 2c PBefG lässt es sich auch ableiten, dass die Genehmigungsbehörde grundsätzlich an die Auswahl des Betreibers, wie sie im erteilten öffentlichen Dienstleistungsauftrag zum Ausdruck kommt, gebunden ist.[1223] Es liegt nicht in ihrem Ermessen, ein anderes, ebenfalls gemeinwirtschaftliches Angebot vorzuziehen.[1224] Da die Frage, ob eine ausreichende Verkehrsbedienung durch eigenwirtschaftliche Verkehrsleistungen möglich ist, nicht zum Prüfungsumfang im vergaberechtlichen Nachprüfungsverfahren gehört,[1225] kann nur die Genehmigungsbehörde prüfen, ob die Vorabbekanntmachung fristgerecht erfolgt ist und kein eigenwirtschaftlicher Genehmigungsantrag vorliegt.[1226]

Abgestimmt mit dem Prüfungsumfang der Genehmigungsbehörde ist die Vergabekammer ausschließlich für die Überprüfung von Rechtmäßigkeit der gemeinwirtschaftlichen Verkehrsleistungen zuständig.[1227] Eine Anfechtung der erteilten Genehmigung zu einem gemeinwirtschaftlichen Verkehr kann nicht vor Verwaltungsgericht geltend gemacht werden.[1228]

1221 Fehling in Heinze/Fehling/Fiedler, PBefG, § 8a Rn. 5.

1222 BT-Drs. 17/8233, S. 27.

1223 Fehling in Heinze/Fehling/Fiedler, PBefG, § 8a Rn. 98; Werner in: Baumeister, A 3 Rn. 260.

1224 Fromm/Sellmann/Zuck, PBefG, § 8a Rn. 8; Fehling in Heinze/Fehling/Fiedler, PBefG, § 8a Rn. 4.

1225 VK RhPf, Beschl. v. 17.11.2014 – VK 128/14, BeckRS 2015, 15351.

1226 Werner in: Baumeister, A 3 Rn. 261.

1227 VK RhPf, Beschl. v. 17.11.2014 – VK 128/14, BeckRS 2015, 15351.

1228 Fehling in Heinze/Fehling/Fiedler, PBefG, § 8a Rn. 102.

IV. Ausgleich für die Erfüllung gemeinwirtschaftlicher Verpflichtungen

Für den Verkehr gilt im Grundsatz das allgemeine Beihilfenrecht (Art. 107 ff. AEUV) einschließlich des Beihilfenbegriffs.[1229] Zur Sicherung der Mobilitätsbedürfnisse enthält Art. 93 AEUV zwei zusätzliche Rechtfertigungsgründe für Verkehrsbeihilfen, die durch die VO 1370/2007 sekundärrechtlich ausgestaltet wurden.[1230] Die Regelungen in VO 1370/2007 für Ausgleichsleistungen sind abschließend, sie schließen die unmittelbare Anwendung des Art. 93 AEUV aus.[1231] Zum Ausgleich gemeinwirtschaftlicher Verpflichtungen sind zwei Finanzierungswege in VO 1370/2007 verfügbar: Kompensation in öffentlichen Dienstleistungsaufträgen und finanzielle Abgeltung von Höchsttarifen aufgrund allgemeiner Vorschriften.[1232]

Die öffentlichen Dienstleistungsaufträge und allgemeine Vorschriften müssen den obligatorischen Inhalt in Art. 4 Abs. 1 VO 1370/2007 enthalten, der die drei ersten Altmark-Kriterien[1233] umsetzt.[1234] Die Parameter für die Berechnung der Ausgleichsleistungen müssen vorab in objektiver und transparenter Weise festgelegt werden. Die Ausgleichsleistung darf nicht den Betrag überschreiten, der dem finanziellen Nettoeffekt der Erfüllung einer gemeinwirtschaftlichen Verpflichtung entspricht (Überkompensationsverbot).[1235]

1. Ausgleichsleistungen aufgrund eines öffentlichen Dienstleistungsauftrags

Beihilferechtlich ist entscheidend, ob die öffentlichen Dienstleistungsaufträge durch Wettbewerb oder wettbewerbsfreies Verfahren vergeben werden.[1236] Die Anforderungen an den Ausgleichsleistungen sind je nach der Vergabeart unterschiedlich geregelt.

1229 Fehling in Heinze/Fehling/Fiedler, PBefG, Vorbemerkungen III, Rn. 20.

1230 Fehling in Heinze/Fehling/Fiedler, PBefG, Vorbemerkungen III, Rn. 27.

1231 Winnes, EuR 2009, 290, 291.

1232 Otting/Olgemöller, VBIBW 2013, 291, 292.

1233 EuGH, Urt. v. 24.07.2003, Rs. C-280/00, Slg. 2003, I-7747, Rn. 89 ff. – Altmark Trans.

1234 Nettsheim, NVwZ 2009, 1449, 1453; Fehling in Heinze/Fehling/Fiedler, PBefG, Vorbemerkungen III, Rn. 53.

1235 Nettsheim, NVwZ 2009, 1449, 1453; Berschin in: Baumeister, A 1 Rn. 78.

1236 VG Augsburg, Urt. v. 24.03.2015 – Au 3 K 13.2063, Au 3 K 14.34, BeckRS 2015, 100053, Rn. 109.

a. *Wettbewerbliche Vergabe öffentlicher Dienstleistungsaufträge*

Werden die Verkehrsdienste nach dem allgemeinen Vergaberecht oder im Rahmen eines wettbewerblichen Vergabeverfahrens i. S. d. Art. 5 Abs. 3 VO 1370/2007 vergeben, ist das Ausgleichsregime in Art. 4 i.V.m. Art. 6 Abs. 1 VO 1370/2007 nicht einschlägig.[1237] Dabei wird davon ausgegangen, dass auf Grund des durchgeführten Wettbewerbsverfahrens eine der Höhe nach angemessene Ausgleichsleistung zustande kommt und eine Überkompensation ausgeschlossen ist.[1238]

b. *Direktvergabe*

Bei direkt vergebenen Dienstleistungsaufträgen sind neben den allgemeinen Bestimmungen über den obligatorischen Inhalt auch die im Anhang der VO 1370/2007 festgelegten Regeln für die Gewährung einer Ausgleichsleistung zu beachten. Andernfalls würde der zulässige Rahmen des Art. 93 AEUV überschritten.[1239] Die Berechnung der Ausgleichsleistung richtet sich nach dem finanziellen Nettoeffekt der gemeinwirtschaftlichen Verpflichtung, hiernach müssen die aus der gemeinwirtschaftlichen Pflicht entstandenen zusätzlichen Kosten und Ertragswirkungen berücksichtigt werden (Ziffer 2 des Anhangs). Dazu bedarf es einer Ex-ante-Kalkulation.[1240] Schwierig ist die Berechnung des angemessenen Gewinns (Ziffer 6 des Anhangs). Bei Ermittlung der angemessenen Rendite sind stets die besonderen Umständen jedes öffentlichen Dienstleistungsauftrags zu beachten.[1241]

Ziffer 3 des Anhangs erfordert die Berücksichtigung der Netzeffekte, die sich auf die finanziellen Nettoeffekte der betreffenden gemeinwirtschaftlichen Verpflichtungen auswirken können. Zur Erhöhung der Transparenz und zur Vermeidung von Quersubventionen hat getrennte Rechnungslegung zu erfolgen. Damit soll bereits durch die Buchführung nachvollziehbar sein, wohin die Ausgleichszahlungen der öffentlichen Hand tatsächlich geflossen sind (Ziffer 4 und 5 des Anhangs).[1242]

1237 Saxinger, DVBl 2008, 688, 696; Berschin in: Baumeister, A 1 Rn. 81.

1238 Nettsheim, NVwZ 2009, 1449, 1453; Fehling in Heinze/Fehling/Fiedler, PBefG, Vorbemerkungen III, Rn. 49.

1239 Berschin in: Baumeister, A 1 Rn. 82.

1240 Fehling in Heinze/Fehling/Fiedler, PBefG, Vorbemerkungen III, Rn. 51.

1241 Nr. 2.4.3 Leitlinien VO 1370/2007.

1242 Fehling in Heinze/Fehling/Fiedler, PBefG, Vorbemerkungen III, Rn. 51.

Der Ausgleich darf nicht pauschal gewährt werden, im Falle einer unzureichender Erbringung muss im Hinblick auf Ziffer 7 des Anhangs entsprechend gekürzt werden, damit der Anreiz für die Erbringung der Verkehrsleistung aktiviert werden kann.[1243] Im Ergebnis sind die Berechnungsvorgaben recht kompliziert. Die Gefahr der Rechtsunwirksamkeit der Ausgleichsregelung kann den Aufgabenträger drängen, einen Ausschreibungswettbewerb durchzuführen statt einer Direktvergabe.[1244]

2. *Ausgleichsleistungen aufgrund allgemeiner Vorschriften*

Nach Art. 2 lit. l VO 1370/2007 ist die allgemeine Vorschrift eine Maßnahme, die diskriminierungsfrei für alle öffentlichen Personenverkehrsdienste derselben Art in einem bestimmten geografischen Gebiet, das im Zuständigkeitsbereich einer zuständigen Behörde liegt, gilt. Allgemeine Vorschriften können ohne finanzielle Kompensationen aufgestellt werden.[1245] Allerdings ist die VO 1370/2007 nur auf allgemeine Vorschriften mit finanziellen Kompensationen anwendbar.

Gegenstand allgemeiner Vorschriften können gemeinwirtschaftliche Verpflichtungen zur Festsetzung von Höchsttarifen für alle Fahrgäste oder bestimmte Gruppen von Fahrgästen sein (Art. 3 Abs. 2 S. 1 VO 1370/2007). Nach Art. 3 Abs. 2 S. 2 VO 1370/2007 dürfen die Ausgleichsleistungen aufgrund allgemeiner Vorschriften nur für die Abgeltung der finanziellen Auswirkungen eingesetzt werden, die auf die Erfüllung der tariflichen Verpflichtungen zurückzuführen sind. Die Finanzierung von Betriebskostendefiziten kann daher nicht Gegenstand allgemeiner Vorschriften sein; vielmehr bedarf es eines öffentlichen Dienstleistungsauftrags nach Art. 3 Abs. 1 der VO 1370/2007.[1246] Angesichts der Begrenzung auf tarifäre Maßnahmen darf der Aufgabenträger über allgemeine Vorschriften kein bestimmtes Angebotsniveau vorschreiben oder fördern.[1247]

Praktische Relevanz kommt dem Instrument v.a. für den Ausgleich finanzieller Folgen bei Anwendung von Verbundtarifen, aber auch bei preisreduzierten Angeboten im Ausbildungsverkehr.[1248] Der deutsche Gesetzgeber hat den

---

1243 Berschin in: Baumeister, A 1 Rn. 90; Fehling in Heinze/Fehling/Fiedler, PBefG, Vorbemerkungen III, Rn. 53. A. A. Nettsheim, NVwZ 2009, 1449, 1453.

1244 Fehling in Heinze/Fehling/Fiedler, PBefG, Vorbemerkungen III, Rn. 51.

1245 Berschin in: Baumeister, A 1 Rn. 25.

1246 VG Augsburg, Urt. v. 24.03.2015, Az. Au 3 K 13.2063, Au 3 K 14.34, BeckRS 2015, 47705, Rn. 137.

1247 Berschin in: Baumeister, A 1 Rn. 53.

1248 Otting/Olgemöller, VBlBW 2013, 291, 292.

letzteren Fall aus der Anwendung der Verordnung ausgenommen.[1249] Die Verbundtarife sind auf Grundlage der VO 1370/2007 für Unternehmen und Genehmigungsbehörden verbindlich, im Gegenzug erhalten die Unternehmen einen Ausgleichsanspruch für verbundbedingte Mindereinnahmen.[1250] Die durch Anwendung der Verbundtarife entstandenen Durchtarifierungs- und Harmonisierungsverluste werden in der Praxis im Rahmen allgemeiner Vorschriften zum Verbundtarif erstattet.[1251]

Die allgemeinen Vorschriften zielen darauf ab, dass in einem offenen Markt mit freier Konkurrenz auf der Straße gemeinwirtschaftliche Anforderungen eingesteuert werden können.[1252] Um die Diskriminierungsfreiheit und die Allgemeinheit sicherzustellen, müssen allgemeine Vorschriften in einer objektiven und transparenten Weise aufgestellt werden.[1253] Da die Aufgabenträger zum Erlass von Gesetzen und Rechtsverordnung nicht befugt sind, sind Satzungen die geeignete Rechtsform für allgemeine Vorschriften.[1254] Für die Kommission sind die Verträge zwischen Aufgabenträgern und den Betreibern potenzielle allgemeine Vorschriften.[1255] Eine diskriminierungsfreie allgemeine Vorschrift fordert noch, dass sie nicht unter Haushaltvorbehalt stehen darf; vielmehr muss auf ihre Gewährung ein durchsetzbarer Anspruch bestehen.[1256]

Mangels Disziplinierung durch Wettbewerb[1257] gelten die Berechnungsvorgaben des Anhangs auch für die Ausgleichsleistungen aufgrund allgemeiner Vorschriften. Ausgleichsfähig ist somit der finanzielle Nettoeffekt, nämlich Einnahmeverluste, der aus der Erfüllung der Tarifvorgaben folgt, abzüglich der damit verbundenen Vorteile.[1258] Um die Höhe der Einnahmeverluste festzustellen, werden die Kosten für die Anwendung von Höchsttarifen als Differenz zwischen den Einnahmen berechnet, die ein Verkehrsunternehmen unter Anwendung

1249 Fehling in Heinze/Fehling/Fiedler, PBefG, Vorbemerkungen III, Rn. 55.

1250 Verbundgesellschaft Region Braunschweig, VRB-Info, Ausgabe 1: Dezember 2012, S. 1.

1251 Als kompatibel mit der VO 1370/2007 siehe Winnes, EuR 2009, 290, 292; Otting/Olgemöller, GewArch 2012, 436, 437; als unvereinbar siehe Berschin in: Baumeister, A 1 Rn. 58.

1252 Berschin, in: Baumeister (Hrsg.), Recht des ÖPNV, 2013, A 1 Rn. 53.

1253 Berschin, in: Baumeister (Hrsg.), Recht des ÖPNV, 2013, A 1 Rn. 55.

1254 Otting/Olgemöller, GewArch 2012, 436, 438.

1255 Nr. 2.2.2 Leitlinien VO 1370/2007. A. A. Berschin in: Baumeister, A 1 Rn. 55.

1256 Berschin in: Baumeister, A 1 Rn. 54.

1257 Fehling in Heinze/Fehling/Fiedler, PBefG, Vorbemerkungen III, Rn. 55.

1258 Berschin in: Baumeister, A 1 Rn. 58.

des Verbundtarifs tatsächlich erzielt hat, und den Einnahmen, die das Verkehrsunternehmen erzielt hätte, wenn es seinen Haustarif angewendet hätte.[1259] Die Ermittlung eines solchen fiktiven Haustarifs kann praktisch schwierig sein, nicht zuletzt wenn das Unternehmen jahrelang keinen Haustarif verwendet hat.[1260] Als Alternative kommt der Preis-Kosten- oder Preis-Erlös-Vergleich in Betracht.[1261]

Wenn der Markt trotz finanzieller Anreize keine ausreichende Verkehrsbedienung von sich aus bereitstellt, dann bedarf es eines zusätzlichen Eingriffs in Form öffentlicher Dienstleistungsaufträge.[1262] Dem Verkehrsunternehmen steht kein Anspruch auf Erlass einer allgemeinen Vorschrift zu. Ein solcher folgt weder aus dem europäischen Gemeinschafts- noch dem nationalen Personenbeförderungsrecht. Dem Aufgabenträger steht in Bezug auf das Finanzierungsinstrument ein Wahlrecht zu.[1263]

3. *Beihilfenkontrolle*

Fraglich bleibt, ob die Genehmigungsbehörde befugt ist, die Vereinbarkeit der in öffentlichen Dienstleistungsaufträgen festgelegten Ausgleichsleistungen mit der VO 1370/2007 zu prüfen. Nach Auffassung des BVerwG obliegt die Prüfung des Beihilfeverbots ausschließlich der Kommission, die Genehmigungsbehörde habe damit nichts zu tun und wäre zudem mit der Prüfung der komplexen Altmark-Kriterien überfordert.[1264] Das überzeugt nicht.[1265] In der aktuellen Rechtsprechung führt der EuGH deutlich aus, dass die Durchführung der Beihilfenkontrolle zum einen der Kommission obliegt, zum anderen den nationalen Gerichten.[1266] Bis zur endgültigen Entscheidung der Kommission wachen nationale Gerichte über die Wahrung der Rechte der Einzelnen bei eventuellen Verstößen der staatlichen Stellen gegen das in Art. 108 Abs. 3 AEUV aufgestellte Verbot.[1267] Die Vorschriften sind so weit wie möglich derart auszulegen, dass sie in einer zu Verwirklichung des Unionsrechts beitragenden Art und Weise

---

1259 Otting/Olgemöller, GewArch 2012, 436, 439.
1260 Berschin in: Baumeister, A 1 Rn. 58.
1261 Otting/Olgemöller, GewArch 2012, 436, 439.
1262 IHK, Busverkehr, S. 22.
1263 VG Münster, Urt. v. 24.10.2014, Az. 10 K 2076/12; VG Augsburg, Urt. v. 24.03.2015, Az. Au 3 K 13.2063, Au 3 K 14.34, BeckRS 2015, 47705, Rn. 110.
1264 BVerwG, Urt. v. 19.10.2006 – 3 C 33/05, NVwZ 2007, 330, Rn. 40.
1265 Fehling in: Fehling/Ruffert, § 10 Rn. 81.
1266 Streinz, NVwZ 2016, 604.
1267 EuGH, Urt. v. 11.11.2015, Rs. C505/14, NVwZ 2016, 600, Rn. 21 – Klausner Holz Niedersachsen.

angewandt werden können.[1268] Zum Schutz der Wettbewerber gebietet das Effektivitätsprinzip eine Berücksichtigung der Beihilfenrechtskonformität der Finanzierung im Genehmigungsverfahren.[1269]

V. Arbeitnehmerschutz

Die wettbewerbliche Vergabe dient hauptsächlich der wirtschaftlichen und sparsamen Beschaffung und der Öffnung des Wettbewerbs.[1270] Bei der wettbewerblichen Vergabe besteht allerdings die Gefahr, dass die Verkehrsunternehmen versuchen, sich über die Personalkosten einen kalkulatorischen Vorteil zu verschaffen. Das führt zum Wettbewerb auf dem Rücken der Arbeitnehmer: Zum einen sinkt wegen der schlechteren Bezahlung zwangsläufig die Qualität des Fahrpersonals. Zum anderen sind die Arbeitsplätze beim Betreiberwechsel für die Arbeitnehmer nicht sicher.[1271]

Um die Arbeitnehmer zu schützen, berechtigt die VO 1370/2007 die zuständige Behörde, im Rahmen der öffentlichen Dienstleistungsaufträge sozialpolitischen Interessen Rechnung zu tragen. Art. 4 Abs. 5 S. 1 VO 1370/2007 ermöglicht dem Auftraggeber bei Ausschreibungen für Dienstleistungen eine Fortwirkung der bisherigen Arbeitnehmerrechte im Falle eines Betreiberwechsels entsprechenden Rechtsfolgen des Betriebsübergangs i. S. d. Richtlinie 2001/23/EG anzuordnen. Daneben ermächtigt Art. 4 Abs. 5 S. 2 VO 1370/2007 Aufgabenträger, bestimmte Sozialstandards in den Ausschreibungsunterlagen verbindlich vorzugeben. Der Ausgleich zwischen der Förderung des Wettbewerbs und dem Arbeitnehmerschutz, meist die rechtliche Zulässigkeit sogenannter vergabefremder Kriterien, ist ein Dauerbrenner in der vergaberechtlichen Diskussion.

1. Tariftreueklausel und Mindestlohnbestimmung

Der Markt für Personennahverkehrsdienste in Deutschland, auf dem die Verkehrsunternehmen tätig sind, ist für den Wettbewerb von Unternehmen aus anderen Mitgliedstaaten geöffnet.[1272] Jedoch darf der Wettbewerb um die beste Leistung nicht zu einem Wettbewerb um die schlechteste Entlohnung und

---

1268 EuGH, Urt. v. 11.11.2015, Rs. C505/14, NVwZ 2016, 600, Rn. 31 – Klausner Holz Niedersachsen.

1269 Fehling in: Fehling/Ruffert, § 10 Rn. 81.

1270 Ziekow, DÖV 2015, 897.

1271 BDO, PBefG, S. 37.

1272 Europäische Kommission, Beschl. v. 23.02.2011, K (2011)632 endgültig, Rn. 212.

Arbeitsbedingungen verkommen.[1273] Durch Art. 4 Abs. 5 S. 2 VO 1370/2007 soll Lohndumping verhindert werden. In der Praxis werden Tariftreueverpflichtung und Mindestlohnbestimmung in den jeweiligen Vergabe- und Tariftreuegesetzen geregelt.[1274] Trotz der bestehenden Ermächtigung der VO 1370/2007 wurde jahrelang die Frage diskutiert, ob solche Vorschriften gegen das Unionsrecht, insb. gegen den Grundsatz der Dienstleistungsfreiheit verstoßen.[1275] Denn sie haben eine marktabschottende Wirkung für Wirtschaftsteilnehmer, die Leistungen mit Arbeitnehmern aus Mitgliedstaaten mit einem geringeren Lohnniveau erbringen möchten.[1276]

Nach der Rechtsprechung des EuGH muss die Vereinbarkeit der Tariftreue- oder Mindestlohnregelungen mit dem Unionsrecht ausdifferenziert werden:[1277] Werden die Dienstleistungen vollständig durch Arbeitnehmer erbracht, die nicht in dem Mitgliedstaat beschäftigt sind, in dem der öffentliche Auftraggeber seinen Sitz hat, gelten in diesem Fall nicht die tariflichen oder Mindestlohnregelungen, die am Sitz des Auftraggebers anzuwenden sind, sondern die in dem anderen Mitgliedstaat. Das ist primärrechtlich zwingend, wie der EuGH in der Sache Bundesdruckerei entschieden hat.[1278]

Werden die Dienstleistungen am Sitz des Auftraggebers erbracht, gelten hier unterschiedliche Grundsätze.[1279] Nach dem Rüffert-Urteil stellt eine Verpflichtung zur Anwendung eines Tarifvertrags unter der Geltung des allgemeines europäischen Vergaberechts eine Beschränkung der Dienstleistungsfreiheit dar, weil sie den in einem anderen Mitgliedstaat niedergelassen Leistungserbringern eine zusätzliche wirtschaftliche Belastung auferlegt, die geeignet ist, die Erbringung ihrer Dienstleistungen im Aufnahmemitgliedstaat zu unterbinden, zu behindern oder weniger attraktiv zu machen.[1280] Die Tariftreueerklärung stellt sich wegen ihres Spitzenlohnniveaus eher als wirtschaftliche Schutznorm für die einheimischen Unternehmen denn als erforderliche Arbeitnehmerschutzvorschrift dar.[1281] Im Gegensatz dazu steht der in Vergabe- und Tariftreuegesetzen vorgeschriebene Mindestlohnsatz, der als zwingende Bestimmung über ein

---

1273 Fehling/Niehnus, DÖV 2008, 662, 667.

1274 Tugendreich, NZBau 2015, 395, 396.

1275 Tugendreich, NZBau 2015, 395, 396; Siegel, EuZW 2016, 101, 102.

1276 Frenz, DVBl 2016, 50.

1277 Ziekow, DÖV 2015, 897, 900.

1278 EuGH, Urt. v. 18.09.2014, Rs. C-549/13, NJW 2014, 3769, Rn. 30 ff. – Bundesdruckerei.

1279 Frenz, DVBl 2016, 50.

1280 EuGH, Urt. vom 03.04.2008, Rs. C-346/06, Slg. 2008, I-1989, Rn. 37 – Rüffert.

1281 Frenz, Vergaberecht, Rn. 3014.

Mindestmaß an Schutz grundsätzlich allgemein und branchenunabhängig für die Vergabe aller öffentlichen Aufträge gilt.[1282] Die Beeinträchtigung der Dienstleistungsfreiheit durch Mindestlohnsatz wird durch das Ziel des Arbeitnehmerschutzes gerechtfertigt, weil keine andere nationale Regelung einen niedrigeren Mindestlohn für die fragliche Dienstleistung vorsah.[1283] Die vom EuGH in beiden Sachen entwickelten Grundsätze dürfen auf die Anwendung der Ermächtigung in VO 1370/2007 übertragen werden.

2. *Beschäftigtenübergang*

Die Wahrscheinlichkeit des Betreiberwechsels beim Wettbewerb im ÖPNV macht die Arbeitsplätze unsicherer.[1284] Gemäß Art. 4 Abs. 5 S. 1 der VO 1370/2007 kann der Aufgabenträger den ausgewählten Betreiber verpflichten, zuvor eingestellte Arbeitnehmer zu übernehmen. Das steht im Ermessen des Aufgabenträgers.

Die Anordnung der Personalübernahme durch die Vergabestelle kann die betrieblichen Struktur- und Organisationsentscheidungen des neuen Betreibers deutlich einschränken.[1285] Dafür muss bereits in der Bekanntmachung und den Vergabeunterlagen eine Ankündigung erfolgen, dass die Ermächtigung des Art. 4 Abs. 5 VO 2370/2007 gebraucht wird. Zur Gewährleistung der bisherigen Sozialstandards i. S. d. Art. 4 Abs. 5 VO fordert die zuständige Behörde von den Bietern eine Erklärung, mit der sie sich zur Übernahme der jeweils betroffenen Arbeitnehmern im Falle einer Zuschlagserteilung bereit erklären. Die Behörde darf nicht erst nach dem Abschluss des Vergabeverfahrens entscheiden, ob sie einen Betriebsübergang herbeiführen will. Die Formulierung des Art. 4 Abs. 5 VO 1370/2007 räumt der Vergabestelle Ermessen ein, ob sie von der Ermächtigung zur Anordnung der Betriebsübergangsfolgen Gebrauch machen möchte.[1286] Ein Abweichen von der Anordnung des Personalübergangs durch öffentliche Auftraggeber bleibt weiterhin möglich, wenn der Zuschnitt des Personenverkehrsnetzes in Bezug auf Bedarf und Qualifikation erheblich vom Status quo abweicht.[1287]

1282 EuGH, Urt. v. 14.11.2015, Rs. C-115/14, DVBl 2016, 47, Rn. 75 – RegioPost.

1283 EuGH, Urt. v. 14.11.2015, Rs. C-115/14, DVBl 2016, 47, Rn. 76 – RegioPost.

1284 Fehling in: Fehling/Ruffert, § 10 Rn. 61.

1285 Die Vereinbarkeit des Art. 4 Abs. 5 VO 1370/2007 und des § 131 Abs. 3 GWB mit der Berufsfreiheit verneinend Ruge/von Tiling, NZA 2016, 1055, 1058.

1286 Ruge/von Tiling, NZA 2016, 1055.

1287 BT-Drs. 18/7086, S. 14.

Allein eine Anordnung des Aufgabenträgers kann keinen Betriebsübergang herbeiführen. Vielmehr vollzieht sich der Betriebsübergang auf privatrechtlicher Ebene. Das Arbeitsverhältnis eines betroffenen Arbeitnehmers geht über, indem der neue Betreiber ihm ein Angebot auf Fortführung seines Arbeitsverhältnisses unterbreitet und dieser das Angebot annimmt.[1288]

Der am 18.04.2016 in Kraft getretene neue § 131 Abs. 3 GWB regelt die Anordnung der Personalübernahme durch die Vergabestelle bei der Vergabe von öffentlichen Aufträgen im Eisenbahnverkehr.[1289] Die Stellungnahme des Bundesrats, diese Regelung auf ÖPSV zu übertragen,[1290] fand im Gesetzgebungsverfahren keine Mehrheit.[1291] Daher bleibt es für ÖPSV bei der direkten Anwendung des Art. 4 Abs. 5 VO 1370/2007.

VI. Einführung des Regulierungskonzepts in den chinesischen ÖPNV

1. Gescheiterte Privatisierung und ihre Ursachen

Seit 1949 entwickelt sich der chinesische ÖPNV sehr schnell, die Zahl der gelieferten Fahrgäste steigt jährlich durchschnittlich um ca. 8%. Um den ÖPNV zu verbessern und den sich stauenden Straßenverkehr zu beseitigen, haben viele chinesische Städte Maßnahmen ergriffen, einschließlich vorrangiger Entwicklung des Busverkehrs und Verbesserung der Infrastruktur durch starke Investitionstätigkeit. Unter anderem führen einige Städte Konzessionsvergaben ein, damit sich die privaten Unternehmen an der Erbringung der Verkehrsdienste auf dem ÖPNV-Markt beteiligen können. Die Einführung der Konzessionsvergabe gilt als ein wichtiger Schritt der Marktöffnung des Personenbeförderungsmarkts.[1292]

Shiyan, eine Stadt in der Provinz Hubei, führte den ersten Versuch der Privatisierung des Busverkehrs durch. Wie andere chinesische Städte förderte Shiyan die Verkehrsdienste für die Bevölkerung selbst mit jährlichen hohen Zuschüssen. Im Jahr 2002 entschied die Stadt, die Geschäftsanteile des öffentlichen Verkehrsunternehmens komplett an private Anbieter zu verkaufen. Ende 2002 erließ das damalige chinesische Bauministerium Standpunkte zur Beschleunigung der Marktöffnung der städtischen Versorgungsdienstleistungen, die deutlich die

1288 Bayreuther, NZBau 2016, 459, 461.

1289 Kritisch Ruge/von Tiling, NZA 2016, 1055, 1056; Bayreuther, NZBau 2016, 459, 461.

1290 BR-Drs. 367/1/15, S. 16.

1291 Bayreuther, NZBau 2016, 459.

1292 Zhang, China Rechtswissenschaft 2009, 22.

Beteiligung Privater an öffentlichen Aufgaben anregten. Im März 2003 erwarb ein chinesischer Unternehmer 68% der Geschäftsanteile des städtischen Verkehrsunternehmens. Im Vertrag mit der Shiyan-Regierung wurden 22 Buslinien für 18 Jahre als Konzessionen an das Verkehrsunternehmen vergeben. In den ersten zwei Jahren der Privatisierung wurde die Qualität der Verkehrsdienste deutlich verbessert. Das Unternehmen erzielte vertretbare Gewinne. Seit 2005 geriet das Unternehmen wegen des steigenden Ölpreises in Verluste, sein Antrag auf Erhöhung der Fahrpreise wurde von der Regierung abgelehnt. Die dadurch entstandenen großen Verluste sorgten für Unruhe unter den Arbeitnehmern. Weiterhin gab es Streiks der Busfahrer. Nach einem großen Streik entschied die Regierung, die Konzessionen zurückzunehmen. Die ursprünglich auf 18 Jahre geplante Privatisierung der Busverkehrsdienste wurde im Jahr 2008 bereits beendet mit einer Rückkehr zur Verstaatlichung.

Die Rückkehr zur Verstaatlichung der Erbringung der Verkehrsdienste in Shiyan machte im übrigen China keine Ausnahme. Nach der Privatisierung des Busverkehrs in der Stadt Changsha verweigerte der Unternehmer etwa, die Fahrgäste mit ermäßigten Fahrkarten zu befördern. Die strenge Kontrolle des Unternehmers über die Busfahrer führte zu schlimmen Todesfällen. Die Städte, in denen die Verkehrsdienste überwiegend von staatlichen Verkehrsunternehmen direkt erbracht werden, müssen allerdings hohe Zuschüsse leisten. Der ÖSPV in Beijing kann als Beispiel dienen. Im Jahr 2013 betrugen die Gesamteinnahmen der erbrachten Verkehrsdienste in Beijing 3 Brd. RMB, während die Beijing-Regierung fast 18 Brd. RMB Zuschüsse gewährte.[1293] Die hohe Subvention veranlasste endlich im Jahr 2014 die Erhöhung der Fahrpreise in Beijing.

Die Ursachen der gescheiterten Privatisierung sind sehr vielfältig, von der gesetzgeberischen Ebene bis zur Durchsetzung seitens der örtlichen Regierungen. Bisher gibt es kein Parlamentsgesetz über die Konzessionsvergabe zur Erbringung der Verkehrsdienste. Die maßgebliche Rechtsgrundlage sind Vorschriften zur Verwaltung der Konzessionen der städtischen Versorgungsdienstleistungen (im Folgenden: VKSV). Nach § 2 VKSV liegt eine Konzession der städtischen Versorgungsdienstleistung dann vor, wenn die Behörde nach einschlägigen Rechtsvorschriften durch Marktwettbewerb Investoren oder Unternehmer für die Erbringung der städtischen Versorgungsdienstleistung auswählt, die im bestimmten Geltungszeitraum zur Erbringung bestimmter öffentlichen Dienstleistungen verpflichtet sind. Das Auswahlverfahren der geeigneten Konzessionäre wird hauptsächlich an das offene und nichtoffene Verfahren

1293 Liu, UMT 2013, 5, 7.

angelehnt (§§ 8 ff. VKSV). Das offene und nichtoffene Verfahren findet seine Anwendung überwiegend in der Vergabe der Baukonzessionen. Die Vergabe der Verkehrsdienste ist allerdings so komplex, dass kaum ein geeigneter Konzessionär durch die Anwendung des offenen und nichtoffenen Verfahrens ausgewählt werden kann.[1294] Die Praxis der Behörde, dass bei der Konzessionsvergabe ein Verhandlungsverfahren mit Teilnahmewettbewerb eingeführt wird,[1295] steht im Konflikt mit § 53 Verwaltungsgenehmigungsgesetz, wonach die Konzessionsvergabe durch das offene, das nichtoffene Verfahren oder durch Versteigerung durchgeführt werden muss.[1296]

Im Gesetzentwurf „Verordnung der städtischen öffentlichen Verkehre" (im Folgenden: VSÖV-E)[1297] wird die Bedeutung des ÖPNV für die Allgemeinheit deutlich hervorgehoben. Gemäß § 24 Abs. 1 VSÖV-E unterliegt die Erbringung der Verkehrsdienste der Linienverkehrsgenehmigungspflicht. Für die Linie, die erstmals neu entwickelt wird oder deren Genehmigung bereits abgelaufen ist, muss die zuständige Behörde mit dem neuen ausgewählten Unternehmer den Betriebsvertrag abschließen und ihm die Linienverkehrsgenehmigung erteilen (§ 24 Abs. 2 VSÖV-E). Es ist der Behörde verboten, die Linienverkehrsgenehmigung zu versteigern und Mehrfachgenehmigungen zu erteilen (§ 24 Abs. 3 VSÖV-E). Im Jahr 2005 betonte der chinesische Staatsrat, dass die zuständige Behörde eine Linienkonzession nicht an verschiedene Unternehmer mehrfach vergeben darf.[1298] Aus solchen Vorschriften ist zu entnehmen, dass die Linienverkehrsgenehmigungen in China generell als Konzession ausgestaltet sind. Eine Unterscheidung zwischen Eigenwirtschaftlichkeit und Gemeinwirtschaftlichkeit wie im deutschen Recht gibt es nicht. Im VSÖV-E fehlt es auch an Regelungen über die Geltungsdauer der Linienverkehrsgenehmigung. Der Wettbewerb kann erst aktiviert werden, wenn die Konzessionen befristet vergeben werden. In der Praxis beträgt die Geltungsdauer der Linienverkehrsgenehmigung mindestens drei höchstens acht Jahre.[1299]

1294 Zhang, China Rechtswissenschaft 2009, 22, 28.

1295 § 9 Verordnung zur Konzession der öffentlichen Versorgungsdienstleistungen in Shenzhen, bewilligt und verabschiedet vom Ständigen Ausschuss des Volkskongresses der Provinz Guangdong am 02.12.2005, in Kraft getreten am 01.03.2006.

1296 Verwaltungsgenehmigungsgesetz der Volksrepublik China, verabschiedet am 27.8.2003 auf der 4. Sitzung des Ständigen Ausschusses des 10. Nationalen Volkskongresses, in Kraft getreten am 01.07.2004.

1297 Bekannt gemacht am 11.04.2007.

1298 Zhang, China Rechtswissenschaft 2009, 22, 29.

1299 Zhang, China Rechtswissenschaft 2009, 22, 23.

Einige Städte erheben Gebühren von den Konzessionären wegen der Erteilung der Konzessionen.[1300] Gleichwohl müssten hohe Zuschüsse an den Linienbetreibern gewährt werden, um eine dauerhafte Erbringung der Verkehrsdienste aufrechtzuerhalten. In der gescheiterten Privatisierung Shiyans war der Unternehmer einerseits auf Zuschüsse der Regierung angewiesen, zahlte andererseits hohe Gebühren an die Regierung.

Gegenwärtig werden die meisten Verkehrsleistungen direkt an staatliche Verkehrsunternehmen vergeben, nur ein kleiner Teil der Verkehrsdienste wird durch ein wettbewerbliches Verfahren vergeben. Die staatlichen Verkehrsunternehmen erbringen die Verkehrsdienste nicht selbst, sondern vergeben sie weiter an Subunternehmen, was ihre Qualität gefährdet. Problematischer ist die Berechnung der gewährten Zuschüsse. Der chinesische Staatsrat fordert eine strikte Berechnung der Kosten und ein stabiles Bewertungssystem. Nachdem die Kosten wegen Erbringung der Verkehrsleistungen festgestellt werden, werden die Verluste wegen der Erfüllung der gemeinwohlwirtschaftlichen Verpflichtung berechnet und angemessen ausgeglichen.[1301] Angesichts der Informationsasymmetrie zwischen dem Unternehmer und der Regierung ist die Berechnung der Ausgleichsleistungen außerordentlich schwierig. Wenn die Zuschüsse pauschal den Unternehmen gewährt werden, wie die Praxis zeigt, und sich nicht auf konkrete Linien beziehen, besteht die Gefahr, dass die Verkehrsunternehmen die Zuschüsse für kommerzielle Linien verwenden können.

2. *Einführung des Regulierungskonzepts*

Ein freier Marktzugang eröffnet den Verkehrsunternehmen die Möglichkeit, die Verkehrsdienste auf dem Markt zu erbringen und miteinander konkurrieren zu können. Wenn die Erbringung der Verkehrsdienste direkt als Dienstleistungskonzession ausgestaltet wird, wird vielen Verkehrsunternehmen ein Marktzutritt verwehrt, obwohl der Verkehr mit den vorhandenen Verkehrsträgern nicht befriedigend bedient werden kann. Die zuständige Behörde ist wegen der Informationsdefizite nicht fähig, ausreichend gründlich zu ermitteln, ob der Unternehmer mit der Linienkonzession Gewinne erziehen kann oder doch Zuschüsse von der Regierung für die Verkehrsdienste erhalten sollte. Die Stufengestaltung zwischen Eigen- und Gemeinwirtschaftlichkeit nutzt den Markt aus, und entlastet die Arbeit der zuständigen Behörde.

1300 Kritisch dazu Zhang, China Rechtswissenschaft 2009, 22, 29.

1301 Punkt 3 Standpunkt des Bauministeriums zum Vorrang der Entwicklung des ÖPNV (Jiancheng Nr. [2006] 288), veröffentlicht am 01.12.2006.

Die Linienkonzessionen sollen durch ein wettbewerbliches Verfahren vergeben werden, das allen Betreibern offen steht, fair sein und den Grundsätzen der Transparenz und Nichtdiskriminierung genügen soll. Gleichwohl muss die Direktvergabe an staatliche Verkehrsunternehmen unter bestimmten Voraussetzungen beschränkt werden, damit mittelständische Unternehmen noch Zugang zum Markt haben. Das Regulierungsmodell des deutschen ÖPNV kann für China aufschlussreich sein, besonders in Bezug auf die Verfahrensgestaltung, Aufstellung des Nahverkehrsplans und Gewährung der Zuschüsse.

3. *Verbesserungsmöglichkeiten*

a. *Aufstellung des Nahverkehrsplans*

Nach § 8 VSÖV-E muss die Regierung einen städtischen multimodalen Plan und spezielle Pläne für den öffentlichen Verkehr aufstellen. Die Pläne müssen der Entwicklung der Wirtschaft, dem Umweltschutz und Bevölkerungsbedürfnissen entsprechen und die Fahrpläne der Linien und Verkehrsmittel abstimmen. Im multimodalen Plan für den öffentlichen Verkehr sollen der Anteil des ÖPNV und die Maßnahmen für den Vorrang des ÖPNV festgelegt werden. Der städtische multimodale Plan und spezielle Pläne für den öffentlichen Verkehr müssen in die Stadtplanung einbezogen und genehmigt werden.

Gemäß § 13 VSÖV-E soll die zuständige Behörde während der Aufstellung des Nahverkehrsplans eine Anhörung durchführen, um die Meinungen von anderen Behörden, der Bevölkerung und Experten zu erfragen. Die Stellungnahmen der Bevölkerung müssen berücksichtigt werden (§ 14 Abs. 1 S. 2 VSÖV-E). Solche Regelungen könnten die demokratische Beteiligung der Bevölkerung an der Aufstellung des Nahverkehrsplans stärken. So können ihre Verkehrsbedürfnisse in der Nahverkehrsplanung ausreichend berücksichtigt werden.

Über die Bindungswirkung des Nahverkehrsplans regelt § 14 Abs. 2 VSÖV-E lediglich, dass der genehmigte Fahrplan für Schienenverkehr nicht willkürlich geändert werden darf. Gemäß § 15 VSÖV-E müssen die Errichtung und Entwicklung des städtischen öffentlichen Personenverkehrs den Nahverkehrsplänen entsprechen. Im vierten Kapitel des VSÖV-E „Linienbetrieb" wird keine Regelung über das Verhältnis zwischen dem Nahverkehrsplan und der Konzessionsvergabe getroffen. Die zuständige Behörde verfügt über weite Entscheidungsspielräume, die die Ausgestaltungsfreiheit der Verkehrsunternehmen bei Erbringung der Verkehrsdienste verdrängen könnten. In der Genehmigungspraxis ist es unsicher, unter welchen Voraussetzungen eine Linienverkehrsgenehmigung im Falle fehlender Übereinstimmung mit dem Nahverkehrsplan erteilt werden darf. Das deutsche Recht kann hier als gutes Beispiel herangezogen werden.

b. Verfahrensgestaltung

Die Probleme, denen die Genehmigungsbehörde zurzeit gegenübersteht, sind die Vergabe der Linienkonzession und die Höhe der Zuschüsse. Nach der Ausgestaltung des VSÖV-E werden alle Linien mittels Konzessionen vergeben, unabhängig davon, ob der Unternehmer durch die Verkehrsbedienung angemessene Gewinne erzielen kann. Fraglich ist, wie das Vergabeverfahren ausgestaltet und wie hoch die Subvention dem Unternehmer gewährt werden soll. Eine Versteigerung der Linienverkehrsgenehmigung ist ausdrücklich vom Gesetzgeber verboten (§ 24 VSÖV-E).

Die Stufengestaltung zwischen Eigen- und Gemeinwirtschaftlichkeit im deutschen Recht kann solche Probleme lösen. Der Markt soll so weit wie möglich für die Verkehrsunternehmen offen bleiben. Sieht der Unternehmer in der Erbringung der Verkehrsdienste Gewinnchancen, kann er selbst einen Antrag auf Erteilung einer bestimmten Linie stellen, hier sind weder ein aufwendiges Vergabeverfahren noch öffentliche Beihilfen notwendig. Daher soll der Vorrang der eigenwirtschaftlichen Verkehre auch in China eingeführt werden, um die Haushalte der Städte zu entlasten und die Marktkräfte zu aktivieren.

Wenn keine Anträge gestellt werden oder die Anträge den Nahverkehrsplänen nicht entsprechen, greift die zuständige Behörde ein, um die Linienverkehre mittels Konzessionen zu vergeben. In der Konzessionsvergabe konkurrieren die Unternehmen um die Linien mit dem geringsten Zuschussbedarf unter Erfüllung der Verkehrsdienste. Hier sollte die Behörde dem aufwendigen Vergabeverfahren und der Aufstellung der Unterlagen in Rechnung tragen. Jedoch enthebt sich die Behörde der schwierigen Berechnung der Zuschüsse. In Zukunft soll das Vergabeverfahren unter Berücksichtigung der Komplexität und Besonderheit der Verkehrsdienste noch flexibler ausgestaltet werden, z. B. in Durchführung des Verhandlungsverfahrens mit Teilnahmewettbewerb. Die unterschiedlichen Antragsfristen bieten ein Modell für die verfahrensrechtliche Garantie zur Einhaltung des Vorrangs der Eigenwirtschaftlichkeit.

c. Informationspflicht

Weder eine allgemeine Informationspflicht noch eine vorherige Veröffentlichungspflicht der zuständigen Behörde über die Konzessionsvergabe sind im VSÖV-E vorgesehen. Eine Linienkonzession zu erwerben, bedeutet ein wirtschaftliches Risiko für den Verkehrsunternehmer. Vor Teilnahme am Wettbewerb ist eine ausführliche Ermittlung der eigenen Finanzierungslage und der Marktnachfrage erforderlich. Deswegen hat die zuständige Behörde die Informationen über die bisher laufenden Konzessionen zu veröffentlichen, anderenfalls bestünde keine Chancen für externe Bewerber, sich in dem im Wesentlichen von staatlichen Unternehmen aufgeteilten Markt des Linienverkehrs zu betätigen.

In diesem Punkt berücksichtigt das deutsche Recht die Berufsfreiheit der Verkehrsunternehmen besser.[1302] Gemäß § 18 Abs. 1 PBefG hat die Genehmigungsbehörde ein Verzeichnis aller Genehmigungen, die im öffentlichen Personennahverkehr für Linienverkehre bestehen, am Ende jedes Kalenderjahres im Amtsblatt der EU bekanntzumachen. Die Bekanntmachung muss die Linienführung, die Genehmigungsdauer und einen Hinweis über die Antragsfrist enthalten. Die Information der Genehmigungsbehörde soll die Transparenz des Genehmigungsverfahrens verbessern.[1303] Neben der allgemeinen Informationspflicht in § 18 PBefG hat die VO 1370/2007 weitere Veröffentlichungspflichten geregelt. Nach Art. 7 Abs. 2 VO 1370/2007 müssen wichtige Informationen über Aufgabenträger, Vergabeverfahren und Verkehrsdienste im Amtsblatt der EU spätestens ein Jahr vor Einleitung des wettbewerblichen Vergabeverfahrens oder ein Jahr vor der Direktvergabe veröffentlicht werden. Die Vorabbekanntmachung stellt eine zwingende Formvorschrift dar, auf deren Einhaltung sich ein Antragsteller im Nachprüfungsverfahren berufen kann.[1304]

Da die Direktvergabe möglicherweise eine Wettbewerbsverzerrung darstellt, ist in § 8a Abs. 4 PBefG eine Begründungspflicht des Aufgabenträgers festgeschrieben. Ergreift der Aufgabenträger diese Maßnahmen, hat er interessierte Unternehmer auf Antrag über die Gründe für die beabsichtigte Entscheidung zu informieren.

d. Ausgleichsleistungen und Arbeitnehmerschutz

Sind die meisten Verkehrsdienste an staatliche Unternehmen vergeben, müssen die Ausgleichsleistungen streng berechnet werden, um eine Überkompensation zu verhindern. Bei der Berechnung der Ausgleichszahlungen in China kann der Anhang des VO 1370/2007 als Referenz dienen. Die Obergrenze der Ausgleichsleistungen soll nach dem Anhang der finanzielle Nettoeffekt sein.[1305]

Im Privatisierungsprozess müssen die Arbeitnehmerinteressen berücksichtigt werden, damit die Busfahrer angemessene Löhne erhalten. Bei der Konzessionsvergabe kann eine Klausel des Arbeitnehmerschutzes im Konzessionsvertrag i. S. v. § 25 VSÖV-E festgeschrieben werden. Die Verpflichtung des

1302 BVerwG, Urt. v. 02.07.2003 – 3 C 46.02, NJW 2003, 2696, 2697.

1303 Fromm/Sellmann/Zuck, PBefG, § 18 Rn. 2.

1304 VK Südbayern, Beschl. v. 05.06.2015 Z3-3319412003/15, BeckRS 2015, 47754.

1305 Heinze in Heinze/Fehling/Fiedler, PBefG, Vorbemerkungen III, Rn. 51.

Arbeitnehmerschutzes muss allerdings vor dem Vergabeverfahren bekanntgemacht werden, denn der Unternehmer braucht genug Zeit für Überlegung und Organisation.

VII. Zusammenfassung

Große Gruppen der Bevölkerung sind auf ein verlässliches, dauerhaftes Funktionieren der konventionellen Linienverkehre angewiesen. Die konventionellen Linienverkehre stehen nicht nur in einem Spannungsfeld zwischen Verkehrsgewerberecht, Vergaberecht und Beihilferecht. Die sozialpolitischen Belange sind mithin zu berücksichtigen. Um die Verkehrsmittel zu koordinieren, ist vorgeordnete Planung notwendig. Der Nahverkehrsplan als sektoraler Bedarfs- und Entwicklungsplan bildet den Rahmen für die Entwicklung des öffentlichen Personennahverkehrs. Gemäß § 8 Abs. 3 S. 2 PBefG sind die Anforderungen an den Umfang, Qualität, Umweltqualität und Integration der Verkehrsleistungen zu definieren. Für die Genehmigungsbehörde ist der Nahverkehrsplan zwingend zu berücksichtigen, wenn er rechtmäßig zustande gekommen ist und vorhandene Verkehrsstrukturen beachtet. Die Aufstellung des Nahverkehrsplans betrifft nicht nur öffentliche Verkehrsinteressen, sondern auch unternehmerische Interessen. Zugleich werden Anforderungen im Nahverkehrsplan unter den Vorbehalt der Finanzierbarkeit gestellt. Daher muss der Aufgabenträger im Rahmen der Nahverkehrsplanung alle von Planung berührten öffentlichen und privaten Belange gerecht abwägen. Durch die Novelle 2012 des PBefG wurde die Bindungskraft des Nahverkehrsplans und seine Bedeutung deutlich erhöht.

Aufgrund der Annahme, dass die Verkehrsleistungen frei vom Markt erbracht werden können, wird der Vorrang der Eigenwirtschaftlichkeit im neuen PBefG weiter festgehalten. Um den Vorrang der Eigenwirtschaftlichkeit zu gewährleisten, hat der Gesetzgeber eine gestufte Konstruktion zwischen den eigenwirtschaftlichen und beauftragten Verkehren gebaut. Verfahrensrechtlich sind die Genehmigungsverfahren so abzustimmen, dass der Vorrang der Eigenwirtschaftlich strikt eingehalten wird. Erfüllen mehrere eigenwirtschaftliche Anträge die Genehmigungsvoraussetzungen nach § 13 Abs. 1 PBefG und liegt kein zwingender Versagungsgrund nach § 13 Abs. 2 PBefG vor, muss die Genehmigungsbehörde ermitteln, welcher Unternehmer mit seinem Antrag die beste Verkehrsbedienung anbietet. Im Rahmen des Genehmigungswettbewerbs müssen die öffentlichen Belange ausreichend berücksichtigt werden. Daher ist die zutreffende Auswahlentscheidung das Ergebnis einer umfassenden und komplexen Abwägung, bei der gegenläufige öffentliche und private Belange einzustellen, zu gewichten und auszugleichen sind. Für die Kontrolle der Auswahlentscheidung ist die Abwägungsfehlerlehre geeignet. Das Altunternehmerprivileg ist ein Gesichtspunkt, der in die im behördlichen Ermessen stehende Auswahlentscheidung einzubeziehen ist. Das Genehmigungsverfahren wird noch dadurch überlastet, dass der Gesetzgeber mit der Novelle 2012 die verbindliche Zusicherung in § 12 Abs. 1a PBefG eingeführt hat. Nach der Rechtsprechung muss die Behörde die inhaltliche Reichweite der abgegebenen Zusicherung zutreffend auslegen und damit einen maßgeblichen Wertungsgesichtspunkt objektiv angemessen gewichten, was voller gerichtlichen Prüfung untersteht.

Durch eine Linienverkehrsgenehmigung erfolgt kein genereller Ausschluss der Wettbewerber. Die Genehmigung stellt lediglich ein gewerberechtliches Instrument zur Gefahrenabwehr dar. Kann ein Neubewerber mit seinem Genehmigungsantrag die in § 13 Abs. 2 S. 1 Nr. 3 PBefG genannten Versagungsgründe überwinden, so ist der Markt für ihn offen. Der gesetzlich vorgegebene Regulierungsrahmen geht somit nicht per se von einem Mehrfachgenehmigungsverbot aus, so dass hier zwei Unternehmen parallel nebeneinander Verkehrsleistungen erbringen können. Im Rahmen der öffentlichen Verkehrsinteressen muss ein eigenwirtschaftlicher Antrag darauf überprüft werden, inwieweit die vom Antragsteller angebotene Bedienung tatsächlich dauerhaft eigenwirtschaftlich machbar ist.

Ist ausreichende Verkehrsbedienung durch eigenwirtschaftliche Verkehrsleistungen nicht sichergestellt, kann die zuständige Behörde die Initiative ergreifen und Verkehrsleistungen mit finanziellem Ausgleich ins Werk setzen. Die VO 1370/2007 bietet dem Aufgabenträger die Möglichkeiten, entweder öffentlichen Dienstleistungsauftrag zu erteilen oder allgemeine Vorschriften zu erlassen. Die konkreten Handlungsinstrumente im Rahmen der Erteilung eines öffentlichen Dienstleistungsauftrags umfassen Vergabeverfahren nach dem Kartellvergaberecht, wettbewerbliche Vergabeverfahren, Selbsterbringung und Direktvergabe an einen internen Betreiber, Direktvergabe von Kleinaufträgen und Notvergabe. Die mit der Liniengenehmigung einhergehende Betriebs-, Beförderungs- und Tarifpflicht darf nicht als gemeinwirtschaftliche Verpflichtung i. S. v. Art. 2 lit. e VO 1370/2007 interpretiert werden.

Aus den Regelungen des § 8a Abs. 2 S. 1 PBefG und des Art. 5 Abs. 1 VO 1370/2007 lässt sich ableiten, dass öffentliche Dienstleistungsaufträge zwei Arten von Dienstleistungsaufträgen umfassen: Öffentliche Dienstleistungsaufträge i. S. d. § 103 Abs. 1 GWB und öffentliche Dienstleistungsaufträge in Form von Dienstleistungskonzessionen. Für den erstgenannten Fall gelten der 4. Teil des GWB und das Haushaltsvergaberecht. Der Anwendungsbereich des vergaberechtlichen Teils der VO 1370/2007 ist faktisch wesentlich auf Aufträge mit geringem Gewicht und Dienstleistungskonzessionen beschränkt. Die Grundzüge des wettbewerblichen Vergabeverfahrens werden in Abs. 2 bis 7 des § 8b PBefG konkretisiert. Die Vergabe der öffentlichen Dienstleistungsaufträgen im Wege eines wettbewerblichen Vergabeverfahrens soll den Grundsatz der Auswahl des Anbieters bilden. Die VO 1370/2007 regelt die Voraussetzungen der Direktvergabe abschließend. Angesichts der möglichen Wettbewerbsverzerrung wird die Begründungspflicht des Aufgabenträgers festgeschrieben, die der Transparenz und Selbstkontrolle des Aufgabenträgers wie auch dem Rechtsschutz interessierter Mitbewerber dient.

Zum Ausgleich gemeinwirtschaftlicher Verpflichtungen sind zwei Finanzierungswege in VO 1370/2007 verfügbar: Kompensation in öffentlichen Dienstleistungsaufträgen und finanzielle Abgeltung von Verbundtarifen aufgrund allgemeiner Vorschriften. Die Finanzierung bei der Direktvergabe und aufgrund allgemeiner Vorschriften sind neben den allgemeinen Bestimmungen über den obligatorischen Inhalt die im Anhang der VO 1370/2007 festgelegten Regeln für die Gewährung einer Ausgleichsleistung zu beachten.

Art. 4 Abs. 5 S. 1 VO 1370/2007 ermöglicht dem Auftraggeber, bei Ausschreibungen für Dienstleistungen eine Fortwirkung der bisherigen Arbeitnehmerrechte im Falle eines Betreiberwechsels entsprechenden Rechtsfolgen des Betriebsübergangs im Sinne der Richtlinie 2001/23/EG anzuordnen. Daneben ermächtigt Art. 4 Abs. 5 S. 2 VO 1370/2007 Aufgabenträger, bestimmte Sozialstandards in den Ausschreibungsunterlagen verbindlich vorzugeben.

Die Kooperation zwischen Staat und Privaten kann die Erfüllung der öffentlichen Aufgaben beschleunigen, bringt allerdings eine Reihe von Gefahren und Problemen: Verfehlte Berücksichtigung der Allgemeininteressen, Unterlaufen des gesetzten Rechts, intransparentes Verfahren und Erschwerung von effektivem Rechtsschutz.[1306] Vor dem Hintergrund der gescheiterten Privatisierung darf die Rückkehr zur Verstaatlichung der Erbringung der Verkehrsdienste nicht vorschnell auf Mängel des Marktwettbewerbs zurückgeführt und insb. deshalb zum Anlass für Intervention genommen werden.[1307] Bessere Verfahrensgestaltung, ausreichende Informationspflicht, angemessene Ausgleichsleistungen und Verpflichtung des Arbeitnehmerschutzes sind notwendige Rechtsinstrumente für eine effiziente Erbringung der konventionellen Linienverkehre. China hat hier einen langen Weg vor sich.

1306 Trute, Kooperation, S. 13, S. 24 f.

1307 Heinze in Heinze/Fehling/Fiedler, PBefG, Vorbemerkungen I, Rn. 11.

C. Regulierung flexibler Bedienungsformen im ÖPNV

Die Erbringung der Verkehrsangebote ist von der demografischen und gesellschaftlichen Entwicklung geprägt. Nach der Statistik sinkt die Anzahl der Einwohner in Deutschland gravierend, wobei der Anteil älterer Mitbürger steigt.[1308] In besonders betroffenen Schrumpfungsregionen stellt sich die zentrale Frage, wie ein ausreichendes Mobilitätsangebot und eine möglichst wohnortnahe Versorgung sichergestellt werden können.[1309] In Deutschland werden neben konventionellen Linienverkehren flexible Bedienungsformen seit 25 Jahren entwickelt, um die Nachfrage der Bevölkerung zu befriedigen.[1310] In ländlichen Gebieten bieten flexible Bedienungsformen ein hohes Potential zur Verbesserung des ÖPNV und folglich auch die Option auf einen befriedigenden und wirtschaftlich vertretbaren Nahverkehr.[1311]

Die Angebotsformen der flexiblen Bedienung variieren je nach Fahrweg, Ein- und Ausstiegshaltestelle, Fahrplan, Fahrzeug, Tarif und Betreiber. Zusätzlich erschwert die Unterscheidung zwischen dem Linien- und dem Gelegenheitsverkehr die Zuordnung der flexibler Verkehre zu einer rechtlich zulässigen Verkehrsart. Die Einführung des § 2 Abs. 6 und Abs. 7 PBefG kann dieses Zuordnungsproblem begrenzt lösen. In der Praxis ist die Genehmigungserteilung einiger Bedienungsformen nicht unproblematisch.

I. Flexible Bedienungsformen als Lösung verkehrlicher Herausforderungen

Die Gestaltung der Nahverkehrsangebote soll nicht allein angebotsorientierte Anreize zur verstärkten Nutzung setzen,[1312] sondern sich darüber hinaus an der Nachfrage orientieren. Unter den Bedingungen sinkender Nutzerzahlen sind traditionelle Linienverkehre nur begrenzt in der Lage, die Nachfrage zu Schwachlastzeiten oder in dünn besiedelten Regionen zu decken. Der Aufgabenträger wird vor die Frage gestellt, wie der öffentliche Personennahverkehr organisiert werden kann, einerseits nicht mehr ausgelastete Einrichtungen mit hohen Kosten zu vermeiden und andererseits ein hohes Niveau der Daseinsvorsorge in allen Städten und Regionen zu erhalten.[1313]

1308 Vetter/Haase, Alternative, S. 3.
1309 VDV, Bedienungsformen, S. 3.
1310 BMVBS, Handbuch, S. 11.
1311 Vetter/Haase, Alternative, S. 5.
1312 Fehling, DVBl 2015, 464, 466.
1313 BMVBS, Handbuch, S. 3.

Vor dem Hintergrund des technischen Fortschritts in Kommunikation und Logistik entwickeln sich schnell alternative Bedienungsformen, die sich konsequent an der Nachfrage orientieren, jedenfalls in den sog. Tagesrandzeiten oder in dünn besiedelten Regionen.[1314] Die bedarfsgesteuerten Verkehre können mit kleinen Fahrzeugen ohne feste Linien- und Fahrplanbindung eine flexible Versorgung gewährleisten, wie etwa Rufbusse, Anruf-Sammeltaxis und ähnliche Systeme. Aus der Kombination von Elementen der räumlichen und zeitlichen Flexibilisierung resultieren die verschiedenen Angebotsformen. Die in Deutschland bekannten flexiblen Angebote fallen je nach Fahrplanbindung, Ein- und Einstiegsmöglichkeiten unterschiedlich aus.[1315]

1. Drei Grundformen

Der konventionelle ÖPNV wird durch den Linienbus repräsentiert, der fahrplangebunden und bedarfsunabhängig auf einer fest definierten Linie fährt. Die flexiblen Angebote erfolgen dagegen nur dann, wenn ein Fahrtwunsch vorliegt. Leerfahrten können so vermieden werden.[1316]

Ein erster Schritt zur Flexibilisierung ist die Einrichtung einer Bedarfslinie. Die Fahrzeuge verkehren wie der konventionelle Linienverkehr fahrplangebunden auf einem festen Linienweg von Haltestelle zu Haltestelle. Die Haltestellen werden jedoch nur bedient, wenn ein Fahrgast seinen Einstiegswunsch telefonisch angemeldet hat oder ein Fahrgast aussteigen möchte.[1317] In der Praxis wird diese Personenbeförderungsart meist als Anruflinientaxi oder Taxibus bezeichnet.[1318] Durch Anruflinientaxis kann unregelmäßige Nachfrage bedient, aber keine Flächenerschließung generiert werden, denn sie ersetzen in der Regel lediglich den Linienbus auf seinem Linienweg.[1319] Anruflinientaxis können insb. in den Schwachverkehrszeiten oder in Räumen mit schwacher Fahrgastnachfrage bestehende Angebote ergänzen oder gering nachgefragte Linienfahrten ersetzen.[1320]

1314 Füßer, DVBl 2011, 20, 21.

1315 BMVBS, Handbuch, S. 25.

1316 BMVBS, Handbuch, S. 26.

1317 Reichert, Bedienungsformen, S. 43.

1318 ZVBN/VBN, Bedarfsfesteuerte, S. 5; Vetter/Haase, Alternative, S. 3; VDV, Bedienungsformen, S. 4.

1319 Vetter/Haase, Alternative, S. 5; BMVBS, Handbuch, S. 31.

1320 BT-Drs. 16/4718, S. 2.

Ähnlich verkehrt das Anrufsammeltaxi nur dann, wenn ein Fahrtwunsch vorher angemeldet wurde. Die Fahrgäste werden an dafür eingerichteten Haltestellen abgeholt, und der Ausstieg ist an beliebigen Stellen im Bediengebiet möglich.[1321] Die Fahrplanbindung ist oft wegen des Fahrtwunschs stark aufgeweicht, daher wird nur die Abfahrtszeit der Starthaltestelle festgelegt.[1322] Beim Anrufsammeltaxi wird ein Komfortzuschlag auf den normalen Fahrpreis erhoben, weil die Fahrgäste direkt nach Hause gebracht werden können.[1323] Gegenüber dem Anruflinientaxi leistet das Anrufsammeltaxi eine Erweiterung in der zeitlichen und räumlichen Flexibilität. In der Praxis stellt das Anrufsammeltaxi das derzeit weitestgehend akzeptierte Modell als Ergänzung zum vorhandenen ÖPNV dar.[1324]

Flächenhaft ist der Anrufbus, der fahrplan- und streckenunabhängig verkehrt. Die Fahrtwünsche werden zu einer Tour zusammengefasst (Fahrtwunschbündelung).[1325] Dann verkehrt der Anrufbus von Haustür zu Haustür. Das Einsatzgebiet des Anrufsbusses liegt in großen, vergleichsweise dünn besiedelten Bedienungsgebieten.[1326] Allerdings erschwert sein hoher Flexibilisierungsgrad die Fahrtwunschbündelung.[1327] Um nicht als Konkurrenzangebot zum Linienverkehr aufzutreten, wird der Anrufbus unter bestimmten Voraussetzungen nur teilweise angeboten.[1328]

Vom Anruflinientaxi über das Anruf-Sammeltaxi bis zum Anrufbus steigt der Grad der zeitlichen und räumlichen Flexibilisierung und sinkt die Nähe zum konventionellen Linienverkehr. Sie unterscheiden sich in Bezug auf die Fahrtdurchführung, Einstieg, Ausstieg und Fahrplan.[1329] Die oben vorgestellten drei Grundformen werden in der Genehmigungspraxis vom Unternehmer leicht modifiziert, um die personenbeförderungsrechtliche Genehmigung zu erhalten.

2. *Geringe Kosten für den Aufgabenträger?*

Flexible Bedienungsformen sind inzwischen in vielen Regionen Deutschlands fester Bestandteil des örtlichen ÖPNV-Angebots.[1330] Viele Aufgabenträger

---

1321 Vetter/Haase, Alternative, S. 4; ZVBN/VBN, Bedarfsfesteuerte, S. 5.
1322 BMVBS, Handbuch, S. 32.
1323 Vetter/Haase, Alternative, S. 4.
1324 Vgl. Stade, Nahverkehrsplan, S. 61.
1325 Vetter/Haase, Alternative, S. 5.
1326 Reichert, Bedienungsformen, S. 45.
1327 BMVBS, Handbuch, S. 33.
1328 Vetter/Haase, Alternative, S. 5.
1329 VDV, Bedienungsformen, S. 4.
1330 VDV, Bedienungsformen, S. 4; BMVBS, Handbuch, S. 26.

erwarten vom Einsatz solcher Angebote ein flächendeckendes und nutzerfreundliches ÖPNV-Angebot mit einer höheren Kosteneffizienz. Bei genauerer Betrachtung der Praxis zeigt sich, dass mit dem Betrieb flexibler Angebote in der Regel ein besseres Preis-Leistungs-Verhältnis im Gegensatz zu einem vergleichbaren Linienverkehr erzielt werden kann.

Die Kosten des Gesamtsystems nach dem Einsatz solcher Angebote bleiben allerdings ähnlich hoch.[1331] Es erklärt sich durch die Tatsache, dass für die Durchführung flexibler Verkehre technische Ausrüstungen benötigt werden müssen.[1332] Beim Anrufbus muss der durch flächenhafte Bedienung entstandene Zuschussbedarf genau untersucht werden. In der Regel liegt der Zuschussbedarf des Anrufbusses über jenen anderer Bedienungsarten.[1333] Da die flexiblen Verkehre keine Fahrgäste ohne Anruf, z. B. durch Herbeiwinken auf der Straße, aufnehmen dürfen,[1334] muss die Öffentlichkeit darüber informiert werden, um Missverständnisse abzuwenden und eine Mehrzahl von Fahrgästen anzuziehen. Der Aufgabenträger soll notwendige finanzielle Mittel für das Marketing zur Verfügung stellen.[1335] Zur Einführung der flexiblen Verkehre ist eine vorgelagerte Defizitanalyse im Hinblick auf die Art der Mobilitätsbedürfnisse, das Fahrgastpotenzial und das Vorhandensein spezifischer Zielgruppen deswegen notwendig.[1336]

3. *Integration in den Nahverkehrsplan*

Gängige Praxis ist es vielerorts, aufgrund der Erschließungsdefizite flexible Verkehre einzuführen. Bei Bedarf wird das Angebot mehrfach angepasst. Da eine flexible Bedienungsform nur ein Teil des gesamten regionalen ÖPNV ist, kann ein solches Mobilitätsangebot nicht separat und losgelöst vom Gesamtsystem eingeführt werden. Sie muss in die vorhandenen ÖPNV-Konzeptionen oder den Nahverkehrsplan integriert werden.[1337] Notwendig ist auch eine Zentrale für die Koordinierung und Organisation der flexiblen Bedienungsangebote.

Die flexiblen Verkehre als Ergänzung oder Ersatz zum Linienverkehr haben sich im Rahmen des ÖPNV bewährt. Dies ergibt sich aus § 8 Abs. 2 PBefG.

1331 BMVBS, Handbuch, S. 84.
1332 BMVBS, Handbuch, S. 31.
1333 BMVBS, Handbuch, S. 33.
1334 BMVBS, Handbuch, S. 33.
1335 Stade, Nahverkehrsplan, S. 61.
1336 BMVBS, Handbuch, S. 17 ff.
1337 BMVBS, Handbuch, S. 12.

Soweit flexible Verkehre vom Aufgabenträger bezuschusst werden, ist grundsätzlich die VO 1370/2007 zu beachten.[1338]

II. Personenbeförderungsrechtliche Genehmigung

Die personenbeförderungsrechtliche Genehmigung alternativer Verkehre wird in den einzelnen Bundesländern ganz unterschiedlich gehandhabt. Dies hat seine Ursache v. a. darin, dass nicht jede denkbare Art der Personenbeförderung nach dem PBefG genehmigungsfähig ist. Bevor die Genehmigungsfähigkeit flexibler Verkehre beurteilt wird, werden die rechtlichen Grundlagen der personenbeförderungsrechtlichen Genehmigung vorgestellt.

1. Unterscheidung zwischen Linien- und Gelegenheitsverkehr

Das PBefG unterscheidet hinsichtlich der Personenbeförderung mit Kraftfahrzeugen zwischen Linien- und Gelegenheitsverkehr.[1339] Nach der in § 42 PBefG enthaltenen Legaldefinition ist Linienverkehr eine zwischen bestimmten Ausgangs- und Endpunkten eingerichtete regelmäßige Verkehrsverbindung, auf der Fahrgäste an bestimmten Haltestellen ein- und aussteigen können.[1340] Unter den Linienverkehr fallen auch der Personenfernverkehr (§ 42a PBefG) sowie Berufsverkehr, Schlülerfahrten und Marktfahrten.[1341] Gemäß § 46 Abs. 1 PBefG werden entgeltliche oder geschäftsmäßige Beförderungen von Personen mit Kraftfahrzeugen, die nicht Linienverkehr nach §§ 42 oder 43 PBefG sind, dem Gelegenheitsverkehr zugeordnet.[1342] Gegenstand des Gelegenheitsverkehrs ist danach die Personenbeförderung, die nach individuellem Bedarf zu nicht feststehenden Zeiten auf frei bestimmbaren Strecken erfolgt.[1343]

a. Typenbildung und ihre Rechtfertigung

Durch die Zweiteilung ist die Personenbeförderung mit Kraftfahrzeugen typisiert. Jedoch muss die Abgrenzung zwischen Linienverkehr und Gelegenheitsverkehr gerechtfertigt werden. Nach der Rechtsprechung werden Interessen der Allgemeinheit beim Linienverkehr in stärkstem Maße berührt: Einerseits sind große Gruppen der Bevölkerung auf Linienverkehr angewiesen; andererseits tritt

---

1338 VDV, Bedienungsformen, S. 8.

1339 OVG Lüneburg, Urt. v. 19.09.2007 – 7 LC 208/04, BeckRS 2007, 27580.

1340 BVerwG, Urt. v. 12.12.2013 – 3 C 30.12, KommJur 2014, 306, Rn. 20.

1341 Rebler, RdTW 2014, 461, 462.

1342 VG München, Urt. v. 15.04.2011 – M 23 K 08.3809, BeckRS 2013, 56544.

1343 Knauff in: Ehlers/Fehling/Pünder, § 27 Rn. 70.

der Linienverkehr im Rahmen des Verkehrsganzen in Konkurrenz zum Schienenverkehr. Diese besondere Sachlage rechtfertigt beim Linienverkehr strengere Maßstäbe für die Zulassung neuer Unternehmen und damit stärkere Eingriffe in das Recht der Berufswahl.[1344] Der Gelegenheitsverkehr stellt nur in geringerem Umfang ein solches überragend wichtiges Gemeinschaftsgut dar. Daher wird das Maß der zu ihrem Schutz unerlässlichen Vorkehrungen je gesondert bestimmt.[1345] Die Lage des Wettbewerbs innerhalb der jeweiligen Verkehrsart erfordert auch unterschiedliche rechtliche Bedingungen.[1346]

Der Gesetzgeber knüpft dann unterschiedliche Genehmigungsvoraussetzungen und Rechtsfolgen an die verfassungsgemäße Bildung von Typen gewerblicher Personenbeförderung an. Für den daseinsvorsorglichen Linienverkehr findet Parallelbedienungsverbot nach § 13 Abs. 2 S. 1 Nr. 2 PBefG Anwendung.[1347] Es muss geprüft werden, ob der Verkehr mit den vorhanden Verkehrsmitteln befriedigend bedient wird. Dies gilt auch dann, wenn der beantragte Verkehr ein Sonderlinienverkehr ist.[1348] Auf der Ebene der Rechtsfolge ist eine Linienverkehrsgenehmigung nach § 42 PBefG erforderliche Voraussetzung für Zahlungen nach § 45a (Ausgleichspflicht für die Beförderung von Personen mit Zeitfahrausweisen des Ausbildungsverkehrs) und § 148 SGB IX (Erstattung der Fahrgeldausfälle für die unentgeltliche Beförderung schwerbehinderter Menschen im ÖPNV).[1349] Die Einordnung als Linienverkehr kann auch einen ermäßigten Steuersatz nach § 12 Abs. 2 Nr. 10 UStG nach sich ziehen. Daher kann es nicht verwundern, dass viele Unternehmer sich um die Linienverkehrsgenehmigungen bemühen.[1350]

b. Abgrenzung zwischen Linien- und Gelegenheitsverkehr

Trotz der Definition des Linienverkehrs in § 42 PBefG ist die Abgrenzung des Linienverkehrs vom Gelegenheitsverkehr ein Streitpunkt in der Genehmigungspraxis. In vielen Fällen erfüllt der beantragte Verkehr weder alle Merkmale des Linien- noch des Gelegenheitsverkehrs. Die Zuordnung als ÖPNV nach § 8 Abs. 2 PBefG kann das Problem nicht lösen, weil die Legaldefinition § 8 Abs. 1 PBefG keine Abgrenzung des Linienverkehrs vom Gelegenheitsverkehr

1344 BVerfG, Beschl. v. 08.06.1960 – 1 BvL 53/55, NJW 1960, 1515.
1345 BVerfG, Beschl. v. 08.06.1960 – 1 BvL 53/55, NJW 1960, 1515.
1346 OVG Lüneburg, Urt. v. 19.09.2007 – 7 LC 208/04, BeckRS 2007, 27580.
1347 Heinze, Rechtsgutachten, Rn. 117.
1348 OVG Koblenz, Urt. v. 24.05.2012 – 7 A 10246/12, NVwZ-RR 2012, 645, 646.
1349 ZVBN/VBN, Bedarfsfesteuerte, S. 7.
1350 OVG Lüneburg, Urt. v. 19.09.2007 – 7 LC 208/04, BeckRS 2007, 27580.

enthält.[1351] Aus der gesetzlichen Festlegung bestimmter Typen ergibt sich, dass die Frage, ob eine der Formen des Linienverkehrs vorliegt, den Vorrang hat und erst bei Verneinung dieser Frage geprüft werden kann, ob eine der zulässigen Formen des Gelegenheitsverkehrs vorliegt.[1352]

Der konkrete Unterschied zwischen Linien- und Gelegenheitsverkehr liegt v. a. darin, dass der Linienverkehr bestimmte Ausgangs- und Endpunkte sowie die Regelmäßigkeit der Verkehrsbedienung voraussetzt.[1353] Es setzt nach § 42 S. 2 PBefG nicht voraus, dass ein Fahrplan mit bestimmten Abfahrts- und Ankunftszeiten besteht oder Zwischenhaltestellen eingerichtet sind.[1354] Ein Linienverkehr liegt bereits vor (wie Stadtrundfahrt), wenn Anfangs- und Endpunkte der Linie beim Kreisverkehr zusammenfallen.[1355] Im Prinzip muss der Verkehr einen unbestimmten und unbeschränkten Personenkreis offenstehen.[1356] Zudem muss die Verkehrsbindung vom Unternehmer eingerichtet sein, nicht vom Fahrgast oder einem Dritten.[1357] Der Linienverkehr muss schließlich bestimmte Haltestellen aufweisen, an denen die Fahrgäste aus- und einsteigen können.[1358] Eine freie Wählbarkeit des Endpunkts der Beförderung steht der Annahme von Linienverkehr i. S. d. § 42 S. 1 PBefG zwingend entgegen.[1359] Die Regelmäßigkeit setzt voraus, dass die Fahrten in einer erkennbaren zeitlichen Ordnung wiederholt werden und dass die Fahrgäste sich auf das Vorhandensein einer Verkehrsverbindung einrichten können.[1360] In Verbindung mit § 42 S. 2 PBefG ist zu entnehmen, dass die Haltestellen nicht immer zu derselben Zeit gefahren werden müssen.[1361] Ein Verkehr ohne bestimmte Strecke, der in zeitlicher Hinsicht von

1351 BVerwG, Urt. v. 12.12.2013 – 3 C 30.12, KommJur 2014, 306, Rn. 26.

1352 BVerwG, Urt. v. 13.11.1964 – VII C 176/63, NJW 1965, 778, 780.

1353 BVerwG, Urt. v. 27. 08.2015 – 3 C 14/14, NVwZ 2016, 695, Rn. 27; BVerwG, Urt. v. 12.12.2013 – 3 C 30.12, KommJur 2014, 306, Rn. 20; VGH Mannheim, Urt. v. 28.03.2008 – 9 S 2312/06, DÖV 2008, 879, 880.

1354 BVerwG, Urt. v. 27.08.2015 – 3 C 14/14, NVwZ 2016, 695, Rn. 27.

1355 Fiedler in Heinze/Fehling/Fiedler, PBefG, § 42 Rn. 2.

1356 VG Stuttgart, Urt. v. 25.11.1988 – 10 K 2142/87, NZV 1989, 447.

1357 VG Stuttgart, Urt. v. 25.11.1988 – 10 K 2142/87, NZV 1989, 447.

1358 Fromm/Sellmann/Zuck, PBefG, § 42, Rn. 1.

1359 BVerwG, Urt. v. 27.08.2015 – 3 C 14/14, NVwZ 2016, 695, Rn. 28; VGH Mannheim, Urt. v. 28.3.2008 – 9 S 2312/06, DÖV 2008, 879, 880.

1360 BVerwG, Urt. v. 27.08.2015 – 3 C 14/14, NVwZ 2016, 695, Rn. 29; BVerwG, Urt. v. 12.12.2013 – 3 C 30.12, KommJur 2014, 306, Rn. 27.

1361 BVerwG, Urt. v. 12.12.2013 – 3 C 30.12, KommJur 2014, 306, Rn. 27.

der konkreten Nachfrage abhängig ist, erfüllt das Merkmal der Regelmäßigkeit nicht.[1362]

Bei den Sonderformen des Linienverkehrs in § 43 PBefG ist das Merkmal der Fahrgastfreiheit im regulären Linienverkehrs aufgehoben. Die Regelmäßigkeit wird in § 43 S. 2 PBefG nach den Bedürfnissen der Beteiligten modifiziert. Eine Zuordnung als Sonderlinienverkehr ermöglicht die Befreiung der Betriebs-, Beförderungspflicht oder der Fahrplan- und Tarifbindung nach § 45 Abs. 3 S. 1 PBefG.[1363] Umstritten war, ob die aufgezählten Sonderformen abschließend oder über § 2 Abs. 6 PBefG grundsätzlich ausgedehnt werden können.[1364] Teilweise wird vertreten, dass § 43 PBefG abschließend die Sonderformen aufzählt und nicht über § 2 Abs. 6 PBefG grundsätzlich ausgedehnt werden kann.[1365] Nach höchstrichterlicher Rechtsprechung darf eine Erweiterung der grundsätzlichen Formen des Sonderlinienverkehrs über § 2 Abs. 6 PBefG erfolgen.[1366]

2. *Typenzwang und Ausnahme*

Um einen geordneten Personenverkehrsmarkt und die Verkehrssicherheit der Teilnehmer sicherzustellen, unterliegt die gewerblichen Personenbeförderung mit Kraftfahrzeugen der Genehmigungspflicht nach § 2 Abs. 1 PBefG.[1367] Da freie gewerbliche Personenbeförderungen knappe Straßenräume, die Umwelt sowie öffentliche Haushaltsmittel schwer belasten, werden die Beförderungstypen mit unterschiedlichen Regelungsrahmen im Gesetz festgeschrieben.[1368] Eine Verkehrsart, die das Gesetz nicht vorsieht, ist nicht genehmigungsfrei, sondern grundsätzlich unzulässig (sog. *numerus clausus* der Verkehrsarten und -formen).[1369] Dies dient dem Ziel der besten Förderung des Verkehrs und dem Ausgleich der Interessen der verschiedenen Verkehrsträger.[1370] Nach der Rechtsprechung beruht die Systematik des PBefG auf dem Prinzip des geschlossenen

---

1362 BVerwG, Urt. v. 27.08.2015 –3 C 14/14, NVwZ 2016, 695, Rn. 29.

1363 Fiedler in Heinze/Fehling/Fiedler, PBefG, § 43 Rn. 1.

1364 Offen lassen OVG Lüneburg, Urt. v. 19.09.2007 – 7 LC 208/04, BeckRS 2007, 27580.

1365 VG Trier, Urt. v. 31.01.2012 –1 K 1279/11. TR, BeckRS 2013, 52196.

1366 BVerwG, Urt. v. 27.08.2015 – 3 C 14/14, NVwZ 2016, 695, Rn. 38. Die Flughafentransferfahrt als Sonderlinienverkehr siehe VG Stuttgart, 29.02.2012 – 8 K 2393/11, BeckRS 2012, 48388; der Seniorenbus als Sonderlinienverkehr siehe OVG Koblenz, Urt. v. 24.05.2012 – 7 A 10246/12, NVwZ-RR 2012, 645.

1367 BT-Drs. 14/6434, S. 4.

1368 Heinze, Rechtsgutachten, Rn. 115.

1369 Linke, NVwZ 2015, 476, 477.

1370 OVG Lüneburg, Urt. v. 21.02.1972 – VI OVG A 76/71, VerwRspr 1973, 760, 765.

Kreises der zugelassenen Formen der entgeltlichen Personenbeförderung mit Kraftfahrzeugen.[1371] Während die Typenbildung der Verkehre verfassungsmäßig angesehen wird, werden Kritik und Bedenken zum Typenzwang im Schrifttum und Rechtsprechung geäußert.[1372]

Maßgeblich ist der Mitfahrzentralen-Beschluss des BVerfG, wonach das dem PBefG bis dahin entnommene Verbot, Beförderungen mit dem Pkw gegen ein die Betriebskosten nicht übersteigendes Entgelt durchzuführen, wenn Fahrer und Mitfahrer durch öffentliches Vermittlung oder durch Werbung zusammengeführt werden, mit der allgemeinen Handlungsfreiheit des Art. 2 Abs. 1 GG nicht vereinbar ist.[1373] Teilweise wird die Ansicht vertreten, dass ein unbeschränkter Typenzwang nach dem Mitfahrzentralen-Beschluss verfassungswidrig sei.[1374] Jedoch erklärte das BVerfG nur das Verbot der Mitfahrgelegenheit für verfassungswidrig, nicht den Typenzwang.[1375] Aufschlussreich ist die Ausführung des BVerfG über die Gleichbehandlung der beiden Mitfahrgelegenheiten.[1376] Eine neue Beförderungsform, die der Gesetzgeber bisher nicht berücksichtigt hat, ist einer der im PBefG zugelassenen Verkehrsform so ähnlich, dass eine Ungleichbehandlung in Anwendung von Art. 3 GG willkürlich und deshalb unzulässig wäre.[1377] Der Typenzwang muss daher dahingehend aufgeweicht werden, dass die ähnlichen Bedienungsformen gleich genehmigungsfähig sein können, um den verfassungsrechtlichen Vorgaben zu entsprechen.

Mit der Einführung des § 59a PBefG a.F. reagierte der Gesetzgeber auf den erwähnten Beschluss. Nach § 59a PBefG a.F. können Beförderungen, die in besonders gelagerten Einzelfällen nicht alle Merkmale einer Verkehrsart oder Verkehrsform dieses Gesetzes erfüllen, nach denjenigen Vorschriften dieses Gesetzes genehmigt werden, die dem Verkehr am meisten entsprechen. Der Gesetzgeber verfolgte damit das Ziel, vom Gesetz nicht erfasste Verkehrsformen, den sog. grauen Verkehr, im Einzelfall in die Legalität zu holen.[1378] § 59a PBefG a.F. wurde im Jahr 1990 ohne Änderung des Regelungsgehalts in § 2 Abs. 6 PBefG a.F. überführt.[1379] Durch die Novelle 2012 wurde sein Regelungsinhalt

---

1371 VG Stuttgart, Urt. v. 25.11.1988 – 10 K 2142/87, NZV 1989, 447, 448.

1372 Deutlich OVG Koblenz, Urt. v. 24.05.2012 – 7 A 10246/12, NVwZ-RR 2012, 645, 647.

1373 BVerfG, Beschl. v. 07.04.1964 – 1 BvL 12/63, NJW 1964, 1219.

1374 Heinze, Rechtsgutachten, Rn. 25.

1375 Füßer, DVBl 2011, 20, 25.

1376 BVerfG, Beschl. v. 07.04.1964 – 1 BvL 12/63, NJW 1964, 1219, 1220.

1377 VG Stuttgart, Urt. v. 25.11.1988 – 10 K 2142/87, NZV 1989, 447, 448.

1378 BT-Drs. IV/3472, S. 2.

1379 BVerwG, Urt. v. 12.12.2013 – 3 C 30.12, KommJur 2014, 306, Rn. 32.

neugefasst, wonach anstelle der Ablehnung einer Genehmigung im Fall einer Beförderung, die nicht alle Merkmale einer Verkehrsart oder Verkehrsform erfüllt, eine Genehmigung nach denjenigen Vorschriften dieses Gesetzes erteilt werden kann, denen diese Beförderung am meisten entspricht, soweit öffentliche Verkehrsinteressen nicht entgegenstehen.

Mit dieser Ausnahmevorschrift wird die Genehmigungsfähigkeit der Bedienungsformen erweitert, was den verfassungsrechtlichen Vorgaben im Mitfahrzentralen-Beschluss erst genügt.[1380] Neben § 2 Abs. 6 PBefG sieht das Gesetz noch eine im Verordnungswege mögliche Bagatellausnahme[1381] und eine Experimentierklausel vor. Diese Regelungen erweitern die Genehmigungsfähigkeit der Bedienformen, die „vom Prinzip des geschlossenen Kreises der zugelassenen Formen der entgeltlichen Personenbeförderung" abweichen.[1382]

a. *Auffangregelung*

Mit Wegfall der Genehmigungsvoraussetzung des „besonders gelagerten Einzelfalls" in der Novelle 2012 wird der Genehmigungsbehörde die Möglichkeit eröffnet, in breiterem Umfang von dieser Sonderregelung Gebrauch zu machen.[1383] Nach dem Wortlaut „anstelle der Ablehnung einer Genehmigung kann" steht die Entscheidung, ob der Fall für eine Genehmigung in Betracht kommt, im Ermessen der Behörde.[1384] § 2 Abs. 6 PBefG wird als Auffangregelung bezeichnet.[1385] Der beantragte Verkehr muss zwar nicht alle, aber doch die wesentlichen oder jedenfalls mehrere Merkmale eines gesetzlichen normierten Typs erfüllen.[1386] Die Ermittlung der Ähnlichkeit mit der zugelassenen Verkehrsformen wirft oft Auslegungsfragen auf, die die Rechtssicherheit des Antragstellers gefährdet.[1387]

Durch die Novelle 2012 wird die Anforderung der Nichtbeeinträchtigung der öffentlichen Verkehrsinteressen, die von der Rechtsprechung entwickelt wurde,[1388] in § 2 Abs. 6 PBefG hinzugefügt. Würde eine Genehmigung des

---

1380 VGH Mannheim, Urt. v. 28.03.2008 – 9 S 2312/06, DÖV 2008, 879, 880.

1381 Füßer, DVBl 2011, 20, 25.

1382 BVerwG, Urt. v. 12.12.2013 – 3 C 30.12, KommJur 2014, 306, Rn. 33.

1383 BT-Drs. 17/10857, S. 19.

1384 Fromm/Sellmann/Zuck, PBefG, § 2 Rn. 13.

1385 BVerwG, Urt. v. 27.08.2015 – 3 C 14/14, NVwZ 2016, 695, Rn. 13.

1386 OVG Lüneburg, Urt. v. 21.02.1972 – VI OVG A 76/71, VerwRspr 1973, 760, 763; VG Stuttgart, Urt. v. 25.11.1988 – 10 K 2142/87, NZV 1989, 447, 448.

1387 Vgl. Heinze in Heinze/Fehling/Fiedler, PBefG, § 2 Rn. 50 ff.

1388 OVG Lüneburg, Urt. v. 21.02.1972 – VI OVG A 76/71, VerwRspr 1973, 760, 765; VG Stuttgart, Urt. v. 25.11.1988 – 10 K 2142/87, NZV 1989, 447, 448.

beantragten Verkehrs öffentliche Verkehrsinteressen verletzen, ist sie zwingend zu versagen. Öffentliche Verkehrsinteressen sprechen allerdings zunächst nicht gegen eine Zulassung des beantragten Verkehrs,[1389] insofern dieser Verkehr die Aufgabe der Daseinsvorsorge übernimmt.[1390] Nach der Rechtsprechung verläuft die Beurteilung der öffentlichen Verkehrsinteressen in § 2 Abs. 6 PBefG anders als die Prüfung der Beeinträchtigung der öffentlichen Verkehrsinteressen i.S.d. § 13 Abs. 2 S. 1 Nr. 3 PBefG:[1391] Im Rahmen der Ermessensentscheidung in § 2 Abs. 6 PBefG ist bereits zu erwägen, welche Einordnung des beantragten Verkehrs sich im Hinblick auf das jeweilige Prüfprogramm als sachgerecht erweist und ob öffentliche Verkehrsinteressen entgegenstehen.[1392] Setzt die Beurteilung der Genehmigungsfähigkeit des beantragten Verkehrs verkehrs- und raumordnerische Wertungen voraus, kann im Hinblick auf die Rechtsprechung zu § 13 Abs. 2 S. 1 Nr. 3 PBefG ein Beurteilungsspielraum der Behörde anerkannt werden.[1393] Verbunden mit dem durch das Gesetz deutlich eingeräumten Ermessen in § 2 Abs. 6 PBefG werden die Entscheidungsspielräume der Verwaltung deutlich gestärkt.[1394]

Wird der Verkehr mit den vorhandenen Verkehrsmitteln befriedigend bedient, kann die Behörde den beantragten Verkehr ablehnen,[1395] bei nur verhältnismäßig geringen wirtschaftlichen Einbußen des vorhandenen Unternehmers dennoch zulassen.[1396] In der Praxis wird der Zubringerverkehr zu einem SB-Markt, der einer Marktfahrt (§ 43 Nr. 3 PBefG) ähnlich ist, über § 2 Abs. 6 PBefG genehmigt.[1397] Flughafenfahrten, die keine regelmäßigen Abfahrtzeiten von bestimmten Haltestelle haben, können gem. § 2 Abs. 6 PBefG dem Sonderlinienverkehr zugeordnet werden.[1398]

1389 Heinze, Rechtsgutachten, Rn. 147.

1390 VGH Mannheim, Urt. v. 28.03.2008 – 9 S 2312/06, DÖV 2008, 879, 881.

1391 OVG Lüneburg, Urt. v. 21.02.1972 – VI OVG A 76/71, VerwRspr 1973, 760, 765 f.

1392 BVerwG, Urt. v. 27.08.2015 – 3 C 14/14, NVwZ 2016, 695, Rn. 39.

1393 BVerwG, Urt. v. 24.06.2010 – 3 C 14/09, NVwZ 2011, 115, Rn. 13; BVerwG, Beschl. v. 13.12.2012 – 3 B 46.12, BeckRS 2013, 46749, Rn. 7.

1394 VG Stuttgart, Urt. v. 25.11.1988 – 10 K 2142/87, NZV 1989, 447, 448.

1395 OVG Lüneburg, Urt. v. 21.02.1972 – VI OVG A 76/71, VerwRspr 1973, 760, 766.

1396 OVG Koblenz, Urt. v. 24.05.2012 – 7 A 10246/12, NVwZRR 2012, 645.

1397 Fromm/Sellmann/Zuck, PBefG, § 2 Rn. 14.

1398 BVerwG, Urt. v. 27.08.2015 – 3 C 14/14, NVwZ 2016, 695, Rn. 39. A. A. Heinze in Heinze/Fehling/Fiedler, PBefG, § 2 Rn. 56 als Gelegenheitsverkehr.

b. Freistellungsermächtigung

Gemäß § 57 Abs. 1 Nr. 8 PBefG erlässt das BMVI mit Zustimmung des Bundesrates die erforderlichen Rechtsverordnungen, durch die für bestimmte im Rahmen des Gesamtverkehrs nicht besonders ins Gewicht fallende Beförderungsfälle allgemein die Befreiung von den Vorschriften des Gesetzes erteilt wird. Der Gesetzgeber hat dies hier also zusätzlich davon abhängig gemacht, dass diese Beförderungsfälle im Rahmen des Gesamtverkehrs nicht besonders ins Gewicht fallen.[1399] Die derzeit geltende Freistellungsverordnung sieht hauptsächlich eine Freistellung für Schüler- und Berufsverkehre vor.[1400]

c. Experimentierklausel

Darüber hinaus enthält § 2 Abs. 7 PBefG eine sog. Experimentierklausel, die vorsieht, dass die Genehmigungsbehörde zur praktischen Erprobung neuer Verkehrsarten oder Verkehrsmittel auf Antrag im Einzelfall für die Dauer von höchstens vier Jahre eine Genehmigung erteilen kann, auch wenn ihr Gegenstand nicht den Grundverkehrsarten entspricht, solange öffentliche Verkehrsinteressen nicht entgegenstehen. Strenger als § 2 Abs. 6 PBefG ist diese Genehmigung auf den Einzelfall und die praktische Erprobung neuer Verkehrsarten oder Verkehrsmittel beschränkt. Wenn für die betreffende Verkehrsart oder das Verkehrsmittel bereits aussagekräftige Praxiserfahrungen vorliegen, scheidet eine Zulassung nach § 2 Abs. 7 PBefG aus.[1401] Die Beschränkung „im Einzelfall" erfordert wenige Verkehre mit einem geringen Verkehrsaufkommen.[1402] In der Praxis wurde der Trampbusverkehr von 1991 bis 1995 in Schleswig-Holstein nach dieser Klausel genehmigt.

Eine Versuchsgenehmigung mit kurzen Frist könnte die Investitionssicherheit des Antragstellers gefährden. Für viele Unternehmer ist es besser, eine entsprechende Typengenehmigung zu erhalten.[1403]

d. Genehmigungsanspruch der untypischen Verkehre?

Fraglich ist, ob der Typenzwang von den Erweiterungsmöglichkeiten des neuen PBefG so weit aufgeweicht wird, dass der Verkehr, der keine Ähnlichkeit mit der zugelassenen Typen feststellen lässt, auf den § 2 Abs. 7 PBefG keine Anwendung

---

1399 BVerwG, Urt. v. 12.12.2013 – 3 C 30.12, KommJur 2014, 306, Rn. 34.

1400 BT-Drs. 17/8233, S. 31; Füßer, DVBl 2011, 20, 28.

1401 Füßer, DVBl 2011, 20, 28.

1402 Füßer, DVBl 2011, 20, 29.

1403 Wohl anders VDV, Bedienungsformen, S. 5.

findet, und durch den keine öffentlichen Verkehrsinteressen beeinträchtigt werden, genehmigt werden muss.[1404] Aus der Ermessensermächtigung in § 2 Abs. 6 und Abs. 7 PBefG hat der Unternehmer keinen Genehmigungsanspruch, sondern nur einen Anspruch auf fehlerfreie Ermessensausübung.[1405] Würden die Beförderungsangebote die Merkmale einer der im PBefG aufgeführten Kategorien nicht vollständig erfüllen und wäre auch eine Anwendung der Auffangregelung oder der Experimentierklausel nicht möglich, handelte es sich nach der Systematik des PBefG um eine nicht genehmigungsfähige Personenbeförderung. Sie wäre aus diesem Grund nicht etwa genehmigungsfrei zulässig, sondern grundsätzlich zu untersagen.[1406]

Die verfassungsrechtliche Aussage, dass die Beschränkung der Genehmigung mit der Berufsfreiheit aus Art. 12 Abs. 1 GG nur vereinbar ist, wenn sie zur Abwehr nachweisbarer oder höchstwahrscheinlicher schwerer Gefahren für ein überragend wichtiges Gemeinschaftsgut zwingend geboten ist,[1407] verlangt lediglich eine differenzierte Beurteilung der Zulassungsvoraussetzungen.[1408] Betrifft eine Art der Personenbeförderung wichtige Interessen der Allgemeinheit, unterliegt sie strenger Regulierung. Stellt der Gelegenheitsverkehr mit Mietwagen als Luxusdienstleistung keine bedrohliche Konkurrenz für andere Verkehrszweige dar, wird die Berufsfreiheit seiner Anbieter eher berücksichtigt,[1409] entsprechend hat der Mietwagenunternehmer einen Anspruch auf Genehmigungserteilung. Ein pauschaler Genehmigungsanspruch für alle besteht nicht.[1410] Das BVerfG hat selbst verdeutlicht, dass es nicht angängig erscheint, die Grundsätze für den Gelegenheitsverkehr mit Mietwagen ohne weiteres auf andere Verkehrsarten zu übertragen; jedenfalls ist die Prüfung der Konkurrenz zwischen verschiedenen gewerblichen Beförderungsarten erforderlich.[1411]

1404 Bejaht Heinze in Heinze/Fehling/Fiedler, PBefG, § 2 Rn. 54.

1405 OVG Lüneburg, Urt. v. 21.02.1972 – VI OVG A 76/71, VerwRspr 1973, 760, 765; VG Stuttgart, Urt. v. 25.11.1988 – 10 K 2142/87, NZV 1989, 447, 448.

1406 BVerwG, Urt. v. 27.08.2015 – 3 C 14/14, NVwZ 2016, 695, Rn. 13.

1407 BVerfG, Beschl. v. 08.06.1960 – 1 BvL 53/55, NJW 1960, 1515.

1408 BVerfG, Beschl. v. 08.06.1960 – 1 BvL 53/55, NJW 1960, 1515.

1409 BVerfG, Beschl. v. 08.06.1960 – 1 BvL 53/55, NJW 1960, 1515, 1516.

1410 Aber Heinze in Heinze/Fehling/Fiedler, PBefG, § 2 Rn. 50; ders, Rechtsgutachten, Rn. 147.

1411 BVerfG, Beschl. v. 08.06.1960 – 1 BvL 53/55, NJW 1960, 1515, 1517.

III. Genehmigungsrechtliche Beurteilung flexibler Bedienungsformen

Eine klare Regelung über die Genehmigung von flexiblen Verkehren lässt sich im PBefG nicht finden. In den meisten Fällen erfüllen flexible Bedienungsformen nicht alle Voraussetzungen des Linien- oder des Gelegenheitsverkehrs.[1412] Dadurch wird ihre genehmigungsrechtliche Beurteilung belastet. Eine pauschale Aussage, dass die Genehmigung der flexiblen Angebote in erster Linie nach § 42 PBefG erfolge,[1413] ist nicht überzeugend. Die Genehmigungsfähigkeit der oben genannten Grundformen ist differenziert zu beurteilen. Für jeden Einzelfall muss die konkrete Ausgestaltung der wesentlichen Angebotsmerkmale, namentlich Ausgangs-/Endpunkt bestimmter Haltestellen, regelmäßige Verkehrsbedienung und Linienführung, genau geprüft werden.[1414]

1. *Genehmigung des Anruflinientaxis*

Der einzige Unterschied zwischen dem Anruflinientaxi und dem konventionellen Linienverkehr liegt darin, dass die fahrplanmäßige Fahrtdurchführung von der Voranmeldung des Fahrgastwunsches abhängt.[1415] Nach der Rechtsprechung beseitigt die Abhängigkeit von der Voranmeldung die Regelmäßigkeit i. S. v. § 42 PBefG nicht.[1416] Denn maßgeblich für die Annahme einer regelmäßigen Verkehrsverbindung ist, dass die Fahrten in einer erkennbaren zeitlichen Ordnung wiederholt werden und dass sich die Fahrgäste auf das Vorhandensein einer Verkehrsbedingung einrichten können.[1417] Das Anruflinientaxi verkehrt in einer streckengebundenen Route.[1418] Eine Voranmeldung bietet den Verkehrsnutzern zusätzlich die Möglichkeit, sich verlässlich auf die im Fahrplan ausgewiesene Fahrt einrichten zu können.[1419] Das Anruflinienbus soll daher als Linienverkehr i. S. v. § 42 PBefG genehmigt werden, ohne Rückgriff auf § 2 Abs. 6 PBefG.[1420] Gleiches gilt für den Richtungsband-Bus, bei dem die zusätzliche Bedienung von Haltestellen nach Bedarf neben der Grundroute angeboten wird. Die

1412 VDV, Bedienungsformen, S. 5.
1413 BMVBS, Handbuch, S. 85.
1414 VDV, Bedienungsformen, S. 6.
1415 VDV, Bedienungsformen, S. 6.
1416 VGH Mannheim, Urt. v. 28.03.2008 – 9 S 2312/06, DÖV 2008, 879, 880.
1417 VGH Mannheim, Urt. v. 28.03.2008 – 9 S 2312/06, DÖV 2008, 879, 880.
1418 Füßer, DVBl 2011, 20, 24.
1419 VGH Mannheim, Urt. v. 28.03.2008 – 9 S 2312/06, DÖV 2008, 879, 880.
1420 Füßer, DVBl 2011, 20, 24. A.A. BMVBS, Handbuch, S. 85.

Verdichtung der Bedienung beeinträchtigt nicht die Einordnung als Linienverkehr, weil § 42 S. 2 PBefG keine Zwischenhaltestellen voraussetzt.[1421]

2. *Genehmigung des Anrufsammeltaxis*

In der Genehmigungspraxis wird das Anrufsammeltaxi einheitlich nicht dem Linienverkehr i. S. v. § 42 PBefG zugeordnet.[1422] Da beim Anrufsammeltaxi nur die Abfahrtszeit der Starthaltestelle festgelegt ist, und die Fahrgäste direkt nach Hause gebracht werden, fehlt es an einem festen Endpunkt. Nach der Rechtsprechung steht die freie Wählbarkeit des Endpunkts der Beförderung der Annahme von Linienverkehrs i. S. d. § 42 S. 1 PBefG zwingend entgegen.[1423] Deswegen werden die Anrufsammeltaxi-Verkehre meistens nach § 49 Abs. 4 PBefG (Gelegenheitsverkehr mit Mietwagen) i.V.m. § 2 Abs. 6 PBefG genehmigt,[1424] weil die Mitbestimmung der Fahrgäste bei der Durchführung der Fahrten sehr stark ausfällt.[1425]

Die Genehmigungserteilung für das Anrufsammeltaxi als Verkehr mit Mietwagen ist aus der Sicht der Daseinsvorsorge nicht unproblematisch. Bei den Genehmigungen nach dem PBefG handelt es sich um rechtsgestaltende Verwaltungsakte,[1426] die zu unterschiedlichen Rechtsfolgen führen können. Dies gilt auch dann, wenn die Auffangregelung § 2 Abs. 6 PBefG angewendet wird.[1427] Im Gegensatz zum Linienverkehr unterliegt der Verkehr mit Mietwagen keiner Betriebs- und Beförderungspflicht (§ 49 Abs. 7 PBefG), was der vorhergesehenen Daseinsvorsorgefunktion nicht genügt.

Eine Ähnlichkeit des Anrufsammeltaxis mit Mietwagen ist damit bereits abgelehnt, weil beim Anrufsammeltaxi nur Einzelplätze verkauft werden, während der Mietwagen nur im Ganzen zur Beförderung gemietet wird.[1428] Nach der Novelle 2012 stellt sich die Frage, ob der Anrufsammeltaxi-Verkehr als Linienverkehr genehmigungsfähig ist. Ausweislich der Gesetzesmaterialien zum § 2 Abs. 6 PBefG soll die Genehmigungserteilung der flexiblen Bedienformen in

---

1421 VG München, Urt. v. 15.04.2011 – M 23 K 08. 3809, BeckRS 2013, 56544.

1422 OVG Lüneburg, Urt. v. 19.09.2007 – 7 LC 208/04, BeckRS 2007, 27580; VGH Mannheim, Urt. v. 28.03.2008 – 9 S 2312/06, DÖV 2008, 879, 880.

1423 VGH Mannheim, Urt. v. 28.03.2008 – 9 S 2312/06, DÖV 2008, 879, 880; VG Augsburg, Urt. v. 09.03.2010 – Au 3K 08.1343, BeckRS 2010, 35024.

1424 Stade, Nahverkehrsplan, S. 41.

1425 VG Oldenburg, Urt. v. 16.06.2004 – 7 A 508/03, Rn. 33.

1426 OVG Lüneburg, Urt. v. 19.09.2007 – 7 LC 208/04, BeckRS 2007, 27580.

1427 VDV, Bedienungsformen, S. 8.

1428 BVerwG, Urt. 27.08.2015 – 3 C 14/14, NVwZ 2016, 695, Rn. 33.

breiterem Umfang erleichtert werden.[1429] Welcher Bedienform das Anrufsammeltaxi am meisten entspricht, ist im Wege einer wertenden Gesamtbetrachtung zu beurteilen.[1430] Die Rechtsfolgen der jeweiligen Genehmigung müssen zugleich in die Ermessensentscheidung einfließen. Da die Regelmäßigkeit der Verkehrsverbindung nicht durch Voranmeldung der Fahrtwünsche beseitigt wird,[1431] bleibt der fehlende bestimmte Endpunkt der Knackpunkt. In der aktuellen Rechtsprechung des BVerwG zum Flughafenshuttle-Verkehr[1432] wird nur ein Punkt des Verkehrs festgelegt, nämlich der Flughafen. Die Einordnung des Flughafen-Shuttles als linienverkehrsähnlich ist deswegen sachgerecht, weil nur auf diese Weise die Auswirkung der Genehmigung auf den bereits bestehenden Linienverkehr in den Blick genommen werden kann.[1433] Diese Entscheidung kann auf die genehmigungsrechtliche Beurteilung des Anrufsammeltaxis übertragen werden. Um eine Aushöhlung des vorhandenen Linienverkehrs zu verhindern,[1434] soll der Anrufsammeltaxi-Verkehr als Linienverkehr i.V.m. § 2 Abs. 6 PBefG genehmigt werden, statt als Gelegenheitsverkehr mit Mietwagen.

In der Praxis werden Taxi- und Mietwagenunternehmen für die Erbringung der Anrufsammeltaxi-Verkehre eingesetzt.[1435] Eine solche Einbindung in einen Linienverkehr kann ihre Erwerbschancen vermehren.[1436]

3. *Genehmigung des Anrufbusses*

In der empirischen Studie erweist sich der Anrufbus als geeignetstes ÖPNV-Angebot in ländlichen Regionen.[1437] Als komplettes flexibles Angebot verkehrt der Anrufbus von Haustür bis Haustür.[1438] Sind weder Ausgangs- noch Endpunkt der Fahrten im Vorhinein festgelegt, ist eine Genehmigung nach § 42 PBefG i.V. m. § 2 Abs. 6 PBefG regelmäßig ausgeschlossen.[1439]

1429 BT-Drs. 17/10857, S. 19.

1430 BVerwG, Urt. v. 12.12.2013 – 3 C 30.12, KommJur 2014, 306, Rn. 41.

1431 VGH Mannheim, Urt. v. 28.03.2008 – 9 S 2312/06, DÖV 2008, 879, 880.

1432 BVerwG, Urt. 27.08.2015 – 3 C 14/14, NVwZ 2016, 695.

1433 BVerwG, Urt. 27.08.2015 – 3 C 14/14, NVwZ 2016, 695, Rn. 39.

1434 BVerwG, Urt. 27.08.2015 – 3 C 14/14, NVwZ 2016, 695, Rn. 33.

1435 Stade, Nahverkehrsplan, S. 137.

1436 Heinze, Rechtsgutachten, Rn. 155.

1437 Vetter/Haase, Alternative, S. 5.

1438 VDV, Bedienungsformen, S. 6.

1439 BMVBS, Handbuch, S. 33.

Danach wird eine Variante des Anrufbusses entwickelt, die von der Haltestelle zur Haltestelle linienübergreifend verkehrt.[1440] Da die Ausgangs- und Endpunkte ausschließlich von der Voranmeldung des Fahrtwunsches durch den Fahrgast abhängig sind, ist die Genehmigungshürde des Linienverkehrs trotz der Ein- und Ausstiege nur an den Linienhaltestellen nicht überwunden.[1441] Seine einzige Gemeinsamkeit mit dem Linienverkehr ist der Verkauf der Einzelplätze an die zu Befördernden. Eine Linienverkehrsgenehmigung über § 2 Abs. 6 PBefG zu erhalten, ist wegen seiner großen Ähnlichkeit mit dem Gelegenheitsverkehr schon gescheitert. Falls der Anrufbus der Betriebs- und Beförderungspflicht unterliegt, besteht betrieblich kaum ein Unterschied zum Funktaxi.[1442] Der Anrufbus soll deshalb nach § 47 (Verkehr mit Taxen) i.V.m. § 2 Abs. 6 PBefG genehmigt werden:[1443] Er bedient flächendeckend nach Bestellung wie das Funktaxi. Die Fahrtdurchführung ist durch den Fahrgast individuell festgelegt.[1444] Wie das Taxi erfüllt der Anrufbus die Daseinsvorsorgeverantwortung, nämlich Tarif-, Betriebs- und Beförderungspflicht.

Beachtlich ist jedoch die quantitative Beschränkung des Zutritts zum Taximarkt im geltenden Recht (§ 13 Abs. 4 PBefG). Der Anrufbus-Verkehr als taxiähnliches Angebot steht unvermeidlich in Konkurrenz mit dem Taxigewerbe. Während der Taxiverkehr unsubventioniert an die durch Rechtsverordnung festgesetzten Beförderungsentgelte gebunden ist (§ 47 Abs. 4 i.V.m. § 51 Abs. 1 PBefG), erhält der Anrufbus-Verkehr Zuschüsse vom Aufgabenträger.[1445] Die günstige Preisgestaltung ist dem Taxigewerbe ein Dorn im Auge. Ob sie als Verstoß gegen die guten Sitten im Wettbewerb angesehen werden kann, ist bisher ungeklärt.[1446] Eine mögliche Lösung bietet die Sondervereinbarung in § 51 Abs. 2 PBefG. Da die Vorlaufzeit des Anrufbus-Verkehrs durchschnittlich zwei Stunden beträgt,[1447] soll das Taxigewerbe die negativen Folgen des Wettbewerbs hinnehmen, besonders wenn durch die Zulassung des Anrufbus-Verkehrs keine akute Gefährdung der Funktionsfähigkeit des Taxigewerbes eintritt.[1448]

1440 BMVBS, Handbuch, S. 34.

1441 BVerwG, Urt. v. 12.12.2013 – 3 C 30.12, KommJur 2014, 306, Rn. 23.

1442 Füßer, DVBl 2011, 20, 26; ZVBN/VBN, Bedarfsfesteuerte, S. 5.

1443 Dagegen Füßer, DVBl 2011, 20, 26.

1444 BVerwG, Urt. v. 12.12.2013 – 3 C 30.12, KommJur 2014, 306, Rn. 23.

1445 BMVBS, Handbuch, S. 70.

1446 OLG Hamm, Urt. v. 11.07.1995 – 4 U 72/95, NJWE-WettbR 1996, 29.

1447 Vetter/Haase, Alternative, S. 5.

1448 BVerfG, Beschl. v. 08.06.1960 – 1 BvL 53/55, NJW 1960, 1515, 1517.

IV. Zusammenfassung

Angesichts der gesellschaftlichen Entwicklung sollte sich die zukünftige Gestaltung der öffentlichen Nahverkehrsangebote an der Nachfrage orientieren, um unnötige Verkehrsbedienung zu vermeiden und ein hohes Niveau der Daseinsvorsorge aufrechtzuerhalten. Die in der Praxis entwickelten flexiblen Verkehrsangebote werden erst durchgeführt, wenn ein Fahrwunsch vorliegt. Vom Anruflinientaxi über das Anrufsammeltaxi bis zum Anrufbus steigt der Grad der zeitlichen und räumlichen Flexibilisierung und sinkt die funktionale Nähe zum konventionellen Linienverkehr. Aufgrund der Typenbildung im PBefG ist die Genehmigungsfähigkeit flexibler Bedienungsformen nicht unproblematisch. In vielen Fällen erfüllt der beantragte Verkehr weder alle Merkmale des Linienverkehrs noch des Gelegenheitsverkehrs.

Um den verfassungsrechtlichen Anforderungen zu genügen, wird der Typenzwang im PBefG durch neue Regelungen aufgeweicht, damit die ähnlichen Bedienungsformen genehmigungsfähig sein können. Neben einer im Verordnungswege möglichen Bagatellausnahme sieht das Gesetz eine Experimentierklausel in § 2 Abs. 7 PBefG und eine Auffangregelung in § 2 Abs. 6 PBefG vor. Mit Wegfall der strengen Genehmigungsvoraussetzung im Rahmen der Novelle 2012 wird der Behörde die Möglichkeit eröffnet, in breiterem Umfang von der Auffangregelung Gebrauch zu machen. Das Hinzufügen der öffentlichen Verkehrsinteressen und das vom Gesetzgeber eingeräumte Ermessen verstärken die Entscheidungsspielräume der Behörde, wenn die Beurteilung der Genehmigungsfähigkeit einer Verkehrsform verkehrs- und raumordnerische Wertungen voraussetzt. Entsprechend hat der Unternehmer keinen Genehmigungsanspruch, sondern nur einen Anspruch auf fehlerfreie Ermessensausübung, wenn es einem untypischen Verkehr geht.

Das Anruflinientaxi soll als Linienverkehr i. S. d. § 42 PBefG ohne Rückgriff auf § 2 Abs. 6 PBefG genehmigt werden. Die Abhängigkeit von der Voranmeldung beseitigt die Regelmäßigkeit i. S. v. § 42 PBefG nicht. Nach der Rechtsprechung vor der Novelle 2012 steht die freie Wählbarkeit des Endpunkts der Beförderung der Annahme von Linienverkehr i. S. d. § 42 S. 1 PBefG zwingend entgegen. Um eine Aushöhlung des vorhandenen Linienverkehrs zu verhindern, sollte das Anrufsammeltaxi als Linienverkehr über § 2 Abs. 6 PBefG genehmigt werden, statt in der Praxis als Gelegenheitsverkehr mit Mietwagen. Der Anrufbus sollte wegen seiner Ähnlichkeit mit dem Funktaxi nach § 47 PBefG i.V.m. § 2 Abs. 6 PBefG genehmigt werden.

D. Regulierung des Taxigewerbes

Die moderne Kommunikationstechnik hat nicht nur die Bedienungsformen der Verkehre flexibilisiert, sondern stellt auch Herausforderungen für das Taxigewerbe dar. Während die Deregulierung und die Europäisierung des Verkehrsrechts am hierzulande streng regulierten Taxigewerbe nichts geändert haben,[1449] ist die Wettbewerbsbeschränkung auf dem Taximarkt in die Kritik geraten. Anlass dafür gibt insbesondere das Auftreten von Smartphone-Apps, über die private Fahrdienste vermittelt werden können. Die Konkurrenz von durch Smartphone-Apps vermittelten Fahrdiensten hat im Markt des Gelegenheitsverkehrs für reichlich Unruhe gesorgt. Obwohl solche Verkehrsangebote nach der Rechtsprechung wegen fehlender Genehmigungsfähigkeit untersagt sind,[1450] kann dies aus wettbewerbspolitischen und verfassungsrechtlichen Gründen nicht das Ende der Diskussion sein.[1451] Vielmehr ist darüber nachzudenken, wie der regulatorische Rahmen für den Personentransport mit Taxen reformiert werden kann, um seine Daseinsvorsorgefunktion besser zu erfüllen. Vor Reformvorschlägen ist zunächst zu klären, ob der Taxiverkehr Teil des ÖPNV ist.

I. Der Taxiverkehr als Teil des öffentlichen Personennahverkehrs

1. Das Taxi als Teil des ÖPNV?

Nach der Legaldefinition in § 47 Abs. 1 PBefG handelt es sich bei Verkehr mit Taxen um die Beförderung von Personen mit Personenkraftwagen, die ein Unternehmer an behördlich zugelassener Stelle bereithält und mit denen er Fahrten zu einem vom Fahrgast bestimmten Ziel ausführt. Im geltenden chinesischen Recht fehlt eine Definition zum Verkehr mit Taxen. Nach § 3 der Vorschriften zur Verwaltung des Taxiverkehrs (im Folgenden: VVT)[1452] betraf der Taxiverkehr ein von der zuständigen Behörde genehmigtes Kraftfahrzeug, mit dem die Personenbeförderung nach Willen der Fahrgäste geleistet und nach Wagenkilometern und Zeit bezahlt wird. Sowohl Deutschland als auch China betonen die Verkehrsbedienung nach dem Willen der Fahrgäste.

Die Frage, ob der Taxiverkehr zum öffentlichen Personennahverkehr gehört, ist in beiden Ländern umstritten. Nach § 4 Abs. 1 VVT a.F. wurde der Taxiverkehr

1449 Monopolkommission, Finanzmärkte, Rn. 218.

1450 Jüngst OVG Berlin-Brandenburg, Beschl. v. 10.04.2015 – OVG 1 S 96.14.

1451 König, BB 2015, 1095.

1452 Erlassen vom chinesischen Bauministerium, Inkraftgetreten am 01.02.1998, aufgehoben am 16.03.2016.

dem städtischen ÖPNV Chinas zugeordnet, dessen Entwicklung mit anderen Verkehrsformen abgestimmt werden muss. Die im Jahre 2014 erlassenen Vorschriften zur Verwaltung des Betriebs und der Dienstleistung des Taxiverkehrs (im Folgenden: VVBDT)[1453] hat in § 3 lediglich geregelt, dass der Taxiverkehr Teil der städtischen Personenbeförderung ist. Nach der aktuellen Stellungnahme des chinesischen Staatsrats ist der Taxiverkehr eine Ergänzung des städtischen ÖPNV.[1454]

Im deutschen Recht ist die Regelung verwirrend. Gemäß § 8 Abs. 2 i. V. m. § 8 Abs. 1 des PBefG handelt es sich beim Verkehr mit Taxen oder Mietwagen dann um ÖPNV, wenn der Liniennahverkehr mit Straßenbahnen, O-Bussen oder Bussen ersetzt, ergänzt oder verdichtet wird. In einem weiteren Sinne kann jeder Taxiverkehr als die Ergänzung des Linienverkehrs verstanden werden. Nach Stellungnahme der Bundesregierung ist nicht jeder Taxiverkehr als öffentlichen Personennahverkehr einzustufen.[1455] Die Merkmale der Ersetzung, Ergänzung und Verdichtung müssen auf konkrete Verkehrsrelationen bezogen werden.[1456] Beispiel für den Ersatz von Linienverkehr ist das Anruflinientaxi; für die Ergänzung des Linienverkehrs sind das Anruf-Sammeltaxi und der Taxi-Ruf-Service zu nennen.[1457] Im Hinblick auf die gesetzliche Ausgestaltung zum Taxiverkehr und die vom BVerfG und BVerwG bestätigte Bedeutung des Taxiverkehrs für die Allgemeinheit ist die bisherige Weigerung des Gesetzgebers, den Taxiverkehr insgesamt als Bestandteil des ÖPNV anzuerkennen, nicht überzeugend.

a. Die gesetzliche Ausgestaltung des Taxiverkehrs

Das PBefG sieht eine überaus strikte Wirtschaftsaufsicht über den Taxi-Markt vor.[1458] Neben den subjektiven Zulassungsvoraussetzungen in § 13 Abs. 1 PBefG gibt es für das Taxi auch eine objektive Zulassungsvoraussetzung in § 13 Abs. 4 S. 1 PBefG. Danach ist die Genehmigung zum Taxiverkehr zu versagen, wenn die öffentlichen Verkehrsinteressen dadurch beeinträchtigt werden, dass durch

1453 (Jiaotong yunshubu ling Nr. [2014] 16), bekanntgemacht am 26.09.2014, Inkraftgetreten am 01.01.2015.

1454 Punkt 3 Anleitung des Generalsekretärs des chinesischen Staatsrats zur Vertiefung der Reform über eine gesunde Entwicklung des Taxigewerbes (Guobanfa [2016] Nr. 58), veröffentlicht am 26.07.2016.

1455 BT-Drs. 16/4718, S. 2.

1456 Heinze in Heinze/Fehling/Fiedler, PBefG, § 8 Rn. 8.

1457 BT-Drs. 16/4718, S. 2.

1458 Knauff in: Ehlers/Fehling/Pünder, § 27 Rn. 71.

die Ausübung des beantragten Verkehrs das örtliche Taxengewerbe in seiner Funktionsfähigkeit bedroht wird.

Zugleich wird das Marktverhalten des Taxiverkehrs strikt überwacht. Zunächst unterliegen Taxiunternehmer nach § 21 i. V. m. § 47 Abs. 3 PBefG einer gesetzlichen Betriebspflicht. Sie sind verpflichtet, den nach §§ 13, 15 PBefG genehmigten Betrieb aufzunehmen und ihn während der Geltungsdauer der Genehmigung aufrechtzuerhalten.[1459] Gemäß § 22 i. V. m. § 47 Abs. 4 PBefG sind Taxiunternehmer zur Beförderung von Fahrgästen im genehmigten Pflichtfahrbereich verpflichtet. Weiterhin werden die Beförderungsentgelte für Taxifahrten innerhalb des Pflichtfahrbereiches grundsätzlich durch die Behörden festgesetzt (§ 51 PBefG).[1460]

b. Die Bedeutung des Taxiverkehrs in der Rechtsprechung

Unter grundrechtlichen Aspekten ist eine Beschränkung des Marktzutritts durch objektive Berufswahlregelungen ausschließlich zur Abwehr nachweisbarer oder höchst wahrscheinlicher schwerwiegender Gefahren für ein überragend wichtiges Gemeinschaftsgut zulässig.[1461] Die Existenz- und Funktionsfähigkeit des Taxenverkehrs ist nach st. Rspr. ein schutzwürdiges Gemeinschaftsgut, weil der Taxiverkehr als der wichtigste Träger individueller Verkehrsbedienung im Alltagsleben nicht verzichtbar ist.[1462] Nach der Entscheidung des BVerwG schützt der Gesetzgeber die Funktionsfähigkeit des örtlichen Taxengewerbes mit dem Ziel einer möglichst guten Bedienung des individuellen öffentlichen Verkehrs in Ergänzung zum öffentlichen Linienverkehr.[1463] Die Festlegung der Taxitarife liegt nach der Rechtsprechung ebenfalls im öffentlichen Interesse, weil ein legitimes Bedürfnis besteht, der Allgemeinheit mit dem Taxiverkehr ein Verkehrsmittel für individuelle Bedürfnisse zu einem festgelegten Tarif zur Verfügung zu stellen.[1464]

Bezogen auf die ungleiche Behandlung bei der Umsatzsteuer zwischen Mietwagen und Taxiverkehr gelangt der EuGH zum Ergebnis, dass Taxiunternehmen

---

1459 König, BB 2015, 1095, 1097.

1460 Vgl. Knauff in: Ehlers/Fehling/Pünder, § 27 Rn. 77.

1461 BVerfG, Beschl. v. 08.06.1960 – 1 BvL 53/55, NJW 1960, 1515.

1462 BVerfG, Beschl. v. 08.06.1960 – 1 BvL 53/55, NJW 1960, 1515, 1516; BVerfG, Beschl. v. 14.11.1989 – 1 BvL 14/85 u.a., NJW 1990, 1349, 1350; OVG Berlin-Brandenburg, Beschl. v. 10.04.2015 – OVG 1 S 96.14, Rn. 66.

1463 BVerwG, Urt. v. 07.09.1989 – 7 C 44/88, 7 C 45/88, NJW 1990, 1376, 1378.

1464 BVerfG, Beschl. v. 14.11.1989 – 1 BvL 14/85, 1 BvR 1276/84, NJW 1990, 1349, 1350; OVG Berlin-Brandenburg, Beschl. v. 10.04.2015 – OVG 1 S 96.14, Rn. 46.

nach dem deutschen PBefG in vollem Umfang als Erbringer einer öffentlichen Dienstleistung der Personenbeförderung angesehen werden, deren Tätigkeit von der Erteilung einer Genehmigung durch die zuständige Behörde abhängig ist und erheblichen Verpflichtungen unterliegt.[1465] Die Ungleichbehandlung ist aufgrund des öffentlichen Interesses an einer flächendeckenden und geordneten Erfüllung von Aufgaben des Nahverkehrs gerechtfertigt.

Daher stellt der Taxiverkehr letztlich ein Element der Daseinsvorsorge dar, das den öffentlichen Linienverkehr ergänzt.[1466] Der Taxiverkehr soll ein Teil des ÖPNV sein.[1467] Der sachfremde Grund, nämlich Herausnahme der Bereiche der Subvention, rechtfertigt nicht, dem Taxigewerbe seine Anerkennung als Bestandteil des ÖPNV zu versagen.[1468]

2. *Taxigenehmigung als Verteilungsproblem*

Nach § 2 Abs. 1 PBefG ist der Gelegenheitsverkehr mit Taxen genehmigungspflichtig. Die Genehmigung wird ausschließlich für ein Fahrzeug erteilt, so dass jedes zum Einsatz kommende Taxi eine Genehmigung benötigt.[1469] Die Genehmigung wird gem. § 16 Abs. 4 PBefG für höchstens fünf Jahre erteilt. Davon abweichend bestimmt § 13 Abs. 5 S. 5 PBefG, dass die Laufzeit der Genehmigung bei Neubewerbern zwingend zwei Jahre beträgt.[1470]

Die Genehmigungsvoraussetzungen sind in § 13 PBefG enthalten. Der Versagungsgrund in § 13 Abs. 4 S. 1 PBefG ist nur zum Schutz der Existenz und der Funktionsfähigkeit des Taxiverkehrs zulässig.[1471] Nach der Rechtsprechung ist die Funktionsfähigkeit nicht erst bedroht, wenn die Gefahr eines Zusammenbruchs des örtlichen Taxengewerbes insgesamt besteht; zur Annahme einer Bedrohung der Funktionsfähigkeit genügt eine von der Behörde konkret zu belegende Gefahr, dass die Erteilung weiterer Genehmigungen zu schwerwiegenden Mängeln in der Verkehrsbedienung durch Taxen führen kann.[1472] Insgesamt bildet diese Vorschrift ein funktionales Äquivalent zu § 13 Abs. 2 S. 1 Nr. 3 PBefG.[1473]

1465 EuGH, Urt.v. 27.02.2014, Rs. C-454/12, Rn. 48; BFH, 02.07.2014 – XI R 22/10, JurionRS 2014, 23232. Rn. 52.

1466 Knauff in: Ehlers/Fehling/Pünder, § 27 Rn. 1; Schröder, DVBl 2015, 143, 146.

1467 König, BB 2015, 1095, 1098; DIHK, Taximärkten, S. 1.

1468 Bauer, PBefG, § 8 Rn. 8; Fromm/Sellmann/Zuck, PBefG, § 8 Rn. 2.

1469 Heinze in Heinze/Fehling/Fiedler, PBefG, § 13 Rn. 198.

1470 Knauff in: Ehlers/Fehling/Pünder, § 27 Rn. 76.

1471 BVerfG, Beschl. v. 08.06.1960 – 1 BvL 53/55, NJW 1960, 1515, 1516.

1472 BVerwG, Urt. v. 07.09.1989 – 7 C 44/88, 7 C 45/88, NJW 1990, 1376, 1378.

1473 Knauff in: Ehlers/Fehling/Pünder, § 27 Rn. 72.

Durch sie soll die Gefahr einer Überbesetzung des Gewerbes mit der Folge eines ruinösen, das Taxengewerbe in seiner Existenz bedrohenden Wettbewerbs verhindert werden.[1474] Daher hat die Behörde die Aufgabe, unter Berücksichtigung einerseits des hohen Rangs der verfassungsrechtlichen Gewährleistung der Berufsfreiheit und andererseits des öffentlichen Verkehrsinteresses, zu ermitteln, welche genaue Zahl neuer Taxen das örtliche Taxengewerbe „verträgt".[1475] Allerdings gestattet § 13 Abs. 4 S. 1 PBefG keine Bedürfnisprüfung. Maßgebend ist allein das öffentliche Verkehrsinteresse.[1476]

a. Genehmigungsanspruch des Antragstellers

Die Prognose der Behörde und die Versagung der Genehmigungserteilung haben in der Praxis bei einer Mehrzahl von Bewerbungen immer wieder für Unruhe gesorgt. Bei der Einschätzung, ab welcher Zahl zugelassener Taxen die Funktionsfähigkeit des örtlichen Taxengewerbes bedroht sein wird, steht der Behörde ein nur begrenzt gerichtlich nachprüfbarer Beurteilungsspielraum zu.[1477] Zur Festlegung einer genauen Zahl als Grenze ist vom Gesetz nämlich nur die Behörde ermächtigt.[1478] Das Gericht kann die getroffene Entscheidung nur daraufhin überprüfen, ob die Behörde den maßgebenden Sachverhalt zutreffend und vollständig ermittelt sowie die entscheidungserheblichen Gesichtspunkte erkannt hat und ob die Prognose über den möglichen Verlauf der wirtschaftlichen Entwicklung erkennbar fehlerhaft ist.[1479] Zudem muss die Prognose aktuell ermittelt werden.[1480]

Trotzdem war es für das jeweilige Verwaltungsgericht unpraktikabel zu beurteilen, wann es die Behörde zur Genehmigungserteilung verurteilen kann, weil bei der Verteilung der nur begrenzt verfügbaren Taxengenehmigungen das Einhalten des Prioritätsprinzips i. S. v. § 13 Abs. 5 S. 2 PBefG ein materiellrechtliches Gebot greift; auch das Gericht muss es beachten.[1481] Nach st. Rspr. hat ein Bewerber, der die subjektiven Zulassungsvoraussetzungen in § 13 Abs. 1

1474 BVerfG, Beschl. v. 08.06.1960 – 1 BvL 53/55, NJW 1960, 1515.

1475 BVerwG, Urt. v. 07.09.1989 – 7 C 44/88, 7 C 45/88, NJW 1990, 1376.

1476 BVerfG, Beschl. v. 08.06.1960 – 1 BvL 53/55, NJW 1960, 1515, 1517; BVerwG, Urt. v. 15.04.1988 – 7 C 94/86, NJW 1988, 3221.

1477 BVerwG, Urt. v. 15.04.1988 – 7 C 94/86, NJW 1988, 3221, 3222; VG Koblenz, Urt. v. 20.10.2008 – 4 K 1786/07, BeckRS 2008, 40344.

1478 BVerwG, Urt. v. 07.09.1989 – 7 C 44/88, 7 C 45/88, NJW 1990, 1376, 1377.

1479 VG Koblenz, Urt. v. 20.10.2008 – 4 K 1786/07, BeckRS 2008, 40344.

1480 BVerwG, Beschl. v. 31.01.2008 – 3 B 77/07, BeckRS 2008, 33738, Rn. 9.

1481 BVerwG, Urt. v. 07.09.1989 – 7 C 44/88, 7 C 45/88, NJW 1990, 1376, 1377.

PBefG erfüllt, einen Anspruch auf Erteilung einer Taxengenehmigung, wenn es an einer rechtmäßigen behördlichen Prognose fehlt und die Behörde nicht substantiiert Umstände darlegt, die es in hohem Maße zweifelhaft erscheinen lassen, dass der Antragsteller bei Beachtung der Vormerkliste zum Zug kommen kann.[1482] Allerdings ist das Gericht nicht verpflichtet, dies genau zu ermitteln, sondern nur insoweit, als die Gefahr für die Funktionsfähigkeit des örtlichen Taxengewerbes womöglich nicht offenkundig ist.[1483] Im Ausgangspunkt besteht jedenfalls ein Anspruch des Antragstellers auf Genehmigungserteilung.[1484] Der hohe Rang der verfassungsrechtlich geschützten Berufsfreiheit gebietet, dies nicht weiterhin offenzulassen.[1485] Kann das Gericht bei rechtsfehlerhafter behördlicher Prognose nicht feststellen, dass der Antragsteller mit der Bewerbung im Bereich einer sicher feststellbaren Mindestanzahl oder jedenfalls noch innerhalb der genannten Grauzone liegt, kommt ein Anspruch auf Verpflichtung der Behörde zu erneuter Bescheidung des Antrags in Betracht.[1486] In diesem Fall darf das Gericht die Sache nicht dergestalt entscheidungsreif machen, dass es die der Behörde obliegende prognostische Einschätzung selbst trifft.[1487] Können allerdings nach den Feststellungen des Gerichts auch im günstigen Fall eindeutig weniger Genehmigungen erteilt werden, als Bewerber dem Kläger im Range vorgehen, so sind die Klagen abzuweisen.[1488]

b. Einzelheiten zur Genehmigung

Bei der Entscheidung über einen Antrag auf Erteilung einer Taxengenehmigung ist nicht auf die Auswirkung der einzelnen Genehmigung für die Funktionsfähigkeit der örtlichen Taxengewerbes abzustellen. Vielmehr ist eine einheitliche Betrachtung der Verhältnisse im örtlichen Taxengewerbe und der durch Erteilung weiterer Genehmigungen zu erwartenden Auswirkungen geboten.[1489] Die Annahme einer solchen, die Versagung weiterer Genehmigungen rechtfertigenden Bedrohung setzt voraus, dass die Behörde die von ihr prognostizierte Gefahr für die Funktionsfähigkeit des Taxengewerbes anhand der dafür maßgeblichen

---

1482 BVerwG, Urt. v. 07.09.1989 – 7 C 44/88, 7 C 45/88, NJW 1990, 1376, 1377; BVerwG, Urt. v. 31.01.2008 – 3 B 77/07, BeckRS 2008, 33738.

1483 BVerwG, Beschl. v. 31.01.2008 – 3 B 77/07, BeckRS 2008, 33738, Rn. 10.

1484 Knauff in: Ehlers/Fehling/Pünder, § 27 Rn. 73.

1485 BVerwG, Urt. v. 15.04.1988 – 7 C 94/86, NJW 1988, 3221, 3223.

1486 BVerwG, Urt. v. 07.09.1989 – 7 C 44/88, 7 C 45/88, NJW 1990, 1376, 1378.

1487 BVerwG, Urt. v. 15.04.1988 – 7 C 94/86, NJW 1988, 3221, 3222.

1488 BVerwG, Urt. v. 07.09.1989 – 7 C 44/88, 7 C 45/88, NJW 1990, 1376, 1378.

1489 BVerwG, Urt. v. 07.09.1989 – 7 C 44/88, 7 C 45/88, NJW 1990, 1376, 1377.

Gesichtspunkte, von denen in § 13 Abs. 4 S. 2 Nr. 1 bis 4 PBefG einige beispielhaft aufgeführt sind, konkret belegt.[1490] Eine solche Bedrohung darf erst angenommen werden, wenn durch die neue Zulassung eine akute Gefährdung eines wichtigen Gemeinschaftsgutes einträte, der anders nicht begegnet werden kann.[1491]

Die Tatsache, dass ein Unternehmer sein Geschäft nicht mehr weiterführt, sondern an einen anderen übergibt, stellt sich nicht als Geschäftsaufgabe i.S. v. § 13 Abs. 4 S. 2 Nr. 4 PBefG dar.[1492] Ein Konzessionshandel mit hohen fünfstelligen Beträgen spricht für die Attraktivität und Auskömmlichkeit und damit gegen die Gefährdung der Funktionsfähigkeit des örtlichen Taxigewerbes.[1493] Vor der Entscheidung über neue Anträge greift die Pflicht der Genehmigungsbehörde zur Marktbeobachtung nach § 13 Abs. 4 S. 3 und 4 PBefG.[1494]

Nach § 13 Abs. 5 S. 1 PBefG sind Neubewerber und vorhandene Unternehmer bei konkurrierenden Genehmigungsanträgen, denen nicht sämtlich stattgegeben werden kann, angemessen zu berücksichtigen. Hieraus folgt, dass zumindest ein Teil der zu vergebenden Genehmigungen für Neubewerber zur Verfügung stehen muss.[1495] Bei der Führung der Wartelisten nach § 13 Abs. 5 PBefG sind als vorhandene Unternehmer nur solche Altunternehmer zu führen, die eine gültige Taxigenehmigung für die jeweilige Gemeinde innehaben.[1496] Gemäß § 13 Abs. 5 S. 2 PBefG richtet sich die Genehmigungserteilung nach dem Prioritätsprinzip, weil Unterschiede im Leistungsangebot, die als Anknüpfungspunkt für eine Auswahlentscheidung nach materiellen Kriterien dienen könnten, sich kaum finden lassen.[1497] Nachrangig sind Anträge nach § 13 Abs. 5 S. 3 PBefG zu behandeln, wenn der Unternehmer das Taxengewerbe nicht als Hauptbeschäftigung betreiben will oder selbst betrieben hat oder seine Betriebspflicht nicht ordnungsgemäß erfüllt hat. Um möglichst viele Interessen berücksichtigen zu können, bestimmt § 13 Abs. 5 S. 4 PBefG, dass jeder Antragsteller nur eine

1490 BVerwG, Beschl. v. 31.01.2008 – 3 B 77/07, BeckRS 2008, 33738, Rn. 7.

1491 BVerfG, Beschl. v. 08.06.1960 – 1 BvL 53/55, NJW 1960, 1515, 1517.

1492 VG Köln, Urt. v. 03.06.2013 – 18 K 6314/11, BeckRS 2013, 52596.

1493 VG Köln, Urt. v. 03.06.2013 – 18 K 6314/11, BeckRS 2013, 52596; Fiedler/Wachinger, N&R 2014, 210, 214.

1494 Knauff in: Ehlers/Fehling/Pünder, § 27 Rn. 75.

1495 Knauff in: Ehlers/Fehling/Pünder, § 27 Rn. 74.

1496 VG Koblenz, Urt. v. 20.10.2008 – 4 K 1786/07, BeckRS 2008, 40344.

1497 OVG Münster, Beschl. v. 11.06.1990 – 13 B 1283/90, NVwZ-RR 1991, 147; Hamdorf, Verteilungsentscheidung, S. 59.

Genehmigung erhält, wenn die Gesamtzahl der zu erteilenden Genehmigungen anderenfalls überschritten würde.[1498]

Einer Vermietung von Taxen an Selbstfahrer steht § 47 Abs. 5 PBefG entgegen. Die Festsetzung von Beförderungsentgelten für den Taxenverkehr unterliegt nach Ansicht der Rechtsprechung wegen des Beurteilungs- und Bewertungsspielraums des Verordnungsgebers bei der Handhabung der Maßstäbe des § 39 Abs. 2 PBefG nur eingeschränkter gerichtlicher Kontrolle. Der Verordnungsgeber ist nicht gehalten, die Einkommenssituation der Taxiunternehmer durch die Einholung eines Sachverständigengutachtens zu ermitteln.[1499]

3. *Uber als Herausforderung für das Taxigewerbe*

Wie oben ausgeführt, der Taxiverkehr als Teil des ÖPNV unterliegt wie der Linienverkehr auch Wettbewerbsbeschränkungen, die den Marktzutritt und den Preiswettbewerb erschweren. Obwohl die Dienstleistungen vollständig von den privaten Taxiunternehmern erbracht werden, wird ein Qualitätswettbewerb stark beschnitten.[1500]

Zugleich tauchen mehr an Wettbewerb und Servicequalität orientierte Verkehrsangebote im Personenbeförderungsmarkt auf, die in Konkurrenz mit dem Taxigewerbe treten. Die sog. Sharing Economy boomte in den letzten Jahren. Das Internet mischt hier Märkte auf. Webseiten und Apps machen das Teilen nun viel leichter. In der Sharing Economy ist jedoch nicht alles erlaubt und vieles bewegt sich in einem Graubereich, weil die Anbieter nicht selbst über nachgefragte Ressourcen verfügen, sondern versuchen, im Privatbereich der Menschen Ineffizienzen zu identifizieren und diese zu kommerzialisieren.[1501] Im Personenbeförderungsmarkt sorgen die Verkehrsangebote, die über das Internet bzw. speziell über Anwendungssoftware auf Mobilgeräten angebahnt sowie abgerechnet werden, weltweit für Widerstand bei professionellen Anbietern. Unter anderem ist der Fahrdienstvermittler Uber prominent zu nennen, der mittels Mobiltelefonen mit GPS-Ortung spontane Fahrgemeinschaften vermittelt, deren Teilnehmer ggf. sogar bereits im Straßenverkehr unterwegs sind.[1502]

1498 Knauff in: Ehlers/Fehling/Pünder, § 27 Rn. 74.

1499 OVG Hamburg, Beschl. v. 23.06.2009 – 3 Bf 62/06.Z, NordÖR 2010, 125.

1500 Monopolkommission, Finanzmärkte, Rn. 243.

1501 Schröder, DVBl 2015, 143, 144.

1502 Ingold, NJW 2014, 3334.

In Frankreich musste das US-Unternehmen 15.000 Euro Strafe zahlen, weil es seinen Dienst fälschlicherweise als legales Mitfahrangebot dargestellt hatte.[1503] Mitte September 2015 Protestierten Brüsseler Taxifahrer gegen Uber und lösten ein Verkehrschaos aus. Danach erklärte das Brüsseler Handelsgericht UberPop für illegal.[1504] In China wurden zahlreiche Bußgeldverfahren gegen Privatfahrer wegen Beförderungsleistungen nach Vermittlung durch eine mobile Software-Applikation verhängt, die anschließend Anfechtungsklage erhoben.

Bei Uber handelt es sich um ein in Kalifornien (USA) ansässiges und weltweit agierendes Unternehmen, dessen Tochterfirma ihren Sitz in Amsterdam hat. Uber bietet insgesamt drei Apps: Ubertaxi, Uberblack und Uberpop.[1505] Die Ubertaxi ermöglicht einem Fahrgast den kostenfreien Ruf eines Taxis, das gemäß den jeweiligen örtlichen Beförderungsbedingungen und -entgelten des Taxigewerbes zur Beförderung verpflichtet ist.[1506] Die von Uber entwickelte App Uberblack bietet die Möglichkeit, einen Fahrdienst mit konzessionierten Mietwagen zu bestellen, während die Verwendung der App Uberpop auf Personenbeförderungen durch Fahrer mit privaten Kraftfahrzeugen abzielt. Die Nutzung von Uberpop und Uberblack setzt voraus, dass sich der Nutzer die jeweilige App von einem von Uber betriebenen Internet-Server auf sein Mobiltelefon herunterlädt und dort installiert. Dabei muss der Nutzer seinen Namen und die Handynummer sowie seine Kreditkartendaten hinterlegen. Beförderungsanfragen werden dann zusammen mit den Standortinformationen über den von Uber betriebenen Server an registrierte Fahrer weitergeleitet. Der Kunde bezahlt die gefahrenen Strecke mittels der bei Uber hinterlegten Kreditkartendaten. Die jeweiligen Fahrpreise richten sich nach einer auf der Internetseite von Uber veröffentlichten Preisliste.[1507]

1503 Beck-aktuell am 08.12.2015, Frankreich: Fahrdienst-Vermittler Uber in Paris zu 150.000 Euro Strafe verurteilt, Becklink 2001876.

1504 Beck-aktuell am 25.09.2015, Brüsseler Gericht erklärt Fahrdienst-Angebot Uberpop für illegal, Becklink 2001173.

1505 OVG Berlin-Brandenburg, Beschl. v. 10.04.2015 – OVG 1 S 96.14, Rn. 55.

1506 Ingold, NJW 2014, 3334, 3335.

1507 Nebel/Kramer, NVwZ 2014, 1532.

II. Personenbeförderungsrechtliche Beurteilung der Geschäftsmodelle von Uber

1. *Uber-Betreiber als Personenbeförderungsunternehmer?*

Vor der rechtlichen Bewertung der Geschäftsmodelle ist zunächst zu prüfen, ob das Personenbeförderungsgesetz überhaupt Anwendung findet.

a. *Anwendung des Personenbeförderungsgesetzes*

Nach § 1 Abs. 2 S. 1 Nr. 1 PBefG unterliegen Beförderungen mit Personenkraftwagen nicht dem PBefG, wenn diese unentgeltlich sind oder das Gesamtentgelt die Betriebskosten der Fahrt nicht übersteigt. Nach der Feststellung des OVG Hamburg beträgt der Fahrpreis mit Uberpop etwa 1,50 Euro pro km, was die Betriebskosten der Fahrt um ein Mehrfaches übersteigt.[1508] Der Mindesttarif bei Uberblack beträgt 9,00 Euro.[1509] Die Ausnahmetatbestände liegen hier nicht vor. Der Uber-Betreiber fällt daher unter das PBefG.

b. *Uber als Unternehmer?*

Die Schwierigkeit für die personenbeförderungsrechtliche Beurteilung von internetgestützten Beförderungsvermittlungsportalen liegt darin, dass das Gesetz keine Aussagen über die Vermittlung von Fahraufträgen trifft, sondern sich auf Vorgaben für Beförderungsunternehmen beschränkt.[1510] Nach § 2 Abs. 1 PBefG ist der Unternehmer genehmigungspflichtig, wenn er Personen verantwortlich befördert. Aus der Zusammenschau mit § 3 Abs. 2 PBefG, zu dem § 2 Abs. 1 S. 2 PBefG eine enge Verknüpfung herstellt, ist der Unternehmer nach der Rechtsprechung derjenige, der nach außen, also gegenüber den Fahrgästen, als Vertragspartner auftritt, auch wenn er mit der faktischen Durchführung des Transports einen anderen betraut.[1511]

Mit der App Ubertaxi wird eine direkte Verbindung zwischen dem Taxifahrer und dem Fahrgast ermöglicht. Eine bargeldlose Zahlung ist nicht zwingend. Die einzelnen Beförderungsunternehmen agieren im Verhältnis zu ihren Fahrgästen als Taxi, das einer Beförderungspflicht und festgesetzten Beförderungsentgelten unterliegt.[1512] Der Kunde schließt mit den jeweiligen Fahrern und nicht

---

1508 OVG Hamburg, Beschl. v. 24.09.2014 – 3 Bs 175/14, NVwZ 2014, 1528, Rn. 10.
1509 OVG Berlin-Brandenburg, Beschl. v. 10.04.2015 – OVG 1 S 96.14, Rn. 27.
1510 Ingold, NJW 2014, 3334, 3335.
1511 BVerwG, Urt. v. 27.08.2015 – 3 C 14/14, NVwZ 2016, 695, Rn. 16.
1512 Ingold, NJW 2014, 3334, 3335.

mit Vermittlern einen Beförderungsvertrag ab.[1513] Der Vertragspartner bleibt der Taxiunternehmer, darum ist der Uber-Betreiber bei Einsatz der App Ubertaxi kein Unternehmer i. S. v. § 3 Abs. 2 PBefG.[1514] Der Einsatz von Ubertaxi ohne Genehmigung ist mit dem PBefG vereinbar.[1515]

Nach den Nutzungsbedingungen schließt der Uber-Betreiber mit Nutzern der Apps (Uberpop und Uberblack), die Beförderungsleistungen nachfragen, im eigenen Namen Verträge ab und setzt die hierfür fällig werdenden Fahrpreise allein fest.[1516] Auch die Bezahlung erfolgt ausschließlich über Uber-Betreiber.[1517] Bei der Beförderungsvermittlung mit Uberpop steuert und verantwortet der Uber-Betreiber die Beförderung der Nutzer der Apps von deren Anwerbung über den Einsatz der Fahrer bis zur Bezahlung der Fahrt und Entlohnung der Fahrer.[1518] Bei Uberblack werden die Mietwagenunternehmer ebenfalls durch den Uber-Betreiber entlohnt, sie fahren nur zu den von Uber vorgegebenen Bedingungen.[1519]

Darüber hinaus wird nur eine weite Auslegung des Begriffs „befördert" in § 2 Abs. 1 S. 1 PBefG dem Sinn und Zweck der personenbeförderungsrechtlichen Genehmigungspflicht gerecht. Sie dient wesentlich dem Verbraucherschutz, der sich aus Genehmigungsvoraussetzungen des § 13 Abs. 1 PBefG ergibt.[1520] Für den Fahrgast sind v. a. die Leistungsfähigkeit, Zuverlässigkeit und fachliche Eignung seines Vertragspartners von Bedeutung, weil er für die Erfüllung des Vertrages, also für die ordnungsgemäße Beförderung, einstehen muss. Sowohl von der vertraglichen als auch von der organisatorischen Seite erfüllt der Uber-Betreiber alle Voraussetzungen, die einen selbst Personenbeförderungen durchführenden Unternehmer kennzeichnen.

Im Schrifttum wird der Uber-Betreiber als Vermittler statt Unternehmer eingeordnet, weil er keine Gewalt über Fahrzeuge, Einrichtung und Betriebspersonal habe.[1521] Der Uber-Betreiber stelle nur eine internetbasierte Technologie

---

1513 OVG Berlin-Brandenburg, Beschl. v. 10.04.2015 – OVG 1 S 96.14, Rn. 33.

1514 Ingold, NJW 2014, 3334, 3335; Schröder, DVBl 2015, 143, 145.

1515 OVG Berlin-Brandenburg, Beschl. v. 10.04.2015 – OVG 1 S 96.14, Rn. 55.

1516 OVG Berlin-Brandenburg, Beschl. v. 10.04.2015 – OVG 1 S 96.14, Rn. 30.

1517 OVG Berlin-Brandenburg, Beschl. v. 10.04.2015 – OVG 1 S 96.14, Rn. 31.

1518 OVG Hamburg, Beschl. v. 24.09.2014 – 3 Bs 175/14, NVwZ 2014, 1528, Rn. 12.

1519 OVG Berlin-Brandenburg, Beschl. v. 10.04.2015 – OVG 1 S 96.14, Rn. 31.

1520 Dass die Fahrgäste daneben gegen das die Beförderung als Erfüllungsgehilfe durchführende Unternehmen gegebenenfalls Ansprüche aus unerlaubter Handlung haben können, ist dafür ohne Belang, siehe BVerwG, Urt. v. 27.08.2015 – 3 C 14/14, NVwZ 2016, 695, Rn. 17.

1521 Ingold, NJW 2014, 3334, 3335.

bereit, vergleichbar Ebay. Ob und wann die Beförderung tatsächlich erfolge, obliege dem Eigentümer des Fahrzeugs.[1522]

Allerdings hält der Uber-Betreiber den kompletten Bezahlvorgang, auch der Höhe nach, unter seiner Kontrolle.[1523] Wichtig ist, dass der Uber-Betreiber als Vertragspartner auftritt und die Beförderung organisiert.[1524] Die Anwendung des § 2 Abs. 5a PBefG ist schon gescheitert, weil nach dieser Regelung der Veranstalter eindeutig zum Ausdruck bringen muss, dass der Transport selbst durch einen anderen konzessionierten Unternehmer durchgeführt wird.[1525] Wenn der Veranstalter arbeitsteilig einen Teil der mit der Personenbeförderung verbundenen Aufgaben selbst übernimmt und als Vertragspartner des Fahrgastes auftritt, ist er genehmigungspflichtig.[1526] Das Erfordernis einer Doppelgenehmigung soll nach Auffassung des Gesetzgebers bestehen bleiben.[1527]

2. *Die Einhaltung der personenbeförderungsrechtlichen Bestimmungen*

Wenn die Gelegenheitsverkehre mit Uberpop und Uberblack genehmigungspflichtig sind, ist noch offen, ob sie genehmigungsfähig sind. Der maßgebliche Punkt ist, ob solche Geschäftsmodelle mit den Bestimmungen des PBefG vereinbar sind. Hier ist zwischen den Geschäftsmodellen Uberpop und Uberblack zu unterscheiden.[1528]

a. *Uberpop*

Nach § 46 Abs. 2 PBefG sind nur der Verkehr mit Taxen, Ausflugsfahrten und Ferienziel- Reisen sowie der Verkehr mit Mietomnibussen und Mietwagen als Gelegenheitsverkehr zulässig.[1529] Die Geschäftstätigkeiten mit Uberpop sind keine Mitfahrgelegenheiten, weil Mitfahrgelegenheiten sich dadurch auszeichnen, dass der Fahrer Start und Ziel einer ohnehin von ihm durchgeführten Fahr bestimmt und Dritte bei dieser Fahrt mitbefördert.[1530] Bei Uberpop bestimmt hingegen der Fahrgast das Fahrziel.[1531]

1522 Schröder, DVBl 2015, 143, 145. Offen lassen LG Frankfurt a.M., Beschl. v. 25.08.2014 – 2–03O 329/14, BeckRS 2014, 17156; KG, Urt. v. 11.12.2015 – 5 U 31/15, GRUR-RR 2016, 84, Rn. 50.

1523 OVG Berlin-Brandenburg, Beschl. v. 10.04.2015 – OVG 1 S 96.14, Rn. 33.

1524 OVG Berlin-Brandenburg, Beschl. v. 10.04.2015 – OVG 1 S 96.14, Rn. 32.

1525 Linke, NVwZ 2015, 476, 478.

1526 BVerwG, Urt. v. 27.08. 2015 – 3 C 14/14, NVwZ 2016, 695, Rn. 20.

1527 BVerwG, Urt. v. 27.08. 2015 – 3 C 14/14, NVwZ 2016, 695, Rn. 19.

1528 OVG Berlin-Brandenburg, Beschl. v. 10.04. 2015 – OVG 1 S 96.14, Rn. 38.

1529 Fromm/Sellmann/Zuck, PBefG, § 46 Rn. 1.

1530 OVG Hamburg, Beschl. v. 24.09.2014 – 3 Bs 175/14, NVwZ 2014, 1528, Rn. 11.

1531 OVG Berlin-Brandenburg, Beschl. v. 10.04.2015 – OVG 1 S 96.14, Rn. 27 und 23.

Da Uber-Betreiber mit Uberpop keine Ausflugsfahrten und Fernziel-Reisen anbietet, sind die Einordnungen als Verkehr mit Mietwagen und Taxen zu prüfen. Die Einordnung als Verkehr mit Mietwagen scheidet aus, weil die Fahrzeuge nach § 49 Abs. 4 PBefG nach Ausführung des Beförderungsauftrags nicht unverzüglich zum Betriebssitz des Unternehmers zurückkehren müssen.[1532]

Das Geschäftsmodell Uberpop kann nicht als Gelegenheitsverkehr mit Taxen eingeordnet werden, weil das Fahrzeug nicht an den für Taxen behördlich zugelassenen Stellen bereithält und keine Beförderungspflicht besteht.[1533] Es kann auch eine „Verwischung" mit dem Taxenverkehr geben. Denn der Einsatz dieser App zielt ganz offensichtlich darauf ab, möglichst viele private Fahrer im Stadtgebiet zur Durchführung einzelner Fahrten bereitzuhalten, um möglichst schnell auf Kundenwünsche reagieren zu können, ohne gleichzeitig den Bindungen zu unterliegen, die das PBefG dem Taxenverkehr auferlegt.[1534] Ungeachtet der Frage der Funktionsfähigkeit des Taxigewerbes ist das Geschäftsmodell Uberpop nicht genehmigungsfähig, weil es überragende Interessen der Allgemeinheit bedroht:[1535] Die Versicherung des Uber-Betreibers bietet keine Deckung für Schäden der Nutzer, was öffentlichen Interessen der Allgemeinheit widerspricht.[1536] Zudem sind das Entrichten der Einkommensteuer und Sozialabgaben für die Fahrer sowie der Umsatzsteuer für die Entgelte in diesem Geschäftsmodell nicht vorgesehen.[1537] Da eine hinreichende Versicherung der mit den Personenbeförderungen im Verkehr verbunden Gefahr ein wichtiges öffentliches Verkehrsinteresse ist, wird eine Ausnahmegenehmigung für Uberpop zur Erprobung neuer Verkehrsarten gem. § 2 Abs. 7 PBefG vom OVG Hamburg abgelehnt.[1538] Daher ist das Geschäftsmodell Uberpop nicht genehmigungsfähig.

b. Uberblack

Nach dem Geschäftsmodell Uberblack geht ein durch diese App übermittelter Beförderungswunsch zunächst auf dem Internet-Server des Uber-Betreibers ein.

1532 OVG Hamburg, Beschl. v. 24.09.2014 – 3 Bs 175/14, NVwZ 2014, 1528, Rn. 13.

1533 OVG Hamburg, Beschl. v. 24.09.2014 – 3 Bs 175/14, NVwZ 2014, 1528, Rn. 13.

1534 OVG Berlin-Brandenburg, Beschl. v. 10.04.2015 – OVG 1 S 96.14, Rn. 48.

1535 OVG Hamburg, Beschl. v. 24.09.2014 – 3 Bs 175/14, NVwZ 2014, 1528, Rn. 14.

1536 OVG Berlin-Brandenburg, Beschl. v. 10.04.2015 – OVG 1 S 96.14, Rn. 51.

1537 OVG Hamburg, Beschl. v. 24.09.2014 – 3 Bs 175/14, NVwZ 2014, 1528, Rn. 17.

1538 OVG Hamburg, Beschl. v. 24.09.2014 – 3 Bs 175/14, NVwZ 2014, 1528, Rn. 17. Zweifel siehe König, BB 2015, 1095.

Von dort wird er anhand der übermittelten GPS-Daten des Kunden automatisch an den zur Übernahme von Fahraufträgen bereiten Fahrer weitergeleitet, dessen Standort dem Standort des Kunden am nächsten ist. Parallel dazu übersendet der Uber-Betreiber den Beförderungswunsch automatisch an den Betriebssitz des Mietwagenunternehmers per E-Mail. Die Tätigkeit des Uberbetreibers verstößt nach der Rechtsprechung jedenfalls gegen die Vorgaben von § 49 Abs. 4 S. 2 und 3 PBefG.[1539]

Nach § 49 Abs. 4 S. 2 PBefG dürfen mit Mietwagen nur Beförderungsaufträge ausgeführt werden, die am Betriebssitz oder in der Wohnung des Unternehmers eingegangen sind. Über Uberblack wird eine Direktkommunikation zwischen Fahrer und Fahrgast hergestellt, was der gesetzlichen Vorschrift nicht genügt.[1540] Nach der Rechtsprechung ist die automatisierte Umleitung oder Weiterleitung eines an den Mietwagenunternehmer gerichteten Telefonanrufs auf den auf einer Fahrt befindlichen Fahrer als unzulässig angesehen.[1541] Es ist auch nicht durch § 49 Abs. 4 S. 3 PBefG als fernmündliche Entgegennahme von Fahraufträgen während der Fahrt gestattet, weil diese Regelung auf § 49 Abs. 4 S. 2 PBefG aufbaut, der den vorherigen Eingang des Auftrages am Betriebssitz des Mietwagenunternehmers als grundlegende Voraussetzung festlegt.[1542] Es reicht nicht aus, dass der Unternehmer neben dem Fahrer eine E-Mail erhält, die zu einer Umgehung der Bestimmungen des Personenbeförderungsgesetzes geeignet ist.[1543]

Ferner hat ein Mietwagen nach Ausführungen des Beförderungsauftrags unverzüglich zum Betriebssitz zurückzukehren, es sei denn, er hat vor der Fahrt von seinem Betriebssitz oder der Wohnung oder während der Fahrt fernmündlich einen neuen Beförderungsauftrag erhalten (§ 49 Abs. 4 S. 3 PBefG). Dieses grundsätzliche Rückkehrgebot wird bei dem Geschäftsmodell Uberblack nicht beachtet, weil der Uber-Betreiber die Mietwagenfahrer ausdrücklich auffordert, sich in kundenträchtigen Gegenden bereitzuhalten.[1544] Der Zweck des Rückkehrgebots liegt dabei nicht in der Rückkehr selbst, sondern allein darin, besser zu gewährleisten, dass Mietwagen nicht nach Beendigung eines

---

1539 KG, Urt. v. 11.12.2015 – 5 U 31/15, GRUR-RR 2016, 84; OVG Berlin-Brandenburg, Beschl. v. 10.04.2015 – OVG 1 S 96.14, Rn. 39 ff.

1540 Ingold, NJW 2014, 3334, 3336.

1541 KG, Urt. v. 11.12.2015 – 5 U 31/15, GRUR-RR 2016, 84, Rn. 42.

1542 KG, Urt. v. 11.12.2015 – 5 U 31/15, GRUR-RR 2016, 84, Rn. 44.

1543 OVG Berlin-Brandenburg, Beschl. v. 10.04.2015 – OVG 1 S 96.14, Rn. 44; KG, Urt. v. 11.12.2015 – 5 U 31/15, GRUR-RR 2016, 84, Rn. 53.

1544 OVG Berlin-Brandenburg, Beschl. v. 10.04.2015 – OVG 1 S 96.14, Rn. 46.

Beförderungsauftrags taxiähnlich auf öffentlichen Straßen und Plätzen bereitgestellt werden und dort Beförderungsaufträge annehmen.[1545] Das Rückkehrgebot dient schließlich dem Schutz der Existenz- und Funktionsfähigkeit des Taxenverkehrs.[1546] § 49 Abs. 4 S. 5 PBefG bestimmt in Bezug auf den Verkehr mit Mietwagen ausdrücklich, dass Annahme, Vermittlung und Ausführung von Beförderungsaufträgen, das Bereithalten des Mietwagens sowie Werbung für Mietwagenverkehr weder allein noch in ihrer Verbindung geeignet sein dürfen, zur Verwechslung mit dem Taxenverkehr zu führen. Beim Geschäftsmodell Uberblack ist dies der Fall. Es ist jedenfalls eine Haftung des Uber-Betreibers als Teilnehmerin an Wettbewerbsverstößen der mit ihm kooperierenden Mietwagenunternehmer festzustellen.[1547]

Fraglich ist, ob der Schutz der Funktionsfähigkeit des Taxenverkehrs heute noch ein wichtiges Interesse der Allgemeinheit ist, weil sich die Vielfalt der Angebote im individuellen Personenverkehr in den letzten Jahren vergrößert hat. Manche sehen diese Tendenz in Großstädten bereits verwirklicht.[1548] Nach der Rechtsprechung hat sich der ganze Markt der gewerblichen Personenbeförderung mit Kraftfahrzeugen aber nicht derart verändert, dass eine von der Beurteilung des BVerfG grundlegend abweichende Sichtweise veranlasst wäre.[1549] Es obliegt dem Gesetzgeber, in einem zeitlichen Anpassungsspielraum die Gesetzeslage zu ändern.[1550]

III. Überregulierung des Gelegenheitsverkehrs?

1. Vereinbarkeit der Beschränkungen mit Grundrechten

Die Untersagungen des Einsatzes der zwei Apps stellen nach der Rechtsprechung keinen Verstoß gegen die Berufsfreiheit des Art. 12 Abs. 1 GG und die Eigentumsgarantie des Art. 14 Abs. 1 GG dar. Regelungen, die die Berufsausübung einschränken, sind verfassungsgemäß, wenn sie durch vernünftige Gründe des Gemeinwohls gerechtfertigt und verhältnismäßig sind.[1551] Wenn der Schutz der Existenz- und Funktionsfähigkeit des Taxenverkehrs nach wie vor

1545 BVerfG, Beschl. v. 14.11.1989 – 1 BvL 14/85, 1 BvR 1276/84, NJW 1990, 1349.

1546 BVerfG, Beschl. v. 14.11.1989 – 1 BvL 14/85, 1 BvR 1276/84, NJW 1990, 1349, 1351.

1547 KG, Urt. v. 11.12.2015 – 5 U 31/15, GRUR-RR 2016, 84, Rn. 50.

1548 Wimmer/Weiß, MMR 2015, 80, 83.

1549 OVG Berlin-Brandenburg, Beschl. v. 10.04.2015 – OVG 1 S 96.14, Rn. 66.

1550 KG, Urt. v. 11.12.2015 – 5 U 31/15, GRUR-RR 2016, 84, Rn. 74; OVG Berlin-Brandenburg, Beschl. v. 10.04.2015 – OVG 1 S 96.14, Rn. 66.

1551 BVerfG, Beschl. v. 14.11.1989 – 1 BvL 14/85, 1 BvR 1276/84, NJW 1990, 1349, 1350.

als ein wichtiges Interesse der Allgemeinheit gilt, ist die Untersagung der Uberblack mit dem Grundgesetz vereinbar.[1552] Bei der Frage der Verhältnismäßigkeit dahingehend, ob die Ausübung der den Aufsichtsbehörden in §§ 54, 54a PBefG eingeräumten Kontrollbefugnisse gegenüber einer generellen Untersagung das mildere Mittel darstellt, argumentiert OVG Berlin-Brandenburg, dass einzelne Kontrollen keine neuen Erkenntnisse bringen und knappe Personalressourcen der Polizei überfordert sein können.[1553] Der einzelne Grundrechtsträger kann im Blick auf seine Gemeinschaftsbezogenheit und -gebundenheit nicht erwarten, dass zur Vermeidung grundrechtsbeschränkender Maßnahmen die nur begrenzt verfügbaren öffentlichen Mittel über das vernünftigerweise von der Gesellschaft erwartbare Maß hinaus für die Bekämpfung von Missständen verwendet werden.[1554]

Der Einsatz der App Uberpop ermöglicht die Beförderung im Rahmen gewerblicher Nutzung nicht versicherter Fahrzeuge und die Flucht vor Einkommensteuer- und Sozialabgabepflichten, die überragende Interessen der Allgemeinheit betreffen.[1555] Nach der Rechtsprechung besteht ein legitimes Bedürfnis danach, der Allgemeinheit mit dem Taxenverkehr ein Verkehrsmittel für individuelle Bedürfnisse zu einem festgelegten Tarif zur Verfügung zu stellen.[1556] Wäre es den Privatfahrern erlaubt, in völlig gleicher Weise wie Taxiunternehmer, jedoch ohne Tarifbindung und Kontrahierungszwang tätig zu werden, könnten sie durch Unterbietung des Taxitarifs die Wettbewerbsfähigkeit des Taxenverkehrs untergraben und schließlich die Interessen der Allgemeinheit gefährden.[1557]

Dem Uber-Betreiber wird auch kein Besitzstand im Sinne von Art. 14 Abs. 1 S. 1 GG genommen. Die technische Infrastruktur seiner Apps kann er im Rahmen der Gesetze weiterhin nutzen, z. B. Ubertaxi.[1558]

1552 OVG Berlin-Brandenburg, Beschl. v. 10.04.2015 – OVG 1 S 96.14, Rn. 54; KG, Urt. v. 11.12.2015 – 5 U 31/15, GRUR-RR 2016, 84, Rn. 79.

1553 OVG Berlin-Brandenburg, Beschl. v. 10.04.2015 – OVG 1 S 96.14, Rn. 56.

1554 BVerfG, Beschl. v. 14.11.1989 – 1 BvL 14/85, 1 BvR 1276/84, NJW 1990, 1349, 1351.

1555 OVG Hamburg, Beschl. v. 24.09.2014 – 3 Bs 175/14, NVwZ 2014, 1528, Rn. 17.

1556 BVerfG, Beschl. v. 14.11.1989 – 1 BvL 14/85, 1 BvR 1276/84, NJW 1990, 1349, 1350.

1557 OVG Berlin-Brandenburg, Beschl. v. 10.04.2015 – OVG 1 S 96.14, Rn. 68.

1558 OVG Berlin-Brandenburg, Beschl. v. 10.04.2015 – OVG 1 S 96.14, Rn. 55.

2. *Vereinbarkeit mit EU-Recht*

Nach Art. 58 Abs. 1 AEUV gelten für den freien Dienstleistungsverkehr auf dem Gebiet des Verkehrs die Bestimmungen des Titels über den Verkehr (Art. 90 bis 100 AEUV). Die Dienstleistungsfreiheit in Art. 56 AEUV ist auf Verkehrsdienstleistungen nicht anwendbar.[1559] Die Verkehrsdienstleistungen erfassen nicht nur die körperliche Handlung der Beförderung, sondern auch jede Dienstleistung, die naturgemäß mit einer solchen Handlung verbunden ist.[1560] Darunter fällt auch der Einsatz der genannten Apps.[1561]

Auch die Niederlassungsfreiheit in Art. 49 AEUV ist nicht tangiert. Dafür ist erforderlich, dass das Unternehmen eine wirtschaftliche Tätigkeit in dem betroffenen Staat auf unbestimmte Zeit tatsächlich ausübt und sich dort fest einrichtet.[1562] Der Uber-Betreiber erbringt nur grenzüberschreitende Dienstleistungen, ohne die Absicht zu haben, sich dauerhaft in Deutschland anzusiedeln.[1563]

3. *Reformvorschläge für den Gelegenheitsverkehrsmarkt*

In der Debatte um die neuen Fahrdienste Ubers kritisierte die Kommissarin für die EU-Digitalagenda, Neelie Kroes, die Verbotsentscheidung in Belgien.[1564] Mittlerweile mehren sich die Stimmen, die sich für eine Deregulierung des Gelegenheitsverkehrs aussprechen. Auf dem Gelegenheitsverkehrsmarkt schafft der Staat eine künstliche Knappheitssituation, die er der hoheitlichen Verwaltung statt dem Markt unterwirft.[1565] Durch die Digitalisierung ließen sich heute Ressourcen viel effizienter nutzen. Das Teilen von Autos könne etwa Verkehrsstaus in den großen Städten lindern. Überregulierung könnte den Aufbruchsgeist vernichten.[1566] Es ist indes vornehmlich die Sache des Gesetzgebers, auf der Grundlage der wirtschafts-, arbeitsmarkt- und sozialpolitischen Vorstellungen und

---

1559 OVG Berlin-Brandenburg, Beschl. v. 10.04.2015 – OVG 1 S 96.14, Rn. 61; OVG Hamburg, Beschl. v. 24.09.2014 – 3 Bs 175/14, NVwZ 2014, 1528, Rn. 18.

1560 EuGH, Urt. v. 15.10.2015, Rs. C-168/14, NVwZ 2016, 218, Rn. 46 – Grupo Itevelesa u.a.

1561 OVG Berlin-Brandenburg, Beschl. v. 10.04.2015 – OVG 1 S 96.14, Rn. 61; OVG Hamburg, Beschl. v. 24.09.2014 – 3 Bs 175/14, NVwZ 2014, 1528, Rn. 18; KG, Urt. v. 11.12.2015 – 5 U 31/15, GRUR-RR 2016, 84, Rn. 105.

1562 KG, Urt. v. 11.12.2015 – 5 U 31/15, GRUR-RR 2016, 84, Rn. 113.

1563 OVG Berlin-Brandenburg, Beschl. v. 10.04.2015 – OVG 1 S 96.14, Rn. 64.

1564 Podszun, EuCML 2015, 59.

1565 Hamdorf, Verteilungsentscheidung, S. 51.

1566 Linke, NVwZ 2015, 476, 479.

Ziele zu entscheiden, ob eine Deregulierung des Gelegenheitsverkehrsmarkts durchgeführt werden soll.[1567]

a. Deregulierung des Taxigewerbes

Die Rechtsprechung geht in Bezug auf Rechtmäßigkeit der Uberpop zutreffend davon aus, dass es im Bereich der Personenbeförderung keine allgemeine Tendenz zur Deregulierung im Hinblick auf Sicherheitsstandards gibt.[1568] Jedoch steht die strikte Überwachung des Taxiverkehrs aus ökonomischer Sicht nicht außer Zweifel.[1569] Die Marktzutrittsbeschränkung und Tarifbindung im Taxigewerbe können zur Unterversorgung der Bevölkerung mit Taxen führen und haben eine Ausdifferenzierung unterschiedlicher Preis-Qualitäts-Kombinationen verhindert.[1570]

Das häufigste Argument, dass eine Aufhebung der Kontingentierung zu einem ruinösen Wettbewerb führen könnte, dadurch die wirtschaftliche Stabilität vieler Taxibetriebe gefährdet und Servicequalität im Taxigewerbe verschlechtert werde, ist nach Ansicht der Monopolkommission unhaltbar.[1571] Das BVerwG hat betont, dass § 13 Abs. 4 S. 1 PBefG nicht dem Schutz der etablierten Taxiunternehmer bzw. deren Profitabilität dient, sondern lediglich der Sicherstellung der Funktionsfähigkeit des ganzen Marktes.[1572] In der Praxis hat die Marktzugangsbeschränkung zur Folge, dass der Genehmigungsbesitzer vor harten Wettbewerb geschützt wird und möglicherweise Monopolrenten vereinnahmt.[1573]

Eine sog. ruinöse Konkurrenz infolge von Überkapazitäten im Taxigewerbe ist nach Ansicht der Monopolkommission nicht zu erwarten, denn es gibt im Taximarkt keine hohen irreversiblen Kosten.[1574] Decken die Taxiunternehmer ihre Kosten nicht, können sie jederzeit ihre Konzession zurückgeben und ihre Fahrzeuge auf einem funktionsfähigen Gebrauchtwagenmarkt verkaufen.[1575] Der Gesetzgeber hat bisher nicht stichhaltig nachgewiesen, dass § 13 Abs. 4 PBefG tatsächlich erforderlich ist, um die Funktionsfähigkeit des Taxigewerbes

---

1567 KG, Urt. v. 11.12.2015 – 5 U 31/15, GRUR-RR 2016, 84, Rn. 74.

1568 OVG Berlin-Brandenburg, Beschl. v. 10.04.2015 – OVG 1 S 96.14, Rn. 67.

1569 Knauff in: Ehlers/Fehling/Pünder, § 27 Rn. 73.

1570 Monopolkommission, Finanzmärkte, Rn. 230.

1571 Monopolkommission, Finanzmärkte, Rn. 231.

1572 BVerwG, Beschl. v. 31.01.2008 – 3 B 77/07, BeckRS 2008, 33738, Rn. 7.

1573 Scheidler, GewArch 2011, 417, 421.

1574 Monopolkommission, Finanzmärkte, Rn. 232.

1575 Monopolkommission, Finanzmärkte, Rn. 232.

zu gewährleisten.[1576] Angesichts des hohen Rangs der Berufsfreiheit sollte die Kontingentierung abgeschafft werden.

Allerdings stellt eine Taxifahrt grundsätzlich ein Erfahrungs- oder Vertrauensgut dar, bei dem Informationsasymmetrien treten, die umso größer sind, je spezifischer und seltener ein Gut nachgefragt wird.[1577] Insofern besteht in einem vollständig deregulierten Markt die Gefahr, dass der seriös kalkulierender Taxiunternehmer durch unseriöse Taxiunternehmer verdrängt wird. Für ortsfremde Fahrgäste fahren Taxifahrer nicht die schnellste oder kostengünstigste Strecke, um ihre Einnahmen zu erhöhen.[1578] Daher ist eine Qualitätskontrolle des Taxigewerbes weiterhin notwendig. Die Monopolkommission empfiehlt entsprechend eine Plausibilitätsprüfung der wirtschaftlichen Verhältnisse der Taxiunternehmer nach dem Hamburger Modell.[1579] Alternativ hierzu kann diese Aufgabe auf die Taxigenossenschaften übertragen werden.[1580]

Da sich eine komplette Deregulierung der Tarifpflicht negativ auf Personen mit hohen Suchkosten, insb. ortsfremden Touristen und Geschäftsleuten auswirkte,[1581] kann das Instrument von Höchstpreisen eingeführt werden, die zum einen die Fahrgäste vor überhöhten Fahrpreisen und vor einer Ausnutzung von Notlagen schützen, zum anderen einen Preiswettbewerb zwischen den Taxiunternehmern ermöglichen.[1582] Die Behörde gibt eine bestimmte Tarifstruktur vor und verpflichtet die Unternehmer aus Gründen der Tariftransparenz dazu, ihre Preise innerhalb und außerhalb der Taxis deutlich kenntlich zu machen.[1583] Dies kann die Angebotsvielfalt im Markt insgesamt erhöhen.[1584]

b. Aufhebung der Rückkehrpflicht für Mietwagen

Zwischen Funktaxis und Mietwagen besteht eine enge Substitutionsbeziehung, weil die Leistungen beider ähnlich sind.[1585] Mit der Rückkehrpflicht wollte der Gesetzgeber verhindern, dass die Kontingentierung der Taxikonzession nicht unterlaufen wird.[1586] Um den Wettbewerb zwischen beiden zu verstärken, muss

---

1576 König, BB 2015, 1095, 1099.
1577 Monopolkommission, Finanzmärkte, Rn. 233.
1578 Monopolkommission, Finanzmärkte, Rn. 235.
1579 Monopolkommission, Finanzmärkte, Rn. 236.
1580 Monopolkommission, Finanzmärkte, Rn. 236.
1581 Monopolkommission, Finanzmärkte, Rn. 239.
1582 Monopolkommission, Finanzmärkte, Rn. 240.
1583 Monopolkommission, Finanzmärkte, Rn. 240.
1584 Monopolkommission, Finanzmärkte, Rn. 246.
1585 Monopolkommission, Finanzmärkte, Rn. 248.
1586 König, BB 2015, 1095, 1100.

die Regulierung des Mietwagenverkehrs im Hinblick auf die Liberalisierung des Taxiverkehrs angepasst werden. Da die Rückkehrpflicht zu vermeidbaren Leerfahrten und somit zu höheren Kosten der Unternehmer und längeren Wartezeiten für Fahrgäste führt, sollte sie aufgehoben werden.[1587]

Durch die Marktöffnung wird der Wettbewerb im Taximarkt hergestellt. Unter Berücksichtigung seiner Daseinsvorsorgefunktion kann das Instrument von Höchstpreisen einerseits Kunden vor überhöhten Preisen schützen, andererseits den Wettbewerb verstärken. Für den Verkehr mit Taxen kann dieses Regulierungskonzept sehr produktiv sein.[1588]

IV. Ridesharing als Chance für die Reform des Gelegenheitsverkehrsmarkts in China

Obige Darstellung zum deutschen Recht zeigt, dass der Streit über Uber vordergründig eine Auseinandersetzung über die Rechtmäßigkeit der Fahrdienste ist. Dahinter verbirgt sich die Gestaltung des Gelegenheitsverkehrsmarkts.[1589] In der Debatte um die Rechtmäßigkeit der Smartphone-Apps wird die Wirtschaftsaufsicht über den Taximarkt in China als rückständig bewertet.[1590]

1. Die Grenze des Sharing Economy

Das Recht grenzt private Tätigkeit von der wirtschaftlichen Tätigkeit ab.[1591] Wer zu Hause für seine Gäste kocht, übt seine private Freiheit aus; wer ein Restaurant eröffnet, unterwirft sich der Verwaltungsaufsicht. Der Betreiber der Apps nutzt die unregulierte private Freiheit aus, bietet annähernd gleiche Leistungen wie die regulierten Marktteilnehmer. Fraglich ist, ob die Ausnutzung der privaten Freiheit die Grenzen der Gesetze überschreitet und dadurch in den Bereich der staatlichen Wirtschaftsaufsicht tritt.[1592]

Die Fahrdienste durch Smartphone-Apps können in China nach dem Eigentumsstatus der Fahrzeuge in zwei Arten unterteilt werden: Die erste Gruppe bilden private Fahrdienste mit Uberpop. Zweite Gruppe ist so ausgestaltet, dass ein Autovermietungsunternehmer die Fahrzeuge anbietet, eine Leiharbeitsfirma (*labor dispatching company*) Fahrer zum Service schickt, die App die Information

1587 Monopolkommission, Finanzmärkte, Rn. 252.
1588 Pielow in: Säcker/Schmidt-Preuß, S. 19, S. 32.
1589 Zhang, TLJ 2016, 149, 158.
1590 Yin/Zhang, Stadtverkehr 2015, 1, 4.
1591 Schröder, DVBl 2015, 143, 144.
1592 Schröder, DVBl 2015, 143, 144.

zwischen den Teilnehmern vermittelt. Ein typisches Beispiel ist das DiDi-Modell.[1593] Zunächst ist zu prüfen, ob solche Fahrdienste Mitfahrgelegenheiten sind, die nicht der Wirtschaftsaufsicht zu unterwerfen sind. Nach der Stellungnahme der Beijinger Verkehrskommission im Jahre 2013 liegt eine Mitfahrgelegenheit erst vor, wenn der Kraftfahrzeugbesitzer selbst bestimmt, ob und mit welchem Ziel eine Fahrt unternommen wird.[1594] Bei Uber-Fahrdiensten ist dies nicht der Fall. Deswegen haben sie als gewerbliche Personenbeförderung gesetzliche Vorgaben einzuhalten.

2. *Personenbeförderungsrechtliche Beurteilung*

a. *Die Gesetzesanwendung*

Ein Gesetz über alle Arten der gewerblichen Personenbeförderungsgesetz gibt in China nicht. Gemäß § 82 STV werden Taxiverkehr und Linienverkehr mit Kraftfahrzeugen in speziellen Gesetzen geregelt. In der konkretisierenden Verordnung „Regelungen zur Verwaltung der Straßenpersonenbeförderung und Omnibusbahnhof (RVSO)“[1595] werden die gewerblichen Personenbeförderungen in den Verkehr mit Linienbus, mit Mietomnibus und in Ausflugsfahrten unterteilt.

Da die Fahrdienste durch Apps im kleinen Fahrzeug mit bis zu neun Sitzen einschließlich Fahrer angeboten werden, sind sie dem Taxiverkehr vergleichbar. Nach § 9 VVBDT muss der Taxifahrer eine Fahrerlaubnis zur Fahrgastbeförderung besitzen. Die Fahrzeuge müssen mit einem Fahrpreisanzeiger ausgerüstet sein (§ 15). Da die Fahrdienste durch Apps solche Besonderheiten nicht besitzen, sind sie der Verordnung vom Staatsrat, nämlich der Straßentransportverordnung, zu unterwerfen.

b. *Uberpop*

Nach § 10 STV unterliegen die Personenbeförderungsunternehmen der Genehmigungspflicht. Ihre Fahrzeuge müssen geprüft und von Amts wegen zugelassen werden. Nach § 9 RVSO muss der Fahrer seinen Führerschein mehr als ein Jahr besitzen, darf nicht älter sein als 60 Jahre und innerhalb der letzten drei Jahre keine schweren Verkehrsunfälle verursacht haben. Nach der Prüfung der

---

1593 Zhang, TLJ 2016, 149, 160.

1594 Beijing Verkehrskommission, Die Stellungennahmen zur Mitfahrgelegenheit in Beijing, (Jingjiaofa fa [2013] No. 290).

1595 (Jiaotongbu ling Nr.[2005] 10), veröffentlicht am 12.07.2005, Inkrafttreten am 01.08.2005, zuletzt revidiert vom Verkehrsministerium am 11.04.2016.

Verkehrskenntnisse wird dem Fahrer eine Fahrerlaubnis zur Fahrgastbeförderung ausgestellt. Die Fahrdienste durch Uberpop entsprechen nicht den gesetzlichen Anforderungen. Im Hinblick auf die Gefahren solcher Fahrdienste für die Fahrgäste und den Verkehr ist die Behörde nach § 63 Verwaltungsstrafgesetz[1596] berechtigt, den Betrieb zu untersagen.

c. *DiDi-Modell*

Das DiDi-Modell hat im Schrifttum viele Befürworter. Durch die DiDi-App werden die Autovermietung seitens der Autovermietungsfirma und der Fahrservice durch eine Leiharbeitsfirma miteinander verbunden, deren Dienste dann zusammen an Fahrgäste vermittelt werden. Teilweise wird vertreten, dass dies eine rechtlich zulässige Technikinnovation sei. Dieser Meinung ist nicht zu folgen: Die Fahrdienste durch Apps als gewerbliche Personenbeförderung müssen die gesetzlichen Vorgaben einhalten, besonders den Gesetzeszweck in § 1 STV, wonach die Ordnung und Sicherheit des straßengebundenen Personenbeförderungsmarktes und die Interessen der Fahrgäste gewährleistet werden müssen. Es ist unklar, ob das eingesetzte Fahrzeug bei den Fahrdiensten durch Apps den gesetzlichen Sicherheitsstandards der STV entspricht. Das Zusammenspiel von Fahrservice und Leiharbeitsfirma befindet sich seit langem in einer rechtlichen Grauzone. Die meisten Fahrer besitzen nur normale Führerscheine.[1597] Das Schlimmste ist, dass die Versicherung der Fahrdienste die Schäden der Fahrgäste nicht abdecken kann, weil es seitens der Versicherungsbranche keine passende Versicherungsleistung gibt.[1598]

Die Behauptung, dass der DiDi-App-Anbieter die Qualifikation der Fahrer und Zustände der Fahrzeuge strikt prüfe, daher eine behördliche Prüfung unnötig sei, ist mitnichten überzeugend. Der Staat ist verpflichtet, die Sicherheit der Bevölkerung vor Übergriffen Dritter zu schützen. Die Prüfung, ob jemand die Gewähr für die besondere Verantwortung bei der Beförderung von Fahrgästen gerecht wird, kann dabei nur von einer staatlichen Stelle, die an Recht und Gesetz gebunden und mit den Maßstäben der Fahrerlaubnisverordnung vertraut ist, durchgeführt werden.[1599] Eine kooperative Governance (*cooperative governance*)

1596 Beschlossen auf der 4. Sitzung des Nationalen Volkskongresses am 17.03.1996, in Kraft getreten am 01.10.1996.

1597 Zhang, TLJ 2016, 149, 161.

1598 CHheng Zhi, Internet und Versicherung für Ridesharing, 21st Century Business Herald vom 19.05.2015, E 11.

1599 VG Berlin, Beschl. v. 26.09.2014 – 11 L 353.14, Rn. 51.

wird dem Taxigewerbe nicht gerecht, weil es gleiche Leistungen anbietet, allerdings unter strengere behördliche Kontrolle fällt.[1600]

In China ist auch umstritten, ob die App-Anbieter als Beförderer angesehen werden können.[1601] Da die App-Anbieter behaupten, dass sie selbst die Qualifikation der eingesetzten Fahrzeuge und Fahrer geprüft haben, sind sie jedenfalls Teilnehmer der Ordnungswidrigkeit.

3. *Die Regulierungsdefizite des Taxigewerbe in China*

a. *Regulierungsdefizite im Taxigewerbe*

In der Diskussion um die Rechtmäßigkeit der App-basierten Fahrdienste steht die Aufsicht über das Taxigewerbe in der Kritik.[1602] Um die individuellen Verkehrsbedürfnisse der Bevölkerung zu gewährleisten, untersteht der Taxiverkehr mehrfacher Aufsicht der Behörde, ähnlich wie in Deutschland. Die Behörde kontrolliert die Zahl der Taxikonzessionen (§ 12 VVBDT). Der Taxifahrer und das Fahrzeug müssen bestimmte Sicherheitsstandards erreichen und versichert werden (§ 8 VVBDT). Die Beförderungsentgelte werden von der Behörde festgelegt (§ 33 VVBDT).

Die strikte Wirtschaftsaufsicht über das Taxigewerbe führt dazu, dass es keinen wirksamen Wettbewerb gibt. Weiterhin führt die chinesische Behörde keine genaue Prüfung bei der Verlängerung der Konzession durch. Faktisch besitzen die Taxiunternehmer unbefristete Konzessionen. Es ist nicht verwunderlich, dass sich der Service des Taxigewerbes verschlechtert. Da wenige Taxen auf der Straße sind, verweigern die Taxifahrer oft, ihre Beförderungspflicht zu erfüllen.

Obige Darstellung zeigt, dass die Fahrdienste durch Apps mit dem geltenden personenbeförderungsrechtlichen Rahmen unvereinbar sind. Allerdings muss die Servicequalität des Taxiverkehrs verbessert werden, um die stark wachsenden Bedürfnisse der Bevölkerung zu befriedigen. Die VVBDT-Regelungen sehen viele Anforderungen an den Taxiservice vor, u.a. Kontrahierungszwang sowie das Gebot des kürzesten Wegs, um seine Daseinsvorsorgefunktion tatsächlich zu verwirklichen. § 20 VVBDT fordert vielfältige und differenzierende Funktaxiservices.

1600 Zu den Problemen der kooperative Governance siehe Trute, Kooperation, S. 13, S. 25.

1601 Dagegen Guangzhou Railway Transportation Intermediate Court (2017) Yue 71 Xing Zhong No. 786 Administrative Judgment.

1602 Yin/Zhang, Stadtverkehr 2015, 1, 3.

b. Onlinebestellungstaxi

Im Juli 2016 wurden Vorläufige Vorschriften zur Verwaltung der Dienstleistung und des Betriebs des Onlinebestellungstaxis (im Folgenden: VMVO) bekanntgemacht. Der Onlinebestellung Taxiservice ist nach § 2 VMVO ein Betrieb der Personenbeförderung, der durch die Konstruktion einer Serviceplattform im Internet und die Integration der Nachfrage und des Angebots die Leistungen von qualifizierten Fahrzeugen und Fahrern anbietet; der Service ist weder Ruftaxi noch beruht er auf Taxiständen. Unter anderem werden die Zugangsvoraussetzungen und Marktverhaltensregeln des Onlinebestellungstaxis ausdrücklich beschrieben: Wer ein Onlinebestellungstaxi betreibt, muss einen Antrag an die zuständige Verkehrsbehörde stellen (§ 6 VMVO). Auf Antrag des Fahrers oder des Unternehmens führt die zuständige Verkehrsbehörde die Prüfung der in § 14 VMVO aufgelisteten Voraussetzungen und andere erforderliche Kontrollen durch, und erteilt dem qualifizierten Fahrer die Fahrerlaubnis zum Onlinebestellungstaxi (§ 15 VMVO). Auf Antrag des Unternehmens oder des Eigentümers des Fahrzeugs prüft die zuständige Verkehrsbehörde das eingesetzte Fahrzeug, ob die in § 12 VMVO aufgelisteten Voraussetzungen erfüllt sind. Nach § 18 VMVO schließt das Unternehmen je nach dem Einzelfall mit den Fahrern einen Arbeitsvertrag oder andere Vereinbarungen ab und bietet ihnen erforderliche Ausbildung an.

Es ist zu begrüßen, dass behördliche Kontrollen der Fahrer und der Fahrzeuge zur Personenbeförderung vorgesehen sind. Jede Personenbeförderung muss die öffentlichen Verkehrsinteressen beachten. Nach der Stellungnahme des chinesischen Staatsrats gehört das Onlinebestellungstaxi zum Taxiverkehr. Sein wesentlicher Unterschied zum traditionellen Taxiverkehr besteht darin, dass das Onlinebestellungstaxi nicht auf der Straße herumfahren darf (§ 2 VMVO).

Allerdings sind einige Regelungen nicht unproblematisch. Erstens sind die Anforderungen an die Fahrer der Onlinebestellungstaxis andere als an normale Taxifahrer.[1603] Da eingesetzte Fahrzeuge und geleistete Beförderungen sich gleichen, gibt es – erstens – keinen Grund, die Zulassungsvoraussetzungen der Fahrer ungleich zu regeln. Zweitens ist das Verbot des Herumfahrens für Onlinebestellungstaxis fragwürdig. Dies kann das virulente Problem stockenden Verkehrs nur verschärfen. Die Bürger haben trotzdem Schwierigkeiten, ein Taxi auf der Straße zu bekommen. Zudem werden keine Aufsichtsmaßnahmen zur Durchsetzung dieses Verbots geregelt. Schließlich ist das Onlinebestellungstaxi

1603 Zhang, TLJ 2016, 149, 164.

nicht an die behördlich festgelegten Taxitarife gebunden (§ 3VMVO), was vom traditionellen Taxiverkehr abweicht.

Die Gestaltung des Onlinebestellungstaxis durch den chinesischen Gesetzgeber ist stark vom Modell der *Private Hire Vehicles* im Vereinigten Königreich geprägt. Allerdings unterliegen *Private Hire Vehicles* keiner Beförderungspflicht und keiner Preisregulierung. Im Vergleich zum Taxiverkehr werden sie bei der Nutzung der Busspuren beschränkt.[1604] Die *Private Hire Vehicles* entsprechen faktisch den Funkmietwagen im deutschen Recht.[1605] Das Onlinebestellungstaxi ist eine Mischung aus Taxiverkehr und Mietwagen.

4. *Vorschläge zur Weiterentwicklung des Gelegenheitsverkehrsverkehrs*

Die Beschränkungen des Taxiverkehrs haben einen Wettbewerb im Taximarkt verhindert und gefährden die Servicequalität. Der Taxiverkehr als ein Teil des ÖPNV leistet einen wichtigen Beitrag zur Befriedigung der individuellen Verkehrsbedürfnisse der Bürger. Die Regulierung des Gelegenheitsverkehrsmarkts sollte nicht nur den Wettbewerb im Taximarkt, sondern auch den Wettbewerb zwischen dem Taximarkt und anderen Personenbeförderungsmärkten berücksichtigen.

a. Reform der Aufsicht des Taxigewerbes

Zunächst muss die Kontingentierung der Taxikonzessionen aufgehoben werden. Die Aufhebung der Kontingentierung kann nicht nur das aufwendige Ermittlungsverfahren der Anzahl der Taxis vermeiden, sondern auch den Wettbewerb aktivieren. Allerdings muss die Kontrolle bei der Zulassung und Verlängerung der Taxiunternehmer verschärft werden. Die Behörde sollte je nach dem Betriebsplan, der Servicequalität oder Zusage für Servicequalität, dem Zustand der Fahrzeuge und den Sicherheitsmaßnahmen des Antragstellers die Genehmigung erteilen und einen Vertrag mit dem Unternehmer abschließen (§ 13 Abs. 2 VVBDT). Bei der Verlängerung der Genehmigung sind die wirtschaftliche Lage und die Servicequalität des Unternehmers in den vergangenen Jahren genau zu prüfen. Verstießen die Taxifahrer gegen Vorschriften zum Schutz der Fahrgäste mehrfach, ist eine Verlängerung abzulehnen,[1606] damit sich nur Unternehmer mit guter Servicequalität auf dem Markt betätigen dürfen. Die Festsetzung der Beförderungsentgelte sollte in eine Festsetzung von Höchstpreisen umgewandelt

---

1604 EuGH, Urt. v. 14.01.2015, Rs. C-518/13, NVwZ 2015, 422, Rn. 63 – Eventech
1605 EuGH, Urt. v. 14.01.2015, Rs. C-518/13, NVwZ 2015, 422, Rn. 7 – Eventech.
1606 Scheidler, GewArch 2011, 417, 421.

werden. Die Fahrgäste müssen über die Preisliste genau informiert werden. In Zukunft könnten Apps zur Taxivermittlung weiter benutzt werden, die Onlinebuchung und Servicebewertung anbieten, womit der Wettbewerb weiter verstärkt würde.[1607]

b. *Einführung des Mietwagenmodells*

Im chinesischen Gelegenheitsverkehrsmarkt gibt es nur den Taxiverkehr.[1608] Im Gefolge der Debatte um App-basierte Fahrdienste sollte der Gesetzgeber den Verkehr mit Mietwagen einführen. Eine quantitative Beschränkung des Marktzugangs sollte grundsätzlich entfallen. Der Mietwagenunternehmer kann selbst über den Angebotspreis der Leistungen entscheiden. Die subjektiven Zulassungsvoraussetzungen sollen gleich dem Taxi oder weniger streng sein.

Um die rechtliche Stellung des Taxiverkehrs zu gewährleisten, kann das Abstandsgebot im deutschen PBefG hier als Referenz dienen. Falls die Kontingentierung des Taxigewerbes aufgehoben wird, entfällt entsprechend die Rückkehrpflicht des Mietwagens.

5. *Typenzwang und Ausnahme*

Auf dem legalen Markt der straßengebundenen Personenbeförderung in China gibt es derzeit nur Verkehr mit Taxen, Linienverkehr mit Bussen, Fernbusverkehr, Verkehr mit Mietomnibussen und Ausflugsfahrten. Nach der Mitteilung des chinesischen Verkehrsministeriums darf ein Autovermittlungsunternehmer keine gewerbliche Personenbeförderung betreiben. Straßengebundene Personenbeförderung beschränkt sich daher auf die genannten fünf Arten.[1609] Mit der Entwicklung der Wirtschaft und Technik werden immer mehr Verkehrsformen am Markt verfügbar, die den fünf Konzepten nicht unterfallen. Ein gutes Beispiel ist der unentgeltliche Zubringerverkehr zum Supermarkt.[1610] Steht der unentgeltliche Zubringerverkehr zum Supermarkt den öffentlichen Verkehrsinteressen nicht entgegen, kann eine Genehmigung erteilt werden. Der Typenzwang der Personenbeförderungen ist zwar das Prinzip, Ausnahmefälle müssen auch zugelassen werden, denn die Genehmigungserteilung befriedigt nicht nur die Verkehrsbedürfnisse, sondern eröffnet auch die Wirtschaftsaufsicht. Die

---

1607 Monopolkommission, Finanzmärkte, Rn. 235.

1608 ZHang Min, Mietwagen mit Fahrer ist verboten, in Business Daily am 15.04.2011, C 03.

1609 Zhang, TLJ 2016, 149, 167.

1610 Wang Lei, Aufsicht über unentgeltliche Zubringerverkehre an Supermarkt, West China City News am 15.11.2015, A 03.

Auffangregelung und Experimentierklausel in deutschen PBefG können hilfreich sein, eine Offenheit des Gesetzes für Entwicklung der Verkehrsarten zu schaffen.

V. Zwischenergebnis

Der Taxiverkehr ist nach der gesetzlichen Ausgestaltung und Rechtsprechung ein Teil des ÖPNV. Seine Funktionsfähigkeit stellt ein wichtiges Gemeinschaftsgut dar. Trotzdem ist eine quantitative Beschränkung des Marktzutritts nicht gerechtfertigt. Mit der Tarifbindung hat sie einen wirksamen Wettbewerb im Taxigewerbe verhindert. In China findet sich das gleiche Problem. Hier kann das Regulierungskonzept eingeführt werden, um wirksamen Wettbewerb herzustellen.

Durch die Prüfung der Rechtmäßigkeit der Apps erwies sich, dass die sog. Technikinnovation nicht einem geordneten Personenverkehrsmarkt und der Gewährleistung der Verkehrssicherheit sowie dem Schutz der Teilnehmer entgegenstehen darf.[1611] Der Gelegenheitsverkehrsmarkt besteht aus vielfach verflochtenen Teilmärkten. Gerade bei Wettbewerbsfragen muss das Substituierungspotential verschiedener Verkehrsarten berücksichtigt werden.

E. Zusammenfassung

Der öffentliche Personennahverkehr dient der Befriedigung von Mobilitätsbedürfnissen der Bevölkerung im Nahbereich. § 8 Abs. 2 PBefG ist zu entnehmen, dass nicht nur der Linien-, sondern auch der Gelegenheitsverkehr Teil des ÖPNV ist. Grundsätzlich gehört nur die Sicherstellung einer befriedigenden Verkehrsbedienung im ÖPNV zum Aufgabenkreis der Daseinsvorsorge. Die Luxusverkehre wie Stadtrundfahrten fallen nach der Rechtsprechung nicht in den Bereich der Daseinsvorsorge.

Das Personenbeförderungsrecht unterliegt einem stetigen Wandel.[1612] Der Impuls für einen Wandel geht nicht nur von den europarechtlich bedingten Änderungen aus, sondern auch vom demografischen Wandel und der Technikinnovation: Das Europarecht ermöglicht einen wirksamen Wettbewerb unter Berücksichtigung der sozialpolitischen Ziele. Konfrontiert mit dem demografischen Wandel werden zunehmend flexible Verkehrsformen entwickelt, die konventionelle Linienverkehre ergänzen oder sogar ersetzen. In Prüfung der

1611 BT-Drs. 14/6434, S. 4.
1612 Knauff in: Ehlers/Fehling/Pünder, § 27 Rn. 1.

Rechtmäßigkeit der neuen Fahrdienste-Apps wird der strengen Wirtschaftsaufsicht über den Taximarkt vorgeworfen, dem Entwicklungsbedarf im Weg zu stehen. Das Regulierungskonzept, das nach der Herstellung von wirksamen Wettbewerb und der Verwirklichung der sozialpolitischen Ziele trachtet, kann für das Recht des Personennahverkehrsmarkts fruchtbar gemacht werden.

Um verschiedene Verkehrsarten auf der Straße zu koordinieren, ist vorgeordnete Planung durch den Aufgabenträger notwendig. Der Nahverkehrsplan als sektoraler Bedarfs- und Entwicklungsplan bildet den Rahmen für die Entwicklung des öffentlichen Personennahverkehrs. In der Nahverkehrsplanung wird dem Aufgabenträger ein Planungsermessen eingeräumt. Durch die PBefG-Novelle 2012 wurden die Bindungskraft des Nahverkehrsplans und seine Bedeutung deutlich erhöht.

Im PBefG hält der Gesetzgeber am Vorrang der Eigenwirtschaftlichkeit fest, während die Definition der Eigenwirtschaftlichkeit deutlich enger als die alte Fassung gefasst wird. Um den Vorrang der Eigenwirtschaftlichkeit zu gewährleisten, wird ein gestuftes Verfahren zwischen den eigenwirtschaftlichen und beauftragten Verkehren durchgeführt. Werden mehrere eigenwirtschaftliche Anträge für gleiche Verkehrsleistung gestellt, muss die Genehmigungsbehörde ermitteln, welcher Unternehmer mit seinem Antrag die beste Verkehrsbedienung anbietet. Die Auswahlentscheidung der Behörde ist von außen gesehen ein Genehmigungswettbewerb zwischen den Antragstellern. Hinter dem Wettbewerb stecken die Berücksichtigung des Nahverkehrsplans und des Altunternehmerprivilegs sowie eine Gesamtbetrachtung der öffentlichen Verkehrsinteressen. Dies führt dazu, dass der Genehmigungsbehörde bei der Entscheidung über die Auswahl des zuzulassenden Unternehmerangebots ein Entscheidungsspielraum zukommt. Für die Kontrolle der Auswahlentscheidung ist die Abwägungsfehlerlehre geeignet.

Bewirbt sich ein Unternehmer um eine Linie, die sich ganz oder zum Teil von einem bereits genehmigten Unternehmer bedient wird, ist § 13 Abs. 2 S. 1 Nr. 3 PBefG zwingend zu berücksichtigen, aus dem ein Parallelbedienungsverbot von der Rechtsprechung abgeleitet wird. Nach st. Rspr. kommt der Behörde bei der Anwendung der § 13 Abs. 2 S. 1 Nr. 3 lit. a und b PBefG ein Beurteilungsspielraum zu, weil es verkehrs- und raumorderische Wertungen voraussetzt. Die Ausgestaltung in § 13 Abs. 2 S. 1 Nr. 3 lit. c PBefG hat ebenfalls einen planerischen Einschlag. Der gesetzlich vorgegebene Regulierungsrahmen geht somit nicht per se von einem Parallelbedienungsverbot aus, so dass hier zwei Unternehmen parallel nebeneinander Verkehrsleistungen erbringen können.

Ist ausreichende Verkehrsbedienung durch eigenwirtschaftliche Verkehrsleistungen nicht sichergestellt, kann die zuständige Behörde die Initiative ergreifen und Verkehrsleistungen mit finanziellem Ausgleich ins Werk setzen. Die VO 1370/2007 bietet dem Aufgabenträger die Möglichkeiten, entweder einen öffentlichen Dienstleistungsauftrag zu erteilen oder eine allgemeine Vorschriften zu erlassen. Die Gewährung ausschließlicher Rechte und/oder Ausgleichsleistungen für die Erfüllung gemeinwirtschaftlicher Verpflichtung hat dann im Rahmen eines öffentlichen Dienstleistungsauftrags zu erfolgen. Im Hinblick auf den Hintergrund der neuen Verordnung darf die Betriebs-, Tarif- und Beförderungspflicht nicht mit den gemeinwirtschaftlichen Verpflichtungen gleichgesetzt werden.

Erfüllen die beauftragten Verkehre öffentliche Aufträge i. S. d. § 103 Abs. 1 GWB, findet der 4. Teil des GWB Anwendung. Der Anwendungsbereich des vergaberechtlichen Teils der VO 1370/2007 ist faktisch wesentlich auf Aufträge mit geringem Gewicht und Dienstleistungskonzessionen beschränkt. Bei der Vergabe der öffentlichen Dienstleistungsaufträge soll das wettbewerbliche Vergabeverfahren den Grundsatz der Auswahl des Anbieters bilden.

Die Einführung eines Wettbewerbskonzepts, bessere Verfahrensgestaltung, ausreichende Informationspflicht, angemessene Ausgleichsleistungen und Verpflichtung des Arbeitnehmerschutzes sind notwendige Rechtsinstrumente für eine effiziente Erbringung der konventionellen Linienverkehre. Auf institutioneller Ebene muss über das chinesische Personenbeförderungsrecht nachgedacht werden.

Die in der Praxis entwickelten flexiblen Verkehre orientieren sich an der Nachfrage der Bevölkerung, sie erfüllen in vielen Fällen weder alle Merkmale des Linienverkehrs noch des Gelegenheitsverkehrs. Um den verfassungsrechtlichen Anforderungen zu genügen, wird der Typenzwang im PBefG durch neue Regelungen dahingehend aufgeweicht, als ähnliche Bedienungsformen genehmigungsfähig zu sein. Neben einer im Verordnungswege möglichen Bagatellausnahme sieht das Gesetz eine Experimentierklausel in § 2 Abs. 7 PBefG und eine Auffangregelung in § 2 Abs. 6 PBefG vor. Ausweislich der Gesetzesmaterialien zum § 2 Abs. 6 PBefG soll das Anrufsammeltaxi in der Zukunft als Linienverkehr genehmigt werden. Der Anrufbus soll wegen seiner Ähnlichkeit mit dem Funktaxi nach § 47 PBefG i.V.m. § 2 Abs. 6 PBefG genehmigt werden.

Der Taxiverkehr ist nach der gesetzlichen Ausgestaltung und st. Rspr. ein Bestandteil des ÖPNV. Seine Funktionsfähigkeit ist derzeit ein überragend wichtiges Gemeinschaftsgut. Allerdings ist die strikte Wirtschaftsaufsicht über das Taxigewerbe nicht zeitgemäß. Im Rahmen der Diskussion über die Rechtmäßigkeit der Fahrdienste-Apps wird die heutige Wettbewerbssituation im Gelegenheitsverkehrsmarkt in Frage gestellt. Sowohl Deutschland als auch China müssen die Marktzutrittsbeschränkung und Tarifbindung im Taxigewerbe aufheben und einen wirksamen Wettbewerb im Gelegenheitsverkehrsmarkt schaffen.

Kapitel 4: Resümee und Ausblick

A. Resümee

I. Daseinsvorsorge durch Wettbewerb

Der Begriff der Daseinsvorsorge wurde von Ernst Forsthoff für die Verwaltungsrechtswissenschaft mit Blick auf Veränderungen der sozialen Umwelt und der Aufgabenbereiche der Verwaltung entwickelt. Die Zuordnung einer Leistung zur Daseinsvorsorge sollte öffentlich-rechtliche Bindungen der Leistungsverwaltung bewirken, die sich heute aus Art. 1 Abs. 3 GG ergeben. Für Forsthoff ist die Struktur der modernen Wirtschaft für die Organisation der Daseinsvorsorge, als einer die menschliche Existenz sichernden Zurverfügungstellung von Leistungen, ungeeignet. Gleichwohl steht dem modernen Staat in der Umsetzung der Daseinsvorsorge ein weiter Gestaltungs- und Einschätzungsspielraum zur Verfügung, der eine Vielzahl von Faktoren berücksichtigen muss: die Aktivierung der gesellschaftlichen Kräfte, die Entlastung der Haushalte des Staates und eine effiziente Leistung durch private Anbieter. Danach beschreibt die Daseinsvorsorge nur die für eine menschenwürdige Existenz unumgänglich notwendige Versorgung.

Das Europarecht verleiht dem Daseinsvorsorgebegriff keine deutliche juristische Kontur und setzt in Art. 106 Abs. 2 AEUV die Leistungen der Daseinsvorsorge unter Wettbewerbsdruck. Von den Wettbewerbsregeln darf erst abgewichen werden, wenn ihre Anwendung die Erfüllung der Aufgaben verhindert. Die Neuerung durch Art. 14 AEUV, Protokoll Nr. 26 und Art. 36 GRC ermöglicht eine Aufwertung der Funktionsfähigkeit der gemeinwohlorientierten Dienste. Mit der vierstufigen Verhältnismäßigkeitsprüfung von EuGH wird der Wettbewerb in der jüngsten Zeit weiter hervorgehoben. Daneben werden die Besonderheiten der Leistungserbringung der kommunalen Daseinsvorsorge berücksichtigt, die an die sozialpolitischen Belange gebunden sind.

Die Veränderung der Wahrnehmungsmodi der öffentlichen Aufgaben erfordert ein Nachdenken über die Verantwortung des Staates; als Stufen solcher Verantwortung werden Erfüllungs-, Gewährleistungs- und Auffangverantwortung genannt, während die Abgrenzung der drei Verantwortungen undeutlich bleibt. Kennzeichnend für die Gewährleistungsverantwortung ist, dass der Staat dafür einsteht, dass die Versorgung unter den Bedingungen eines Wettbewerbs erfolgt. Um dem Staat Einwirkungs- und Steuerungsmöglichkeiten vorzubehalten, wird ein Gewährleistungsverwaltungsrecht entwickelt. Eine besondere Ausprägung dieser neuen Gewährleistungsaufsicht ist die wirtschaftsverwaltungsrechtliche Regulierung.

II. Bessere Daseinsvorsorge durch Regulierung

Die Regulierung in Europa erwuchs in der Folge von Marktöffnung und der Privatisierung staatlicher Monopole. Die Rechtsetzungsakte der EU-Ebene wirken nicht nur materiellrechtlich, sondern verändern auch die Verwaltungsstrukturen.

Von Anfang an ist das Regulierungskonzept von der Verwirklichung sozialpolitischer Belange geprägt. Daher will das Regulierungsrecht sowohl die Schaffung des wirksamen Wettbewerbs als auch die Gemeinwohlsicherung gewährleisten. Während das allgemeine Wettbewerbsrecht auf den Schutz eines bereits bestehenden Wettbewerbs zielt und sozialpolitische Belange ausnahmeweise berücksichtigt, versucht das Regulierungsrecht, einen wirksamen Wettbewerb herzustellen und vielfältige sozialpolitische Ziele zu verwirklichen. Die Herstellung von Wettbewerb spielt keine dominierende Rolle im Regulierungsrecht. Im Energierecht macht der Gesetzgeber deutlich, dass zwischen den einzelnen in § 1 Abs. 1 EnWG aufgeführten Zielen kein Rangverhältnis besteht. Allerdings kann die unbegrenzte Aufnahme sozialpolitischer Ziele die Freiräume für die Unternehmen und den Wettbewerbsprozess gefährden, daher muss staatliche Intervention möglichst wettbewerbsneutral erfolgen.

Die Besonderheiten des Regulierungsverwaltungsrechts wirken sich auch auf den Rechtsschutz aus. Das BVerwG hat in st. Rspr. zur Regulierungsverfügung im TKG die Rechtsfigur des Regulierungsermessens entwickelt, um seine Rücknahme der Kontrolldichte zu begründen. Maßgeblich für diese neue, eigenständige Kategorie ist, dass die Regulierungsbehörde nicht nur auf Rechtsfolgenseite ein Ermessen, sondern auch auf der Tatbestandsebene einen mit dem Ermessen korrespondierenden umfassenden Beurteilungsspielraum hat, der in hohem Maße wertende und prognostische Elemente einbezieht. Im Energieregulierungsrecht wird diese Rechtsfigur in der Rechtsprechung des BGH aufgenommen. Für die Entgeltregulierung müssen der Regulierungsbehörde umfangreiche Informationen über die Unternehmen zur Verfügung stehen, die im Verwaltungsprozess eines Geheimnisschutzes bedürfen. Die Ausgestaltung des § 138 TKG ermöglicht es, das Hauptsacheverfahren in Gänze oder Teilen zum Schutz von Betriebs- und Geschäftsgeheimnissen in camera durchzuführen. Der optimale Ausgleich der widerstreitenden Interessen in § 138 TKG kann auch auf das Energierecht übertragen werden.

Aus dem Recht der Netzwirtschaften entwickelt sich das Regulierungsverwaltungsrecht. Angesichts ihrer ökonomischen Besonderheiten sind einige Regulierungsinstrumente in den Fachgesetzen vorgesehen, die das Kernstück des Regulierungsverwaltungsrechts bilden. Sie zielen hauptsächlich auf die Öffnung des Marktzutritts, Herstellung eines wirksamen Wettbewerbs und Gewährleistung der Grundversorgung ab. Die Grundrechte der regulierten Unternehmen – Art. 12 GG sowie Art. 14 GG – bilden die Grenze der Regulierungsinstrumente.

Die Versorgungsmärkte in China unterliegen insgesamt noch der Kartellkontrolle. Ein Regulierungskonzept mit Herstellung von Wettbewerb ist hier den meisten Wirtschaftssektoren fremd.

III. Das Regulierungskonzept im ÖPNV

Der öffentliche Personennahverkehr, der überwiegend eine Aufgabe der Daseinsvorsorge in diesem Lebensbereich übernimmt, stellt zugleich einen wichtigen Wirtschaftszweig dar. Durch den Impuls seitens des Europarechts wird die Erbringung der Personenverkehrsdienste in Wettbewerb gesetzt. Neben konventionellen Linienverkehren und flexiblen Bedienungsformen ist auch der Gelegenheitsverkehr mit Taxen ein Teil des ÖPNV. Gesetzlich unterliegt der Taxiverkehr der Beförderungspflicht und den von der Behörde festgelegten Beförderungsentgelten. Verfassungsrechtlich gesehen ist er der wichtigste Träger individueller Verkehrsbedienung im Alltagsleben.

Die Erbringung der Linienverkehre wird meist direkt an kommunale Unternehmen vergeben, was der Wettbewerbsanforderung nicht genügt. Die Marktbeschränkungen im Recht des Taxiverkehrs führen dazu, dass die etablierten Taxiunternehmer vor Konkurrenz geschützt werden und eine Monopolrente erhalten. Es ist daher die Einführung eines Regulierungskonzepts im ÖPNV notwendig.

Die öffentlichen Nahverkehrsleistungen, die zugleich von verkehrs-, sozial- und arbeitsmarktpolitischen Erwägungen beeinflusst werden, sind so anzubieten, dass nicht nur sichere, effiziente und hochwertige Personenverkehrsdienste erbracht werden, sondern auch die sozialpolitischen Belange ausreichend Berücksichtigung finden. Eine vorgeordnete Planung durch die zuständige Behörde ist erforderlich. Bei der Aufstellung des Nahverkehrsplans übt der Aufgabenträger das Planungsermessen insofern aus, alle von Planung berührten öffentlichen und privaten Belange gerecht abzuwägen. In Zukunft können multimodale Pläne für den öffentlichen Verkehr aufgestellt werden, die sich auf sämtliche relevanten Verkehrsträger erstrecken.

Die Verkehrsleistungen sollen grundsätzlich frei vom Markt mit weniger staatlichen Interventionen erbracht werden. Am Vorrang eigenwirtschaftlicher Verkehre wird in dem am 01.01.2013 in Kraft getretenen PBefG weiter festgehalten. Dadurch erhalten die Verkehrsunternehmen mehr Gestaltungsfreiräume bei der Bildung der Verkehrsbedienung. Allerdings wird die Definition der Eigenwirtschaftlichkeit in Bezug auf die VO 1370/2007 deutlich enger geregelt. Dies führt dazu, dass die meisten Verkehrsleistungen unter die Regelung des Art. 3 VO 1370/2007 fallen. Um das Vorrangprinzip durchzusetzen, werden die verfahrensrechtlichen Anforderungen im PBefG konkretisiert. Bei einem Genehmigungswettbewerb kommt der zuständigen Behörde ein Entscheidungsspielraum mit planerischem Einschlag zu, der einem Regulierungsermessen gleichkommt.

Soweit eine ausreichende Verkehrsbedienung durch eigenwirtschaftliche Verkehrsleistungen nicht sichergestellt ist, kann der Aufgabenträger die Initiative ergreifen und Verkehrsleistungen mit finanziellem Ausgleich ins Werk setzen. Zentrales Instrument dafür ist die individuelle Erteilung eines öffentlichen Dienstleistungsauftrags. Sind öffentliche Dienstleistungsaufträge öffentliche Aufträge i. S. d. § 103 GWB, gilt der 4. Teil des GWB. Sind sie Dienstleistungskonzessionen oder Aufträge mit geringem Gewicht, so sind die Vergabearten in VO 1370/2007 erst anwendbar. Vor dem Hintergrund der Einführung eines regulierten Wettbewerbs bildet die Vergabe der öffentlichen Dienstleistungsaufträge im Wege eines wettbewerblichen Vergabeverfahrens den Grundsatz der Auswahl des Anbieters. Die Direktvergabe an einen bestimmten Betreiber ist zwar zulässig, muss aber im Hinblick auf die Berufsfreiheit der Wettbewerber materielle und verfahrensrechtliche Voraussetzungen erfüllen, einschließlich der Berechnungsregeln der Ausgleichsleistungen. Die Beihilfenrechtskonformität sollte im Genehmigungsverfahren berücksichtigt werden.

Um einen Wettbewerb auf dem Rücken der Arbeitnehmer zu verhindern, berechtigt das Unionsrecht die zuständige Behörde, im Rahmen der Vergabe der öffentlichen Dienstleistungsaufträge sozialpolitischen Interessen Rechnung zu tragen: Dies erfolgt mit Anordnung eines Beschäftigtenübergangs und Einführung einer Mindestlohnbestimmung.

Die sich an der Nachfrage orientierenden flexiblen Bedienungsformen regen wegen ihrer Genehmigungsprobleme ein Nachdenken über die Typenbildung und den Typenzwang im PBefG an. Der Typenzwang wird von den Erweiterungsmöglichkeiten des neuen PBefG zwar aufgeweicht, einen Genehmigungsanspruch der untypischen Verkehre gibt es jedoch nicht. Das Anrufsammeltaxi sollte hier als Linienverkehr i. S. v. § 42 PBefG genehmigt werden, um eine Aushöhlung des vorhandenen Linienverkehrs zu verhindern. Der Anrufbus sollte wegen seiner Ähnlichkeit mit dem Funktaxi nach § 47 PBefG i.V.m. § 2 Abs. 6 PBefG genehmigt werden.

Obwohl die Funktionsfähigkeit des Taxiverkehrs auch heute ein wichtiges Gemeinschaftsgut bleibt, werden die Marktbeschränkungen für den Taxiverkehr in der Debatte über die Rechtmäßigkeit der Fahrdienste-Apps in Frage gestellt. Nicht nur in China, sondern auch in Deutschland sollen Regulierungskonzepte für den Taxiverkehr eingeführt werden, die einerseits einen wirksamen Wettbewerb herstellen, andererseits die individuellen Verkehrsbedürfnisse im Alltagsleben besser befriedigen.

B. Ausblick

Infolge der Marktöffnung erbringen immer mehr private Unternehmen Leistungen der Daseinsvorsorge. Allerdings reicht ein bloßer Wettbewerb nicht aus, um sichere, effiziente und hochwertige öffentliche Dienstleistungen zu generieren. Sowohl das Unionsrecht, als auch das deutsche Recht erfordern die Berücksichtigung der sozialpolitischen Belange. Im Zuge der Rekommunalisierung öffentlicher Dienstleistungen ist darüber nachzudenken, ob die Einführung eines Regulierungskonzepts leistungsfähigere Bedingungen zu setzen vermag.

Als ein neues Rechtsgebiet trachtet das Regulierungsverwaltungsrecht nach der Herstellung eines wirksamen Wettbewerbs und nach Berücksichtigung der sozialpolitischen Belange. Angesichts der Vielfalt der Regulierungsziele werden die Entscheidungsspielräume der Behörde in Bezug auf Teilaspekte anerkannt, was in Zukunft ein Dauerthema in der Diskussion um das Regulierungsrecht darstellen dürfte. Die Grundrechte der regulierten Unternehmen werden dabei in den Vordergrund der Diskussion gerückt.

Der öffentliche Personennahverkehr unterliegt wegen seiner Doppelnatur einem stetigen Wandel. Die stufige Konstruktion der Genehmigungserteilung der Linienverkehre ermöglicht einen Wettbewerb unter Berücksichtigung einer ausreichenden Verkehrsbedienung. Die Berechnungsregeln der Ausgleichsleistungen und die Regelung des Arbeitnehmerschutzes können für andere Sektoren der öffentlichen Dienstleistungen aufschlussreich sein. Es ist auch zu erwarten, dass die strikten Marktbeschränkungen im Taxigewerbe zukünftig entfallen, um einen wirksamen Wettbewerb zu verwirklichen.

Anhang Verzeichnis der Regulierung-bezogenen Gesetze und Vorschriften der VR China

1. Verfassung der VR China, beschlossen auf der 5. Sitzung des 5. Nationalen Volkskongress am 4. 12.1982, zuletzt revidiert durch den Verfassungsänderungsbeschluss auf der 1. Sitzung des 13. Nationalen Volkskongress am 11. 03. 2018.
   《中华人民共和国宪法》, 1982年12月4日第五届全国人民代表大会第五次会议通过, 2018年3月11日第十三届全国人民代表大会第一次会议通过的《中华人民共和国宪法修正案》对其作出最近一次的修正。
2. Standpunkt des Staatsrats zur Vertiefung der Reform des Wirtschaftssytems (Guofa [2005] 9), veröffentlicht am 04. 04.2005.
   《国务院关于2005年深化经济体制改革的意见》(国发〔2005〕9号), 2005年4月4日公布。
3. Standpunkt des Zentralkomitees der Kommunistischen Partei und des Staatsrats zur Förderung der Reform der Wirtschaftsstruktur und Durchsetzung der Innovationstrategie (Zhongfa [2015] 8), veröffentlicht am 13.03.2015.
   《中共中央国务院关于深化体制机制改革加快实施创新驱动发展战略的若干意见》(中发〔2015〕8号), 2015年3月13日公布。
4. Standpunkt des Bauministeriums zur Beschleunigung der Kommerzialisierung städtischer Versorgungsdientleistungen (Jiancheng Nr. [2002] 272), veröffentlicht am 27. 12. 2002.
   《建设部关于加快市政公用事业市场化进程的意见》(建城〔2002〕272号), 2002年12月27日发布。
5. Standpunkt des Staatsrats zur Förderung des fairen Wettbewerbs und Erhaltung der ordentlichen Marktordnung (Guofa [2014]20), veröffentlicht am 09.07.2014.
   《国务院关于促进市场公平竞争维护市场正常秩序的若干意见》(国发〔2014〕20号),2014年12月27日发布。
6. Standpunkt des Staatsrats zur Förderung und Lenkung der Entwicklung der nicht-öffentlichen Wirtschaft (Guofa [2005] 3), veröffentlicht am 25. 02. 2005.
   《国务院关于鼓励支持和引导个体私营等非公有制经济发展的若干意见》(国发〔2005〕3号, 2005年2月25日发布。
7. Verordnung zur Konzession der städtischen Infrastruktur in Beijing, beschlossen und verabschiedet vom Ständigen Ausschuss des Volkskongresses Beijing am 1. 12. 2005, in Kraft getreten am 1. 3. 2006.
   《北京市城市基础设施特许经营条例》,2005年12月1日通过并公布,2006年3月1日起施行。

8. Vorschriften zur Verwaltung der Personenbeförderung mit städtischen Straßenbahn und Bus (Jianshebu ling Nr. 138), beschlossen am 23.03. 2005, in Kraft getreten am 01. 06. 2005.
《城市公共汽电车客运管理办法》(建设部令第138号), 2005年3月23日发布,2005年6月1日生效。
9. Vorschriften zur Verwaltung der Konzessionen der städtischen Versorgungsdienstleistungen (Jianshebu ling Nr. 126), erlassen am 29. 03. 2004, in Kraft getreten am 1. 5. 2004.
《市政公用事业特许经营管理办法》(建设部令第126号), 2004年3月29日发布, 2004年5月1日起施行。
10. Standpunkt des Bauministeriums zur Stärkung der Überwachung und Regulierung städtischer Versorgungsdienstleistungen (Jiancheng Nr. [2005] 154), veröffentlicht am 10. 09. 2005.
《建设部关于加强市政公用事业监管的意见》 (建城〔2005〕154号), 2005年9月10日发布。
11. Standpunkt des Bauministeriums zum Vorrang der Entwicklung des ÖPNV (Jiancheng Nr. [2006] 288), veröffentlicht am 01.12.2006.
《关于优先发展城市公共交通若干经济政策的意见》 (建城〔2006〕288号), 2006年12月1日发布。
12. Standpunkt des Staatsrats zum Vorrang der Entwicklung des städtischen ÖPNV, (Guofa [2012] 64), veröffentlicht am 29. 12. 2012.
《国务院关于城市优先发展公共交通的指导意见》(国发〔2012〕64号), 2012年12月29日公布。
13. Vorschriften zur Verwaltung des Taxiverkehrs (Jianshebu, Gonganbu ling Nr. 63), Inkraftgetreten am 1.2.1998, aufgehoben am 16.03.2016.
《城市出租汽车管理办法》 (建设部、公安部令第63号), 1998年2月1日施行, 2016年3月16日废止。
14. Stromgesetz, verabschiedet vom Ständigen Ausschuss des Nationalen Volkskongresses am 28. 12. 1995, in Kraft gesetzt am 01. 04.1996, revidiert durch die 14. Sitzung des Ständigen Ausschusses des Nationalen Volkskongresses am 24.04.2015.
《电力法》, 1995年12月28日全国人民代表大会常务委员会通过，1996年4月1日起施行,2015年4月24日全国人民代表大会常务委员会第十四次会议修正。
15. Verordnung zur Konzession der öffentlichen Versorgungsdienstleistungen in Shenzhen, bewilligt und verabschiedet vom Ständigen Ausschuss des Volkskongresses der Provinz Guangdong am 02.12.2005, in Kraft getreten am 01.03.2006.

《深圳市公用事业特许经营条例》, 2005年12月2日广东人大常务委员会批准并发布, 2006年3月1日起施行。

16. Telekommunikationsverordnung, bekanntgemacht und in Kraft gesetzt am 25.09.2000 (Guowuyuan ling Nr. 291), revidiert durch die Entscheidungen des Staatsrats zur Novellierung der Verordnungen am 29.07.2014 und 6.2.2016.
《电信条例》(国务院令第291号), 2000年9月25日公布并施行,2014年7月29日和2016年2月6日修订。
17. Straßentransportverordnung (Guowuyuan ling Nr. 406), bekanntgemacht am 30.04.2004, Inkraftgetreten am 1.7.2004, revidiert durch die Entscheidungen des Staatsrats am 9.11.2012 und 6.2.2016.
《道路运输条例》(国务院令第406号), 2004年4月30日公布,2004年7月1日生效,2012年11月9日和2016年2月6日国务院对其进行修订。
18. Vorschriften zur Verwaltung des Betriebs und der Dienstleistung des Taxiverkehrs(Jiaotong yunshubu ling Nr. [2014] 16), bekanntgemacht am 26.09.2014, Inkraftgetreten am 01.01.2015.
《出租汽车经营服务管理规定》(交通运输部令2014年第16号), 2014年9月26日公布,2015年1月1日生效。
19. Anleitung des Generalsekretärs des chinesischen Staatsrats zur Vertiefung der Reform über eine gesunde Entwicklung des Taxigewerbes (Guobanfa [2016] Nr. 58), veröffentlicht am 26.07.2016.
《国务院办公厅关于深化改革推进出租汽车行业健康发展的指导意见》(国办法〔2016〕58号), 2016年7月26日公布。
20. Regelungen zur Verwaltung der Straßenpersonenbeförderung und Omnibusbahnhof (Jiaotongbu ling Nr.[2005] 10), veröffentlicht am 12.07.2005, Inkrafttreten am 01.08.2005, zuletzt revidiert vom Verkehrsministerium am 11.04.2016.
《道路旅客运输及客运站管理规定》(交通部令2005年第10号), 2005年7月12日公布,2005年8月1日生效,2016年4月11日最近一次修订。
21. Verwaltungsstrafgesetz, Beschlossen auf der 4. Sitzung des Nationalen Volkskongresses am 17.03.1996, in Kraft getreten am 1.10.1996, revidiert durch Entscheidung vom Ständigen Ausschusses des 11. Nationalen Volkskongresses am 27.8.2009.
《行政处罚法》, 1996年3月17日全国人民代表大会第4次会议通过, 1996年10月1日起施行, 第十一届全国人民代表大会常务委员会于2009年8月27日通过。

22. Antimonopolgesetz der Volksrepublik China, verabschiedet am 30. 08.2007 auf der 29. Sitzung des Ständigen Ausschusses des 10. Nationalen Volkskongresses, in Kraft getreten am 1.8.2008.
《反垄断法》, 2007年8月30日第十届全国人大常务委员会第29次会议通过, 2008年8月1日起生效。
23. Verwaltungsgenehmigungsgesetz der Volksrepublik China, verabschiedet am 27.8.2003 auf der 4. Sitzung des Ständigen Ausschusses des 10. Nationalen Volkskongresses, in Kraft getreten am 1.7.2004.
《行政许可法》, 2003年8月27日第十届全国人大常务委员会第4次会议通过, 2004年7月1日起生效。
24. Vorläufige Vorschriften zur Verwaltung der Dienstleistung und des Betriebs des Onlinebestellungstaxis (Jianshebu ling Nr. [2016]60), bekannt gemacht am 27.7.2016, in Kraft getreten am 1.11.2016.
《网络预约出租汽车经营服务管理暂行办法》 (交通部、工信部等令2016年第60号), 2016年7月27日公布, 2016年11月1日起施行。

www.ingramcontent.com/pod-product-compliance
Ingram Content Group UK Ltd.
Pitfield, Milton Keynes, MK11 3LW, UK
UKHW021931290926
8980IPUK00016B/1567